물의 미래

L'AVENIR DE L'EAU
By ERIK ORSENNA

Copyright ⓒLibrairie Arthème Fayard, Paris, 2008
Korean Translation Copyright ⓒGimm-Young Publishers, Inc. 2009
All rights reserved.

This Korean edition was published by arrangement with
Librairie Arthème Fayard (Paris)
through Bestun Korea Agency Co., Seoul

인류 문명과 역사를 뒤바꿀
최후의 자원

물의 미래

에릭 오르세나 · 양영란 옮김

김영사

물의 미래

1판 1쇄 발행 2009. 9. 11.
1판 7쇄 발행 2020. 7. 10

지은이 에릭 오르세나
옮긴이 양영란

발행인 고세규
발행처 김영사
등록 1979년 5월 17일(제406-2003-036호)
주소 경기도 파주시 문발로 197(문발동) 우편번호 10881
전화 마케팅부 031)955-3100, 편집부 031)955-3200 | 팩스 031)955-3111

이 책의 한국어판 저작권은 베스툰 코리아 에이전시를 통해
저작권자와의 독점계약으로 (주)김영사에 있습니다.
저작권법에 의해 한국 내에서 보호를 받는 저작물이므로
무단전재와 무단복제를 금합니다.

값은 뒤표지에 있습니다.
ISBN 978-89-349-3534-6 03320

홈페이지 www.gimmyoung.com   블로그 blog.naver.com/gybook
페이스북 facebook.com/gybooks   이메일 bestbook@gimmyoung.com

좋은 독자가 좋은 책을 만듭니다.
김영사는 독자 여러분의 의견에 항상 귀 기울이고 있습니다.

옮긴이의 말

세 계 적 작 가 의 놀 라 운 통 찰 력

에릭 오르세나가 돌아왔다. 몇 년 전엔 목화를 찾아 나선 여행 이야기를 흥미진진하게 들려주더니, 이번에는 물을 찾아 떠난 여행에서 돌아와 더욱 더 흥미진진한 이야기 보따리를 풀어놓는다.

소설가이자 대통령 연설문 작성자, 경제학자, 해양학자, 식물애호가 등 다방면에 걸쳐서 왕성하게 활동해온 저자는 무엇보다도 세상에 대한 호기심과 열정이 넘치는 자발적 여행 작가이다.

"작가란 호기심에 대해 책으로 답하는 사람"이라고 자신의 입으로 말했듯이, 그는 궁금증이 발동하면 곧바로 짐을 싼다. 그의 호기심의 대상은 주로 우리별 지구가 제공하는 각종 천연 자원들이다. 고무에 대해서, 목화에 대해서, 해류에 대해서 알고 싶었고, 그래서 그는 매번 그 현장을 찾아 세계를 주유하곤 했다. 그래서 그런지 그가 긴 시간 동안 발품을 팔고 돌아와서 쓰는 책엔 '세계화에 대한 소고'라는 부제가 붙곤 했다. 하지만 그가 제시하는 세계화란 일반적인 의미와는 얼마간 거리가 있다. 정책 입안자의 입장이 아닌, 정책 수용자의 입장을 대변하려는 성향이 강해서일까? 오히려 대안적 세계화에 가까운 편이다.

그런 그가 이번엔 너무 흔해서 대부분의 사람들이 평소엔 별로 고마움조차 느끼지 않고 살았던 물을 만나기 위해 길을 나섰다. 오스트레일리아, 싱가포르, 인도, 방글라데시, 중국, 이스라엘, 그리고 세네갈을 비롯한 아프리카 국가들과 알제리를 필두로 하는 지중해 연안 국가들에 이르기까지, 지구상의 5대양 6대륙을 골고루 섭렵하는 2년간의 여정을 통해서 그는 물리학자, 곤충학자, 농부, 댐 건축가, 의사, 수몰지구 주민 등 다양한 직종에 종사하는 수많은 사람들을 만났다.

  그 결과는? 역설적이게도 물은 세계화가 아닌 지역화를 통해 해결되어야 할 대표적인 자원이라는 것이다. 이를테면 방글라데시에 홍수가 난다고 해서 오스트레일리아의 가뭄이 해갈될 수는 없다는 식이다. 물 부족 사태는 지구 전체에 몰아치고 있는 기후 온난화와 밀접한 관련이 있지만, 각 지역마다 계절이며 토양, 농업 형태 등에 따라 사정이 천차만별이니, 한 지역에서 효과를 본 방법이 다른 지역에서도 반드시 유효하리라는 보장은 없다는 것이다. 지역적으로 지혜를 모으고, 이해관계가 다른 사람들끼리(농사를 짓는 농부들과 환경을 생각하는 생태학자들의 이

해가 언제나 일치하는 것은 아니다!) 더불어 사는 슬기로움을 터득해야 할 때라는 것이다. 캥거루, 지렁이, 사막의 풍뎅이에게서도 물을 아끼는 기술, 한 방울의 물도 허투루 낭비하지 않는 절약의 지혜를 본받아야 할 때라는 것이다.

사실, 물이 부족하다는 말이 흘러나오기 시작한 지는 벌써 꽤 오래된다. 그러더니 이제는 물 때문에 전쟁이 날 수도 있다는 위기감이 심심치 않게 고개를 쳐들고 있다. 아프리카 여러 나라나 인도와 중국 국경 지대는 사태가 상당히 심각하다고 한다. 어느 기관에선가 내놓은 통계에서는 우리나라도 물 부족 국가 대열에 합류했고, 올 봄만 하더라도 강원도 일대가 가뭄으로 인한 식수 부족으로 큰 고통을 겪었다. 그런가 하면, 4대 강 살리기 사업 계획을 놓고 벌어지는 격론은 좀처럼 잠잠해질 기미가 보이지 않는다.

물을 물 쓰듯이 펑펑 쓰면 벌금까지 물리는 세상이 되었다는 소식도 들린다. 다른 곳도 아닌 풍요의 땅, 1인당 물 소비량으로 치면 단연 금·은·동 메달 권에 드는 미국 이야기다. 사막 위에 신기루처럼 우뚝

솟은 라스베이거스 시가 물을 얻기 위해 콜로라도 강 인근의 캘리포니아 주나 애리조나 주에 손을 벌린다는 이야기가 이 책에서 언급되고 있는데, 물을 남용하면 이에 벌금을 물리는 아이디어가 바로 이 캘리포니아 주에서 채택되었다고 한다. 이제 그 곳마저도 물 사정이 팍팍해진 모양이다. 어쩌면 이런 현상이 본격적인 물과의 전쟁이 시작되었음을 알리는 신호탄일 수도 있다. 프랑스의 석학 자크 아탈리는 물이 미래의 희귀재로 부상할 것이라고 예언한 바 있는데, 이런 상황이 벌써 우리 곁에 바짝 다가와 있다는 생각이 든다.

 우리 몸의 대부분을 이루고 있는 물, 생명의 근원인 물, 모든 것을 넉넉하게 품어주며 유유자적 흐르는 물! 그 물을 따라서 에릭 오르세나가 지구촌 곳곳에서 유머와 아이러니를 곁들여 부지런히 길어 올린 두레박 속에는 어떤 물이 담겨 있을까? 읽을수록 예사롭지 않다.

2009년 8월

양영란

들어가는 말

지 구 에 는   언 제 나   물 이   충 분 할 까 ?

언젠가 그럴 만한 나이가 되면, 당신은 생명에 대해서 좀 더 알아야겠다고 마음먹을지 모른다. 그래서 성경도 다시 읽고, 코란도 읽어볼 것이다. 그뿐 아니라 인도의 신화도 기웃거려볼 것이다. 그런 다음 자못 놀라서, 모든 것의 시초는 항상 닮았음에 주목하게 될 것이다. 다름 아니라 "옛날에 물이 있었는데……"로 시작하고 있음을 눈여겨보게 된다는 말이다. 그 점을 놓치지 않고 당신은 학자들에게 물을 것이다. 그러면 그들은 당연히 당신 몸의 상당 부분이 물로 이루어졌음도 확인시켜줄 것이다. 자, 이쯤 되면 이 수수께끼를 풀어보아야겠다는 마음이 생겨나지 않을 수 없다. 미래에 대해서 생각할수록 불안이 커지는 요즘 같은 시기라면 더 말할 나위도 없다. 지구에는 언제나 물이 충분할까? 혹시 병든 지구를 우리 아이들에게 남겨주게 되지는 않을까? 그 아이들이 마시고 몸을 씻을 만큼 물이 충분할까? 그 아이들을 먹여 살릴 곡물들이 자랄 만큼 물이 충분할까? 전쟁을 하는 온갖 명분에 물 부족이라는 명분까지 더하게 되지 않을 만큼 과연 물이 충분할까?

작가란 자신이 품은 의문에 대해서 책으로 답을 해야 하는 사람들이다.

톰 리치라는 사람에 대해서 내가 아는 것이라고는 그가 오스트레일리아 출신 작가라는 사실밖에 없지만, 그가 굉장히 지혜로운 문장을 남겼다는 것만큼은 또렷하게 기억한다. 그 문장은 물에 관해 조사하던 지난 2년 동안 내 머릿속을 떠나지 않았다. "당신이 우리 나라에 대해서 공부하려고 계획한다면, 당신은 기꺼이 그 계획에 실패하겠다는 의지도 품어야 한다."

나도 보이지 않는 마음속 깊숙한 곳에 실패하겠다는 의지를 품었음은 물론이다.

생각해보라. 물이라는 우주 속의 우주에 대해서 어떻게 한 가지도 빠뜨리지 않고 이야기할 수 있겠는가?

물은 나를 한껏 달구었다. 나는 물에 너무 열중했다. 너무 많은 것을 배웠고, 너무 많은 곳을 방문했으며, 너무 많은 사람을 만났다. 그리고 그때마다 너무 많은 것을 기록했다. 내 원고는 괴물처럼 거대해졌다. 종이는 나무에서 나오고, 나무들이 사는 숲은 보호해야 할 대상이라는 데 생각이 미치자, 내가 쓴 걸 전부 인쇄한다는 건 옳지 못하다는 결론에 도달했다. 인터넷이 나를 구해주었다. 관심이 많은 독자라면 웹사이트 www.erik-orsenna.com/blog에 들어가서 내가 미처 종이에 싣지 못한 이야기들을 읽으며 여행을 계속할 수 있을 뿐 아니라, 물에 관한 토론을 더욱 풍성하게 만드는 데 일조할 수도 있다.

출판사에 감사한다. 출판사의 배려 덕분에 나는 전적으로 자유로운 가운데, 아주 먼 곳까지 오랜 기간 돌아다니면서 취재와 집필에 전념할 수 있었다.

차례

옮긴이의 말 : 세계적 작가의 놀라운 통찰력 5
들어가는 말 : 지구에는 언제나 물이 충분할까? 9

01 물의 초상

물의 첫 번째 본성 : 물은 커플이다 18
물의 두 번째 본성 : 물은 파괴 본능에 시달린다 25
물의 세 번째 본성 : 물은 창조를 향한 야심이 넘친다 26
물의 네 번째 본성 : 물은 한 곳에 머물지 못한다 28
물의 다섯 번째 본성 : 물은 너그럽다 30
물의 여섯 번째 본성 : 물은 권력과 밀접한 관계에 있다 34
물의 일곱 번째 본성 : 물은 모든 것을 감수한다 37
태초의 세계와 물 39

02 가뭄의 현장 오스트레일리아

심각한 물 부족 국가 47
캥거루의 지혜 47
국가 총동원령과 두 명의 여전사 50
물 먹는 하마 오스트레일리아의 광산 59
가뭄과 싸우는 잉그리드의 운명 61
물이 없는 조지 호수 70
물에 관한 법 72
농부들의 자살을 막기 위한 버스 75
오스트레일리아의 결론 76

03 자력에만 의존하는 싱가포르

매력적인 도시 81
강력한 물 관리 기구 83
세계의 중심을 꿈꾸는 나라 89
초순수 물 91
물을 향한 열정으로 94
베올리아 대표와의 대화 97
마리나 댐 98

04 물과 죽음이 공존하는 캘커타

열대 계절풍이 주는 교훈 105
물리크 가트 꽃시장 107
멀고 먼 전염병 퇴치 연구소 110
콜레라 사령부 115
빈민가의 방문객 120
연쇄 살인마 검거 작전 126
이웃 나라에 전하고 싶은 말 130

05 세상의 모든 병폐 방글라데시

물 위에 떠다니는 병원 136
홍수와 움직이는 섬 138
샤(섬)에서 들은 이야기들 145
인구에 대한 자기 검열 146
감상적 지리학 147
돌이 없는 나라 151
물에 쫓긴 난민들의 집 153
노예와 행운아 156

06 치수와 깨끗한 물을 향한 집념 중국

자연의 조건 앞에서　161
물의 주인　162
톈진의 해법　173
치수의 전설　179
세계에서 가장 큰 도시 충칭　181
산샤 댐과 서른두 개의 터빈　188
황허 강을 치료하는 두 병원　197
인위적인 홍수　202
그린피스 중국 지부　204
순수한 꽃들을 기르는 대학　209

07 빙하와 댐

빙하는 과연 녹고 있는가?　212
댐은 반드시 필요한가?　219

08 요르단 강과 염분 제거 공장 이스라엘

갈릴리와 골란 고원　229
요르단 강의 서글픈 운명　233
염분 제거 공장　237
물의 실리콘 밸리 네게브 대학　243
아브라함에서 블래스 씨까지　250
사해를 살리는 길　253
기술자 파델 카와시 씨　258
팔레스타인과의 물 문제　262
헤브론 시의 미래　265
이스라엘 여행을 마치며　269

09 지구의 온난화와 지중해 지역의 연대의식

세계적인 기후 온난화와 지역적인 위기 275
사하라 심층 지하수와 나쁜 소식 277
알제의 엄청난 고통 279
모로코 타들라 평원 291
카탈루냐 지방의 사막화 300

10 아프리카와 관련한 몇 가지 문제

차드 호수의 운명 308
나미비아 사막의 풍뎅이 311
세네갈 사람들에게 쌀이 부족한 이유 318
구름에 씨를 뿌릴 수 있다면? 334
물에게는 항상 진실을 말해야 한다 338

11 물에 대한 예찬과 연민

특급 포도주를 위한 찬사 342
생수중독자들에게 연민을! 345

12 공기업인가, 민간 기업인가?

라틴아메리카가 주는 교훈 : 부에노스아이레스와 코차밤바 348
빚더미에 올라앉은 자치단체 : 베를린 361
파리에서 일어나는 변화 367
물값으로는 얼마가 적당할까? 370

13 나눠 쓰기 지혜를 가르치는 학교

확률 게임과 밭일 379
프랑스 물 의회의 일상 383
물에 관한 지방분권적 협력 체제 387
점점 가시화되는 물 전쟁 392

14 굶어죽을 것인가, 목말라죽을 것인가?

오늘날 어떻게 농부로 살 수 있는가? 398
지하수층을 향한 열정 398
물주는 사람의 초상화 405
필요한 물의 양 410
축소판 중국 415

15 물의 미래를 위한 일곱 가지 결론

왜 생선초밥이 아프리카의 물을 고갈시키는가? 424
일곱 가지 결론 426

참고 문헌 434
감사의 말 435

01

물의
초상

물의 첫 번째 본성 : 물은 커플이다

날씨가 음산한 가운데 기온은 뚝 떨어지고 몹시 건조하던 2006년 1월의 어느 날, 나는 서경 66도와 남위 66도 12분에서 라부아지에를 만났다. 우리를 태운 자존심 강한 배 아다 2호(선주 이자벨 오티시에는 프랑스 출신 항해사로, 여성으로서는 처음으로 요트 세계 일주 경주에서 완주한 기록을 보유하고 있음)는 천천히 빙하 사이를 항해하고 있었다. 우리의 목적지는 마르그리트 만(프랑스 출신 의사이자 극지방 탐험가인 장 바티스트 샤르코의 부인 마르그리트 샤르코 여사를 기념하기 위해 그녀의 이름을 붙였음)이었다. 바다에서는 늘 그렇듯이, 모든 것이 순조로움을 확인하고 안심하기 위해서, 나는 지도에서 눈을 떼지 않았다. 더할 나위 없이 완벽한 고독과, 얼음 사이를 헤쳐나가며 항해할 때 들리는 온갖 소음과 그에 따르는 불안감 속에서(아, 얼음덩어리로부터 끊임없이 공격을 받는 가엾은 알루미늄 배!), 우리의 왼쪽으로 남극 대륙(그레이엄랜드)의 눈 덮인 정상이 천천히 펼쳐졌고, 오른쪽으로는 우리의 선대 탐험가들이 라부아지에라는 이름을 붙여준 섬이 길게 자태를 드러냈다.

그런데 이 라부아지에는 도대체 누구인가? 배에 탄 선원들은 얼마 안 되는 얄팍한 지식이나마 한데 모았다. 그의 처형을 정당화시키는 구실이 되어버린 유명한 말("혁명은 학자들을 필요로 하지 않는다")과 "아무것도 없어지지 않고, 아무것도 창조되지 않는다. 모든 것은 변화될 뿐이다"라는 질량 불변의 법칙을 발견함으로써 '근대 화학의 창시자'라는 추상적인 지위를 얻은 것을 제외하고는 더 이상 아는 것이 없었다.

배 안의 휴게실로 가서 컴퓨터를 켜고 인터넷을 뒤진 결과, 나는 18

세기만이 탄생시킬 수 있었던 대단한 인물 라부아지에를 새롭게 발견하게 되었다. 그는 오늘날 감히 스스로를 '일벌레'라고 믿고 있는 자들을 한없이 부끄럽게 만드는 부류의 사람이었다.

라부아지에는 변호사, 조세 청부인(간접세를 거두어들이는 임무를 맡은 민영 회사의 주주), 재정 총감(튀르고)의 보좌관, 화약 국장, 농장주(1,129헥타르), 또 다른 재정 총감(네케르)의 보좌관, 비중 있는 몇몇 보고서 작성자(공공 조명, 도시 정화, 공공 병원 개혁, 도살장 신설, 농업 현대화, 공공 교육 질적 향상 등에 대한 보고서), 어음 할인 국장, 라페루즈 원정대장 등 무수히 다양한 일에 종사했다. 그와 아울러, 과학에서도 다양하고 결정적인 연구 업적을 쏟아냈다. 스물두 살에 석고에 관해서 쓴 최초의 논문을 비롯하여 도량형의 통일을 위한 헌신적인 활동에 이르기까지, 그는 다방면에 걸쳐 지식의 발전을 도모했다. 특히 근대 화학의 창시자로서 라부아지에가 남긴 업적은 일일이 열거하기 힘들 정도이다.

쉰한 살이라는 그다지 길지 않았던 생애(1743~94)를 어찌 이보다 더 알뜰하게 사용할 수 있었겠는가?

요컨대, 앙투안 로랑 드 라부아지에는 욕심이 많은 천재였다. 백과사전적인 인물이었다기보다, 그가 모든 분야에서 진전시킨 지식들이 백과사전에 충실하게 담겼다는 표현이 훨씬 더 잘 어울린다.

물에 대한 그의 관심은 1768년부터 이미 시작되었다. 그는 과학 아카데미의 정식 회원이 되자마자, 앙투안 드 파르시외라는 엔지니어가 작은 지방 하천인 이베트 강으로부터 물을 끌어와 파리 시민들에게 깨끗한 물을 공급하기 위해서 설계한 수로 계획의 검토를 요청받았다. 그 당시까지만 해도 파리의 식수원으로는 하수구나 다름없는 센 강이 유일했다. 잘 알려져 있다시피, 볼테르는 모든 분야에 관심도 많고 걱정도 많은 사람이었으므로, 수로 설계자 앙투안에게 지지를 표명하는 편지를 보냈다.

당신은 파리에 사는 가구에 그들에게 부족한 물을 제공함으로써 우리들로 하여금 끊임없이 "물을 주시오!"라는 멍청한 소리를 듣거나, 여자들이 두 개 합해서 무게가 30파운드나 나가는 양동이를 타원형 틀에 넣어 5층의 가정집까지 배달하는 참혹한 광경을 지켜보아야 하는 치욕으로부터 벗어나게 해주겠다고 제안했습니다. 프랑스에 두 손과 두 발을 가진 짐승들이 얼마나 많이 살고 있는지 말씀해주시는 호의도 베풀어주시겠습니까…….

수로를 건설하는 경비로 8백만 프랑이 소요될 예정이었다.
결국 이 계획은 폐기되었고, 정부에서는 그 대신 얼마 전에 불타버린 오페라 극장을 재건하기로 결정했다.
그러나 이 계획을 다각도로 검토한 라부아지에는 새로운 분석 방식을 제안했다. 그가 내린 결론은 다분히 정치적이었다. 당시 유행했던 것처럼 그는, 약수를 연구하는 것도 좋지만 무엇보다도 중요한 것은 식수의 질이라고 주장했다.

시민들의 건강과 체력은 식수에 달려 있다. 전자(약수)가 국가의 몇몇 고위 인사들의 생명을 살린 것은 사실이지만, 후자(식수)는 동물 생태계에 질서와 균형을 되찾아주며 보다 많은 사람들의 생명을 지켜줄 수 있다. 엄밀한 의미에서 약수는 사회의 쇠약한 일부 구성원들에게만 상관이 있다. 반면에 공동으로 사용하는 식수는 사회 전체, 특히 국가의 부와 국력을 구성하는 노동인구와 밀접한 관계가 있다.

계몽주의가 절정에 달했을 무렵, 물은 머지않아 그간 고이 간직해온 비밀을 알려주게 될 것이다. 많은 학자들이 물에게 점점 더 송곳처럼 날카로운 질문을 던지기 시작했으니, 물은 언젠가 입을 열 것이다. 그건 확실하다. 그렇다면 누가 제일 먼저 물의 고백을 듣게 될 것인가?

헨리 캐번디시는 영국 출신의 돈 많은 사업가였다. 그는 재미삼아 '공기', 다시 말해서 기체를 분석했다. 그러던 1766년의 어느 날, 그는 황산염을 철에 붓자 가스가 피어오르는 것을 보았으며, 그 가스에 불을 붙일 수 있음을 발견했다. 이때 발생한 기체가 바로 수소이다. 그로부터 8년 후인 1774년, 스웨덴 출신 칼 빌헬름 셸레와 영국 출신 조지프 프리스틀리는 몇 개월 차이로 앞서거니 뒤서거니 하면서 산소(활성 가스)를 발견했다.

1781년에 또 다른 영국인 존 월타이어는 산소와 수소를 섞으면 불꽃 반응이 일어나면서 습기가 생긴다는 사실을 발견했다.

프리스틀리가 이 사실을 확인하고 캐번디시에게 알리자, 캐번디시는 라부아지에에게 알렸고, 라부아지에는 모든 일을 제쳐두고 친구인 라플라스와 함께 이 실험을 재현해보기로 결정한다. 1783년 6월 25일 과학아카데미에 제출된 두 사람의 결론은 가히 혁명적이라고 할 수 있었다.

유리종 속에서 인화성 가스와 활성 가스를 거의 2 대 1의 비율로 함께 태우면 …… 두 종류의 가스가 모두 완전히 흡수된 후, …… 사용한 두 종류의 가스 총량의 무게에 해당되는 물이 생긴다.

보기와는 다르게, 또 수천 년 동안 지속되어온 믿음과도 다르게, 물은 단순한 물질이 아니라 두 가지 물질인 수소와 산소가 결합하여 생긴 복합 물질이다.

*

프랑스 국왕 프랑수아 1세는 화약을 제조하기 위해서 파리 시내 바스티유 남부에 병기창을 짓도록 지시했다. 병기창은 그 후 파괴되어 오늘날에는 아무런 자취도 남아 있지 않지만, 설립 당시에는 센 강에 이르는 거대한 면적을 차지했다. 라부아지에와 그의 협력자들은 그곳에 자리를 잡았다. 앙투안 로랑 드 라부아지에의 생활 리듬은 한결같았다. 아침 5시에 기상, 6시부터 9시까지 과학 실험, 9시부터 정오까지는 조세 징수 업무, 오후 2시부터 7시까지는 화약국과 과학 아카데미, 저녁 7시부터 10시까지는 간단하게 저녁 식사를 한 다음 실험실로 돌아갔다……. 토요일은 오로지 실험에 전념했다……. 토요일은 그가 가장 좋아하는 날이었다. 그의 거대한 실험실은 지붕 밑 다락에 마련되었다. 라부아지에는 그곳에서 혼자 일을 하는 게 아니었다. 우선 그의 부인 마리안이 비서, 서기 등 1인 다역을 거뜬히 소화했다. 마리안은 작은 테이블에 앉아서 설비의 도면을 그리고, 치수를 적고, 실험 결과를 기록하고, 그에 따른 제안을 수집했다. 그녀는 내용을 제대로 파악하기 위해서 화학을 배웠을 정도로 열정적인 여자였다. 그뿐 아니라 외국인들과 소통하기 위해서 영어도 익혔다. 마리안 외에도 실험실에서는 실험 준비 조교들과 기술 보조원, 선발된 몇몇 학생들, 유럽 전역에서 몰려온 학자들이 대가가 작업하는 광경(이들은 항상 약간 수상쩍은 데가 있었던 그의 방식에 대해 토론하고 정당성을 확인했다)을 지켜보았다. 라부아지에는 조용하지 않은 이 관객들이 저마다 떠들어대는 소란한 분위기 속에서 작업을 진행하는 데 익숙해져 있었다.

그는 1783년의 실험을 다시 한 번 재현하기로 결정하고, 이번에는 그 결과를 정확하게 계량화하기로 결심했다. 1785년 2월 27일, 그의 실험을 보기 위해서 찾아온 사람들로 실험실은 초만원이었다. 평소 실험실 '단골' 외에도 프랑스인, 외국인을 합해 무려 30명이 넘는 학자들이 몰려온 것이었다. 역사적으로 평가될 이번 실험을 놓치고 싶지 않은 사람들이었다. 영국 왕립학회에서도 사절단을 파견했다. 파리에서라면 얼마든지 일어날 수도 있는 사기극을 현장에서 탐지하려는 속셈에서였다.

사흘 낮과 사흘 밤 동안, 사람들은 이곳을 드나들면서 관찰하고 토론을 벌였다. 진행 단계별로 실험 일지를 쓰는 것으로는 만족할 수 없었던 마리안은 구경꾼들을 받아들이고, 그들이 필요로 하는 정보를 제공하면서 그들의 조바심을 달래거나 시기하는 자들을 다독였으며, 끼니때가 되면 식사를 대접했다. 덕분에 손님들은 라부아지에의 재능에 설득당한 것은 물론이고, 화기애애한 접대 분위기에 황홀해져서 돌아가게 마련이었다. 아서 영은 이렇게 말했다.

나는 어느 모로 보나 엄청난 재산을 가진 것이 분명하며, 모든 것을 제대로 잘 갖추고 사는 남자를 보게 되어 무척 유쾌했다. 그것은 확실히 기분 좋은 일이었다. 자신이 가진 넘치도록 많은 재산을 이토록 유용한 일에 쓸 줄 아는 이런 사람들만큼 국가에서 제공하는 일자리에 더 적합한 임자를 찾을 수는 없을 것이다.

오늘날 병기창은 비록 사라졌지만, 시간이 나면 파리의 이 지역을 한번 거닐어보라. 기념탑 꼭대기로부터 바스티유의 정령이 당신을 굽어살필 것이다. 왼쪽으로는 작은 포구의 부두를 따라 배들이 얌전하게 늘어서서 언제가 될지 모르는 출발을 기다리고 있다. 그 반대쪽으로는 공화국 위병대의 병영을 중심으로 멋없는 건물들이 들어선 가운데, 물의 신비를 밝혀낸 이 실험실의 추억이 어려 있다. 나는 매번 그곳을 지날 때마다 라부아지에의 부인 마리안을 생각하곤 한다. 1785년에 그녀는 스물일곱 살이었다. 느무르 출신으로 남편의 친구들 가운데 한 사람이었던 피에르사뮈엘 뒤퐁은 그녀를 처음 본 순간부터 미치도록 사모했다. 그는 국가에 더 많은 부를 가져다주기 위해 잠자고 있던 프랑스의 경제를 일깨운 선구자들 가운데 한 사람이다. 우리는 그들을 중농주의자라고 부른다. 마리안은 그의 정부가 되었다. 뒤퐁의 사랑은 어떤 시련에도 시들지 않았다. 공포정치 때 라부아지에가 처형당하자 피에르 사뮈엘은 마리안에게 청혼을 했고, 그녀에게 거절당하자 절망에 빠진 뒤퐁은 미국으로 떠난다. 그곳에서 그는 화약과 다른 몇몇 화학제품을 생산하기 시작했으며, 대단한 성공을 거두었다. 그가 바로 나일론의 창시자 뒤퐁 드 느무르이다.

물의 두 번째 본성 : 물은 파괴 본능에 시달린다

산소와 수소라는 두 가지 물질이 형성하는 커플인 물은 사실 겉보기만큼 그렇게 탄탄한 결합을 이루고 있지는 않다. 좀 더 정확하게 말하자면(경거망동이라는 비난을 면하기는 어렵겠지만), 산소는 흔히 전자라는 작고 바람기 많으며 부정적인 녀석들에게 태생적으로 끌리는 경향이 있다. 이 같은 끌림은, 본래 긍정적인 성질 쪽에 끌리는 수소를 불안하게 만든다. 그런데 누구나 다 잘 알다시피, 위기에 처한 커플은 다른 커플들까지도 위험에 빠뜨리는 경우가 적지 않다. 커플을 이루고 살다가 서로 상대방에게 만족하지 못하면 다른 짝을 찾아보려는 유혹에 쉽게 빠져들기 때문이다.

물도 마찬가지이다. 가령 소금을 만나면 물을 이루고 있는 두 요소는 이혼으로 치닫는다. 나트륨과 염소는 나름대로 저항해보려고 발버둥을 치지만 갈라지려고 하는 힘이 결합하려는 힘보다 80배나 강한 물에 무슨 수로 대항한단 말인가? 그 결과, 나트륨과 염소는 차츰 상대방으로부터 멀어진다. 소위 부드러운 친구, 나아가서 순수함의 상징이라고까지 일컬어지는 물의 무시무시한 모략이 진행되는 광경을 남의 일 구경하듯이 맥없이 바라보는 수밖에 없다. 나트륨과 염소 조각이 서로 계속 접촉하는 일이 없도록 물의 작은 분자들은 이들을 각각 하나씩 포위하여, 영원히 격리시켜버린다. 그럼으로써 눈 깜짝할 사이에 새로운 군도가 생겨난다. 물은 이렇듯 소금을 작은 조각으로 잘게 부수어 해체시킨다. 다른 물질도 마찬가지이다. 수십, 수백, 수천 개의 요소로 토막을 내는 것이다. 이와 같은 물의 힘에 대적할 상대는 거의 없다.

비만 조금 오면, 가령 소나기가 10밀리미터만 내려도 1제곱킬로미터당 1백 킬로그램의 모래를 해체시키는 것쯤은 문제도 아니다.

이처럼 물이 지닌 무시무시한 권력에 대해서 연금술사들은 애매한 결론을 내렸다. 그러나 이들은 물이 보편적인 용제이면서 동시에 모든 혼합물을 만드는 데 필요한 합성제임을 알아본 것만은 사실이다. 일단 해체된 요소들은 얼마든지 다른 요소들과 결합해서 새로운 물질을 만들어 낼 수 있기 때문이다.

물은 별거시키며 이혼을 부추긴다. 그러면서도 그것은 어디까지나 보다 나은 새로운 결혼을 위해서라고 강변한다. 상대를 바꿔봐, 다른 백마 탄 기사를 찾아보라니까. 그러면 당신의 인생이 새롭게 시작될 거야, 라고 소곤거리는 것이다.

물의 세 번째 본성 : 물은 창조를 향한 야심이 넘친다

바람에 관해서라면 나도 좀 아는 편인데, 이 바람이란 녀석이 내는 소리를 들어보라. 녀석이 헐떡거리는 모습을 보라. 태풍은 매번 몰아칠 때마다 우선 뭔가를 파괴하려고 덤빈다.

그런데 물이라는 녀석은 좀 다르다. 물은 자기 안에 이 세상을 변모시키려는 끊임없는 욕구를 담고 있다.

기후가 다양하게 나타나는 현상만 하더라도 모두 물의 작용 때문이다.

기온이 내려가면, 지구의 절반은 얼음으로 뒤덮인다.

반대로 공기가 더워지면, 비가 이성을 잃고 덤벼든다. 비란 녀석은 평화로운 가운데 형평성을 잃지 않으면서 호의를 베푸는 것이 아니라, 특정 지역에 특정 기간 동안 집중하다보니, 사막이 생기는 곳이 있는가 하면, 홍수를 피할 길이 없는 곳도 생긴다. 그러나 잠잠한 시기라고 해서 물이 게으름을 피우며 빈둥거린다고 생각하면 완전히 오산이다. 물은 쉬지 않고 일한다. 뭐니 뭐니 해도 공격이 물의 천성이다.

겉모습은 온화해 보여도 물은 공격을 즐긴다. 그것은 물로서도 어쩔 수 없는 물의 천성이기 때문이다. 암석 사이에 들어 있는 광물질들이 물의 공격을 제일선에서 받는 희생자들이다. 물은 그것들을 녹여버린다.

물은 천천히 녹이는 것 말고, 세차게 몰려와서 정면 공격을 시도하기도 한다(이것이 정말 무서운 성질이다). 빗방울이나 밀려드는 파도 등은 말하자면, 모든 종류의 물질들을 산산조각 낼 수 있는 가공할 만한 힘을 가진 탄환들이다. 물이 지닌 이처럼 놀라운 에너지는 산업에서 다양하게 이용된다. 가령 가느다란 물줄기에 아주 센 압력을 가하면, 여러 장 겹쳐놓은 철판도 자를 수 있다.

기세등등한 파괴 작업이 끝나면, 조각난 파편들을 바다로 실어 나르는 일만 남는다. 물은 갉아먹기만 하는 것이 아니라, 속을 아주 비우는 일에도 능하다. 어쩌면 운반하는 일이야말로 물이 가장 좋아하며 필요로 하는 일인지도 모른다. 물이 쓰레기를 치워주지 않는다면, 그것들은 두고두고 장애물이 될 것이고, 그렇게 되면 물이 암석을 공격하려고 해도 뜻대로 되지 않을 것이다.

우리가 다양한 풍경을 즐길 수 있는 것도 알고 보면 물 덕분이다.

물의 네 번째 본성 : 물은 한 곳에 머물지 못한다

그리스인들은 무엇 때문에 강물은 쉬지 않고 바다로 흘러가는지 궁금해했다. 그리고 강물이 그처럼 쉬지 않고 흘러들어오는 데도 왜 바닷물의 높이는 달라지지 않는지도 알고 싶어 했다. 그리스인들은 이리저리 궁리를 했지만, 이와 같은 수수께끼에 대해서 딱 한 가지 그럴듯한 대답만을 찾아냈을 뿐이다. 그들은 바다가 강을 만들어낸다고 결론을 내린 것이다. 바다 안에 강물의 근원이 있으며, 지구 내부에서 타오르는 불이 조금씩 조금씩 바닷물에서 소금을 제거한다. 그러므로 바다는 자기가 주었던 것을 되돌려받는 것뿐이라는 것이다.

오늘날 우리는 그리스인들이 믿었던 이 이야기가 유감스럽게도 완전히 틀렸다는 것을 잘 안다. 그러나 그리스인들은 물의 순환이라는 개념을 만들어냈다. 이제 다른 민족들이 이들의 발견에 살을 붙일 차례이다.

그리스인들은 지나치게 단순하게만 생각했다. 그들은 물은 그저 물일 뿐이라고만 믿으려고 했다. 그런데 사실 물에는 하늘, 태양, 식물 등 여러 종류의 다른 주역들이 개입한다.

*

피에르 페로에게는 샤를이라는 동생이 있었는데, 그는 쉬지 않고 지겨운 이야기들을 꾸며냈다. 〈푸른 수염〉, 〈엄지 왕자〉, 〈장화 신은 고양이〉 등이 모두 샤를이 꾸며낸 이야기들이다.

한편, 동생보다 훨씬 진지한 피에르는 오직 비에만 흥미를 보였다. 그는 줄기차게 센 강 상류 계곡의 강수량을 측정했다. 그런 다음 이곳으로부터 흘러나가는 물의 양을 측정했다. 지극히 전문적인 논문 〈샘물의 기원〉(1674)에서 그는 이제까지 자신이 관찰해온 결과를 발표했다. 물이 사라진다는 사실이었다. 구름으로부터 떨어지는 물의 양은 강이나 지방 하천 등 여러 형태의 지류로 흘러나가는 양보다 훨씬 더 많다. 그렇다면 줄어든 물은 어디로 간 것일까? 그가 던진 이 질문은 매우 현명한 것이었다.

자, 복잡한 듯해 보이는 현상을 짧게 요약해보자. 태양이 내리쬐면 물(특히 바닷물)은 증발하며, 식물들은 땀을 흘린다(증산 작용). 하늘은 이 증기들을 수집해서 모아두었다가 이따금씩 다시 돌려준다. 비가 되어 떨어지는 것이다.

빗물이 모여 흐르면서 물은 불어난다. 불어난 물의 일부는 증발하고 일부는 식물에게 흡수되며, 물을 흡수한 식물은 또다시 증산 작용을 통해 물을 몸 밖으로 내보낸다…….

모든 것은 다시 시작되는 것이다.

이처럼 하천의 물과 대기 중의 수증기는 끊임없이 새롭게 경질(열흘 정도 만에)되며, 바닷물은 3천여 년 만에 담수, 특히 극지방의 물은 1만 2천여 년 만에 각각 새로운 물로 바뀐다. 여기서 우리는 다시 한 번 자연은 무수히 많은 시계를 감추고 있음을 알게 된다.

처음 생겨난 이래로, 다시 말해서 수억 년 전부터 물의 순환은 전혀 변하지 않았고,[01] 물의 순환 덕분에 생명 현상이 가능함을 우리는 잘 알고 있다.

물의 다섯 번째 본성 : 물은 너그럽다

교묘하고 격렬하고 불안정하며……

방금 열거한 형용사들로 미루어 독자들은 어쩌면 내가 물을 증오한다고 추측할 수도 있겠지만 절대 아니다. 물이라는 주인공에게 매혹당한 나머지 홀리지 않기 위해서 정신을 집중해야만 했다. 너무 아름다운 여자를 만나면, 머지않아 여자의 매력에 두 손을 들고 말리라는 것을 잘 알기 때문에, 그렇게 되지 않으려고 공연히 그 여자가 가진 얼마 안 되는 단점에 기를 쓰고 정신을 집중시키는 것과 마찬가지라고나 할까.

이제 물의 가장 중요한 성질, 즉 아낌없이 주는 성질에 대해서 말할 시간이 되었다.

우리는 우리 몸을 구성하는 대부분의 물질을 물에서 취하며, 물은 우리 몸의 구성 성분이 되어주는 것으로도 모자라서 그 물질들이 활발하게 활동하도록 돕기까지 한다. 물이 없다면 우리가 생명이라고 부르는 기제는 절대로 작동할 수 없었을 것이다.

자, 이제 우리의 오만함을 잠시 접어두자! 키가 크건 작건, 아주 못생겼건 조금 못생겼건, 아니면 브래드 피트나 나오미 와츠처럼 잘생겼건, 근육질이건 두부살이건, 가자미처럼 납작하건 모니카 벨루치처럼 육체

---

01 요약을 하다보니 본의 아니게 자연이 선사하는 아름다운 이야기들, 이해를 돕기 위해서 반드시 필요하다고 여겨지는 이야기들을 생략할 수밖에 없었다. 좀 더 풍부한 내용을 좀 더 정확하게 알고 싶은 독자들에게는 지슬랭 드 마르실리의 감수로 출판된 《대륙의 물Les Eaux continentales》(아카데미 데 시앙스, 파리, 2006)을 추천한다. 또한, 2009년 뒤노 사에서 출간될 예정인 같은 작가의 《물, 나누어 가져야 할 보물L'Eau, un trésor en partage》도 권한다.

파건, 우리는 모두 예외 없이 물로 이루어져 있다.

인간의 신생아는 대부분이 액체로 구성되어 있다. 신생아 몸의 4분의 3은 물이다. 그러다가 나이를 먹어감에 따라 점점 고체화된다. 하지만 그렇다고 해서 물의 비중이 완전히 사라지는 것은 물론 아니다. 성인 남자의 몸은 55퍼센트, 성인 여자의 몸은 50퍼센트가 물이다. 이 차이만으로도 우리는 우리의 여성 동반자들이 남자들보다 질적으로 우수하다고 인정해야 하는 것일까? 우리 몸속에서 물은 불균질적으로 분포되어 있다. 일부 기관은 겉보기와 다르게 완전히, 혹은 거의 완전히 물로 이루어져 있다. 신장(81퍼센트), 심장(79퍼센트), 뇌(76퍼센트) 등이 그러하며, 다른 기관들은 이보다는 약간 건조한 편이다(예를 들어 피부는 70퍼센트가 물이다). 오직 뼈만이 온통 축축한 기운이 지배적인 주변 분위기에서 그럭저럭 고군분투하고 있다. 아, 그리고 치아를 구성하는 상아질(1퍼센트)도 뼈와 같은 편인 셈이다.

우리 몸에서 물은 여기저기에 산재해 있다. 우선 세포 안에 분포되어 결정적인 역할을 담당한다. 물은 세포라는 복잡한 화학 공장을 구성하는 모든 요소들을 결집시킨다. 또한 각 구성 요소 간의 반응과 교류, 재결합 등을 용이하게 함으로써 공장의 원활한 운영을 책임진다. 물은 모든 소통이 이루어지는 환경인 동시에 토론의 장이며 매개물이다.

물은 세포 밖에도 퍼져 있다. 세포들은 간질액 間質液이라는 액체에 잠겨 있으며, 이 액체는 세포 사이를 순환하는 미세한 혈관으로부터 나온다. 세포에 영양을 공급하기 위해서 세포 안으로 들어간 간질액은 노폐물을 실어가지고 나온다. 이때 나온 노폐물 중 일부는 미세혈관으로 돌아가고, 나머지는 또 다른 교통망인 림프관을 통해 배출된다. 간질액, 혈액, 림프액은 거의 모두 다 물로 이루어져 있다.

물은 막을 통해 드나든다. 이를 가리켜 삼투 현상이라고 한다. 삼투 현상이 댐의 수문이라면, 물은 수문을 열고 닫는 주체가 된다.

그 외에도 소변, 뇌척수액, 관절액, 안구 방수 등 우리 몸에 없어서는 안 될 여러 종류의 액체들이 존재한다. 눈물도 빼놓을 수 없다. 우리의 심장으로 통하는 대동맥도 잊어서는 안 된다……. 이 모든 액체는 상당 부분이 물로 구성되어 있다.

우리 몸은 물을 저장하지 않는다. 한 번 사용한 물은 밖으로 내보낸다. 혈액을 거르고 노폐물을 제거하는(이것이 바로 소변이다) 신장 덕분에 가능하다.

피부에 위치한 땀샘들도 이 일을 거든다. 땀샘에서는 혈관으로부터 물을 길어 모공을 통해 배출한다(이것이 바로 땀이다). 몸 밖으로 나온 땀은 증발하면서 한기를 선사한다. 더운 계절에 체온을 조절할 수 있는 고마운 기재가 아닌가!

허파도 빠질 수 없다. 숨을 내쉬면서 우리는 수증기를 품고 있는 공기를 밖으로 내보낸다.

목이 마르다고 느끼는 갈증이란 무엇인가?

갈증은 더할 나위 없이 소중한 감각이다.

뇌를 구성하는 두 개의 반구 사이에 시상하부 視床下部 라는 중심 부분이 있는데, 이곳은 생체 균형을 유지하는 데 매우 중요한 역할을 한다.

이를 위해서 신호 포착기들을 활용한다. 가령 혈액의 농도가 너무 올라갈 경우, 이 포착기들이 경계경보를 발동시킨다고 가정해보자. 이 메시지는 곧 뇌하수체 샘(목덜미 윗부분에 위치)으로 전달된다. 그러면 뇌하수체가 반응을 보이는데, 호르몬을 생산하는 것이 바로 그 반응이다. 이때 만들어진 호르몬이 갈증을 일으켜 물을 마시도록 부추긴다. 이 호르몬은 또 다른 기능을 가지고 있다. 신장에 소변 배출을 줄이라는 명령도 내리는 것이다.

이렇듯 이중으로 물을 확보하면, 혈액은 곧 정상적인 농도를 되찾게 된다.

*

물의 너그러움은 식물에게도 적용된다.

식물은 우리처럼 거의 대부분 물로 이루어져 있다. 예를 들어 상추는 97퍼센트, 토마토는 93퍼센트가 물이다.

식물의 내부에서도 물이 순환한다. 하지만 식물들에게는 펌프 역할을 하는 심장이 없다. 태양열로 더워진 잎들은 뿌리로부터 수액(물 + 영양소)을 끌어올려 수분을 증발시킨다. 우리 인간과 마찬가지로, 일단 수분을 배출하고 나면 식물의 온도가 내려간다.

식물들이 많은 물을 필요로 하는 것은 바로 이 같은 증산 작용 때문이다. 순환이 절대로 멈추지 않고 지속되어야만 한다.

식물 내부에 남아 있는 물은 광합성 작용에 개입한다. 태양열과 대기 중에서 빨아들인 이산화탄소CO_2를 이용하여 식물은 산소를 뿜어내며,

동시에 자신에게 필요한 물질들을 만들어낸다.

이것이 바로 식물들이 공기 중에 습기를 제공하는 이치이다. 식물은 수증기를 만들어내는 영구적인 원천이며, 식물로 덮인 면적이 줄어들면 그만큼 우량계가 가리키는 눈금이 내려간다. 식물은 물을 필요로 한다. 그런데 이와 같은 식물의 필요는 우리 인간들과의 경쟁 관계가 아닌, 기후 문제 해결을 위한 동반자적 역할로 이해해야 마땅하다.

물의 여섯 번째 본성 : 물은 권력과 밀접한 관계에 있다

고대 이집트에서 실행되던 중앙집권주의와 관료주의는 현대 국가에 비해서도 전혀 손색이 없을 지경이다.

제일 아래로는 몇몇 농지의 집합에서 시작하여, 두 섭정(한 명은 북부 담당, 다른 한 명은 남부 담당)의 감독을 받는 지방(42개)을 지나, 가장 꼭대기 국가의 수장에 이르기까지 층층시하의 행정 절차는 그야말로 시루떡을 몇 겹씩 얹어놓은 것만큼이나 여러 단계로 이루어져 있다.

다만, 고대 이집트에서는 해마다 7월이면 어김없이 찾아오는 하피 Hapy에 대비하기 위해서 이처럼 복잡하고 촘촘하게 짜인 조직이 필요불가결했다는 점이 요즘과 다를 뿐이다.

하피란 전통어로 '달리고 퍼지는 것'을 의미한다. 다시 말해서 해마다 일어나는 나일 강의 범람을 일컫는다. 나일 강은, 거의 아무것도 없는 이집트라는 거대한 사막 지역의 부富를 만들어내는 유일한 원천이다. 파라오는 '최초의', 태양을 만들어낸 레의 후손으로 오시리스의 아들, 즉 인간들이 사는 대지에 신이 내려보낸 대리인이며, 세상의 질서를 가리키는 마아트를 해석할 수 있는 유일한 사제이기도 하다. 그는 이집트의 상왕국과 하왕국의 통일을 상징하는 거대한 두 왕국을 통치한다. 파라오는 당연히 모든 대지의 주인이다. 대지를 창조한 신의 뜻을 받드는 유일한 계승자로서 파라오의 첫 번째 책임은 그가 소유한 모든 대지를 먹여 살리는 일이다. 하피를 제대로 맞아들이는 일이 그에게 주어진 가장 우선적인 임무이다. 하늘이 주는 이 선물을 낭비해서는 안 되는 것이다. 따라서 물을 제대로 관리해야 한다.

치수治水, 즉 물을 관리하는 일은 빈틈없는 바닥면 관리(토지대장과 노면 배치)와 관개 방식의 끊임없는 개선(가령 항아리로 물을 주는 관습은 얼마 지나지 않아 샤두프shadouf, 즉 일종의 양수기 관개 방식으로 바뀌었다)을 의미한다. 누비아나 그보다 더 남쪽 아스완 근처에서는 국가의 녹을 먹는 사제들과 공복들이 강물의 빛깔과 움직임을 꼼꼼하게 관찰했다. 그들은 온갖 종류의 도구들을 사용했는데, 그중에서 특히 눈금이 새겨진 사다리인 나일 강 수위표가 특기할 만하다. 그들은 이 관찰을 통해서 나일 강의 수위가 언제쯤 얼마나 불어날 것인지를 추측했다.

수집된 정보는 곧 섭정들의 집무실로 전달되고, 이는 다시 국가의 모든 관련 기관, 즉 둑 건설을 맡은 기술자, 석공, 기계 수선공, 파종 책임자 등, 결국 모든 국민들에게 전달된다. 물 관련 정보를 전달하는 군함들은 지체 없이 노를 젓는다. 강력한 바람과 긴 돛, 그리고 절박한 심정으로 조바심치며 노를 젓는 조정수들에 힘입어, 배는 단 하루 만에 2백 킬로미터씩 항해했다. 태양력으로 한 해는 7월 18일 또는 19일 전후로 시작했으므로, 결국 물의 주기로 본 한 해와 다르지 않았다. 이날에 모든 상황이 순조롭게 진행된다면, 하늘에서는 큰개자리의 소티스 별(시리우스)과 땅에서는 나일 강의 범람, 이렇게 두 가지가 일치하게끔 되어 있었다.

이렇게 되면 농부는 5천 년 동안 변함없이 전해 내려온 순서에 따라 일을 시작한다.

장클로드 구아용은 이들의 일과를 다음과 같이 말한다.

물굽이가 도착하면 물의 첫 번째 계절(아크테트 Akhet)이 시작된다. 아직 파종하지 않은 대지들은 물을 마시고 영양을 섭취한다. 이제 목축과 사냥, 낚시의 계절이 시작되는 것이다. 물은 도처에서 야생의 생명들을 깨운다. 이는 또한 국책 사업이 시작되는 계절이기도 하다. 물이 슬며시 빠져나갈 무렵이면(10월 15일에서 30일 사이) 곡물이 발아하는 계절(페레트 Peret)이 시작된다. 이때부터 물을 주어가며 작물들을 재배한다. 3월부터 7월 중순까지는 수확이 시작되는 계절(셰무 Shemou)이며, 동시에 온갖 질병들이 창궐할 수 있는 위험한 시기이기도 하다. 그런가 하면 사람들은 어느새 남쪽 별이 예고하는 새로운 하피가 오기를 기다린다.[02]

하피는 1965년에 아스완 댐이 건설되면서 영원히 지구상에서 자취를 감추었다.

[02] 《물의 모든 것 Le Grand Livre de l'eau》에 실린 〈이집트와 나일 강〉 편, 라마뉘팍튀르 와 라시테데시앙스에드랭뒤스트리 공동 출판, 리옹, 1995.

그 후로는 새로운 리듬이 정착되었다. 기하급수적으로 늘어가는 인구를 따라잡으려면 농업도 발 빠르게 달음박질쳐야 했기 때문이다.

물의 일곱 번째 본성 : 물은 모든 것을 감수한다

물은 위에서 아래로 내려오면서 사방을 적시는 것으로는 만족하지 못하고, 아래에서 위로 들어올리기도 한다. 물은 우리를 떠받친다. 우리를 중력으로부터 해방시켜준다는 말이다. 커다란 배 한 척이면 트럭 220대, 혹은 열차 120대분의 짐을 실어 나를 수 있다.

*

나는 어째서 내 어머니가 그토록 수영하기를 좋아하셨는지 늘 궁금했다. 쉰 살 무렵, 어머니는 심각한 신경 계통 질환인 길랭바레 증세로 몹시 고생하셨다. 그 때문에 부분적인 마비가 왔고, 나이를 먹어감에 따라 점점 더 증세가 악화되었다. 그러던 어느 날, 어머니는 내 질문에 대답하셨다. 어머니의 파란 눈에는 내가 바보짓을 할 때마다 늘 그랬던 것처럼 (자주) 나를 놀리는 태도가 역력했다.

"넌 그것도 아직 몰랐니? 물에 들어가면 내가 가진 장애가 느껴지지 않는단다……."

*

"도대체 어디에 가서 그런 걸 다 찾아낼 작정이죠?"

이는 아마도 사람들이 작가에게 가장 자주하는 질문들 가운데 하나일 것이다. 조르주 시므농이라면, "운하를 따라가다보면 찾게 되겠죠"라고 대답했음직하다.

1928년에 시므농은 겨우 스물다섯 살이었지만, 그의 인생은 벌써 매우 빠른 속도로 써내려간 여러 권의 책들과, 조세핀 베이커를 필두로 하는 다양하고 열정적인 연애 행각으로 꽉 찬 상태였다. 어느 날 시므농은 이 소용돌이 같은 삶에서 벗어나기로 결심했다. 그래서 3마력짜리 모터로 움직이는 4미터짜리 보트를 한 척 장만해서 지네트호라고 이름을 붙이고는 항해를 시작했다. 시므농의 공식적인 아내 티지가 그를 따라나섰다. 두 사람은 호텔에서 숙박한다는 생각은 아예 하지도 않았고, 작은 배 안에서 잠을 잤다. 게다가 배에는 두 명의 승객이 더 있었다. 이들 두 명의 승객, 즉 하인이자 시므농의 정부인 불(금발에 통통하고 생각하는 게 단순한 여자)과 독일산 개 올라프는 운하의 둑에서 캠핑을 해야 했다. 머지않아, 이들은 불편함을 덜기 위해 지네트호를 10미터짜리 쾌속선 오스트로고트호로 교체했다. 3년 동안 이들 4인조는 유럽 전역을 돌아다녔다. 시므농은 매일 갑판에 앉아서 수십 쪽씩 글을 썼다.

그는 천천히 흐르는 잿빛 물 위에서 항해를 하거나 정박해 있는, 도저히 믿을 수 없는 인물들을 수없이 많이 만났다. 운하를 따라 항해하면서, 강물을 따라 떠다니면서, 그는 폭력 사건의 동기를 찾고 수수께끼 같은 사건을 해결하는 고집불통이며 회의적이고 인간적인 경찰 공무원 메그레 경감을 창조해냈다.

물의 초상

태초의 세계와 물

종교의 관점에서

태초에 하나님은 하늘과 대지를 창조했다. 대지는 너무도 거대하고 삭막하며 검은 구름이 심연을 뒤덮고 있었으며, 하나님이 보내는 바람은 물의 표면을 일렁거리게 만들었다.[03]

> 두 개의 바다를 하나로 합한 것은 하나님이었다.
> 하나는 담백해서 맛이 좋았고,
> 다른 하나는 짜고 썼다.
> 하나님은 두 개의 바다 사이에 울타리를 만들었다.
> ……
> 물에서 인간을 한 명 만들어낸 것도 하나님이었다.
> 그는 인간에게서 후손들을 끌어냈다…….[04]

이집트인들에게는 모든 것이 눈Noun, 즉 원초적인 늪지대에서 시작한다.

늪지대의 물이 점점 줄어들면서 반은 모래, 반은 진흙으로 된 섬이 하나 나타난다.

그곳에서 생명의 싹이 모습을 드러낸다. 어떤 원전에 따르면 그것을 연꽃이라고 하고, 다른 원전에서는 알이라고도 한다.

---

[03] 〈창세기〉, 《성경》(예루살렘 판), 에디시옹뒤세르, 파리, 1998, p. 33.
[04] 《코란》, XXV장, 법.

한 가지만은 확실하다. 연꽃인지 알인지 정확하게 알 수는 없지만, 하여간 그 안에서 최초의 신이 탄생한다.

《베다》는 인도 최초의 종교 경전이다. 세기를 거듭하면서 《베다》에 대한 수많은 해석과 주석서들이 등장한다. 《브라마나》, 《수트라》, 《우파니샤드》 등이 모두 여기에 해당된다.

태초에는 사실 물밖에 없었다. 물들에게는 욕망이 있었다. "우리는 어떻게 해야 자손을 낳을 수 있을까?" 물들이 모여 노력을 하고, 차츰차츰 열정을 키워나가던 어느 날, 물속에서 황금알이 만들어졌다……. 그 알에서 나온 자는 피조물들의 주인인 프라자파티였다. 이렇게 되자 1년 사이에 여자와 암소, 암말이 새끼를 낳았다. 프라자파티도 1년 만에 태어났기 때문이다. 그는 황금알을 깨뜨렸다. 그러자 의지할 곳이라고는 아무 데도 없었다. 그래서 황금알은 그를 안고 여기저기로 흘러다니다가 한 해의 끝에 다다랐다.[05]

처음에 영혼은 모두 물을 잔뜩 머금은 커다란 종자 호수에 모여 있었다. 이들은 완전한 행복 속에서 살았다. 그러다가 우주 창조신은 종자 한 방울씩을 건져서 그것을 여자의 배에 맡기면서 영혼들에게 이제 육체의 형상을 하라고 명령했다. 그러자 영혼들은, 육체를 갖게 되면 닥칠 불행을 미리 짐작이라도 한 듯이 몹시 괴로워했다. 이를 안 창조신은 이들을 진정시키기 위해서, 그리

[05] 《세상의 탄생 La Naissance du monde》, 동양 고전 sources orientales.

고 이들에게서 낙원에서의 완전한 행복에 대한 기억을 지우기 위해서, 천사들에게 영혼들과 동행할 것을 명했다. 아이들이 세상에 태어날 때 손을 뻗어 이전 세상에서 살았던 기억을 지움으로써 대지에서의 여행이 가져다줄 시련을 맹목적으로 견딜 수 있도록 돕는 것이 이 천사들의 임무였다.[06]

중세 막바지에 자유정신 수도회에서는 이와 같은 원초적 상태, 천국에서의 순진무구한 행복감을 되찾으려고 시도했다.

이들은 남녀 구분 없이 벌거벗고, 순수한 물속에서 서로의 육체를 맞대며, 자연과 교감하면서 끊임없이 창조 행위를 되살렸다.

*

과학의 관점에서

옛날에, 그러니까 130억 년 전에 기체로 된 구름이 있었는데…….

실제로 일어난 이 실화를 듣기 위해서는 멀리 여행을 떠날 필요도 없다. 아카데미 프랑세즈는 파리의 케드콩티 23번지, 루브르 박물관과 마주 보는 곳에 자리 잡고 있기 때문이다. 그곳에는 다섯 개의 아카데미가 있으며, 과학 아카데미도 그 가운데 하나이다.

천문학자 피에르 레나는 하늘을 바라보는 것이 취미이자 직업이다. 그는 특히 아직 먼지로 덮여 있는 나이 어린 별들을 관찰하길 즐긴다. 바라만 보는 것이 아니라 자신이 알고 있는 무궁무진한 지식을 남과 나누어

---

[06] 이것이 클로드 메트라가 〈창세기〉로부터 발췌하여 들려준 의미심장한 전설이다. 《물의 모든 것 *Le Grand Livre de L'Eau*》, op. cit.

가지는 것 또한 즐긴다. 세 번째 뜰 맨 끝 오른쪽에 있는 작은 강의실에서 그는 나를 맞이했다. 그 유명한 경도 연구실과 바로 붙은 방이다.

옛날에, 그러니까 130억 년 전에 하나의 우주, 우리의 우주가 있었는데, 이 우주는 한낱 기체 덩어리에 지나지 않았다.

이 시기보다 앞선 시기에 발생한 물질과 역학 관계에 대한 우리의 지식은 너무 제한적이다. 이 기체는 점점 식었다. 기체의 온도가 3천 도(오늘날 태양 표면 온도의 절반)까지 내려오자, 기체를 구성하고 있던 양자와 전자들이 갑자기 결합하면서 최초의 원자, 즉 최고로 간단한 원자인 수소 원자(양자 1개와 전자 1개의 결합)가 생겨났다. 수소는 모든 원자 결합 중에서 최초의 결합이며, 이로부터 다른 모든 물질들이 생겨났다. 그 후 점차적으로, 그러니까 수십억 년에 걸쳐서 거대한 기체 덩어리 구름은 희석되었고, 그와 동시에 우주는 팽창했다. 만유인력의 법칙에 따라 알갱이들이 응고된 덩어리들, 다시 말해서 물질과 에너지의 집적체들이 생겨났다. 이 덩어리들이 바로 별이다. 말하자면, 별들은 물질이 서서히 익어가는 냄비라고 할 수 있다. 수소는 이러한 핵 냄비 속에서 헬륨을 만들었다. 헬륨 원자들은 서로 결합하면서 모든 생명의 조상이라고 할 수 있는 탄소를 만들어냈다. 오래지 않아 산소도 탄생했다. 산소란 다름 아니라 탄소가 헬륨 원자를 만나서 반응할 때 생성되는 것이기 때문이다.

이렇게 해서 물질을 구성하는 최초의 재료라고 할 수 있는 모든 화학 원소들이 만들어졌다.

이따금씩 핵융합 반응이 가속도를 얻게 되면, 별이 폭발하면서 우주 공간에 자신이 만들어낸 원소들을 쏟아놓는다. 우주는 계속 팽창하고, 평균 온도는 계속 내려간다. 그럼으로써 원자들의 운동은 잠잠해진다. 따라서 다른 원자들을 만나게 되면 결합할 여유가 있다. 이렇게 해서 수소 분자, 즉 두 개의 원자가 결합되어 만들어진 열매가 탄생한다.

마찬가지 방식으로, 수소와 산소가 만나 물의 분자도 생성된다.

피에르 레나와 헤어진 후, 나는 센 강을 따라 오래도록 걸었다. 걸으면서 내내 그의 이야기를 계속 이어가보려고 궁리했다.

옛날 옛적에 지구라는 어린 별이 있었는데……

옛날 옛적에 물이 있었는데, 도처에 퍼져 있는 이 물은 특히 하늘에서 내려왔다. 혜성들이 끊임없이 지구에 폭격을 가했는데, 혜성의 중심부는 거의 대부분이 얼음과 물로 이루어져 있었기 때문이다…….

옛날 옛적에 쉴 새 없이 일어나는 화학 반응에 의해 익어가는 거대한 수프 냄비가 있었는데…….

옛날 옛적에 파란 해초들이 있었고, 옛날 옛적에 인간들이 생겨났고, 옛날 옛적에 수십억 년에 걸쳐 진화가 일어났고…….

이처럼 우리는 보편적인 '생명'을 물에 빚지고 있는 동시에 우리 자신의 개별적인 생명 또한 물에 빚지고 있다. 우리의 기억 깊은 곳에 숨겨진 물에의 귀속감은 우리가 물에 지고 있는 이중의 부채에서 기인한다. 이 귀속감은 비록 희미하고 모호하지만, 절대로 사라지지 않고 남아 있다. 헝가리 출신 정신분석가 페도르 페렌지는 이를 가리켜 '대양 감각'

이라고 표현한다. 인간의 배아는 아홉 달 동안 바다를 닮은 액체(96퍼센트가 물) 속에서 부유한다.

나는 이제 물에 대해서 조금은 알 것 같다. 물은 내가 애초에 생각했던 것보다 훨씬 덜 소박한 주인공임에 틀림없다. 이제 그 주인공을 만나러 떠날 시간이 되었다. 나는 오스트레일리아를 첫 번째 목적지로 선택했다. 섬이면서 그 자체로 하나의 대륙인 오스트레일리아에 물이 부족하다고 하지 않은가.

02

가뭄의 현장
오스트레일리아

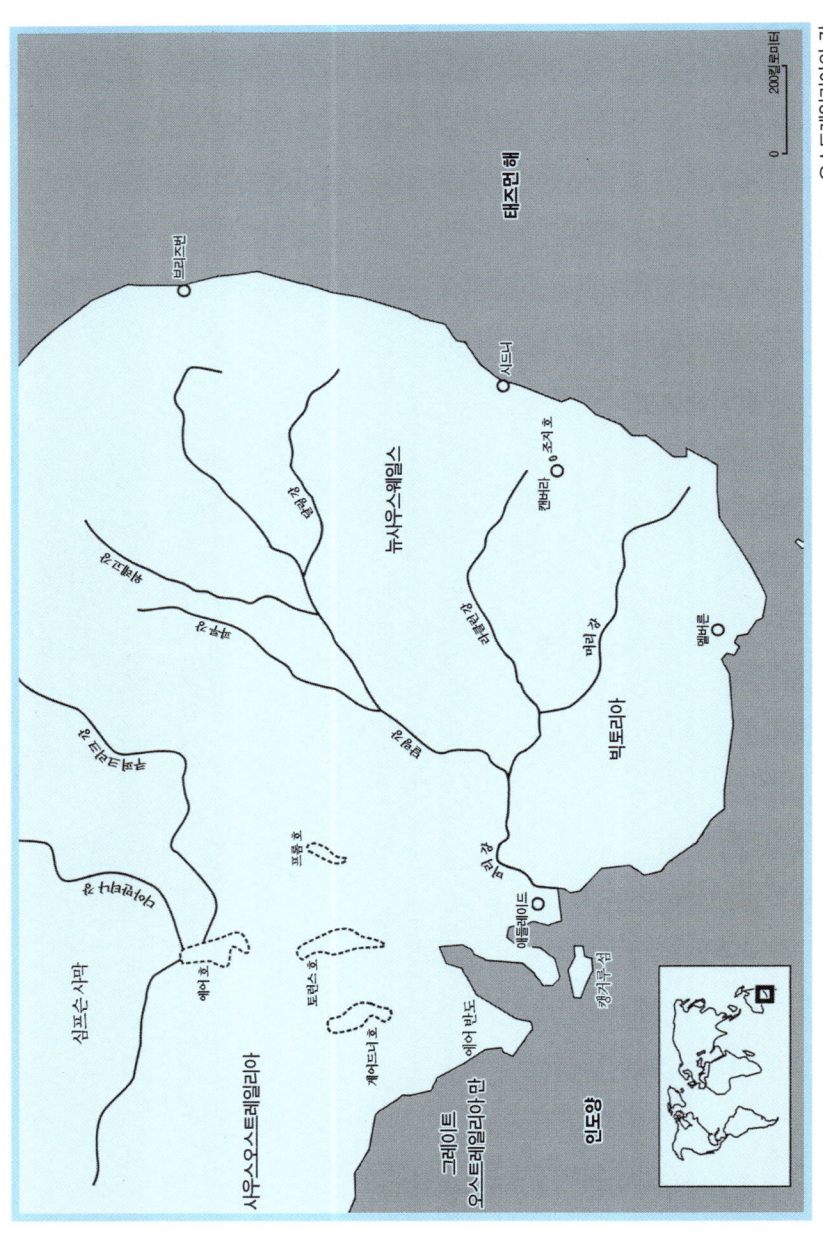

심각한 물 부족 국가

　나는 가장 혹독하다는 가뭄의 현장에 가기 위해 지구의 반을 가로질렀다. 그런데 비가 오는 게 아닌가. 비는 한 달 동안 줄기차게 내렸다. 어째서 아무도 나한테 이런 사실을 알려주지 않았단 말인가? 가뭄 실태 조사에 나선 내 꼴이 뭐가 되느냐 말이다.

　좋은 소식이라고 TV에서 말한다. 다음 날에도 비가 올 예정이란다! 우리는 이제 살았다고 뉴 사우스웨일스 농부들이 몇 번이고 입을 모아 같은 말을 반복한다. 시드니에서는 거리를 지나가던 행인들이 비를 쫄딱 맞고서 좋아라 승리의 미소를 나눈다. 다행히도 속 모르는 사람들은 내 까칠함을 엄청난 시차로 인한 피곤함 탓으로 돌린다. 다시 한 번 다행스럽게도 저녁부터 기상캐스터는 나를 안심시킨다. 소나기가 주변 풍경에 녹색 기운을 불어넣은 것은 사실이지만, 그렇다고 해서 근본적인 문제가 해결된 것은 아니라고 누누이 강조하니 말이다.

　섬이자 대륙인 오스트레일리아는 심각하고도 지속적인 물 부족 현상에 시달리고 있다. 더구나 기상 온난화 현상 때문에 앞으로 사정은 더욱 악화될 것이 거의 확실하다.

　나는 안도의 한숨을 쉬며 잠자리에 들었다.

　이 세상에 작가만큼 고약한 이기주의자는 없다.

캥거루의 지혜

　오스트레일리아에서 절대로 해서는 안 되는 실수로 내가 꼽은 것들

중에서 제일 으뜸은 단연 캥거루 관련 문제였다. 프랑스 사람이라면 누구나 외국 사람들로부터 명품 향수나 핸드백만 만들 줄 아는 나라 사람이라는 취급을 받고 싶어 하지 않듯이(당연히 초고속 열차 TGV도 만들 줄 아는 나라 사람으로 대접받고 싶어 한다!), 오스트레일리아를 주머니 달고 깡충깡충 뛰는 권투선수 같은 캥거루의 고향으로만 취급하는 건 부당한 처사라고 생각했기 때문이다.

그런데 도착한 바로 다음 날, 오스트레일리아 땅에서 처음으로 먹는 아침 식사 때부터, 나와 마주 보고 앉은 남자가 그 문제에 대해서 말을 걸어왔다. 50대 정도의 정 많고 낙천적인 성격으로 보이는 남자는 주인에게서 내가 물에 관심이 많은 사람이라는 이야기를 들었다고 했다.

"그렇다면 당연히 캥거루에 대해서 연구를 하셔야 합니다!" 중년의 유쾌남은 다짜고짜 이렇게 말했다.

남자를 향한 최대한의 존경심을 담은 소개말을 들은지라, 나는 남자의 말을 열정적으로 경청했다. 남자의 이름은 팀 플래너리이며, 환경에 관한 여러 가지 사업 성과를 인정받아 '2007년도 올해의 오스트레일리아인'에 선정되었다는 것이었다.

유명한 주머니 동물 캥거루에 대해서 다음에 소개하는 모든 지식은 그로부터 얻었다.

첫째, 암캥거루는 갓 태어난 새끼에게 젖을 먹이는 동안에도 임신할 수 있는 놀라운 능력을 지녔다. 누구나 다 알고 있듯이, 수유와 생산은 체온 상승을 유발한다. 그러니 이 두 가지 일을 동시에 수행할 수 있는 암컷 또는 수컷은 에너지 절약에 일조하는 셈이다.

둘째, 암캥거루는 섭취 가능한 식사량에 따라 임신 기간을 조절하는 탁월한 능력도 있다. 그러니 환경 적응력의 압권이라고 할 수 있는 이 같은 뛰어난 능력에 어찌 감탄하지 않을 수 있겠는가?

셋째, 암수 구별 없이 모든 캥거루는 깡충깡충 뛴다. 이것은 누구나 다 아는 사실이다. 프랑스 사람 대다수가 해당된다고 볼 수 있는, 아는 게 없는 사람들이나 빈정대기를 좋아하는 사람들은, 이런 캥거루의 이동 방식을 상당히 볼썽사납다고 느낀다. 그런데 팀의 입장은 단호하다. 더할 나위 없이 진지한 모든 연구들이 깡충 뛰기에 대해서 밝혀냈는데, 한 지점에서 다른 지점으로 이동하는 방식에서 걷기나 달리기보다 훨씬 더 유용하며, 가장 덜 피곤하다는 것이다. 그러니 각자 시도해본 후, 잊지 말고 그 결과를 나한테 알려주시라.

팀과 나는 서로 연락처를 주고받았다. 그는 내가 현재 진행 중인 남극 지역 지의식물地衣植物에 관한 연구에 관심을 가지고 있었다. 하긴 오스트레일리아와 남극은 수천만 년 동안 하나의 대륙으로 붙어 있지 않았는가. 우리는 거의 백년지기 같은 친구가 되어 작별 인사를 나누었다. 이 오래된 땅에 세워진 젊은 나라의 미국화된 국민들은 가뭄에 어떻게 적응할 것인가? 팀 덕분에 나는 고생물학의 특권인 거리 두기 관점에서 새로운 눈으로 오스트레일리아 방문을 시작했다.

국가 총동원령과 두 명의 여전사

《거리距離의 독재》.01 어찌 이보다 더 오스트레일리아의 역사를 간결하게 요약할 수 있단 말인가? 독재인가, 축복인가? 거대하지만 잊혀진 섬. 진화의 거센 물결들은 오스트레일리아에 직접 와 닿지 않고 인근 바다만 스치고 지나갔다. 아니, 아예 오스트레일리아는 보지도 못한 채 지나갔다는 말이 더 맞을 것이다.

탐험가들의 문제는 항상 뭔가를 발견한다는 것이다. 발견한다는 건 곧 고립이 끝나는 것을 의미한다.

천재적인 뱃사람 쿡 선장은 1770년 5월 5일 오스트레일리아에 닻을 내림으로써 이 땅을 지구의 나머지 땅들과 하나로 만들었다. 그 후의 일들은 상인들이 다 알아서 처리했다. 거점을 만들고 거래망을 조직하는 일은 그 사람들의 전문이니까.

그리고 마침내 쿡 선장에 의해서 시작된 오스트레일리아와 하나 되기는 기후의 변화로 말미암아 완성되었다. 오스트레일리아조차도 지구상의 다른 국가들과 똑같은 운명을 감내하게 된 것이다. 기후 온난화는 오스트레일리아를 비켜가지 않았으며, 오히려 다른 어느 지역보다 직격탄을 맞았다고 하는 편이 옳을지도 모른다.

불안감은 점점 커져만 간다. 기상 관찰 통계를 시작한 이래, 요즘같이 극심한 가뭄은 처음이라고 한다. 8월 강우량은 6밀리미터에 불과하며, 겨울 내내 월간 강우량이 40밀리미터를 밑돌았다. 시드니에 물을 공급

01 *The tyranny of distance : how distance shaped Australias history*, 제프리 블레니Geoffrey Blainey, 멜버른, 1966.

하는 가장 큰 저수지는 용량의 40퍼센트도 채우지 못했다……. 지구상에서 가장 물을 많이 소비하는 국민인 오스트레일리아인들은 이제서야 전통적인 낙천주의와 낭비 풍조를 몰아내는 행동에 돌입해야 할 필요성을 절감하기 시작했다.

*

나는 정말이지 웡이라는 이름을 가진 여자하고는 되는 일이 없다. 전 세계 양말계의 여왕인 중국인 웡 여사는 다탕 공장으로 찾아가서 만나고 싶다는 나의 인터뷰 요청을 거절했다. 듣자 하니 웡 여사는 자신이 심혈을 기울여 이룩해놓은 면화 섬유 산업에 코쟁이 외국인들이 들락거리는 걸[02] 몹시 싫어한다는 것 같았다.

그런데 이번엔 똑같은 이름을 가진 오스트레일리아의 페니 웡 여사와도 그다지 운이 좋은 편이 아니었다. 페니 웡 여사는 말레이시아 출신으로 왕년에 변호사와 공증인 등 법률가로 일했으며, 현재 기후 변화와 물 담당 장관으로 재직하고 있다. 하지만 시간이 없다는 데야 어찌하겠는가? 하필이면 내가 인터뷰를 신청한 날을 오스트레일리아 정부가 원주민들에게 그동안 제대로 대접해주지 않은 데 대해서 공식적으로 사과하는 날로 정했다니, 무작정 원망만 할 수도 없는 노릇 아니겠는가. 국내에서 발행되는 모든 신문의 제1면에 오스트레일리아는 다음과 같은 사과문을 실었다.

[02] 저자의 책 *Voyage aux pays du coton*(한국어판 제목 《코튼로드》), 파야르, 2006.

우리 나라는 사과합니다

        오늘 우리는 이 땅의 원주민에게 경의를 표합니다. 이들은 인류 역사상 가장 오래된 문화를 지속해오고 있습니다. 우리는 과거에 그들에 대해 적절하지 못한 대우를 자행한 사실을 깊이 반성합니다…….
        우리는 각종 법률과 정책에 대해 사과합니다…….
        우리는 어린아이들을 가족으로부터 강제로 빼앗아갔음을 사과합니다…….
        자긍심 강한 종족들에게 가한 이와 같은 비인간적이고 파괴적인 행위에 대해 우리는 미안하다는 사과의 말을 전합니다…….

 케빈 러드 총리는 의회에서 이와 같은 사과문을 낭독하는 것으로 원주민 인권 관련에 대한 일련의 행사를 시작했다. 이들 각종 행사에는 윙 여사도 당연히 참석해야 했다. 하지만 윙 장관에게는 아무런 유감도 없으니 걱정하지 마시라고 이 자리를 빌려 다시 한 번 말씀드린다.
 매우 중요한 위치에 있는 다른 두 사람의 여전사가 나에게 충분한 정보를 제공해주었으므로, 윙 여사는 더더욱 마음의 짐을 더셔도 좋다. 첫 번째 전사는 키가 훤칠하게 큰 금발의 사람 좋고 결단력 있어 보이는 웬디 크레이그이다. 크레이그 여사는 오스트레일리아에서 가장 중심이 되는 두 개의 하천인 달링 강(2,740킬로미터)과 달링 강의 본류를 이루는 머리 강(2,530킬로미터) 수자원 관리 공사를 이끌고 있다. 두 강 유역이 차지하는 면적은 프랑스 전체 국토 면적(1백만 제곱킬로미터 이상)의 두 배에 달하며, 이 지역의 중요성은 그야말로 막중하다. 오스트레일리아 농업의 중심을 이루기 때문이다.

크레이그 여사는 그토록 소중한 두 강의 사진들을 나에게 보여주었다. 누가 보더라도 크레이그 여사가 그 강들을 아끼고 사랑한다는 데에는 의심할 여지가 없다. 우리는 자식 자랑하는 팔불출 부모들처럼 강의 아름다움과 우아함, 장엄하게 이어지는 길이에 감탄을 금하지 못했다. 나는 오스트레일리아가 자연의 천국이라는 칭찬을 길게 늘어놓았다. 하지만 크레이그 여사는 오래도록 자식 자랑만 늘어놓는 부류는 아니었다. 유감스럽게도 그의 자식들, 아니 두 강은 매우 큰 결함을 안고 있었다. 다름 아니라 유량流量이 병적이라고 할 만큼 변덕스러운 것이다. 자신의 자랑스러울 것 없는 주장을 증명해 보이기 위해서 크레이그 여사는 내 앞으로 종이 한 장을 내밀었다. 그 종이에는 오스트레일리아의 심각한 무절제가 고스란히 드러나 있었다.

아마존 강의 유량은 해가 바뀌어도 거의 변동이 없다. 그런가 하면 라인 강이나 양쯔 강의 유량은 연도에 따라서 두 배가량 차이가 나기도 한다. 그런데 달링 강의 유량은 무려 4천7백 배까지 차이가 난다.

깜짝 놀란 나는 크레이그 여사에게 연민을 느꼈다. 여사는 내 팔을 툭툭 치면서 오히려 나를 위로해주었다.

"어쩌겠어요? 오스트레일리아라는 나라가 원래 이렇게 생겼는걸요. 그러니 우리가 해결책을 찾아내는 수밖에요. 게다가 기후 온난화 현상 때문에 이런 변덕은 더 심해지면 심해졌지, 잠잠해질 것 같지 않거든요. 어떤 국민이 이런 불확실함을 안고 살고 싶겠어요? 그래서 우리는 물이 풍부할 때 최대한 저장해두지요. 댐을 많이 지었거든요. 댐이라는 게 뭐겠어요? 물을 저장하는 다락 아닌가요? 우리 나라 물 저장고들을 가서 보세요, 그럴 만한 가치가 있을 테니까요. 다트머스 댐(50억 리터)이나 유컴빈 호수(60억 리터) 같은 곳에 가보세요."

크레이그 여사는 다른 사진들도 보여주었다. 푸른 점들이 군데군데 찍혀 있는 누런 바닥들을 찍은 사진이었다.

"우리 나라에서는 농부들도 댐을 파죠. 난 그 심정을 충분히 이해해요. 여유가 있을 때 미리미리 저장해두는 거죠. 하지만 농부들이 물을 가둬두는 만큼 내가 관리하는 두 강으로 흘러들어오는 물의 양은 줄어들지요. 그러니 이런 식으로는 오래도록 지속할 수 없어요."

크레이그 여사는 내 앞에 새로운 지도를 펼쳐 보였다. 파란 점들은 1994년 시점에서 파악된 농부들의 사설 댐들이었다. 당시에도 이미 파란 점들은 구름처럼 제법 크게 퍼져 있었다. 빨간 점들은 지난 10년 사이에 새로 새워진 댐들을 표시했다. 파란 점과 빨간 점을 빼고 나니 별로 남는 공간이 없었다. 아, 가엾은 빗물! 바닥에 떨어지기가 무섭게 함정에 빠져버리다니! 빗물이 강으로 흘러갈 확률은 거의 제로였다.

나쁜 소식은 그것만이 아니었다. 크레이그 여사의 이야기가 이어짐에 따라서 두 자식, 아니 두 강의 결함은 서서히 드러났다.

"전반적인 관리가 가능하도록 체계가 짜여 있긴 하지만, 전투는 어디까지나 하나씩 수행해야 하죠."

크레이그 여사는 손가락을 하나씩 꼽아가며 말했다. 열 손가락이면 충분할까? 우선 염도 증가 문제였다. 해마다 머리 강에서 50만 톤가량의 소금이 추출된다. 둘째, 생태계 교란과 생물 다양성의 파괴 문제였다. 환경 적응력이 강한 일부 어류들이 지나치게 빨리 증가하는 까닭에 다른 종류는 위협을 받고 있다. 셋째, 가뭄 때문에 잦아진 산불 문제였다. 잿더미들을 어떻게 할 것이며, 토양의 부식과 파괴에는 어떻게 대처해야 하는가? 기온 상승으로 인해 숲의 증산 작용이 활발해짐에 따라 식물의 뿌리들은 점점 더 처절하게 토양의 습기를 빨아들인다(물론 아직까지 살아서 버티는 식물들은 그렇다는 말이다).

전투에 참가하는 여전사로서의 발제發題를 마무리 짓기 위하여 크레이그 여사는 나에게 머리 강의 또 다른 얼굴을 보여주었다. 파란 선(강)이 군데군데 커다란 빨간 원(저수지)으로 끊어졌다가 이상하게 지그재그를 그리면서 초록 점(늪지대)으로 이어지는가 하면, 짙은 빛깔 삼각형(댐과 30개가 넘는 수문)으로 토막 나기도 하고, 그런가 하면 파란 선을 따라 거의 내내 회색 선(운하)이 지나가고, 그 선들을 노란 선(우회 수로)이 가로지르면서 일종의 머리빗 같은 형태(숲에 떨어지는 물 회수 장치)를 이루는가 했더니, 그 위에 다시 빨간 사각형이 점점이 뿌려져 있고(어류용 사다리), 와인색 나비(펌프)를 비롯하여 형태를 설명하기 어려운 각종 도형들(소금 제거 장치, 붕소 여과 장치 등)이 산재해 있으며…….

아, 불쌍한 머리 강! 마치 여러 군데 중상을 입은 환자의 X선 촬영 사진을 보는 것 같은 기분이었다. 부목이며 뼈를 뚫고 박은 긴 나사못, 철판 등이 교묘하게 다리 혹은 척추를 지탱해주고 있는 중환자 머리 강.

크레이그 여사는 고개를 끄덕였다. 나의 비유가 설득력 있게 느껴지는 모양이었다. "네, 그래요, 아주 정교하게 마련된 강 수자원 관리 시스템이죠." 어찌나 정교하게 관리되는지, 길들여지지 않은 야성적인 자연을 카메라에 담고 싶은 사진작가들은 어디에 가서 어떻게 해야 하는

지 궁금해질 지경이었다. 하지만 크레이그 여사는 모든 형태의 감상주의를 배제하고, 전투태세가 해이해지는 것을 방지하기 위해 몇 가지 숫자를 늘어놓는다.

"20억 달러."

"인프라를 정비하는 데 드는 제반 경비 말인가요?"

"현재로서는 그렇습니다."

"그걸로 충분한가요?"

"기후 온난화가 지속된다고 할 때 말인가요? 당연히 부족하죠. 오스트레일리아는 부자 나라입니다. 재원은 마련할 거예요. 다른 선택의 여지가 없으니까요."

*

또 한 명의 여전사는 다른 분야에서 전투를 이끄는 중이었다. 케리 쇼트 여사는 크레이그 여사보다 키가 훨씬 작으며 약간 더 펑퍼짐했지만, 크레이그 여사 못지않게 상냥하고 매사에 정확하며 단호한 분위기를 풍겼다. 약속 장소에 가기 전에 나는 케리 쇼트 여사의 경력을 살펴보았다. 아주 인상적이었다. 투자 은행의 공동 경영자, 지방자치단체 환경 책임자, 제작 회사(영화, TV 프로그램) 대표, 항공 회사 대표 등을 역임하는 등 매우 화려하고 다채로운 경력을 가지고 있었으며, 현재는 워터 시드니라는 공기업의 대표로 일하고 있었다. 바꿔 말하자면, 넘치는 에너지를 도저히 풀리지 않는 일을 해결하는 데 쏟아붓는 중이라고 할 수 있었다. 점점 더 심각해지는 가뭄 속에서, 어떻게 하면 매일 좋은 수질의 물을 42개 시 단위로 나뉘어 1만 2천 제곱킬로미터에 흩어져서 살고 있으며, 물에 관한 한 책임감이라고는 전혀 없는 450만 오스트레일리아인들에게 공급하느냐? 이들 450만 오스트레일리아인들의 하루 평균 물 소비량은 260리터이며, 이는 흥청망청 물을 소비하는 나쁜 습관을 가진 캐나다인(330리터), 미국인(300리터)에 이어 세계 3위에 해당된다. 비교를 계속해보자면, 이탈리아인은 하루에 200리터, 프랑스인은 160리터, 벨기에인은 120리터를 소비한다.

내가 예상했던 대로, 케리 쇼트 여사는 바닷물의 담수화와 하수 정화, 물의 재활용 등 전통적인 해결 방식에 대해서 이야기했다.

"아, 그러고 보니 선생님께서 이스라엘 사람들을 만나보셨더라면 좋았을걸 그랬군요. 그 사람들은 얼마 전에 이곳을 다녀갔죠. 그 방면에서는 아주 전문가들이에요. 이스라엘에서는 해마다 3억 세제곱미터씩 물을 재생산해낸다고 하더군요. 우리도 본받아야 할 것 같아요."

쇼트 여사는 계속 말을 이었다. 그녀가 물 관련 네트워크에서의 누수 방지를 위해 매일매일 처절하게 벌이고 있는 전투에 대해 들어보자. 우선 누수 비율은 얼마나 될까?

"우리의 누수 비율은 9퍼센트 정도입니다. 누수 비율이 12퍼센트인 런던보다는 한 수 위죠. 하지만 이 분야의 본보기인 싱가포르엔 한참 뒤져 있죠. 그곳의 누수 비율은 5퍼센트에 불과하니까요."

다음으로 재활용은?

"현재 12퍼센트가 될까 말까 한 정도죠. 우리는 여전히 지표면을 따라 흘러내리는 빗물을 제대로 거둬들이지 못하고 있어요. 선생님께서는 혹시 이곳 강수량이 런던 강수량의 두 배라는 걸 아시나요? 우리가 번번이 수많은 하천을 잃어버리고 있다는 생각만 하면 난 너무 약이 올라요."

쇼트 여사는 한숨을 쉬었다.

도시에는 저녁 어스름이 내리깔리고 있었다. 쉴 새 없이 일을 하면서 보낸 긴 하루가 끝나갈 무렵 쇼트 여사가 느꼈을 피곤함을 나는 너무도 잘 이해할 수 있었다. 혹시 내가 느끼고 있던 시차로 인한 피곤함까지 더해진 걸까? 어쨌거나 쇼트 여사의 널따란 집무실에서 우리는 제법 철학적인 이야기도 나누었다. 아니 좀 더 정확하게 말하자면, 나는 바닥을 드러내려는 주의력을 집중하려고 안간힘을 쓰면서 쇼트 여사가 들려주는 개척자 정신에 대한 설명을 들었다. 원주민들을 일단 좁은 구역으로 몰아넣은 다음, 개척자는 자신에게 어떠한 공간적인 제한도 없다고 믿으면서, 그저 일만 열심히 하면 무제한적인 공간의 가치가 높아질 수 있다고 생각한다. 경제성장을 위해 이보다 더 훌륭한 사고방식이 있을 수 있을까? 하지만 이것은 물처럼 무제한적이라고 믿었던 재화들 가운데 일부가 사실상 희귀재임을 망각하는 위험천만한 사고방식이기도 하다. 더구나 물은 미래로 갈수록 점점 더 희소성을 가지게 될 것이다.

작별 인사를 고하는 나를 문 앞까지 배웅하면서 쇼트 여사는 겸연쩍은 미소를 지었다.

"한 가지 잊은 게 있군요. 시드니의 인구는 해마다 5만 5천 명씩 늘고 있는데, 이 사람들 모두 예외 없이 엄청나게 많은 물을 쓰죠. 웃기죠, 안 그래요? 난 아무래도 그냥 은행에 남아 있는 게 낫지 않았을까 하고 생각할 때도 있어요……. 어쨌거나 이 광인들의 나라에서 즐거운 시간 보내시기 바랍니다."

이제까지 받은 교육과 예의를 온통 동원한 덕분에 나는 케리 쇼트 여사를 백년지기 친구처럼 껴안지 않고 점잖게 작별 인사를 할 수 있었다. 하마터면 내가 느낀 감탄의 마음이 밖으로 표출되어 이 멋진 여자분이 초면에 당황할 수도 있었을 것임을 알아주시기 바란다.

물 먹는 하마 오스트레일리아의 광산

애들레이드 북쪽 560킬로미터, 사막이 시작되려는 더운 지대에 보물 같은 장소가 자리 잡고 있다. 지구상에서 가장 많은 우라늄 매장량, 세계 4위 구리 매장량, 세계 5위 금 매장량 등을 자랑하는 곳이다. 이 보물은 세계 1위 광업 회사인 BHP 빌리턴 회사의 소유물이다. 종업원 수 3만 9천 명, 광산 수 1백 개, 해외 지사 수 25개, 2007년 매출액 470억 달러, 순이익 137억 달러……. 경제성장으로 말미암아 천연자원에 대한 수요가 점점 증가함에 따라 이 회사의 주가는 연일 고공행진 중이다. 빌리턴의 미래는 밝다 못해 눈이 부실 지경이다.

그건 그렇고, 이 사막 초입에 위치한 올림픽 댐이라는 이름의 광산은 하루에 3천5백만 리터의 물을 소비한다. 광산은 엄청나게 물을 먹어대는 하마이다. 게다가 생산량을 늘리기 위해서 대대적인 공사가 진행 중이니 더 말할 필요도 없다. 엄청난 에너지와 열차, 주거지 등이 필요하고, 따라서 물이 필요하다. 그 많은 물을 대기 위해서는 바다만이 유일한 해결책이다. 광산으로부터 320킬로미터 떨어진 곳에 바다가 위치한다는 사실에 대해 우려를 표명하는 사람은 아무도 없다. 현재 건설 중인 염분 제거 시설까지 파이프라인을 설치만 하면 된다는 것이다.

  광산이 달라지면 필요로 하는 것도 달라진다.

  멜버른에서 북쪽으로 150킬로미터 떨어진 곳에 있는 뉴 문 금광은 환경을 오염시키는 정도가 훨씬 더 심각하다. 하지만 이것은 그다지 놀라운 일이 아니다. 인간의 행위 중에서 산업적으로 금을 채취하는 작업보다 자연을 더 심각하게 망가뜨리는 행위는 없다. 환경 문제 따위를 도외시하던 시대는 이제 지나갔으므로, 이 금광을 소유한 광산 회사(벤디고) 측에서도 광산에서 배출되는 엄청난 폐기물(비소, 중금속, 염분, 망간 등) 처리를 위해 전담 조직을 만들고 비용을 부담해야 한다. 이 과정에서 배출되는 악취 또한 대단하다. 합당한 정책을 수립하지 않는다면, 회사 측은 중이염을 앓는 아이들에게서 나는 곰팡이 냄새와, 이를 치료하기 위해 온천 치료를 받을 때 나는 썩은 달걀 냄새를 향내라도 되는 듯 버젓이 내뿜을 것이다.

  뉴 문 금광을 말끔히 청소하기 위해서는 하루에 7백만 리터라는 엄청난 양의 물이 필요하다. 프랑스의 베올리아라는 회사가 이를 담당하고 있다.

  오스트레일리아의 국민총생산GNP에서 광물이 차지하는 비중은 10퍼센트 정도이며, 최근 들어 세계 시장에서의 광물 가격 상승 덕분에 전체 수출에서 차지하는 비중은 55퍼센트로 치솟았다. 따라서 이 분야에서 물 수요 확보는 최우선 임무라고 할 수 있다.

가뭄과 싸우는 잉그리드의 운명

천국에 가기 위해서 나는 오랫동안, 아주 천천히, 다부진 외관의 소형 트럭들을 개조해서 만든 바퀴 달린 주택, 즉 모바일 홈들의 행렬 뒤에서 차를 달려야 했다. 그것은 익숙해지는 수밖에 달리 어쩔 도리가 없는 일이었다. 오스트레일리아는 그레이 노마드 gray nomad, 다시 말해서 머리가 희끗희끗한 여행객들, 즉 은퇴한 방랑객들로 넘쳐난다. 기후 온난화의 영향으로 돈 많고 여유 있는 노년층의 증가가 우리 시대의 무시할 수 없는 트렌드로 자리 잡았다.

완만한 경사를 이루는 구릉지대와, 미모사와 키다리 유칼리나무들이 빽빽하게 들어선 농촌의 매력조차도 나의 조바심을 잠재우기에는 역부족이었다. 잉그리드가 나를 기다리고 있기 때문이었다. 지나가는 지역의 이름들이 다양한 추측을 가능하게 해준 것이 다행이라면 다행이었을까. 저 주택들의 평온해 보이는 정면 너머에서는 어쩌면 거대한 북소리가 흥을 돋우는 지극히 야성적인 의식이 진행되고 있을지도 모를 일이었다. 그렇지 않다면야 어째서 마을 이름이 죄다 봉봉, 미타공, 월론공⋯⋯ 이런 식이겠는가?

또 다른 의문 하나. 어째서 '팝니다'라는 팻말이 도처에 그토록 즐비할까? 어째서 그토록 많은 사람들이 이 그림같이 예쁜 집들을 팔아치우려는 것일까?

나는 목적지인 파인스 파스토랄에 도착했다.

영지가 어떻게 생겼느냐고? 그곳은 아마도 지상의 낙원이라고 불러도 좋을 몇 안 되는 곳 가운데 하나일 것이다. 두 개의 골짜기가 만나는 곳이었다. 경사면이 서로 조화롭게 뒤섞여 있어, 마치 우리의 시선에 휴식을 선사하기 위해 일부러 그렇게 만든 것처럼 완만하고 부드러웠다. 평화로운 곡선의 조화 속에 군데군데 어두운 점을 찍어놓은 듯, 짐승들이 연두색 초원에서 약간 잿빛이 도는 녹색을 띤 유칼리나무 사이에서 천천히 이동하고 있었다.

"두 달 전에 오셨다면, 온통 노란색 천지였을 거예요." 두어 마디 환영 인사를 건넨 잉그리드가 본격적으로 입을 열었다. "나는 화재가 난 다음에 보이는 대지의 검은색을 사실 더 좋아해요. 불은 언젠가 멈추게 되어 있어요. 하지만 가뭄이 가져다주는 노란색은 몇 달씩, 아니 몇 년씩도 끄떡없이 버티죠. 무슨 말인지 아시겠어요?"

나는 고개를 끄덕였다. 하지만 잉그리드도 나도 모르지 않았다. 농부가 아니라면, 가축을 길러본 사람이 아니라면, 끝을 모르고 계속되는 가뭄이 뭔지 절대 알 수 없는 법이다.

*

정신분석학자이며 소설가이자 유명한 교수이기도 한 줄리아 크리스테바는 프랑스 지성계에서 주목받는 인물 가운데 한 사람이다. 냉전이 정점에 달했던 시기에 불가리아에서 서구로 건너온 크리스테바는 얄궂은 운명이 무엇인지 누구보다 잘 알고 있다.

하지만 그런 크리스테바라도 자신이 박사 논문을 지도했던 반은 스웨덴 사람, 반은 프랑스 사람인 잉그리드 오르팔리의 운명이 어떻게 풀려나갈지 짐작이나 할 수 있었을까? 어쨌거나 잉그리드가 쓴 〈프랑스의 에로 문학에 나타난 환상적인 이미지(피에르 클로소프스키의 작품 분석)〉라는 논문의 제목에서는 아무것도 예측할 수가 없다. 잉그리드는 박사 학위를 받자마자 기호학은 잊어버리고 사진에 전념한다. 일찌감치 국제적인 성공도 거두었다. 시드니에서 전시회를 열면서 잉그리드는 로빈 도브그룬디를 만났다. 그 이후로 잉그리드는 캔버라로 가는 도로에 인접한 농장의 경영과 조각, 두 가지 일을 하면서 지낸다. 농장에서는 5대째 가축을 길러온 로빈이 잉그리드를 가족 농장으로 데려온 이후, 잉그리드는 그곳을 떠나지 않았다.

잉그리드는 속사포처럼 빠르게 말을 한다. 마치 오랜 행군 끝에 벌컥벌컥 물을 들이켜듯이, 숨도 제대로 쉬지 않으면서 급하게 말을 한다. 그래서 나는 제대로 알아들을 수가 없다. 화포花苞, 배아, 냉동, '질 좋은 피이식자'……. 프랑스어로 이야기하는 건 분명하지만, 유전공학에 관해서 워낙 아는 것이 없다보니 이해하는 데 한계가 있다. 홍수처럼 쏟아진 말을 몇 마디로 요약해보면, 대략 "세계화는 반추동물에게도 지대한 영향을 끼치고 있다"는 내용인 듯하다. 요즈음의 황소나 암소는 레고 블록 같다. 무슨 말인고 하니, 세계 곳곳(미국, 캐나다, 뉴질랜드……)에서 장래가 촉망되는 혈통만을 모아서 하나로 만들었다는 뜻이다. 그리고 그렇게 해서 만들어진 가축이 어디로 보내질지는 시장에 의해서 결정된다. 마블링이 완벽한 고기를 두고 누가 킬로그램당 단가를 가장 많이 지불할 용의가 있는가? 시장의 논리에 따르면, 일본일 경우가 가장 높다. 잉그리드가 기른 송아지들의 대부분은 일본으로 팔려나간다. 송아지들은 최종 단계의 사료를 공급받기 위해서 비행기를 타고 일본으로 간다. 그런데 '앵구스 소사이어티Angus society'라는 라벨을 붙이기 위해서 요구되는 열일곱 가지의 특성은 과연 무엇인가? 도대체 angus stud bull과 heifer bull, 또 marbling bull의 차이는 무엇인가? 이 외에도 여러 가지 질문이 머릿속에서 맴돌았지만, 결국 나는 속 시원한 대답이라고는 하나도 얻지 못했다.

여기까지 이야기했으니 이제 짐작했겠지만, 잉그리드와 로빈은 가축을 기른다.

비가 오기 시작한다. 제법 굵은 빗방울들이 후드득 길가에 떨어지면서 요란한 소리를 낸다. 미지근한 기운이 짚과 진흙이 뒤섞인 바닥으로부터 올라온다. 잉그리드의 얼굴이 굳어진다.

"이놈의 소나기는 또 뭐야!"

잉그리드는 단단히 화가 난 상태이다. 그녀가 그토록 좋아하는 오스트레일리아를 잡아먹기라도 할 것처럼 무서운 기세이다. 위선자 오스트레일리아! 여러 달 동안 비 한 방울 내리지 않아 무섭도록 가물더니, 웬 프랑스인 한 명이 가뭄 현장을 취재한답시고 나타나니까, 언제 그랬더냐 싶게 정상적인 나라, 다시 말해서 미운 정 고운 정을 동시에 느끼게 하는 영국만큼이나 비가 많이 내리는 나라인 듯 시치미를 떼는 것이 아닌가.

"자, 이쪽으로 와보세요."

잉그리드가 앞장선다. 그녀는 화가 난 사람이 씩씩거리면서 걷듯이 성큼성큼 걷는다. 뒤따라가는 나는 헐떡거려야 겨우 따라갈 수 있을 정도이다.

"가뭄이 주는 유일한 색은 노란색이죠. 이 골짜기는 2년 동안이나 노란색이었어요. 그게 무슨 의미인지 아세요? 완전히, 온통 노란색이었다고요, 유칼리나무 잎들만 예외였죠. 그러니 짐승들이 어떠했겠어요, 노란 골짜기에서 어떻게 지냈겠느냐고요? 한 마리씩 한 마리씩 죽어갔죠. 이 늪을 파지 않았다면 아마 목이 말라서 전부 죽었을 거예요."

우리는 이제 늪지대를 향해서 걸어간다. 나는 이 농장 전체를, 늪지 하나도 빠짐없이 구경하게 될 모양이다. 어쨌거나 잘 가꾸어진 늪지대임에 틀림없다. 둥그스름한 형태에, 가장자리는 야무지게 밟아놓았다. 한가운데로 부표가 둥둥 떠다닌다. 난 솔직히 암소 곁에서 좀 더 오래 머무르고 싶은 마음이 간절했다. 소들은 커다란 눈을 껌벅이며 우리가 바쁘게 걸어다니는 모습을 바라본다. 무심한 걸까? 기가 막힌 걸까? 하지만 나는 소의 내면세계까지 짐작하기에는 내공이 부족하다. 우리는 또 다른 늪지로 간다.

"혹시 선생님께서는 이 늪지대에 저절로 물이 찰 거라고 생각하시나요?"

나는 아무 말도 하지 않았다. 하지만 잉그리드가 여전히 전투태세를 풀지 않고 있음을 알고 있다. 나의 상상력에 슬슬 발동이 걸리기 시작한다. 화가 난 잉그리드에게 전염이라도 되었는지, 나의 두 눈은 어느새 색맹처럼 되어버렸다. 누군가가 묻는다면, 나의 두 눈은 맹세코 우리 주위에는 온통 노란색뿐이라고 단호하게 말할 것이 틀림없다.

이번에는 커다란 움막집이 가까워진다. 가장자리가 반들반들하게 윤이 나는(모기 쫓는 약) 가죽 모자 속에서 잉그리드가 모처럼 환하게 웃는다. 종교적인 환경(감리교)에서 어린 시절을 보냈다니까, 아마도 이곳이 기도소인 모양이라고 지레짐작한다. 하지만 내 짐작은 완전히 틀렸다. 움막은 펌프 보관 창고였다. 잉그리드는 존경심과 박식함을 한껏 담아 기계를 하나씩 나한테 소개했다. 그중에서 하나는 작동 중이었다. 기계 돌아가는 소리는 잉그리드를 기쁘게 하는 모양이었다. 소리가 커질수록 잉그리드의 미소도 한층 뚜렷해졌다.

"아까 늪지대에서 둥둥 떠다니던 부표 기억나시죠? 그 부표들은 깊이를 측정하기 위한 것들이죠. 짐승이 물을 마시면, 다시 말해서 수면이 내려가면 펌프에 신호가 가고, 그러면 펌프는 즉시 작동하기 시작하죠. 그러니까 이 소리는 암소가 물을 마셨다는 신호예요. 저수지를 보러 가시겠어요?"

우리는 잰걸음으로 걸어가서 두 개의 저수지(용량은 각각 5백만 리터와 1천만 리터)에 마치 의식을 치르듯 경건하게 인사를 했다. 가뭄과 맞서 싸우는 최후의 보루였다. 몇 주를 기다려도 비가 오지 않고, 주변 풍경은 쇠스랑을 엎어놓은 것처럼 뻣뻣한 지푸라기로 뒤덮인 것 같고, 가축들은 물 구경도 제대로 못 하고 되새김질할 풀도 없어서 전전긍긍하며, 그래서 너무 일찍 가축들을 팔아넘겨야 하거나 도살장으로 보내야 하는 순간이 다가올 때면, 또 농장에서는 더 이상 도움을 청할 곳이 없고 은행마저 등을 돌리게 되면, 그때 가서 유일한 해결책은 무슨 수를 써서라도 물을 대는 것뿐이다.

해가 지기를 기다렸다가 물을 준다. 저수지의 물이 한 방울도 남지 않고 다 빠져나갈 때까지, 다시 말해서 45일 동안 계속 물을 준다.

잉그리드와 로빈은 2년 전, 가뭄이 몰아닥쳤을 때 모든 것을 잃어버리는 줄 알고 너무나 두려웠다. 그래서 두 여자는 저축한 돈을 탈탈 털어서 늪과 저수지, 7킬로미터에 달하는 파이프라인, 펌프, 물주는 기계 등과 같은 방어 체제를 구축했다. 총비용으로 거의 1백만 유로가 들었다. 작은 규모의 농장(3백 헥타르, 2백 마리의 가축)으로서는 거의 파산할 정도의 부담이었다. 더구나 이웃들로부터 주변에서 유일하게 평평한 밭, 물을 줄 가치가 있는 밭을 사들여야 했기 때문에 부담은 더욱 컸다. 평평하다는 이점 때문에 물이 위에서 아래로 흘러내리지 않고 고여 있는 밭이었다.

이제 우리는 파인스 파스토랄의 가장 높은 지점에 도착했다. 자연이 빚어낸 천연의 전망대인 이곳에 잉그리드와 로빈은 머지않아 집을 지을 예정이었다. 공사는 이제 막 시작한 상태였다. 잉그리드는 나에게 집 구경을 시켜준다. 여기는 부엌, 그 옆은 거실, 여기는 침실. 나는 다시 한 번 주위의 풍광과 두 골짜기가 나누는 편안한 대화에 감탄한다. 두 개의 거대한 파도가 정지한 느낌이라고나 할까. 파도는 서로가 서로 위에 포개지게 될 순간을 기다리고 있는 듯하다. 오늘, 이 골짜기의 파도는 푸르르다.

"당신들은 침대에 누워서 농장 전체를 감시할 수 있겠군요!"

"바로 그거예요."

"이제 보니 당신들이 조심해야 할 적은 바닥에서 올라오는 게 아닌 것 같습니다……."

"구름이 몰려오는 걸 놓치지 않으려면 지붕을 유리로 만들어야 할 것 같아요. 우리도 그 생각을 했어요. 그렇지만 그건 좀 너무 심하다 싶어요, 안 그래요?"

돌아오는 길에 우리는 푸른 기운이 도는 회색 비닐로 씌운 거대한 원통형 물체들이 줄지어 늘어서 있는 곳을 지났다. 저것들은 건초 덩어리라고 잉그리드가 설명해주었다. 비닐 아래서 천천히 발효되면서 당도가 높아진다는 것이다. 영양 덩어리가 아닌가!

"줄지어 늘어선 모습이 꼭 군인들 같군요……."

"말하자면 나의 군대라고 할 수 있지요."

나는 이제 이곳을 떠나야 한다.

"또 전화 하실 거죠? 난 이곳에 와서 살기 시작한 이후 처음으로 피에르 클로소프스키와 줄리아 크리스테바를 아는 분을 만났어요!"

기호학자 잉그리드가 백미러 속에서 가장자리가 반들거리는 모자를 흔들고 있다.

"곧 또 오세요. 그땐 로빈도 소개해드릴게요. 선생님을 만나면 로빈도 기뻐할 거예요……."

*

저녁이 되자, 월롱공 호텔에서 나는 바로 전의 방문을 떠올렸다. 시드니 교외에 자리 잡은 페르노 리카르 오스트레일리아 지사와, 그 뒤에 이어진 근사한 와인 시음 행사였다. 필립 라페르라는 포도주 농장에서 주최한 행사로, 나는 누구에게나 그 와인을 자신 있게 추천한다.

세계화가 주는 현기증, 뒤죽박죽이 되어버린 지도, 흔들리는 기준, 심리적 안정을 가져다주던 단순 논리가 더 이상은 통하지 않는 무한 경쟁……. 오스트레일리아 포도주 중에서 가장 비중 있는 수출용 포도주, 바꾸어 말하자면, 프랑스 포도주의 치열한 경쟁 상대는 바로 이…… 프랑스 와이너리이다!

페르노 리카르 사는 해마다 6천5백만 리터의 와인을 수출하는데, 그중에서 70퍼센트는 유럽으로 수출된다. 주요 생산지는 빅토리아에서 그리 멀지 않은 바로사 계곡에 위치하고 있다. 여기서 생산되는 와인 중에서 가장 널리 알려진 와인은 제이콥스 크리크로서, 1847년 최초의 포도나무를 심은 장소를 기념하여 붙인 이름이다.

가뭄과 기후 온난화가 계속된다면(아니, 이것은 가정이 아니라 확실한 사실이다), 그러니까 더욱 심각해진다고 하더라도(이 역시 십중팔구 확실하다), 페르노 리카르 사는 현재만큼 많은 양의 포도주를 생산할 수 있을 것인가? 아니면 좀 더 선선한 지역으로 포도밭을 옮겨야 할 것인가? 이도 저도 아니라면 현재 생산되는 와인 중에서 최상급, 즉 가장 비싼 와인에만 집중해야 할 것인가? 이미 포도 수확량은 감소하고(적어도 15퍼센트 정도) 있다. 이미 많은 포도주 제조업체들이 피노 누아르는 포기하고, 온도에 덜 예민한 샤르도네 품종으로 바꾸고 있는 중이다.

농업의 다른 모든 분야에서도 마찬가지이지만, 포도주 업계에서는 물이 점점 희귀해지면서 값이 올라가자, 때로는 비장하기까지 한 방향 전환이 이루어지고 있다.

케언스 그룹은 1986년 8월 오스트레일리아의 발의로 창설되었다. 농업 생산품을 수출하는 19개국(오스트레일리아, 캐나다, 남아프리카 공화국,

브라질, 아르헨티나, 말레이시아, 뉴질랜드……)을 회원국으로 하는 이 그룹은 국제 무역 협상에서 미국과 유럽연합 측이 자신들의 농업을 보호하기 위해 고안해낸 각종 경쟁 규제 장치들(관세 장벽, 위생 기준, 각종 지원금 등)을 상대로 투쟁을 벌인다. 이 그룹 내에서 오스트레일리아는 어느 모로 보나 중심적인 역할을 수행해왔다. 그런데 물 부족으로 말미암아 농업 생산량이 감소하면서 점차 그 영향력이 줄어들고 있다. 앞으로 10년, 20년 후에 오스트레일리아의 농업 생산품 수출은 어느 정도의 비중을 차지하게 될 것인가?

호텔 방에서 불을 끄고 자리에 눕기 전에, 나는 다시 한 번 잉그리드가 건네준 명함을 살펴보았다.

 더 파인스 파스토랄
 모스 베일
 농장은 꿈입니다!
 제대로 된 소를 사십시오!
 로빈에게 전화하시려면 0418 200 138

물이 없는 조지 호수

캔버라 조금 못미처서 시드니 대로는 하나의 전설을 끼고 달린다. 그 전설이란 다름 아니라 하나의 호수이다. 아주 거대한 호수인 조지 호수.

그곳에는 없는 것이 없다. 잘 다듬어진 돌로 손질된 둑이며 편안하게 앉아서 근사한 경치를 감상할 수 있는 벤치, 호수 주변을 에워싸고 있는 높지 않은 산악 지대, 유유자적하게 날아다니는 잿빛 왜가리에 이르기까지 그야말로 모든 것이 완벽하게 구비되어 있다. 가장 중요한 주인공인 물만 나타나면 된다. 주인공의 자리가 공석인 관계로, 다시 말해서 호수에 물이 없는 관계로, 메리노 양들은 예전에 호수 바닥이었던 곳에 자라난 풀을 한가롭게 뜯고 있다.

이 지역 사람들이 자랑스럽게 들려주는 설명에 따르면, 조지 호수는 태곳적부터 그 자리에 있었다. 호수 주변 조사를 통해서, 적어도 10만 년 전부터 호수 주변에 인간들이 모여서 산 자취를 찾아냈다. 원주민들이 붙여준 이름이 위리와 Weereewaa (나쁜 물)인 것으로 미루어보아, 비록 호수의 물이 어느 정도 의학적인 효험을 지닌 것은 인정되지만, 예전부터 그다지 평판이 좋았다고는 할 수 없는 듯하다. 호수에서는 갑자기 거센 폭풍이 몰아쳐서 공포심을 불러일으키기도 하고, 불행하게도 그 물속에 빠지거나 멋모르고 수영을 하는 사람들을 집어삼켜버렸다고 한다. 찾지 못한 시신의 수는 이루 헤아릴 수 없이 많으며, 심지어는 추락한 비행기의 동체도 찾지 못했다.

조지 호수는 성깔이 보통이 아니다. 세상 돌아가는 꼴이 자기 마음에 들지 않으면, 아니 사람들이 자기를 홀대한다는 느낌이 들면 마음대로 자취를 감춰버린다. 그러다가 분이 풀리면 슬그머니 다시 모습을 드러낸다.

이곳에서는 조지 호수의 이러한 변덕을 홍수나 가뭄 같은 천박한 이

유로 설명하려는 사람은 아무도 없다.

다만 언젠가, 누구 때문인지 혹은 무엇 때문인지는 몰라도 화가 난 세계에서 가장 오래된 호수가 스스로를 집어삼켜버리고는 영영 오스트레일리아를 떠나버릴까봐, 그것만 두려워한다.

물에 관한 법

캔버라.

하나의 대륙만큼 국토 면적이 넓은 나라를 어떻게 통치할 수 있을까? 프랑스가 좋아하는 전통적인 중앙집권 방식은 프랑스보다 15배나 큰 오스트레일리아에서는 당연히 통하지 않는다. 크기나 거리에 대한 감각이 좀 떨어지는 사람이라면 이렇게 생각해보는 것도 한 방법이 될 것이다. 오스트레일리아의 서부에 위치한 퍼스에서 동부에 위치한 시드니까지의 거리는 프랑스의 브레스트에서 터키의 이스탄불까지 가는 거리보다 멀고, 북부의 다윈에서 남부의 멜버른까지의 거리는 노르웨이의 오슬로에서 이탈리아의 시칠리아 섬까지의 거리보다 멀다…….

거기에다가 거의 대척점에 위치한 과거 대영제국의 수도 런던까지 여행에 필요한 거리를 더해보자.

이렇듯 땅덩어리의 크기 이야기를 꺼낸 것은 타고난 독립심과, 그 독립심에 따른 행동 방식이야말로 오스트레일리아인의 영혼을 구성하는 가장 중심적인 요소임을 강조하기 위해서이다. 오스트레일리아인들은 독립할 순간이 오면, 각 지방자치 단위(이곳에서는 주州라고들 한다)에

막중한 권한을 넘겨주면서도 내부적으로 절묘한 균형을 유지할 수 있는 감각을 타고난 사람들처럼 보인다.

지방자치단체가 쥐고 있는 가장 막강한 권한들 중 하나가 바로 치수, 즉 물 관리 권한이었다.

따라서 퀸즐랜드나 빅토리아 주에서 캔버라 주에 대하여 지나치게 물 문제에 예민하다고 해서 이러쿵저러쿵한다는 건 말도 안 되는 소리이다. 물이 없으면 농업은 불가능하다. 그런데 오스트레일리아에서 밀, 옥수수, 포도밭, 목축을 빼면 뭐가 남는단 말인가? 그런데 가뭄 때문에 오스트레일리아를 지탱해오던 철칙들이 바뀌어야 할 위기에 직면해 있다. 물에 관한 법water act에 따르면, 이제까지 지방자치단체에 주어졌던 치수 권한은 전적으로 연방정부에 넘어간다.

남서부 대도시들(시드니, 멜버른……)의 물 필요량이 점점 증가함에 따라 이제까지 농업을 최우선으로 고려해왔던 정책을 손질해야 할 필요성이 대두되었다. 그렇지만 전투는 쉽지 않을 것으로 보인다. 오스트레일리아의 산업에서 농업은 아직도 국민총생산의 3~4퍼센트를 차지하며, 총 수출의 15퍼센트를 상회하기 때문이다.

새로 가동되는 체제는 지극히 단순하다. 농부들은 저마다 경작하는 농지 면적에 비례하는 양의 물을 공급받는다. 필요량이 공급량을 초과할 경우, 해당 농부는 물 시장에서 물을 사야 한다. 이때 지불해야 하는 가격은 당연히 수요 공급의 원리에 따라 형성될 시장 가격이다. 반대의 경우, 즉 필요량이 공급량보다 적을 경우, 농부는 나머지 물을 시장에 내다 팔 수 있다.

이 체제를 시행하면 어느 누구도 토를 달지 않을 두 가지 긍정적인 결과를 얻게 될 것이다.

첫째, 지금까지는 '물 쓰듯이' 마구 물을 사용해왔던 농부들이 물을 절약해야 할 필요성을 절감하게 될 것이다. 오스트레일리아의 수분 증발 정도는 엄청나다. 솔직히, 태양이 작열하는 시간에도 끝없이 이어진 경사면 수로에서 옥수수 밭에 물을 주는 황당한 광경이 심심치 않게 눈에 띌 정도로 물에 관한 한 헤프기만 했던 게 사실이다. 이제 섬이자 대륙인 오스트레일리아 사람들은, 다른 곳에 사는 사람들이 벌써 오래전부터 그렇게 해오고 있듯이, 한 방울의 물도 아껴 쓰지 않으면 안 될 처지에 놓였다.

둘째, 이제까지 자행되어오던 부조리한 정책들이 사라지게 될 것이다. 오스트레일리아 사람들이 일본 사람들에게 쌀을 팔아야 할 이유가 과연 있을까? 물론 자유주의자들이라면 모든 건 비교 생산 비용에 달려 있다고 대답할 것이다. 그런데 이때 물 비용으로는 얼마를 책정해야 할까? 지금처럼 물이 거의 무료로 공급된다면 웬트워스, 마일두라, 스완힐(머리 강과 달링 강 유역)에서 벼농사를 짓지 말란 법도 없다. 그렇지만 물값이 보다 합리적으로 책정된다면, 타이나 말레이시아처럼 자연적으로 강수량이 많은 지역이 벼농사의 우위를 점하게 될 것이다. 유럽연합이 농부들에게 지원금을 줄 때, 자유경쟁의 기치를 가장 높이 흔들며 비판하는 나라가 바로 오스트레일리아이다. 하지만 이들은 가장 본질적인 사실을 잊고 있었다. 물값을 얼마나 내고 있는지 말해주면, 당신이 은밀하게 받고 있는 지원금이 얼마나 되는지 알려줄 수 있지, 라는…….

물 부족 현상으로 생산성에 차질이 생기더라도 오스트레일리아는 케언스 그룹의 리더로 군림할 수 있을까? 현재 가뭄으로 고통받고 있지 않은 캐나다와 아르헨티나, 브라질 등은 어쩌면 머지않아 막강한 동지(동시에 경쟁 상대)를 잃게 될지도 모른다.

이미 오스트레일리아의 농업 수출량은 현저하게 감소했다(평균 20퍼센트). 오로지 현재 오름세를 타고 있는 세계 농산물 시세 덕분에 양의 감소에도 불구하고 매출액을 그럭저럭 유지하고 있을 뿐이다.

농부들의 자살을 막기 위한 버스

오스트레일리아의 농촌에서만 자살하는 사람이 많은 것은 절대 아니다. 인도에서도 최근 들어 수천 명의 농민들이 스스로 목숨을 끊었다. 빚을 감당하지 못해서, 경작지가 점점 줄어드는 것을 비관해서, 혹은 점점 척박해지는 토양 때문에, 농부들은 더 이상 가족들을 부양할 방도를 찾지 못한 나머지 극단적인 선택을 한다.

그러나 오스트레일리아의 경우는 이와 다르다. 열심히 일한 덕분에 부의 축적, 아니 최소한 번영을 이룩했다. 그런데 가뭄이 닥쳐서 이제까지 이루어놓은 모든 것을 송두리째 앗아가려 하는 것이다. 그러니 농부들의 절망감은 짐작하고도 남음이 있다.

장래에 대한 불안감에 수치심마저 더해지고 있는 형편이다. 나의 조상들은 3, 4대에 걸쳐서 이 땅을, 우리의 농토를 개간하여 다지고 기름지게 가꾸었다. 그런데 이제 내 대에 와서 이 모든 것의 맥이 끊어지려하고 있다. 조상들이 남겨놓은 유산을 내가 무無로 돌리려 하고 있는 중이다. 가슴이 아프도록 파란 하늘 아래서 죄책감에 시달릴 농부들의 마음을 어찌 모르겠는가. 통계 수치가 이를 웅변적으로 말해준다. 농부들은 4일마다 한 명씩 자살을 택한다.

급기야 행정 당국에서는 버스를 동원했다. 버스에는 두 명의 농업 전문가뿐만 아니라 사회복지사와 심리학자들이 함께 타고 있다. 모두 센터링크, 즉 국립 사회 복지 기관에 소속된 인원들이다.

이 버스에 탄 사람들의 첫 번째 목표는 외로움과 고독을 상대로 싸우는 것이다. 농장이 멀리 떨어져 있을수록(오스트레일리아만큼 멀리 떨어지기에 일가견이 있는 나라가 또 있을까?) 농장주가 자살할 확률이 높다.

나는 사막 끝을 달려 어느 농장의 문 앞에 멈춰 서는 버스를 상상한다. 여자 심리학자가 버스에서 내려 농장을 향해 걸어간 다음 문을 두드린다. 어떻게 해야 농부에게 당신 혼자만이 아니라 지구 전체가 기후 온난화로 신음하고 있으며, 당신 혼자만이 가뭄의 책임자가 아니라는 사실을 납득시킬 수 있을까? 어떻게 해야 그에게 스스로를 절망으로부터 구해낼 겸허함을 되찾도록 도와줄 수 있을까?

오스트레일리아의 결론

나는 새로 사귄 친구 팀 플래너리와 그가 가장 좋아하는 짐승을 생각하면서 싱가포르로 날아간다. 여러 종의 캥거루들 중에서도 특히 유로종種이 가장 특기할 만하다. 유로종 캥거루는 대부분의 다른 동물들이 자취를 감출 때에도 모든 가뭄을 이겨내고 살아남았다. 그 비결은, 유로종 캥거루는 아무리 적은 양의 물이라도 알뜰하게 사용하는 방법을 안다는 것이다. 배설물은 어찌나 물기가 없는지 그대로 불을 붙일 수 있다. 또한, 소변을 침으로 변화시키는 내부 기제가 작동한다. 바꾸어 말하면, 유로종 캥거루는 도시국가 싱가포르가 열심히 모방하는 본보기이다.[03]

[03] 이 예외적인 동물에 대해서 더 많은 것을 알고 싶은 사람에게는 팀 플래너리가 쓴 《나라, 대륙, 과학자, 그리고 캥거루Country, a Continent, a Scientist and a Kangaroo》를 읽을 것을 권한다(텍스트 퍼블리싱, 멜버른, 2004). 재미있고 유익한 책이다. 그리고 그 짐승을 직업으로 삼고 싶은 사람이라면 사우스웨일스 대학교 출판부에서 펴낸 테리 도슨의 《가장 큰 캥거루과 동물의 생물학Biology of the Largest Marsupials》(시드니, 1995)을 빼놓을 수 없다.

03

자력에만 의존하는
싱가포르

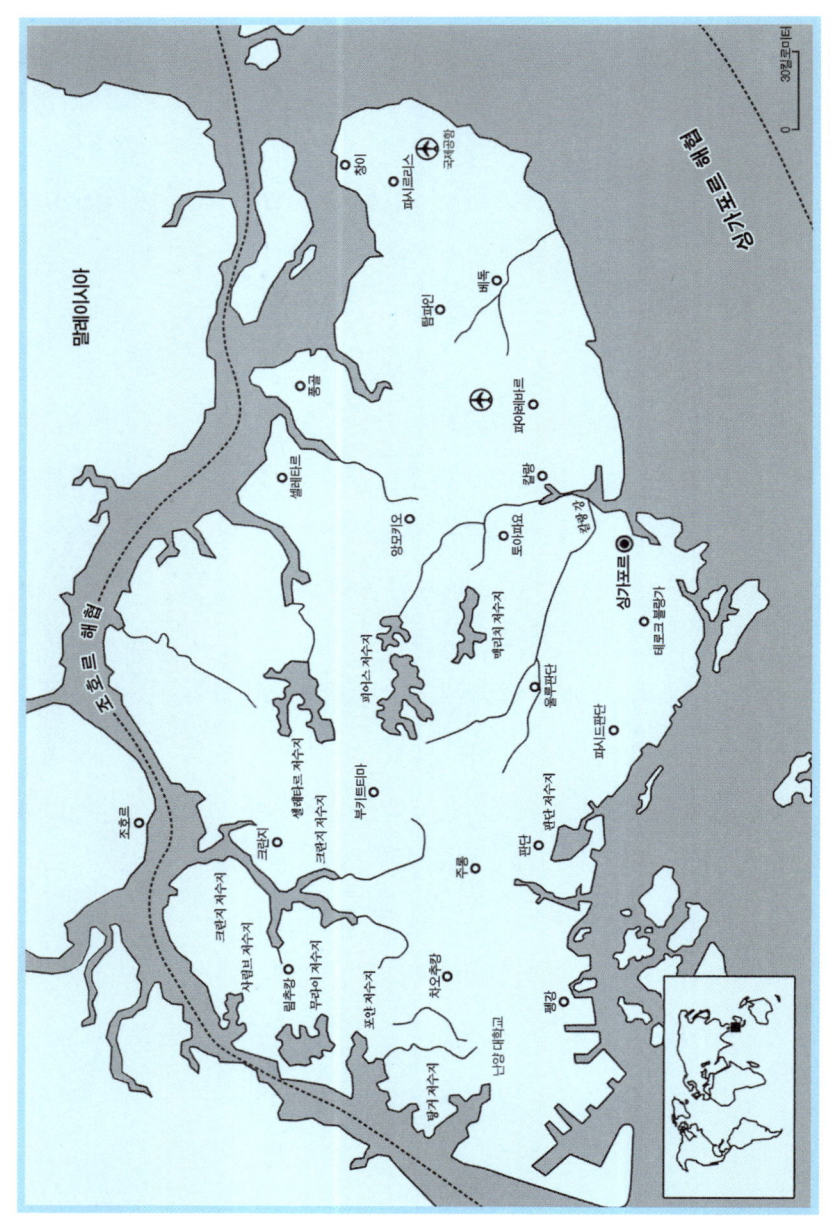

도시국가 싱가포르

매력적인 도시

매력이란 무엇인가?

사실 한마디로 정의하기란 불가능하다. 아니, 어쩌면 부정적인 방식으로는 정의가 가능할지도 모른다.

이를테면 매력의 부재란 무엇인가?

답 : 싱가포르의 그랜드 콥손 워터 프런트 호텔.

아침 식사만(여러 나라의 식문화를 맛볼 수 있는 근사한 상차림에 양도 엄청 푸짐하다. 세라노 햄을 넣은 오트밀에서부터 찹쌀밥, 코코넛 케이크 등 새로운 아침을 맞이할 용기를 불어넣어주기 위해서 인간들이 고안해낸 먹을거리가 총망라되어 있다) 빼고는, 그랜드 콥손 워터 프런트 호텔은 무시무시한 경쟁, '매력 부재로 인한 잠 공장' 경합대회라고 이름붙일 만한 경쟁에서 가장 뛰어난 성과를 올리는 몇몇 호텔들에 견주어도 전혀 뒤지지 않는다. 나는 아침을 든든하게 챙겨먹은 손님들이라면 한시라도 빨리 호텔을 벗어나라고 충고하고 싶다. 세계 어느 도시를 가든, 가장 비인간적이라고 소문이 자자한 곳에 가더라도, 군중이 우글거리는 번잡한 곳에서 조금만 벗어나면 사람 사는 냄새가 물씬 풍기는 구석이 있게 마련이다. 이번에도 나는 아침 산책길에 그런 곳을 발견했다. 벽 속에 들어앉아 있는 작은 사원, 아니 보금자리라는 말이 더 어울리는 곳과 맞닥뜨렸던 것이다. 붉은 빛깔의 전기 양초가 페인트칠이 벗겨진 부처에게 불공을 드리고 있었고, 나이 든 할머니 한 분이 벤치에 앉아 있었다. 할머니는 양다리 사이에 비닐 봉지를 하나 끼고 있었는데, 봉투 안에는 양파가 들어 있는 것 같았다. 할머니는 담배 한 개비를 꺼내더니 부처에게 눈길을 돌렸다. 혹시 부처에게 불을 달라고 하려는 것일까? 아니, 그렇지 않았다. 할머니는 근처에서 조깅을 하던 한 쌍을 부르는 편을 택했다. 하지만 허사였다.

좀 더 아래쪽으로 보이는 아주 작은 운하(이 작은 운하가 싱가포르 강이라는 걸 나중에야 알았다) 위로는 두 명의 타밀족이 탄 파란 배 한 척이 오갔다. 두 사람은 오렌지색 형광 조끼를 입고 있었다. 한 명은 장갑 낀 손을 배의 바깥쪽에 달린 모터 위에 얹은 채 배를 운전했고, 나머지 한 명은 커다란 그물을 들고 물 위에 떠다니는 쓰레기들을 건져 올리고 있었다. 그러고 보니 싱가포르에 도착하기에 앞서 사람들이 말하던, 청결은 이 섬에 사는 사람들의 강박증 중의 하나라는 말이 생각났다. 도시를 더럽히는 모든 행위는 가차 없이 벌금형에 처해진다. 가령, 내가 무심코 길바닥에 침을 뱉을 경우, 3백 달러의 벌금을 각오해야 한다. 물 건너 반대편에서 사이렌 소리가 요란하게 울렸다. 아마도 7시를 알리는 소리인 모양이었다. 내 손목시계는 여전히 오스트레일리아 시간에 머물러 있었다. 아침인데도 벌써 후텁지근하고 끈적끈적했다. 아비장에 갔던 기억이 떠올랐다. 혹시 세계 끈적거림 대회 같은 걸 주최하겠다고 나서는 사람은 없을까? 나는 유엔 같은 국제기구에서 이런 종류의 콘테스트를 다양하게 개최하면 좋을 것 같다고 생각한다. 그러면 늘 머리에서 뭔가를 생각해야 하니 나쁘지 않을 것이다. 근로자들이 여러 줄의 행렬을 이루면서 건축 중인 건물 안으로 들어간다. 측면 벽은 나중에 공사를 할 모양인지 바닥면만 보인다. 한 층의 천장은 그 위층에서 보면 바닥이다.

무슨 일이 벌어진 것일까? 아무 일도 없다. 하지만 무슨 신호가 나한테 전해졌다. 갑자기 문이 하나 열리는 것 같은 기분이다. 누군가가(누구일까?) 나한테 방금 싱가포르 입국을 허용해준 듯한 느낌이었다.

덕분에 나는 그랜드 콥손 호텔 같은 건 어느새 까마득히 잊어버리고, 싱가포르에서의 첫 번째 만남을 위해 씩씩하게 출발했다.

강력한 수자원 관리 기구

지리地理라는 요정은 싱가포르에게 이보다 더 아름다운 선물을 선사할 수는 없었을 것이다. 싱가포르라는 섬은 전략적인 요충지를 차지하고 있다. 말레이시아의 남쪽에 자리하고 있으며, 아시아의 동부와 서부를 잇는 말라카 해협의 관문인 동시에, 중국과 인도라는 아시아의 양대 산맥을 하나로 이어주는 가교 역할을 하고 있기 때문이다. 싱가포르는 지브롤터에 비교할 수 있는 곳으로, 차이점이 있다면 영국이 이곳에서는 오래 군림하지 못했다는 정도일 것이다.

지리의 요정이 선사한 선물에 질투가 났는지 역사歷史라는 요정은 싱가포르를 편안하게 내버려두지 않았다. 지역의 왕자와 군주, 포르투갈 사람들에서부터 네덜란드 사람들에 이르기까지 너나없이 이 섬을 차지하기 위해서 피투성이가 되도록 싸웠다. 1819년 동인도 회사 소속의 스탬퍼드 래플스가 영국을 대신하여 이 섬을 장악하기 전까지 이 같은 전쟁은 끊이지 않았다. 이후 123년간 비교적 평화로운 시대가 계속되면서 대외 교역의 전성기를 이룩한 싱가포르는 1942년 2월 15일 일본 군대가 돌연 침공을 개시함으로써 다시 전쟁에 휩싸인다. 그 후 일본의 식민지 시대를 거쳐 해방을 맞이하고, 1959년 마침내 독립을 쟁취한 다음 말레이시아와 연방을 구성한다(1963). 하지만 연방정부는 오래 지속될 수 없었다. 성격 차이가 너무 심한 커플이었기 때문이다. 결국 파경을 맞은 '부부'는 1965년 8월 9일 이혼에 합의한다.

이제 싱가포르 섬은 다시 혼자가 되었다. 어떻게 할 것인가? 리콴유 총리의 고민은 시작되었다. 면적은 580제곱킬로미터, 인구는 150만 명에 지나지 않으며, 그나마 20퍼센트는 실업자인 이 작은 나라를 어떻게 이끌 것인가?

그로부터 40년이 채 못 되어, 싱가포르의 인구는 세 배가 증가하고, 국토 면적은 바다를 메워 간척지를 만든 덕분에 120제곱킬로미터나 확대되었으며, 악착같이 허리띠를 졸라매고 일한 대가(연평균 경제성장률 8퍼센트, 평균 실업률 3퍼센트 미만)로 경제와 무역 면에서 무시할 수 없는 강력한 신흥국가로 부상했다. 1인당 국민소득이 3만 6천 달러에 육박하는 싱가포르의 번영은 한마디로 눈이 부실 정도이며, 이는 프랑스와 맞먹는 수준이다.

거의 1백만 명에 달하는 외국인 노동자, 즉 저임금에 시달리며 제대로 된 사회보장 혜택이라고는 전혀 받지 못하는 이들의 문제는 잠시 접어두자. 싱가포르에 눈부신 성공을 가져다준 가장 큰 비결은 강력한 국가, 효과적이고 투명한(부정부패에 대해서는 대단히 엄한 처벌을 가하므로 적어도 겉보기에는 그렇게 말할 수 있다) 정책, 거의 대부분이 외국 기업으로 구성된 역동적인 민간 부문이라는 세 요소의 결합이며, 이는 유럽 국가들도 참고할 만한 가치가 있다.

물에 관한 정책도 이와 같은 결합의 좋은 본보기라고 할 수 있다.

*

탄지포 씨는 그 자체로 막강한 권력이다. 모든 일이 순식간에 알려지는 작은 섬이다보니, 사람들은 내가 싱가포르에 머무는 동안 호기심과 두려움을 반반씩 담아서 탄지포라는 인물에 대해 연방 묻곤 했다.

"그 사람이 몇 분 동안이나 당신을 만나줬습니까?"

"도통 속을 알 수 없고 냉정하기 이를 데 없다죠, 안 그래요?"

"그 사람은 정말로 국제 무대에 진출하고 싶은 야망이 있다던가요?"

나는 탄지포 씨에 대해서, 50대 중반의 우아하고 상냥하며 매사에 정확하고 침착한 중국인이라는 인상을 간직하고 있다. 티크 목재로 만들어진 거대한 책상 위에 서류라고는 한 장도 놓여 있지 않았으며, 이야기를 나누는 동안에도 전혀 조바심하는 기색이라고는 보이지 않았다.

"선생님께서는 물 문제에 관심이 많으시다고요? 우리도 그렇습니다……."

섬나라 싱가포르에 대한 간략한 소개에 앞서 그는 짧게 웃어 보였다. 탄지포 씨는 이것은 하나의 역설이라고 말했다.

"우리 나라는 적도 근처에 위치했기 때문에 비가 많이 내립니다(연중 강우량이 2.5미터에 달한다). 그런데도 우리에게는 물이 부족합니다. 그러니까 이웃 나라 말레이시아에 의존하는 수밖에요. 우리는 교류하기는 좋아하지만 의존하기는 좋아하지 않습니다. 프랑스도 남의 나라에 의존하는 것은 싫어할 거라고 확신하는데, 어떻습니까? 남의 나라에 의존하고 싶지 않으면 열심히 일을 해야 합니다. 우리 싱가포르는 일하는 거라면 자신 있습니다. 싱가포르에는 일하기 싫은 사람들을 위한 자리라고는 없습니다. 우리 나라에는 수도꼭지가 네 가지입니다. 빗물, 정화 처리를 거친 물, 바다에서 퍼올려 염분을 제거한 물, 그리고 말레이시아에서 판매하는 물, 이렇게 말입니다. 나는 이 네 가지 수도꼭지를 담당하고 있죠. 그게 내 일입니다."

탄지포 씨는 PUB(Public Utilities Board : 공공 설비 기획원)라는 공공기관의 책임자로 일하고 있다. 이 기관은 완전 독점 기관으로서 싱가포르의 수자원 관리를 총괄한다. 프랑스식으로 말하자면, 그가 여섯 개의 수자원 관리 관청(자원 관리), 식수 생산과 유통 전문 민간 기업(수에즈, 베올리아, 소르……), 각 지방자치단체의 환경, 정화 관리 부서는 물론 어린이와 청소년 교육 담당 부서, 노동조합 하수 처리 관련 부서, 국립 토목학교 등 모든 분야를 총괄하는 사람이라고 생각하면 된다.

탄지포 씨는 나에게 "모두를 위한 물, 보존하고 가치를 높이고 애용하자"라는 PUB의 표어를 알려주었다.

"근사한 표어라고 생각하지 않으십니까? 우리가 추구하는 바가 그 한마디에 모두 담겨 있습니다."

그는 온화한 미소를 지어 보였다. 자애로운 느낌마저 감도는 미소였다.

"오르세나 씨, 당신의 나라는 부자이고 오랜 역사를 가지고 있습니다. 그러니 결정 단계도 상당히 복잡하겠지요. 하지만 우리는 그런 사치를 부릴 여유가 없습니다. 싱가포르는 역사가 일천하여 과거가 없기 때문에, 우리를 얽어매는 관습 따위는 전혀 없습니다. 덕분에 우리는 신속하게 결정하고 행동에 옮길 수 있죠. 오직 효율만이 중요합니다. '의무적인' 것만큼 효율적인 건 없습니다. 어느 날 말레이시아가 갑자기 물 공급을 끊어버린다고 상상해보십시오…….."

"아니, 싱가포르와 말레이시아가 체결한 조약은 2061년까지 유효한 것으로 알고 있는데요, 아닙니까?"

"우리는 모든 걸 지나치게 신뢰하지 않는 편입니다, 오르세나 씨. 신뢰란 사실 매우 위험한 겁니다. 특히 그 신뢰만 믿고 게을러진다면 더더욱 위험하죠."

잠시 동안 우리는 바닷물 염분 제거 문제를 화제에 올렸다. 작은 섬에 사는 것의 장점은 언제라도 물을 퍼올릴 수 있는 든든한 저장고가 곁에 있다는 점일 것이다. 하지만 그렇게 하는 데 필요한 에너지를 지금도 비싼 값에 구입하고 있는데, 앞으로 테러리즘이니 투기니 하는 위협에 당면해서 값이 더 오른다면 어떻게 대처해야 하는가…….

"네 가지의 수도꼭지를 관리해야 하는 나는 어떻게 생각하면 한 가정의 아버지와 같다고 볼 수 있습니다. 아버지는 다른 자식은 놔두고 어느 한 자식만 예뻐해서는 안 되지요. 그렇지만 인간이기 때문에 편애를 할 수밖에 없습니다. 나는 빗물 꼭지를 편애하는 편이죠. 하늘이 내려주는 선물인 비, 너무나 많은 사람이 멋모르고 낭비하는 그 비를 생각하면……. 우리 나라 저수지를 둘러보신 적이 있으십니까, 오르세나 씨?"

그는 저수지 이름을 하나하나 읊조리고, 손가락으로 일일이 숫자를 세었다. 정말로 가족 명단을 작성하는 아버지 같아 보였다.

"포얀 저수지, 사림브 저수지, 크란지 저수지, 어퍼 앤 로어 피어스 저수지, 맥리치 저수지……. 난 언제나 한 개를 잊어버려요. 모두 합해서 저수지가 열네 개입니다. 머지않아 열일곱 개로 늘어날 겁니다."

영국 통치 시대의 유물로서, 그 이후 끊임없이 확대되고, 그 수가 증가했으며, 보기 좋게 단장되어 꽃들이 만발하는 등, 지나칠 정도로 아름답고 청결한 저수지들은 단연 싱가포르의 국가적 자존심의 표현이라고 해도 과언이 아니다. 잘 가꾸어진 풍성한 정원인 동시에 고대 정글에 대한 경의의 표현이며, 가족 나들이, 연인들끼리의 조깅, 각종 수상 스포츠 장소이면서 국가 기술력의 상징인 이 저수지들을 통해서 싱가포르는 자연을 제어하고 미래를 가꿔나가는 능력을 보여준다. 저수지는 싱가포르의 녹스 요새(미국 켄터키 주 남부에 위치한 군사 기지로, 철통같은 보안의 대명사 – 옮긴이)라고 할 수 있다. 그곳에 저장된 물은 황금 보화로 가득 찬 보물 상자나 다름없다.

저수지에 대한 나의 열광적인 반응으로 말미암아 나에 대한 탄지포 씨의 인상은 확실히 긍정적으로 기울었다. 그는 나를 배웅하면서 오르세나 씨는 싱가포르에서 개최하는 제1회 국제 물의 주간에 초대 손님이 되어야 마땅하다고 말했다. 그에 대한 답례로 나는 영광이라고 대답한 다음, 어릴 때부터 아부 잘하던 기질을 발휘해서 '물의 다보스 포럼'이 성공적으로 개최되기를 기원했다.

아마 내가 하지 말았어야 좋은 말을 한 모양이었다. 탄지포 씨는 나를 향해 순간적으로 차가운 눈길을 한번 주었다. 단 1초라도 어떻게 그 행사의 성공을 의심할 수가 있느냐는 듯한 힐난의 눈길이었다. 돌아오는 6월부터 물의 주간은 의심할 여지 없이 물에 관한 세계인의 만남으로 자리매김할 것이다.

그 정도 실수쯤이야 아무렴 어떻겠는가. 밖으로 나오니 싱가포르 도시 전체가 내가 그의 집무실을 나서는 순간에 손목시계를 맞추어놓은 것 같았다. 그의 집무실을 나서는 순간, 나는 대단한 존경의 대상이 되었다. 나는 "탄지포 씨가 그의 소중한 시간을 무려 한 시간 가까이(정확하게 51분) 허락해준 프랑스인"이었던 것이다.

세계의 중심을 꿈꾸는 나라

모나코, 홍콩, 안도라, 산마리노…… 지구상의 도시국가들은 저마다 공동의 적, 즉 협소함을 상대로 힘겨운 전쟁을 벌이고 있다. 땅을 아끼거나 바다를 간척해서 한 뼘이라도 면적을 늘리면 나라 전체의 언론이 나서서 대단한 성과인 양 추어올리고, 그 땅은 곧 엄청나게 비싼 가격에 팔려나간다. 싱가포르에 있는 여섯 개의 하수 정화 처리 시설은 이 귀한 땅을 너무 많이 차지해왔다. 이들은 무려 수십 헥타르에 달하는 면적을 여과와 경사傾瀉를 위한 저수 용지로 사용했다. 흙탕물도 물론 제대로 대접을 해야겠지만, 그렇다고 해서 귀한 땅을 그처럼 많이 잠식하도록 내버려두어야 할 까닭은 없지 않은가. 속전속결의 지혜로 무장한 싱가포르 정부는 이와 같은 낭비에 종지부를 찍기로 결정했다.

섬의 남동부, 국제공항 인근에 하나의 시설을 만들어 종전에 사용하던 여섯 개의 시설을 통합하기로 결정한 것이다. 거대하면서 동시에 밀도 있게 건설될 이 시설은 하루에 250만 제곱미터의 하수를 처리하게 될 것이다.

　이 시설을 짓기 위해서 6천 명의 외국인 노동자들이 2년 동안 줄기차게 일했다. 공사장이 끝나는 곳에 마련된 기숙사에서 숙식을 해결하며 노동력을 제공한 이 외국인 노동자들에게는 섬 밖 출입이 금지되어 있다.

　하수는 지하로 뚫린 운하를 통해 이곳으로 운반될 예정이다. 이미 굴착 공사를 끝낸 운하는 섬의 지하 50미터 되는 곳으로 흐른다. 지하철도 충분히 다닐 수 있을 정도의 공간으로, 지름이 6미터에 길이는 50킬로미터가 넘는다.

　하수 정화 과정에서 걸러낸 찌꺼기는 먼바다로 보내지고, 여러 번의 처리 과정을 거쳐 깨끗하게 정화된 물은 '뉴 워터'라는 이름으로 사용자들에게 판매될 예정이다.

　시멘트로 갓 시공된 거대한 구멍 속에서 머리에 안전모를 꾹 눌러쓴 나는 두 개의 견인차, 상호 모순적인 두 가지 화두가 싱가포르를 움직이고 있음을 깨달았다. "자급자족하자"와 "세계의 중심이 되자", 이 두 가지 꿈이야말로 싱가포르를 떠받치는 지주라고 할 수 있다.

　영어의 허브hub라는 단어는 원래 굴러가는 바퀴의 중심이 되는 부속을 가리키는 말이다; 그런데 차츰 의미가 확대되어 요즘에는 모든 방사선이 집결되는 곳, 즉 네트워크의 중심을 가리키는 말로 쓰인다.

　지리적인 위치 덕분에 처음부터 허브의 위치를 점유하게 된 싱가포르는 그것만으로 만족하지 않는다. 해양 활동만으로는 성에 차지 않는 것이다. 싱가포르 항구는 세계에서 가장 중요한 항구들 가운데 하나로 손꼽히며, 총 길이 1백 미터 이상급 선박이 하루 평균 9백 척씩 이 항구를 경유하거나 정박한다. 창이 공항도 이에 뒤지지 않는다. 79개의 항공사들이 전 세계 177개 도시로 운항하고 있으니, 이는 파리의 루아시 샤를 드골 공항과 맞먹는 수준이다.

이와 같은 막강한 사회 기반 시설 덕분에 전 세계에서 몰려든 4천여 개의 기업이 싱가포르에서 성업 중이며, 그들은 이곳을 발판으로 하여 아시아 전체로 뻗어나가는 전략을 구가하고 있다. 이렇듯 싱가포르는 부차적인 허브들을 거느린 1차 허브로서, 세계 자본주의의 가장 중요한 발판 역할을 수행하고 있다.

싱가포르의 전략은 아주 간단명료하다. 우선 미래에 대해 전망이 밝은 몇몇 분야를 선정한다. 물 관련 산업도 물론 여기에 포함된다. 다음으로는 그 분야의 중심적인 활동가들을 유치한다. 이는 평범한 계약을 통해서 이루어질 수도 있지만, 경우에 따라서는 다양한 유인 정책(공장 건설에 필요한 각종 편의, 대학과의 연계 등)을 통해서 이루어지기도 한다. 마지막으로 전 세계적인 차원의 구심점으로 발돋움한다.

초순수 물

공장들이 꼬리를 물고 나타난다. 굴뚝과 가스탱크, 냉각기 기둥들이 번갈아가며 모습을 드러낸다. 싱가포르는 서비스 왕국만이 아니다. 바다를 간척하여 얻은 토지 위에서 싱가포르는 중공업을 육성했다. 제조업은 이제 환경을 오염시키는 한물간 산업이며, 따라서 그것을 포기하고 다른 산업을 일으키는 편이 바람직하다고 생각하는 사람들에게는 신선한 교훈을 준다. 철책이나 벽이 점점 높아지는 것을 보니 우리가 점점 더 민감한 지역으로 들어가는 모양이다. 이제 높은 감시탑에서 보초를 서는 군인들의 모습까지도 눈에 들어온다.

이곳은 한마디로 어마어마하게 큰 회색 상자라고 말할 수 있다. '쇼와 덴코 회사 방문을 환영합니다.' 솔직히 뜨거운 환영이라고는 할 수 없다. 도처에 카메라가 설치되어 있다. 철저하게 감시를 하는 모양이다. 안내를 위해 나와 동행한 사람의 음성이 감격에 젖어 떨린다.

"이곳에서는 전 세계 하드 디스크의 10퍼센트를 생산하고 있습니다……."

그 말을 들으니 내 머릿속은 수십만 기가에 또 수십만 기가, 거기에 또다시 수십만 기가가 더해지면서 복잡해진다. 과연 이렇게 생산된 메모리를 모두 합하면 얼마나 될까? 답은 지구상에 살고 있는 모든 사람들의 기억을 모두 합한 것의 10분의 1 정도라고 한다. 그러니 이 거대한 회색 상자 쇼와 덴코를 새로운 눈으로, 다시 말해서 존경을 가득 담은 눈으로 새롭게 바라보지 않을 수 없다. 그런데 유감스럽게도 이 메모리 공장 내부로는 들어갈 수가 없었다. 부속 건물에 들어가는 것으로 만족하는 수밖에……. 그나마도 상당히 까다로운 여러 절차를 차근차근 밟은 다음에야 가능했다. 그 절차 중에는 몇 번씩이고 구두를 벗었다가 신고, 다른 신발로 갈아 신는 번거로움도 포함되었다. 그것은 어디까지나 내 발의 문제가 아니라 내가 구두에 묻혀가지고 다니는 먼지 때문이라는 설명도 구두를 벗은 횟수만큼이나 자주 들었다. 먼지는 쇼와 덴코 회사가 가장 싫어하는 적이다. 우리가 쇼와 덴코를 방문할 수 있었던 것은 청결함을 만들어내는 베올리아의 능력에 대해 쇼와 덴코가 전적으로 신뢰를 보내는 덕분이었다. 어차피 나나 내가 쓴 이 책을 읽는 독자들이나 하드 디스크의 제작에 대해서는 아무것도 알 수 없을 것이다. 다만 한 가지, 하드 디스크는 다른 어떤 아이템보다도 훨씬 더 청결한 조립 환경을 요구한다는 사실만큼은 분명하게 습득할 것이다. 매번 새로운 공정 단계에 돌입할 때마다 부스러기와 파편들을 말끔하게 제거해야 한다. 깨끗하게 청소를 해야 하는 것이다. 이를 위해서는 엄청난 양의 물이 필요하다. 청소에 쓰이는 물은 물속에 자연적으로 포함되어 있는 광물질을 비롯하여 모든 불순물이 완전히 제거된 지극히 순수한 물이어야 한다. 그런데 하드 디스크에 묻어 있는 찌꺼기를 덜어내는 일이 곧 다른 것들을 더럽히는 결과를 초래하게 된다면, 도대체 그것이 무슨 의미가 있단 말인가?

거대한 회색 상자 회사의 한구석에서 생산된 이 기적의 물을 보자. 초순수超純粹 물을 생산하기란 결코 쉬운 일이 아니다. 보통 수준의 정상적인 물은 매우 길고 꼬불꼬불한 경로를 통과하면서, 가히 성인식 절차에 비할 만큼 고통스러운 시련을 겪는다. 각종 여과 장치와 화학 약품 처리, 압력 증가, 적외선 폭격, 각종 막으로 이루어진 벽을 급속도로 통과하기 등이 일련의 절차에 포함된다……. 쇼와 덴코 경영진의 말을 그대로 믿어야 한다. 만일 초순수 물이 쉽게 얻어질 수 있는 것이라면 그들이 해마다 7백만 유로라는 적지 않은 돈을 베올리아에게 지불할 턱이 없지 않은가.

제조업 지대를 벗어나면서 나는 한 가지 의문과 욕망에 사로잡혔다. 우선 의문부터 해결해보자. 만일 하드 디스크 제작 과정에서 더러운 찌꺼기가 말끔하게 제거되지 않는다면 무슨 일이 일어날까? 어떤 종류의 기억 장애에 시달리게 될까?

다음은 욕망이다. 그 욕망은 순간적으로 일어났지만 거역할 수 없을 것 같은 위엄을 지니고 있었다. 바로 모든 기계의 플러그를 뽑아버리고 싶은 욕망이었다. 휴대폰, 블랙베리 스마트폰, 아이폰 등 현대인은 항상 무엇인가에 연결되어 있다. 항상 'ON' 상태, 다시 말해서 쇼와 덴코나 이와 유사한 업체에서 생산한 하드 디스크에 연결되어 있으며, 따라서 초순수에 연결되어 있다는 말이다. 저녁에 그랜드 콥손 워터 프런트 호텔 방에 혼자 앉아 있는 동안 초순수와는 거리가 먼 아주아주 추잡한 생각들이 내 머리를 스치고 지나갔음을 고백한다. 나에게 여러 가지 서비스를 제공하는 다국어에 능한 이곳의 젊은 아가씨들도 초순수함을 간직하고 있을 것이다. 나는 잠을 청하는 편을 택했다. 꿈은 언제나 청결하란 법이 없다.

물을 향한 열정으로

싱가포르의 학교들은 물에 관한 정보 센터 방문을 의무로 여기며, 도시의 어디를 가나 PUB의 마스코트를 만날 수 있다. 크고 작은 여러 사이즈의 물 한 방울이 거리 곳곳을 수놓고 있는 것이다. 또 기회가 있을 때마다 '뉴 워터'답게, 아주 앙증스럽게 생긴 색색의 작은 병에 물을 담아 나누어준다. TV 방송이나 스포츠 행사, 각종 사회 문화 행사에도 물이 빠지지 않고 등장한다. 처음에 나는 사람의 심리를 파고드는 이러한 행위들을 모두 싱가포르 국민들에게 자신들이 만들어낸 오물을 마신다고 하는, 그다지 유쾌하지 못한 생각을 받아들이도록 하기 위함이라고만 생각했다. 사실 이 생각은 영 찜찜할 수도 있으니만큼 어릴 때부터 거기에 길들여질 필요가 있지 않겠는가. 하지만 나는 싱가포르가 보여준 일관성과 장기적인 안목에 한 번 더 놀라지 않을 수 없었다. 국가에서 일단 계획을 수립하면, 그 계획은 단계별로 아주 세세한 부분과 파급 효과까지도 고려하여 서두름 없이, 그렇지만 지체하지 않고 냉철하게 진행하는 것이 싱가포르 방식이다.

그런데 한 가지 의문이 생긴다. 물이라는 후렴이 너무 자주, 너무 지나친 열정으로 무장한 채 등장하는 것은 아닐까? 솔직히 물이 사람들의 열정을 자극하는 주제는 아니지 않은가 말이다.

내가 던진 이 질문에 PUB의 홍보 담당 펑카포 씨는 단 한순간도 주저하지 않고, 상냥하면서도 황홀해 보이는 미소를 얼굴 가득 띠며 각종 사진들을 가리켰다. 그 사진들은 각종 해상 스포츠 경기, 쓰레기 낚시 대회, 아름다운 풍경을 제공하는 둑에서의 가족 산책, 거의 천연적인 호수로 탈바꿈한 인공 저수지, 일단의 사람들이 칼랑 강의 일부를 양자로 입양하는 엄숙한 장면 등을 담고 있었다.

나는 이와 같이 완벽한 업무에 대해, 나도 모르게 감탄사를 연발했다. 유럽의 여러 고장에서 서둘러 싱가포르를 방문하여 절약과 정화가 의미하는 바를 제대로 배워갔으면 좋겠다고도 말했다. 1994년 싱가포르의 국민 1인당 하루 물 소비량은 176리터였는데, 지금은 155리터까지 떨어졌다.

그런데 물에 관한 노래의 가사가 이상하게도 내 귓가를 떠나지 않는다. 모두들 한번 들어보고 판단해주기 바란다. "우리의 물과 우리의 책임감에 대해서 믿음을 기르자", "물 감시 연합 Water Watch Society에 가입하자", "우정과 물 존중 사상으로 하나가 되자", "공동체의 물과 우리의 연대를 강화하자……."

만트라처럼 똑같은 주문을 반복적으로 외우는 일부 종교 예식에서처럼, 물을 상기시키는 말을 귀에 못이 박히도록 듣다보니, 아마도 누구나 이처럼 표면으로 드러나는 말에는 뭔가 다른 이면이 있을 거라고 생각하게 되지 않을까? 세계의 여러 다른 대도시들이나 마찬가지로, 싱가포르도 언젠가 물이 부족하게 될까봐 걱정을 하기 때문에 이런 말들이 떠돌아다닌다고 생각하기에는 어쩐지 도가 지나치다 싶은 생각이 들기 때문이다.

그렇다면 왜일까? 싱가포르 관계 당국의 슬기로움에 대해 다시 한 번 존경심이 우러나게 될 즈음에, 퍼뜩 한 가지 분명한 생각이 머리를 스쳤다. 왜 진작 그 생각을 하지 못했을까 의아할 정도이다. 물이란 관계에 관한 거의 완벽한 은유이다. 물을 섬기는 것은 사회에 영광을 돌리는 것이다. 물을 위해 헌신하는 것은 자신의 시민 정신을 증명해 보이는 일과 다르지 않다. 물을 사랑하는 사람은 싱가포르를 사랑하며, 따라서 그 나라를 다스리는 지도자들을 사랑한다. 물에 대한 사랑은 사회에 소속되어 있음을 널리 천명하는 것이며, 매일 선거에 임하는 것과 마찬가지이다. 그러므로 상식을 가진 사람이라면 아무도 책임 있는 물 관리에 반대하지 않을 것이다. 여러 해 전부터 도시의 번영을 위해 불철주야 애쓰는 기관들에 대해 누가 감히 반대할 것인가?

또 다른 한 가지 장점은, 물에 관해 언급할 때면 싱가포르에서 단연 실질적인 왕의 지위를 누린다고 할 수 있는 돈에 대해서도 자연스럽게 언급할 수 있다. 물에 관한 단어들이 돈에 관해서도 그대로 적용될 수 있기 때문이다. 돈은 물과 마찬가지로 생명이다. 경제성장은 물과 마찬가지로 '지속 가능'해야 한다…….

모든 것을 기꺼이 감내하는 물은 맷집이 좋다는 사실을 벌써 오래전부터 우리는 알고 있다.

베올리아 대표와의 대화

나는 그에게 사과의 말을 전했다. 비서에 의하면 나를 만나기 위해서 그는 매일 하는 수영을 못 했다는 것이었다. 그는 싱긋 웃었다.

"싱가포르에서는 체력 조건이 좋아야 합니다."

"더운 기후에 견디기 위해서인가요?"

"사업 분위기에 견디기 위해서죠. 여긴 무한 경쟁 사회거든요. 민간 기업들이 서로 경쟁 기업을 따돌리려고 기를 쓰는 거야 지극히 정상이죠. 하지만 행정 기관까지도…….."

그는 나에게 PUB의 자회사인 SGI가 중국에서 계약을 하나 따냈다고 말했다.

"선생께서 이번에 만난 탄지포 씨는 그런 자랑을 하지 않았을 거라고 확신합니다."

나는 그의 확신이 틀리지 않았다고 말했다.

"여기선 아무도 자랑 따위는 하지 않죠. 사실이 모든 걸 말해주니까요. 어느 날 아침 눈을 떠보니 당신이 죽어 있다는 식이죠."

마리나 댐

전날 아침, 나는 약간 숨 돌릴 틈이 있겠다고 생각했다. 다시 식물원으로 가서 그곳이 소장하고 있는 각종 난초들을 보고, 몇 가지 자료를 확인하고 싶었기 때문이다. 내가 과연 표지판을 제대로 읽었던가? 바나나가 정말로 생강과 한 가족이란 말인가?

유감스럽게도 메시지 하나가 나를 기다리고 있었다. 마리나 댐의 책임자가 나한테 댐을 보여주겠다고 제안해온 것이었다. "마리나 댐은 우리 나라의 열여덟 번째 저수지이며, 아마 가장 아름다운 댐일 겁니다."

이 같은 초대는 사실상 거절할 수 없는 의무라는 것을 내가 어찌 모르겠는가? 혹시 싱가포르 당국이 저수지 방문을 우습게 생각하는 여행자들의 여권을 압수하는 것은 아닌가?

따라서 나는 식물원 대신 다시금 공사판의 불도저들 사이에 끼어 있는 몸이 되었다.

어마어마한 규모의 사업이었다. 싱가포르 정부는 싱가포르에서 가장 중요한 하천인 칼랑 강의 어귀에 '반응성' 댐을 짓기로 결정한 것이었다. 바다와 만나는 지점에 위치한 탓에 이 댐의 물은 처음에는 소금기를 머금겠지만, 이 소금기가 신속하게 제거되면서 물은 담수로 변할 것이다. 2년이면 될 거라고 기술자는 예측했다. 강에서 흘러내린 물이 마지막 한 방울의 소금기까지 완벽하게 제거할 것이라고 그는 장담했다.

정부에서 내건 원칙의 단순함에 비해 실제 댐 건설에 동원된 장비들은 엄청났다. 저수지의 물 중에서 강물이 차지하는 비중이 너무 높아지면, 이 똑똑한 댐은 알아서 '반응'하게 된다. 바닷물이 빠지는 간조 때에 수문을 열면 남는 물이 흘러나간다. 반대로, 물이 차오르는 만조 때에는 일곱 개의 펌프를 가동시켜 바닷물을 초당 280세제곱미터씩 내보낼 수 있다.

이 댐을 건설하는 데에는 총 20억 달러의 비용이 예상된다. 그러나 댐의 세 가지 유용성을 고려한다면, 그 정도의 비용은 감수해야 하지 않겠는가. 댐의 건설로 첫째, 해마다 열대 계절풍이 몰아치는 시기가 되면 저지대를 강타하는 홍수를 방지할 수 있다. 둘째, 열여덟 번째 저수지로서 이미 확보되어 있는 물 저장량에 수백만 제곱미터의 물을 추가할 수 있게 될 것이다. 이 댐 하나만으로도 싱가포르 국가 전체가 필요로 하는 물의 10퍼센트는 충당할 수 있을 것으로 예상된다. 마지막으로, 온갖 수상 스포츠를 즐길 수 있는 호수가 건설됨으로써 국민의 삶의 질이 향상됨은 물론, 주변 대지의 가치도 동반 상승할 수 있다. 아직 설계도뿐인 아파트를 구입하기 위해 벌써 아시아 전체에서 구매자들이 모여든다고 한다. 이는 싱가포르가 마지막 남은 청교도주의마저 던져버린 탓이기도 하다. 돈이 생기는 데 마다할 까닭이 어디 있단 말인가? 무엇 때문에 보충 수입원이 생기는 걸 마다하겠는가? 무엇 때문에 홍콩이나 마카오 등과의 경쟁을 회피하겠는가? 덕분에 마리나 댐 중심에도 곧 전 세계에서 가장 규모가 큰 카지노들 가운데 하나가 들어서게 될 것이다.

나는 식물원에 가고 싶었는데, 그 소원도 풀 수 있었다. 그 주변이 제법 커다란 흙더미 속에 발이 묶인 채 얌전하게 늘어서서 옮겨 심어질 차례를 기다리는 수천 그루의 키 큰 나무들과 키 작은 관목들로 에워싸여 있었기 때문이다. 머지않아 이곳에서 건물들이 불쑥 솟아오르게 될 때쯤이면 그럴듯한 정원도 만들어질 것이다.

"고객의 마음에 들어야 하니까요. 우리 국민들은 자연을 사랑한답니다……." 건설 현장 책임자가 길게 한숨을 쉬며 말했다.

페르시아 만에 파키스탄, 인도, 방글라데시 노동자들을 동원해서 만든다는 야자수를 닮은 섬을 떠오르게 한다.

근동 지역과 극동 지역이 구상하여 실행에 옮기고 있는 그 세상은 과연 어떤 세상일까? 이들은 도대체 어디에서 그와 같은 탄력을 얻으며, 어디에서 그처럼 과거를 보란 듯이 무시할 수 있는 거만함을 뽑아낼 수 있을까?

마술처럼 땅속(그것도 주로 바다를 메워서 얻은 땅이다)에서 갑자기 솟아난 이 어마어마한 지역들을 둘러보는 구대륙 유럽 여행자는 이 땅이 과연 자신이 몸담고 살던 땅이 맞는지 자문하지 않을 수 없다. 혹시 잠들어 있는 사이에 우주선이 그를 지구가 아닌 다른 별로 데려간 것은 아닐까? 아이들이 즐기는 전자오락 속의 공간이 현실이 되어 나타난 그런 새로운 공간으로 말이다. 만일 그런 게 아니라면, 그러니까 우주선이라고는 오지 않았고, 그가 지금 바라보고 있는 땅이 다른 별이 아니라 지구가 맞는다면, 비록 지금까지 누구보다 열정적으로 살아왔다고 자부하는 구대륙 유럽 여행자이지만, 이제 제법 나이 먹은 늙은이라는 사실에 안도감을 느낄 것이다. 지금 그의 눈앞에 펼쳐지는 광경은 앞으로 우후죽순 격으로 생겨나게 될, 그가 반드시 보게 되리란 법이 없는 무수히 많은 마리나 댐들의 맛보기 정도에 해당될 뿐일 테니까. 그에게는 여전히 브르타뉴의 모래톱과 남극의 빙산들이 남아 있을 것이다.

트럭이 긴 행렬을 이루면서 달린다. 끊어지지 않을 것 같은 행렬이다. 트럭들은 하나같이 파란색이다. 모두들 한결같이 '콘크리트 아일랜드'라는 이름이었다.

영어로 콘크리트가 시멘트를 가리킨다는 사실 정도는 잘 알고 있는 나는 콘크리트가 지니는 또 다른 뜻이 떠올라 이 트럭들의 주인인 운송회사 사장에 대해 문득 가벼운 연민을 느낀다. 그는 아마도 싱가포르의 현실에 대해 나와 마찬가지로 의문이 많은 사람이 아닐까 싶다. 그래서 안심하기 위해 콘크리트(concrete, 구체적인)한 섬에서 콘크리트한 트럭으로 사업을 하는 모양이다.

04

물과 죽음이 공존하는
캘커타

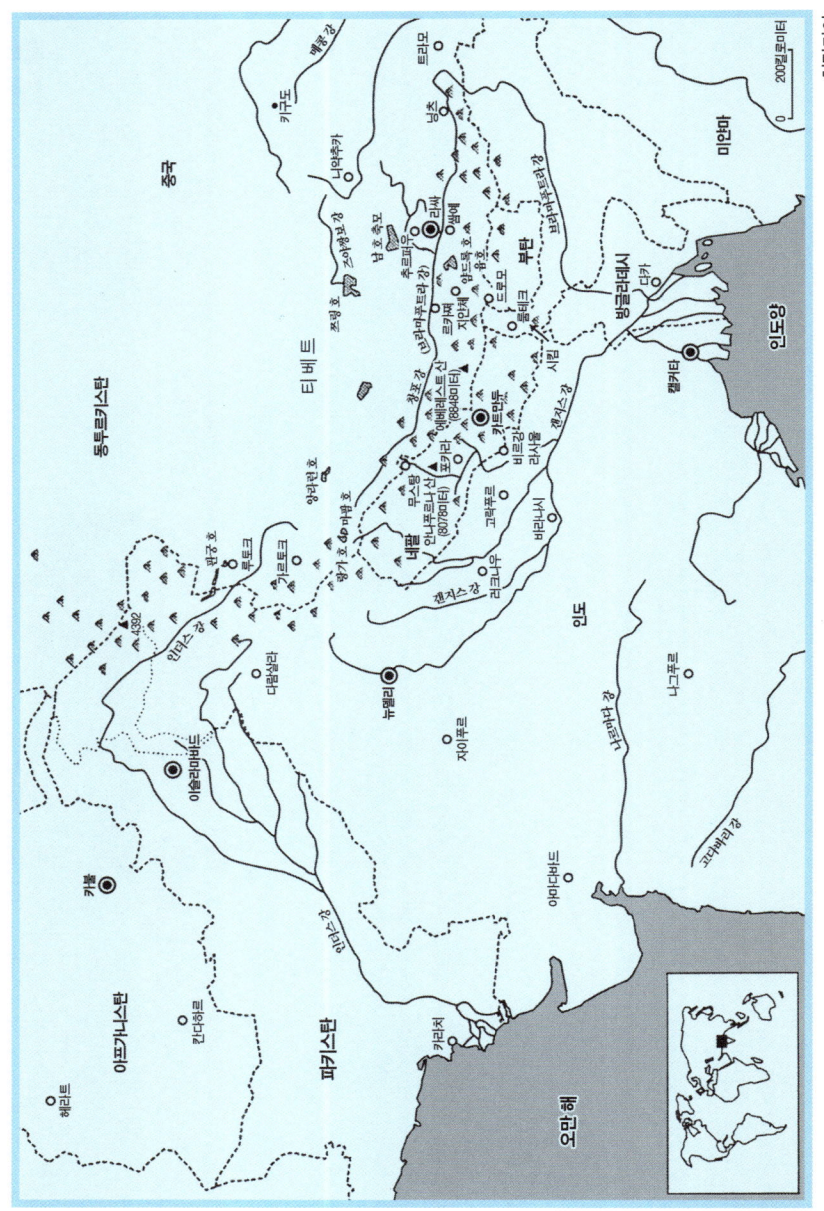

열대 계절풍이 주는 교훈

방콕 국제공항과 관련하여, 나는 그곳을 통해 비행기를 갈아타는 여행객들에게 몇 가지 충고를 하려고 한다. 첫째, 비행기를 놓치고 싶지 않다면, 다른 어느 공항에서보다 짐을 줄인 가벼운 몸으로 여행하는 편이 안전하다. 타이라는 나라가 풍기는 섹슈얼한 현기증에 취한 탓인지, 그곳에서 부치는 짐들은 분실되기 십상이며, 한번 분실된 짐을 되찾을 가능성은 거의 없다고 보아야 한다. 둘째, 게이트 1A는 공항 내 그 어떤 화면에도 등장하지 않지만, 분명 존재한다. 그곳으로 (달음박질치듯) 가기 위해서는 3층으로 올라간 다음, 다시 제일 아래층까지 내려와서 줄을 놓치지 말고 잘 따라가야 한다. 셋째, 항공 스케줄을 알려주는 표지판은 거의 바닥에 가까울 정도로 아래쪽에 붙어 있다. 그렇다고 해서 내가 누구를 탓하는 것은 아니며, 다만 덥고 습한 기후 탓에 이런 일이 생기나보다고 짐작할 뿐이다. 어쨌거나 플라스틱으로 된 창구에 붙이는 스티커들은 끈기 있게 잘 붙어 있지 못하고 쉽게 떨어져버려서 여행객들을 당황하게 만든다. 나에게는 쿠알라룸푸르와 호찌민 시, 그리고 '때마침' 콜레라가 창궐하고 있다는 캘커타, 이렇게 세 도시 중에서 한 곳을 택할 수 있는 선택의 여지가 있었다. 낡은 보잉 727기에 몸을 싣고서 이제 벵골 만을 가로지르려던 나는 문득 기상학자 장 라브루스로부터 배운 교훈을 떠올렸다.

열대 계절풍은 프랑스의 여름에 만나는 훈풍과 매우 닮았다.
자, 생각을 가다듬어보자. 태양이 대지를 덥힌다. 그러면 대지 위에 있던 공기는 가벼워지고, 기압이 내려간다. 태양은 바다도 덥히는데, 바다는 대지에 비해서 신중한 편이므로 더워지는 속도가 늦다. 다시 말해서 바다 위에 있는 공기는 대지 위의 공기에 비해서 온도가 낮으며, 상대적으로 밀도가 높다. 바람은 항상 기압이 높은 곳에서 낮은 쪽으로 이동하게 마련이므로, 바다에서 육지 쪽으로 바람이 불게 된다. 방정맞고 변덕스러운 대지는 차가워지는 속도 역시 매우 빠르다. 대지 위의 공기가 식으면서 밀도가 높아지는 동안 바다 위의 공기는 여전히 높은 온도를 유지하고 있으므로, 무게 또한 가볍다. 그러니 이번에는 바람이 육지에서 바다 쪽으로 분다. 바람의 국지적인 순환은 프랑스 해안을 따라 즐비하게 들어선 해수욕장 경영자들이나 요트 항해사들에게는 잘 알려져 있다.

열대 계절풍은 이와 같은 기제를 지구 차원으로 확대시킨 것이라고 볼 수 있다. 위에서 말한 밤과 낮이 교대로 나타나는 현상을 계절의 변화로 치환하면 된다. 지구가 매일 자전을 하는 동시에 1년에 한 번씩 태양 주변을 공전한다고 할 때, 이 주기는 지구의 회전 리듬에 따라 결정된다고 볼 수 있다. 여름이면 태양은 가장 높은 위치에서 열대 지역을 달군다. 강한 열기는 바람을 유인하여 빨아들인다. 습기를 머금은 거대한 공기덩어리가 바다로부터 몰려와 상승 기류를 타면 위에 있던 찬 공기와 만나 응축 현상이 일어나며, 그것이 집중호우로 이어진다.

겨울에는 이와 반대되는 움직임이 일어난다. 즉 차갑게 식은 대륙이 바람을 만들어 수출하는 것이다.

물리크 가트 꽃시장

하우라 다리 위로 캘커타의 주민들이 떼를 지어 오고 간다. 역으로 가는 사람들과 역에서 나오는 사람들이다. 단언하건대, 오가는 사람들을 모두 합하면, 전 세계에서 이 다리만큼 통행 인파가 많은 다리는 없을 것이다.

하우라 다리 아래로는 후글리 강이 흐른다. 후글리 강에서는 어른들과 아이들이 물놀이를 하고, 비누칠을 하며 몸을 씻는가 하면, 소변도 본다. 양쪽 강둑 사이에서는 페리호들이 교차한다. 작은 배들이 거대한 다리를 상대로 벌이는 힘겨운 경쟁만큼 승산이 없어 보이는 일도 드물 거라는 생각이 절로 든다. 아낙네들은 빨래를 한다. 그 곁에서 개들은 빨래하는 아낙네들을 지켜본다. 쓰레기 더미를 뒤지는 까마귀들과 어린 아이들도 눈에 띈다. 주로 똥 냄새가 콧구멍을 채우지만, 간혹 지극히 섬세하고 은은하며 달착지근한 향기도 언뜻언뜻 느껴진다. 강을 따라가며 형성된 도심 지역의 낡은 목욕 시설과 철로 사이에 꽃시장이 숨어 있기 때문이다.

꽃시장의 바닥은 다른 곳과 마찬가지로 더럽고 번들거리며 때가 덕지덕지 앉아서 끈끈한 데다, 흙 같아 보이지 않는 진흙까지 마구 깔려 있다. 다만, 이곳은 꽃시장이니만큼 꽃과 잎사귀들이 그 보기 흉한 더러움을 거의 완전하게 덮어주고 있다는 점이 다를 뿐이다. 빨간색, 흰색, 노란색 꽃들이 동그랗게 쌓여 있는 더미가 있는가 하면, 오렌지색이나 파란색 꽃들도 행여 질세라 산더미처럼 쌓여 있다. 길거리 아무 곳에나 침을 뱉는 기관지염 환자들이라도 차마 형형색색의 꽃더미 위에 침을 뱉기는 어려워 보인다. 아, 그래도 성공적으로 침을 뱉는 무리들이 눈에 띈다. 날씨가 너무 더울 때에는 강물을 길어다가 꽃들을 식혀준다. 캘커타에서 유일한 이 꽃시장에는 여자들도 남자들만큼이나 많다. 여자건 남자건 쉴 새 없이 꽃목걸이를 만든다. 목걸이가 아니라, 화려하고 섬세한 다른 형태의 걸작품을 만드는 사람들도 있다. 결혼식이나 장례식에 쓰이는 꽃들인 모양인데, 하나같이 모두 화사하고 화려한 색들을 뿜내기 때문에, 나로서는 어느 것이 결혼식용이고 어느 것이 장례식용인지 도저히 구별할 수가 없다. 예술적인 창작 감각을 인정받지 못한 사람들은 그저 무게로 달아서 꽃을 파는 것으로 만족해야 한다. 그런 사람들은 엄지와 검지로 저울을 들고 무게를 잰다. 저울의 한쪽 접시 위에는 추, 다른 한쪽에는 색색의 향기로운 꽃들이 작은 산더미처럼 쌓여 있다.

꽃시장에는 해가 지기 직전에 가야 한다. 그 시간에는 소매상인들이 오지 않기 때문이다. 형형색색의 꽃 한 더미 혹은 꽃목걸이를 거의 공짜 수준으로 살 수 있다. 아니, 아예 공짜로 얻을 수 있을지도 모른다. 꽃시장으로 가는 길이 내려다보이는 작은 다리 위에서 나는 아주 보기 좋은 노인을 한 분 만났다. 촉감이 깔끄러워 보이는 베이지색 조끼를 입고, 가운데 가르마로 백발의 머리를 반듯하게 두 쪽으로 갈라 빗은 단정한 노인이었다. 어딘지 모르게 지나칠 정도로 깔끔한 노인의 모습을 보면서 나는 그 노인이 혼자된 지 얼마 되지 않았을 것이며, 그래서 노인으로부터는 무한한 서글픔이 배어나온다고 느꼈다.

그런 말이 나올 것으로 나도 예상하고 있었다. 그 말이 맞다. 꽃은 이번 책의 중심적인 주제가 아니다. 하지만 캘커타와의 만남이 주는 충격이 너무도 강렬한 나머지, 눈을 통해 매 순간 들어오는 수많은 정보들, 상호 모순되는 그 정보들에 압도당해서 모든 통제력과 모든 이성을 잃어버리느니, 어디에라도 가서 한숨 돌릴 필요가 있었다. 나는 거세게 소용돌이치는 대양의 한가운데에서 기적처럼 발견한 튜브에 매달리듯 필사적으로 이 꽃시장에 매달렸다. 나는 캘커타가 여행자들에게 제공하는 역사적, 성적, 의학적, 문화적, 정치적 유산에 대한 호기심을 떨쳐버리고, 오로지 나의 소중한 꽃시장을 찾고 또 찾았다.

이제 나는 자랑스럽게 외칠 수 있다. 비록 캘커타라는 도시에 대해서는 아무것도 이해하지 못하고, 아무 곳도 모르고, 심지어 빅토리아 메모리얼조차 어디에 붙어 있는지 알지 못하지만, 꽃시장이 돌아가는 방식만큼은 웬만큼 잘 안다고 말이다.

달이라는 뜻을 가진 사원 람 챤드라 고엔카, 여성들이 빨래하고 목욕하는 곳으로 내려가는 계단 제나나 바팅 가트가 보인다. 낡은 온천 건물이 꽃시장에서 분주히 일하는 캘커타의 서민들을 굽어본다. 허름하게 쇠락한 건물 내부의 공간은 그들에게 그늘과 선선함, 길게 재단된 돌 탁자들을 제공한다. 전성기에는 고관대작들이 마사지를 받던 탁자들이다. 오늘날에는 그곳에서 줄기를 자르고, 잎을 훑어내면서 꽃을 다듬는다. 인도는 꽃줄기를 좋아하지 않는 모양이다. 초록색 잎사귀도 홀대를 받기는 마찬가지이다.

일이 끝나면 남자들은 돌 탁자 위에 몸을 누인다.

그러면 낡은 온천 건물은 그대로 시체 안치소가 되어버린다. 시체 같다는 생각이 들 정도로 돌 위에 누운 몸들은 미동도 하지 않는다.

이른 아침, 정원을 통째로 실어오는 것 같은 트럭들이 꽃시장에 도착하는 시간이면 격투선수들도 훈련을 시작한다.

어째서 전혀 어울릴 것 같지 않은 이 두 가지는 서로 이웃하고 있는 것일까? 논리적이고 천박한 정신의 소유자, 그러니까 서양 사람들이라면 냄새 때문이라고 대답할 것이다. 꽃향기가 운동선수들의 몸에서 나는 땀 냄새를 덮어주기를 소망하기 때문이라는 말이다. 하지만 나는 눈앞에 펼쳐진 광경을 보면서 그와는 조금 다른 답을 궁리해보기로 마음먹었다.

대결 중인 두 명의 격투선수들은 서로의 몸을 사랑한다. 선수들이 서로의 몸을 부둥켜안고 팔다리를 주물러대며 뒹굴면서 서로를 깔아뭉개는 광경을 한 번이라도 본 사람이라면 그것을 모를 수가 없다. 격투선수들의 몸에서 나오는 폭력에는 애정이 담겨 있으며, 두 몸은 하나가 되기 위해 애쓸 뿐 아니라, 오랜 시간 동안 서로 몸과 몸을 맞댄 채 꼼짝하지 않고 붙어 있다. 두 사람이 맞붙는 동작 하나하나는 사랑의 밀어이다. 꽃도 마찬가지이다.

유유상종 類類相從이라고 했던가. 비슷하게 생긴 것들은 서로 모이게 마련이다.

캘커타에서는 테레사 수녀만이 사랑을 독점하는 것은 아니다.

멀고 먼 전염병 퇴치 연구소

"아니, 도대체 오늘은 어떻게 된 거지?" 나는 5분마다 똑같은 질문을 했다.

　운전기사도 고개를 끄덕인다. 나는 거의 식물학적인 이유에서 이 운전기사를 택했다. 귀에 난 털이 귀 밖으로 삐져나온 모습이 아주 인상적이었기 때문이다. 아마도 귀 청소를 하기 위해서 집어들었던 면봉이 습한 기후에 싹을 틔웠는지도 모를 일이었다. 실제로 캘커타에서는 그런 현상이 심심치 않게 일어나는 모양이었다. 문화재로 분류된 고색창연한 건물들을 뚫고 자라나는 나무들이 종종 눈에 띄니 말이다. 어쨌거나 그는 자신의 직업을 사랑하는 매우 도덕적 정신의 소유자인 것 같았다. 태우고 다니는 승객들의 어처구니없는 행태에도 언제나 즐거운 표정을 감추지 않는 것을 보니 확실했다. 나는 깨진 백미러 속으로 웃음 짓는 그의 눈을 볼 수 있었다.

　"캘커타는 캘커타죠. 오늘도 캘커타고, 내일도 캘커타죠. 날짜나 시간이 중요한 게 아닙니다. 캘커타라는 게 중요하죠……."

　나는 그가 말하는 방식에 익숙해져야만 했다. 그는 횡설수설하는 데다, 기꺼이 단정적인 방식으로 말했다. 그가 하는 대답을 열심히 분석해보면, 결국 캘커타에서는 항상 길이 막힌다는 것이었다.

　털북숭이 운전기사는 미리부터 나한테 단단히 경고한 바 있었다. 연구소 근처에는 절대 가지 않겠다는 것이었다. 병에 걸릴까봐 너무 두려우며, 연구소에서 일하는 사람들을 절대 신뢰하지 못하겠다고 고집을 부렸다. 확실한 소식통을 통해서 그자들이 실험 용기를 제대로 봉하지 않는다고 들었다면서 막무가내였다.

　"그래서 어쨌단 말이오?"

"세균들이 모두 빠져나오는 거죠. 실험실에서 만들어낸 세균들 말이에요. 그놈들은 자연적으로 존재하는 세균보다 더 고약한 놈들이죠……."

총천연색의 자동차 물결은 어쩌다가 이따금씩 앞으로 전진했다. 우리의 고물 포드도 물론 그 대열에 합류했다. 차가 움직이자 나는 다시 희망을 가지게 되었다. 하지만 희망은 오래가지 않았다. 차는 다시 멈춰버렸다. 우리는 또다시 앞에 서 있는 맥주 운반 트럭에서 나오는 배기가스를 들이마시는 신세가 되었다. 한 시간이 지났다. 나는 운전기사와 협상을 시작했다. 이 약속이 지니는 중요성과, 그 약속에 늦음으로써 내가 범하게 되는 결례를 그에게 설명했다. 운전기사는 한숨을 쉬더니, 마침내 주머니에서 골동품을 하나 꺼냈다. 그 골동품이란 공사장에서 쓰는 무전기만큼이나 큼지막한 휴대폰이었다. 그가 전화를 걸 때마다 똑같은 코맹맹이 소리가 '발라크리시 나이르 교수는 밤이 될 때까지 연구실에서 꼼짝도 하지 않으신다'고 대답했다.

"그것 보세요." 어느새 오랜 친구처럼 되어버린 운전기사 아미타브가 전화를 끊으며 말했다.

그로부터 30분 후, 나의 등쌀에 못 이긴 그는 또다시 전화를 걸어 조금 더 늦겠노라고 알렸다.

자동차는 뭐라고 꼭 집어서 표현하기 어려운 지역을 통과하는 중이었다. 도시와 농촌이 뒤섞여 있는 듯한 묘한 곳이었다. 늪지대와 밭, 황무지, 허름한 공동 주택지들이 마구 뒤섞여 있는 곳을 지나자, 갑자기 완전히 새로 지은 듯한 두 채의 건물이 눈앞에 나타났다. 몇몇 학교의 전교생으로 보이는 교복을 입은 남자와 여자 아이들이 떼를 지어 우리 앞을 지나갔다. 저 아이들은 영국이라는 나라의 존재를 알기나 할까? 이 지역에서는 교육에 대해 강박증이라도 있는 것 같았다. 상상할 수 있는 모든 과목의 강습을 제공하는 곳이 족히 수십 군데는 되어 보였다. 그중에서 양철 지붕을 이고 있는 방 두 칸짜리 석조 건물이 가장 야심차 보였다. 간판이 모든 수요를 충족시켜줄 수 있다고 말해주는 듯했다.

EE

Everything Educational(교육의 모든 것)

하지만 그 건물에 이웃한 교습소도 만만치 않았다. '허브의 최고를 경험해보십시오.'

운전기사는 자신의 견해를 피력했다.

"아니, 저게 다 무슨 꼴입니까? 인도는 주저하고 있어요. 우리는 더 이상 우리가 무엇을 원하는지 모른단 말씀입니다."

"아, 예전에는 알았는데 요즘엔 모른다는 말씀입니까?"

"나는 공산주의자입니다."

나는 캘커타가 벌써 오래전부터 공산당이 집권한 도시라는 사실을 잊고 있었다. 아미타브는 좀처럼 노기가 가시지 않는지 씩씩거렸다. 얼마 전에 시장은 혁명을 하기로 결정했다. 이제부터는 돈을 내고 물을 사야 한다. 빈민가에 사는 주민들에게만 예외적으로 무상으로 공급된다.

"물은 생명입니다. 어떻게 생명에 대해서 돈을 받을 수 있습니까?"

나에게는 상당히 감격적인 순간이었다. 요즘 같은 세상에서 진정한 집산주의자를 만난다는 건 절대 흔한 일이 아니었다.

"아니, 생각을 좀 해보십시오. 시장의 보좌관이 나와서 측정을 하더라니까요. 아시겠어요. 한 사람 한 사람이 소비하는 물의 양을 측정하더라, 이런 말씀입니다. 마치 우리가 호흡하는 공기의 양을 측정하는 것 같았죠. 이게 말이 됩니까?"

"그래서 어떤 결정이 내려졌나요?"

"일반 과세 결정이 내려졌죠. 조만간 집집마다 계량기가 배급될 거라고 하더군요. 하긴 그게 요즘 추세라니까요. 다행히도 나는 이제 늙었어요. 어쩌면 내 살아생전에는 그 꼴을 보지 않을 수도 있을 겁니다. 물 소비량을 측정하는 사회에서 어떻게 인간들끼리의 우애가 살아남을 수 있겠습니까?"

얼마 전부터, 그러니까 우리가 벨리아가타 지역에 도착한 이후, 아미타브는 초조한 듯 계속 손가락으로 핸들을 톡톡 두드리고 있었다. 백미러를 통해서 보이는 그의 눈은 더 이상 웃고 있지 않았다. 마른기침을 하는 그의 어깨가 출렁거렸다. 나는 그를 괴롭히는 고문에 종지부를 찍기로 했다. 나도 심기증이라면 좀 아는 편이었다. 그는 차를 세웠다. 하는 수 없이 나는 상당히 먼 거리를 걸어서, 마음 한구석에서 만감이 교차하는 것을 고스란히 느끼면서(택시 운전기사가 느끼는 전염성 강한 공포감, 나에게 인내심을 가르쳐준 아내에 대한 고마움, 아내가 아니었더라면 나는 무엇이 기다리고 있을지 모를 테라 인코그니타, 즉 알 수 없는 신세계로 들어갈 엄두를 내지 못했을 것이다. 거의 벌거벗은 채로 강아지와 동네 물웅덩이에서 장난을 치고 있는 두 어린아이로 인한 완전 무장 해제……), 국립 콜레라 및 장 질환 연구소가 자리하고 있는 의료 단지로 들어섰다. 이곳은 비브리오균 연구에 관한 한 전 세계적으로 명성을 떨치고 있는 '메카'인 동시에, 비브리오균 퇴치를 위해 싸우는 인도 정부의 야전 사령부라고 할 수 있다.

연구소 책임자인 발라크리시 나이르 박사는 연방 미안해하며 사과의 말을 되풀이했다. 의사들과 기부자들로 구성된 일본 사절단을 맞아야 한다는 것이었다. 인간의 능력으로는 설명할 수 없는 신의 섭리에 따라 그 사절단은 약속 시간 정각에 도착했던 것이다.

"시간은 콜레라의 가장 무서운 적입니다. 그걸 아십니까? 죄송하지만 제 보좌관이며 전염병 책임자인 디피카 수르 박사를 소개해드리죠."

그러자 곧 발라크리시 나이르 박사와 쌍둥이처럼 닮은 수르 박사가 나타났다. 동그스름한 얼굴에 둥글둥글한 몸매, 총기 있게 반짝거리는 눈은 두 여자 모두 지성과 권위, 거기에다가 지칠 줄 모르는 에너지까지 겸비하고 있음을 웅변적으로 말해주었다. 잠시 후 십여 명의 유쾌한 젊은이들이 모습을 드러냈다. 갓 서른 살이 될까 말까 한 이 신참내기 의사들은, 말하자면 박사가 거느린 전염병 퇴치 게릴라들이었다.

콜레라 사령부

콜레라 사령부에 들어서자니 어쩐지 온몸이 떨리고 소름이 끼친다.

그래도 나는 출발에 앞서, 언제나처럼 강의를 듣고 온 터였다. 의사인 부인과 사는 이점 가운데 하나는, 의사 부인은 대부분의 사람들이 흔히 가지고 있는 공포에 대해 충분한 자료를 구비하고 있다는 점이다. 반면에 단점으로 말하자면, 의사 부인 덕분에 지식만 늘어나는 것이 아니라 불안감까지 덩달아 커간다는 사실이다. 가령 의사 부인이 구비하고 있는 방대한 자료 덕분에 어떤 질병의 기제에 대해서 이해를 했다고 치자. 그러면 지적인 이해에서 비롯되는 안도감이 찾아든다. 그러나 안도감은 잠시일 뿐, 상냥하고 직업의식이 투철한 의사 부인은 곧 '너무 자주 경시되고 있는' 합병증에 대해서 언급함으로써 본질적으로 병적이게 마련인 상상력을 마구 뒤흔들어놓고 만다.

아내는 우선, 말라리아 같은 다른 수인성 질병에 대해서는 어째서 언급하지 않느냐면서 나를 나무랐다.

"말라리아는 모기가 전염시키며, 모기는 물에서 오는 거라고요. 게다가 말라리아로 죽는 사람이 콜레라로 죽는 사람보다 훨씬 더 많거든요. 그런데 어째서 당신은 콜레라만 선택하는 거죠? 그게 훨씬 이국적이라서 그런가요?"

나는 그동안 갈고닦은 원만한 결혼 생활을 위한 외교 분야에서의 실력을 발휘하여, 어차피 물과 관련한 모든 문제를 완벽하게 섭렵할 수는 없으니 선택은 불가피하고, 게다가 이건 어디까지나 '내 책'이니까 더 이상의 간섭은 불필요하며, 혹시 자신의 이름을 걸고 책을 쓰고 싶다면 찬장 두 번째 서랍에 종이가 한 묶음 들어 있으니까 거기에 쓰기 시작하면 된다고 설명했다.

요컨대, 부부 싸움을 하고 말았다는 것이다. 의사 부인의 강의는 이틀 후, 우리 두 사람이 화해를 한 다음에나 재개되었다.

콜레라는 인간의 정자를 꼭 닮은 세균, 그러니까 세포핵에 편모라는 움직임이 좋은 긴 꼬리가 달린 세균 때문에 발생하는 전염병이다. 콜레라 vibrio cholera라는 이름은 생긴 모양에서 유래했다. 물속이나 음식물 속에 들어 있는 비브리오균은 물과 함께 우리 몸으로 들어온다. 수가 많을 경우, 세균들은 위액들의 공격에도 아랑곳하지 않고 꿋꿋하게 위를 통과한다. 위를 통과한 세균들은 창자의 초입, 즉 흔히 십이지장이라고 하는 곳에 도착한다. 그곳이 마음에 들면 녀석들은 십이지장 내벽에 붙어서 계속 번식한다.

십이지장 내벽은 알고 보면 물을 비롯하여 다양한 요소들의 교류가 일어나는 고도로 복잡한 공장, 즉 장 내부 운하와 신체의 다른 부분을 연결해주는 교통의 요지이다. 우리가 살아가는 데 꼭 필요한 각종 영양소와 소화액들은 바로 이 공장을 통해서 우리 몸의 각 부분에 전달된다.

그런데 비브리오균들은 바로 이 공장을 공격한다. 녀석들은 독소를 뿜어댐으로써 공장의 원활한 기능을 방해한다. 세균들의 공격이 시작되면 단 몇 시간 만에 여과 장치와 수문 시설이 작동하는 섬세한 기제에 말썽이 생기게 된다. 그러면 모든 문이 열리게 되고, 세포에서 빠져나간 물은 장 내부에서 범람한다. 따라서 맑은 물을 쏟아내는 끔찍한 설사(심할 경우 시간당 1리터씩 물이 빠지기도 한다)가 이어지게 된다.

그런데 이때 물은 저 혼자서만 몸 밖으로 빠져나오는 것이 아니다. 창자 속에서 흘러내리면서 정상적인 심근 활동에 반드시 필요한 칼륨까지 한꺼번에 끌고 나온다.

이렇게 되면 우리 몸 안의 중요한 모터들이 고장을 일으킨다. 충분한 물을 공급받지 못한 신장은 기능을 멈추게 되며, 급기야 우리 몸은 가사

상태에 이른다. 이 상태가 계속되면 얼마 지나지 않아 죽고 만다. 우리 몸의 펌프 역할을 하는 심장이 동작을 멈추는 것이다. 질병이 무서운 데 비해서 치료는 아주 간단하다. 발병 초기에 환자에게 충분한 보습, 즉 몸 밖으로 빠져나간 물을 제대로 보충해주면 된다. 그런 다음, 치료의 2단계로 환자에게 비브리오균을 죽이는 항생제를 투여한다. 2단계까지 치료를 받은 환자는 놀랄 만큼 빠른 속도로 회복된다. 비브리오균이 몸속 깊은 곳으로 침투하지 않기 때문에 이처럼 빠른 회복이 가능하다. 비브리오균은 공장 벽에 붙어서 그 기능을 엉망으로 만드는 데 정신이 팔려 있으므로 다른 곳으로 돌아다닐 생각을 하지 않는다. 그러므로 방금 전까지만 해도 다 죽어가던 환자가, 신체 내부에 물 순환이 제대로 이루어지기만 하면 순식간에 일어나서, 고약한 운명이 언제 자신을 죽음의 구렁텅이로 몰고 갔었느냐는 듯이 씩씩하게 걸어다니게 된다.

사실 약간의 인내심(그리고 수분 보충)만 있으면 이 고약한 비브리오균은 제풀에 물러서기도 한다. 감염된 지 6일 내지 7일 정도가 지나면 비브리오균은 기운이 빠진다. 처음에는 그토록 열광적으로 공격해대던 십이지장 공장 벽에도 아무런 관심을 보이지 않게 된다. 그리고는 떠나버린다.

콜레라는 물과 관계가 있는 수인성 질병이다. 그리고 이 수인성 질병의 유일한 치료제 또한 물이다.

세계화는 세균들에게도 예외가 될 수 없다. 19세기 초까지만 하더라도 콜레라는 인도 대륙, 특히 갠지스 강 삼각주 유역을 중심으로 국지적으로 나타나던 병이었다. 그런데 해양 운송 수단의 발달과 더불어 점차 다른 지역으로 전염되기 시작했다. 급기야 1917년에는 전 세계적으로 전파되었다. 그 후 여섯 차례에 걸쳐서 비정기적으로 전 세계를 강타했다. 1961년에 시작된 일곱 번째 전파는 아직도 진행 중이다. 전파 경로는 가히 모범 사례라고 할 수 있다. 셀레베스 섬(인도네시아의 군도)에서 시작하여 2,3년 후에 동남아시아 전역으로 전파되었으며, 그 후 러시아, 아프가니스탄, 이라크, 이란, 중동 지역 전체로 퍼져나갔다. 1970년에는 아프리카 대륙으로도 번졌다. 콜레라는 아프리카의 큰 호수 지역을 휩쓰는 전염병이 되어 그 위세를 떨쳤다. 1994년 여름에는 2만 5천 명이 콜레라로 사망했다. 라틴아메리카는 1991년 페루를 통해서 감염되었다. 그 후 3년 동안 콜레라에 감염된 환자는 1백만 명이 넘는다.[01]

  1992년 이후, 또 한 차례 대대적인 전염이 진행 중이다. 이번에는 인도 남부에서 발생하여 점차 방글라데시까지 올라가고 있다.

  요컨대, 한동안 잠잠했던 콜레라는 다시금 우리 곁으로 몰려오고 있다. 2006년에는 23만 6,896명의 환자가 발생한 것으로 집계되었으며, 이 중에서 6,311명은 사망했다. 사망자의 대부분은 아프리카 사람들이었다.

  이와 같은 통계 숫자들은 모두 공식적인 자료에 의거한 것이다. 콜레라가 발생하면 관계 당국들은 그 즉시 수치심 따위를 모두 잊어버린다. 그저 아니라고 부정하면서, 병이 발생한 사실을 어떻게 해서든지 감추

---

[01] 미셸 라발레가 쓴 《콜레라 현황 *Actualités du choléra*》 참조, 세계의 의사 발행, 2006.

며 무시하려고 든다. 따라서 세계보건기구WHO는 실상을 정확하게 파악하기조차 힘들다. 콜레라와 관련한 실상은 어떠한가? 아니, 콜레라의 실상에 관해서라면 사실 의심할 여지조차 없다는 사실이 더 고약할 수도 있다. 콜레라는 무계획한 도시화, 다시 말해서 위생적인 상수도와 하수 처리 시설이 갖추어지지 않은 지역에서 창궐한다. 그런데 이와 같은 현실이 개선될 기미를 보이지 않는다면, 유감스럽지만 우리의 미래는 앞으로도 오랫동안 콜레라와 함께하리라고 보아야 한다.

빈민가의 방문객

두 칸짜리 집이 주종을 이루는 주택들은 일반적으로 넓이가 12제곱미터에서 15제곱미터 정도였다. 각각의 주택에서는 한 가구, 즉 여덟 명에서 아홉 명 정도의 식구들이 살아간다. 이와 같은 주택들이 일종의 정원이라고 할 수 있는 장소를 중심으로 모여 있다.

이렇게 비좁은 공간에서 60명에서 70명가량의 주민들이 마을을 이루고 살면서 시에서 공급하는 상수도 하나, 혹은 우물 하나, 그리고 약간 높은 곳에 위치한 화장실 하나를 공동으로 사용한다.

우물은 지하수층 또는 하천 줄기(둘 다 매우 심하게 오염되었다)를 끌어다 쓴다. 시에서 공급하는 수도는 어쩌다 물이 나오기 때문에 거의 마실 수가 없다. 한 번 물이 나오고, 그 다음에 다시 물이 나올 때까지의 공백 기간 동안 온갖 오염물질이 수도관에 달라붙어 제멋대로 번식하기 때문이다. 간헐적으로 공급되는 상수도는 또 한 가지 단점이 있는데, 어쩌다 물이 나올 때마다 주둥이가 넓은 그릇이란 그릇은 모두 동원하여 물을 받아놓게 되고, 이렇게 그릇을 동원하는 사이에 아이들은 물론 어른들까지도 더러운 손으로 그릇을 그냥 만지게 된다는 것이다. 화장실로 말하자면, 상수원과 지나치게 가까운 장소에 지어졌다는 치명적인 단점을 안고 있다.

(나와 동행한) 의사들은 고개를 젓는다. 그들은 모두 수르 박사를 도와 함께 일하는 보좌관들이다.

"설사는 좋은 거예요!"

나는 그것이 무슨 말인지 이해할 수 없었다.

"전염병이 좀 더 자주 일어나야 해요. 현재로는 모든 상황이 전염을 가속화시키도록 되어 있잖아요."

의사들은 손을 깨끗이 씻는 것이 중요하다고 수백 번도 넘게 설명한다. 그들은 주둥이가 기다란 그릇을 수백 번도 넘게 그려 보인다. "이런 그릇에 물을 받으면 더러운 손가락을 물속에 담그지 않을 수 있죠." 모두들 그렇다고 동의한다. 그리고 약속한다. 의사들은 빙그레 웃는다. 우리는 다음 정원으로 이동한다. 똑같은 말을 다시 반복한다.

아무래도 공중위생이란 이성으로 설명할 수 없는 부분이 있는 듯하다. 이 가난한 사람들 중에서도 최고로 가난한 사람들은 개인적으로는 더할 나위 없이 청결하다. 특히 여자들은 항상 미소를 잃지 않으며, 몸치장에도 정성을 다한다. 그 여자들이 입은 인도 전통 의상인 사리들은 그야말로 색의 향연을 방불케 한다. 그런데 양동이 속에 담긴 물, 조금 후에 식사를 준비하는 데 사용될 그 물은 유럽에 사는 올챙이들조차도

외면할 정도로 구정물이 아닌가!

　각종 작업장이 주택과 번갈아가며 나타난다. 다닥다닥 붙은 작업장들은 모두가 닮은꼴이다. 그러므로 일하는 방식도 잠자는 방식과 다르지 않다. 다시 말해서 콩나물시루처럼 만원이다. 15제곱미터쯤 되는 공간에 8명에서 9명가량이 모여서 못이나 냄비를 만들거나(소음), 샌들이나 샌들을 넣을 상자(공업용 풀에서 나는 지독한 냄새)를 만든다. 그나마 쪼그리고 앉아서 일을 하는 게 다행이라면 다행이다. 그렇지 않다면 천장이 너무 낮아서(2미터도 채 안 된다) 머리가 뭉개질 판이다. 창문도 없어서 문만이 유일하게 외부와 소통하는 공간이다. 여름이면 이 작업장 안의 기온이 몇 도까지 올라갈까?

　내가 본 최악의 상황은 바닥에 물이 흥건히 괸 목조 창고였다. 수도관이 터졌기 때문이었다. 늪지의 물과 뒤엉킨 질펀한 진흙은 푸르뎅뎅한 빛깔을 띠고 있었다. 사다리를 놓아야 위층으로 올라갈 수 있었는데, 일종의 다락 같은 2층은 천으로 엉성하게 칸막이가 쳐져 있었다. 이곳에도 역시 창문은 없었다. 지붕에는 구멍이 뚫려 있었다. 열대 계절풍이 몰고 오는 집중호우라도 몰아치는 날에는 어떻게 될까? 천으로 막을 쳐 놓아 만든 공간마다 한 가구가 살고 있었다. 가구당 인원은 여느 가구와 다르지 않았다. 그러니까 8명 내지 9명이라는 말이다. 그 사람들이 밥을 짓는 화덕 근처에 둘러앉아 있었다. 마을 대표는 간단하게 몇 마디를 늘어놓았다. 짐작컨대 나를 소개한 모양이었다. 이제 막 프랑스에서 왔으며, 물에 대해 관심이 많다고 하는 낯선 이방인에게 그들이 무슨 흥미가 있을까? 대부분의 사람들은 고개도 들지 않았다. 하지만 그런 중에도 미소를 지어 보이는 사람들이 있었다.

나는 그 사람들의 행색을 보며 나름대로 짐작되는 바가 있어서, 혹시 아주 멀리 떨어진 시골 마을 어디에서 얼마 전에 도시로 왔는지 물었다. 나는 그렇기를 소망했다.

마을 대표는 내 말을 이해하지 못했다.

"왜 그런 생각을 하시는 겁니까? 나는 이들을 적어도 10년 이상 알고 지냈습니다. 물론 어린아이들이야 그렇게 오랫동안 보았다고 할 수 없지만요……."

"아이가 몇 명이나 됩니까?"

"우리 인도에서는 어린아이들을 무척 사랑합니다."

하지만 도심 한복판에서 나는 소규모 가족이 좋다고 치켜세우는 광고를 매달고 달리는 버스를 여러 대 보았다.

*

조금 전부터 나는 커다란 공책을 든 남자를 눈여겨보고 있는 중이다. 남자의 행동거지는 충분히 호기심을 자아낼 만하다. 남자는 집집마다 들어가서 한 집에서 5분 정도 머무르다가 나온다. 사람들이 그를 맞이하는 태도, 즉 주민들의 환대로 미루어보건대, 세무서 직원(공산당이 집권하고 있는 캘커타 같은 도시에서 빈민가에 사는 주민들에게 세금을 받는다는 건 사실 어불성설이긴 하다)이나 계량기 검침원(앞에서도 이미 말했지만, 이곳에서는 아직 계량기라는 물건이 존재하지 않는다)이 아닌 것만은 확실하다.

안내를 맡은 의사들은 당황한 기색이 역력한 채로 나한테 연방 변명을 늘어놓는다. 아니, 명색이 안내인이라는 사람들이 어떻게 이 마을의 중심축 역할을 하는 중요한 인물을 잊을 수 있단 말인가? 의사들은 남자를 불러 공책을 보여달라고 부탁했다. 가구마다 가로줄 한 줄, 월별로 세로줄 한 칸이 할당되어 있었다. 모든 것이 순조로울 때에는 V자 같은 표시가 그려졌다. 반대의 경우에는 상황에 대한 요약이 간략하게 적혀 있었다. 이런 식으로 마을별 건강 상태를 살피면 가장 자주 질병에 노출되는 지역이 저절로 드러나게 되는 셈이었다. 남자가 점검을 마치자(약 1천 가구), 그 뒤를 이어 설사 검사원이 점검을 시작했다.

*

"선생님께서는 콜레라의 모든 것을 알고 싶다니까, 병원에도 함께 가 보시도록 하죠!"

한 젊은 의사가 나를 이끌었다. 동료 의사 한 명은 재미있는 구경거리라도 되는지 싱글벙글 웃었다.

"설마 기절하시는 건 아닐 테죠?"

나는 곧바로 콜레라라는 주제의 핵심 속으로 투입되었다. 초록색 비닐로 된 병상의 시트는 한가운데에 원형의 구멍이 뚫려 있고, 그 구멍에는 같은 재질로 된 튜브가 연결되었으며, 튜브의 끝에는 양동이가 놓여 있었다.

"선생님께서는 잠잠한 시기에 방문을 하신 겁니다." 하얀 가운을 입은 체구가 작은 간호부장이 설명했다. "설사는 1년 중 두 번 극성을 부리는데, 첫 번째 시기는 4월과 5월에 기온이 올라가기 시작할 때입니다. 그때는 음식물이 훨씬 빨리 상하고 세균 번식도 빠르죠. 두 번째 시기는 열대 계절풍이 끝난 직후, 국토의 절반 이상이 홍수로 몸살을 앓을 때죠. 홍수로 깨끗한 물과 더러운 물 등 온갖 물이 뒤섞이거든요. 한 예로, 2007년 8월 한 달 사이에만 우리 병원에서는 2만 1,500명의 콜레라 환자를 치료했죠. 텐트까지 치고 환자를 받아야 했을 정도였으니까요. 길거리에도 환자들이 즐비했어요……."

나의 방문은 계속되었다.

어린아이들의 병동이었다. 아니, 어린아이들과 그 아이들의 어머니들이 머무는 병동이라고 해야 더 정확할 것이다. 엄마 없이 혼자 있는 아이는 단 한 명뿐이었으니까. 다른 아이들은 모두 엄마의 품에 안겨 있거나, 엄마 옆에 누워서 쓰다듬어주는 손길을 느끼며 잠을 청하고 있었다. 색색 사리의 물결 속에 누워 있는 조그마한 몸뚱어리들. 퀭하게 마른 조막만 한 얼굴들. 가느다란 팔. 이따금씩 작은 머리에 주사를 꽂고 있는 아이들도 눈에 띄었다. TV 수상기에서 흘러나오는 만화영화에조차 무심한 채 허공을 향하고 있는 초점 잃은 눈동자. 내가 방문한 그날 병원에는 어린이 입원 환자가 80명 정도에 불과했다. 간호부장의 말이 옳았다. 콜레라 '비수기'인 것이다.

다음 차례는 중환자 병동이었다. 신장이나 호흡기 계통에 합병증이 생긴 환자들이 대부분이었다. 세 명의 의사들과 두 명의 간호사들로 이루어진 병동 팀 전원이 체구가 아주 작은 환자 주위를 둘러싸고 있었다. 산소호흡기 때문에 얼굴의 반은 보이지도 않았다.

마지막 병동은 수분 보충과 섭생 병동이었다. 이 병동에 있는 환자들은 콜레라로부터 생명을 구한 아이들이었다. 어머니들에게 형편이 허락하는 한도 내에서, 바꿔 말해서 가난한 가운데에도 최대한 균형 잡힌 식사를 아이들에게 제공하는 방법을 교육시키는 일이 이 병동 근무자들의 중요한 임무였다. 모범 식단이 전시되어 있었다. 감자 한 개, 양파 한 개, 쌀밥 조금, 생선 한 토막. 과연 이들 중에서 몇 명이나 매일 자식마다 이 정도의 식사를 차려줄 만한 여력이 있을까?

환자 대부분은 설사병이라는 진단을 받았다. 그러므로 나는 어느 병동에 있던 누가 콜레라 환자인지 결코 알 수 없을 것이다. 공연히 환자들에게 공포심만 조장할 필요가 있겠는가.

연쇄 살인마 검거 작전

콜레라로 의심되는 환자가 발생할 때마다 두 차례에 걸쳐서 경고가 주어진다. 우선 환자에게 긴급 상황임을 알리고, 다음으로는 전염병 퇴치를 위한 장치가 발동한다. 콜레라는 워낙 빠르게 퍼져나가는 질병임을 상기할 필요가 있다. 적절한 조치를 취하지 않고 방치하는 동안 병원균은 계속 전염된다.

앞에서 설명한 것처럼, 수인성 질병 가운데 가장 치명적인 이 병은 우리 몸에 탈수 현상을 일으킴으로써 생명을 앗아간다. 구강 혹은 혈관을 통해서 탈수를 일으키고 있는 신체 기관에 수분을 신속하게 공급하는 일이 관건이다. 콜레라에 걸리면 죽기도 쉽지만, 완치되기도 죽는 것만큼이나 쉽다. 설탕과 소금, 그리고 물만 제대로 공급하면 되기 때문이다.

치료가 계속되는 동안에도 밤낮을 가리지 않고 역학 조사는 지속된다. 신속하게 비브리오균을 색출하여 녀석이 또다시 나쁜 짓을 하지 못하도록 옭아매야 하는데, 이를 위해서는 최대한 빨리 가장 먼저 균이 발생한 지역을 찾아내야 한다. 그러니 1분 1초가 아쉽다. 조치가 늦어지면 그만큼 사망자도 늘어나기 때문이다.

나이르 박사와 수르 박사의 두 눈은 이제까지 실시한 연쇄 살인마 콜레라균 색출 작전을 떠올리며 반짝반짝 빛난다. 지도를 펼쳐놓은 사무실에서 진행되는 강도 높은 심문, 사실 확인, 하나씩 배제되어가는 타당성 낮은 가설, 가장 확률 높은 가설 추리기 등의 작업이 끝나면 확신을 가지고 견본 채취에 나선다. 실험실에서 채취해온 견본들을 분석하는 동안 엄습하는 불안감(이번 견본 분석 결과가 음성으로 나온다면 다음에는 어떤 조치를 취해야 하나?)이 확인으로 변하면 지체 없이 위험 지역을 격리시키는 조치를 내려야 한다. 그래야만 시차를 두고 또다시 살인마가 출현하는 불상사를 막을 수 있다.

"5년 전, 그 빨간 물 저장 창고 생각나? 완전히 방수가 되는 줄 알았더니 거기서 방울방울 물이 샜잖아. 또, 그 파키스탄 사람도 생각나? 병에 걸린 상태로 런던 히드로 공항에서 비행기를 탔다고 했잖아. 뭘 팔러 왔다고 했더라? 아, 그래, 거북 등껍질로 만든 머리빗이랑 솔이랑, 하여간 그런 걸 판다고 했어. 그 사람은 도착해서 호텔을 자주 바꿨지. 그것도 아주 작은 호텔로만 옮겨다녔었어. 자기가 묵은 호텔도 제대로 기억하지 못할 정도로 기운이 빠진 상태였지. 그 사람은 열 때문이라기보다 두려움 때문에 더 떨었어. 가족들 생각이랑 누군가에게 밀고를 당하면 어쩌나 하는 두려움 말이야……."

콜레라 환자를 돌보는 의료진이라면 누구나 어느 정도는 살인 사건을 수사하는 경찰 같은 사고방식을 지니지 않을 수 없다. 게다가 이들이 수사하는 지역은 무한대로 넓다. 상인들 못지않게 질병을 일으키는 세균들도 세계화의 첨병이기 때문이다.

발라크리시 나이르 박사는 하늘을 향해 두 팔을 번쩍 치켜든다.

"우리는 최선을 다해요. 힘이 닿는 데까지는 어디라도 뛰어다니죠. 하지만 주거 환경이 악화되거나 하수 처리 시설이 절대 부족한 데에야 의사들이 뭘 어쩌겠어요? 선생님은 책을 쓰신다니까, 그 책에서 제발 물 부족은 인류를 죽음으로 몰아간다고 써주세요. 그건 확실하니까요. 하지만 그보다도, 정화 시설 부족으로 죽는 사람이 더 많다고도 꼭 써주세요……."

나이르 박사의 말을 들으며 나는 조엘 라구트를 떠올렸다. 국제 적십자사에서 일하는 의사 조엘 라구트는 지구상에서 일어나는 비극이란 비극은 모조리 알고 있다. 레바논 내전, 파키스탄 지진, 타이의 쓰나미……. 그는 프랑스 브르타뉴 지방 출신으로, 말이 없는 사람이다. 그가 맡은 임무가 무엇인지 알기 위해서는 한마디씩 한마디씩 참을성을 가지고 그에게 말을 시켜야 한다. 언젠가 그가 글을 쓴다면 정말 좋겠다! 그는 세간에 알려지지 않은 진실, 알면 불편한 진실, 그렇기 때문에 쓸모가 있는 진실을 털어놓을 수 있을 것이다. 어느 날 저녁, 파리 루슬레 가 街에 있는 작은 식당[02]에서 함께 식사를 하던 그는 남수단의 전설적인 도시 주바 이야기를 들려주었다. 그 자신이 폐허가 되어버리다시피 한 그곳의 병원에서 근무 중이었던 것이다.

"우린 그때 쉬지도 못하고 일을 했다네. 아마 스무 시간이나 계속 근무했을 걸세. 환자들이 끊임없이 밀려오더군. 대부분 심한 이질로 고생하는 환자들이었지. 우리가 몇 명이나 목숨을 구해주었을까? 하루에 30명에서 40명 정도 되려나? 그런데 그 무렵 병원에서 2백 미터쯤 떨어진 곳에 있는 정화 시설이 파괴되었다네. 그래도 아무도 오지 않더군. 파괴된 정화 시설을 수리하러 오는 사람이 아무도 없더란 말일세. 그 결과 수백, 수천 명이 병에 걸렸지. 의학이란 건 이렇게 보잘것없다네……."

발라크리시 나이르 박사는 병원 밖 거리까지 나와서 나를 배웅했다. 그는 자신이 꼭 하고 싶은 말을 내가 잊어버릴까봐 신신당부했다. 하수 정화 시설에 대해서였다. "상수와 하수 정화, 이건 늘 함께 붙어다니는 커플이죠. 질병 없는 건강한 생활을 위해서 떼려야 뗄 수 없는 부부 같은 요소라니까요." 그는 말을 하면서 내내 사람 좋아 보이는 미소를 잃지 않았다. 부드럽고 온화한 미소였다. 하지만 부드러워 보이는 미소 속에도 때로는 거역하기 어려운 위협이 담겨 있는 법이다. 그래서 나는 얼른 약속했다. 그리고 그 약속을 지켰다.

나는 한참 동안이나 운전기사 아미타브를 찾아 헤맸다. 택시에서 내릴 때 분명히 약속을 했었다. 그렇지만 어디에서도 그를 찾을 수 없었다. 마지막 순간에 전염의 공포가 그로 하여금 의무를 저버리게 만든 모양

02 식당 이름은 르도멘드랑티야크. 파리 7구, 루슬레 가 20번지. 양질의 프랑스 남서부 지역 음식을 맛볼 수 있다.

이었다. 하는 수 없이 나는 그의 택시만큼이나 낡고, 뒷좌석 쿠션이 형편없이 꺼져버려 엉덩이를 아프게 하는 다른 포드 차를 타고 돌아왔다.

이웃 나라에 전하고 싶은 말

A. K. 고시(조드퍼 파크 329번지)는 나이가 지긋한 학자로, 장난기를 가득 머금은 사자 같은 얼굴이 매우 인상적이다. 그는 캘커타 대학에서 강의를 하면서 30년 전부터 환경 문제 전문 연구소를 지휘하고 있다. 그는 오랫동안 세상의 무관심 속에서 묵묵히 일을 해온 사람이다. 누구나 경제성장에만 관심이 있으니 환경 문제는 뒷전이었던 것이다. 요즈음에는 상황이 달라져서, 인도 정부는 그의 작업, 특히 토양의 오염과 척박화 현상(요컨대 우리 시대의 비극)에 대해 비상한 관심을 보이고 있다.

고시에게도 역시 책에 꼭 써달라고 부탁하는 메시지가 있었다.

"나이르 박사를 만나고 오시는 길이라고 하셨죠? 잘하셨습니다. 그런데, 이건 제 생각입니다만, 인도의 가장 큰 위협은 질병으로부터 오는 것이 아닙니다. 자, 이리로 와보십시오……."

그는 나를 밖으로 이끌었다. 솔직히 말하자면, 담배를 피우려는 속셈도 있는 것 같았다. 그는 노래진 손가락으로 하늘을 가리켰다.

"보이십니까?"

"저, 뭘 말입니까?"

위협적으로 보이는 하늘이 평화스러운 마을의 나지막한 건물들을 내려다보고 있을 뿐이었다.

"히말라야 말입니다."

"히말라야라면 여기서 좀 먼 곳 아닙니까, 안 그렇습니까?"

"물론 그렇게 생각할 수도 있죠. 하지만 모든 것은 거기서 시작될 겁니다. 얼음이 녹는단 말씀입니다. 히말라야의 얼음이 없어지면 인도가 어떻게 될 것 같습니까? 바라나시[03]에 가셔서 갠지스 강이 더 이상 흐르지 않는다고 상상해보십시오. 반드시 숙고해보셔야 할 문제입니다."

그의 충고에 따라 생각에 잠겨 호텔로 돌아온 나에게 웬 젊은이가 다음과 같이 적힌 종이를 내밀었다.

> 당신이 섹스 문제와 관련한 걱정 근심이 없는 사람이라면 이 메모를 읽을 필요가 없습니다.
>
> 이 도시에서 가장 과학적으로 운영되는 허브 치료 센터가 야간 누정漏精이나 정자 부족증, 정자 질환, 조루증, 임질, 매독, 체력 저하 등으로 고민하는 당신에게 확실한 해결책을 제공합니다. 증세가 아무리 심하더라도 절대 희망을 잃지 마십시오. 저희 센터로 오셔서 부작용 걱정 없는 허브 치료를 받아보십시오.
>
> 아난드 클리닉

---

03 베나레스의 인도식 이름.

> (아유르베다와 유나니 방식을 이용하여 다양한 분야의 질환을 치료함)
>
> 2/H/8, 문시 바자 로드, 벨리아가타 바라칼, 콜카타 – 700015
>
> 전화 : 2251 1233, 휴대전화 : 9883290337
>
> 매일 오전 9시부터 오후 9시까지 진료(일요일, 공휴일에도 같은 시간에 진료함)

과연 캘커타는 나에게 들려줄 모든 종류의 메시지를 가진 도시였다.

*

공항으로 가는 날에는 물론 아미타브가 나를 태워다주었다. 약속 시간은 새벽 4시였다. 우리는 아직도 밤이 가시지 않은 캘커타 시내를 관통하면서, 인도人道에서 혹은 수레 밑에서, 그것도 아니면 아예 차도에 누워서 잠을 자는 수백 명의 인도 사람들을 지나쳤다. 건물의 한 층 정도는 될 만큼 높이 쌓아 올린 신문 더미 위에서 자는 사람들도 있고, 빈 생수병을 요 삼아 자는 사람들도 있었다. 요컨대 비닐봉지나 판자때기, 밧줄 더미, 트럭의 보닛 등 상상 가능한 모든 물건들이, 푹신함이나 안락함과는 전혀 상관없이 그저 평평하기만 하면 이들에게 침대를 대신하는 것 같았다. 그리고 개들도 사람들과 다를 바 없이 사람들이 자는 곳이라면 어디에서든 몸을 뉘었다. 어쩌면 사람과 개가 이따금씩 잠자리를 바꾸는지도 모를 일이다. 이봐, 내일은 자네가 개 노릇을 해, 나는 사람이 되어볼 테니까. 도대체 무슨 차이가 있을까?

도심 이곳저곳의 운하에서는 물이 콸콸 흘러내리고 있었다. 하지만 주위가 아직도 캄캄한 이 시간에 물소리에 놀라 잠을 깨는 사람이 있을까?

벌써 일어나 하루 일과를 시작한 사람들도 물론 눈에 띄었다. 자신들의 몸무게보다 열 배는 무거워 보이는 짐수레를 밀거나 끌면서 애를 쓰는 사람들의 모습이 안타깝다.

캘커타 공항은 창고처럼 남루했다. 인도가 새롭게 벌어들이는 돈은 이곳으로 오지 않는다. 인도주의자들만이 이곳을 찾는다. 그리고 인도주의자들은 공항이 창고처럼 허름해도 그다지 눈살을 찌푸리지 않는다. 오히려 이들에게는 남루한 공항이야말로 그들의 자선이 필요하다는 생생한 증거로 작용한다.

나는 제대로 된 여행 가방 같은 것을 거의 들고 다니지 않는다. 그래서인지 아미타브는 짐을 내리는 나를 보며 빈말이라도 도와주겠다고 하지 않는다. 그는 그저 여행 잘하라고 인사를 건네고, 나도 조심해서 돌아가라고 답례 인사를 한다. 우리는 서로에게 앞으로도 잘살라고, 다시 말해서 우리 두 사람은 60대에 접어든 동갑내기이니까 앞으로 남은 인생을 건강하게 잘 지내라고 빌어준다.

그가 꼼짝 않고 자리에 우두커니 서 있다. 할 말이 있는 모양이었다. 마침내 나한테 임무를 하나 준다. 내가 방글라데시로 간다니까, 그곳 사람들에게 가서 경고를 하라는 것이다.

"캘커타를 둘러보셨죠? 가서 그 사람들에게 똑똑히 말하세요. 이곳으로 와도 소용없다고 말입니다. 오지 말아야 할 뿐 아니라 벌써 와 있는 사람들도 자기 나라로 돌아가야 합니다. 우리 인도 사람들만 먹고 살기에도 충분하지 않거든요……"

다카로 가는 비행기 안에서, 옆에 앉은 사람이 방글라데시 서쪽 국경은 밀입국이 성한 지역이라고 알려준다. 인도의 북동쪽, 즉 아삼 지방으로 몰려드는 방글라데시 사람들이 점점 늘어나고 있다고 한다. 이 밀입국자들을 저지하기 위해서 인도 정부는 높이 3미터, 길이 76킬로미터짜리 철책을 국경에 세우기로 결정했다.

하지만 바로 가까이에서 유유하게 흐르는 브라마푸트라 강은 인간들이 제멋대로 땅을 가르는 걸 좋아하지 않는다. 강물은 철책이 세워진 땅의 지형을 은근히 바꿔놓으며 인간의 심기를 건드린다. 그러므로 철책 시공 담당자는 밤낮없이 머리를 쥐어뜯어야 할 운명이다. 움직이는 땅에 어떻게 울타리를 친단 말인가? 행정 당국도 분통이 터지기는 마찬가지이다. 아니, 요즘이 어떤 시대인데 국경이 제멋대로 유목화된단 말인가? 인근 주민들은 모터가 달린 기계라고는 생전 처음 보는 사람들이 대부분이다. 어린아이들은 불도저에 다가가서 이 커다란 짐승은 무엇을 먹고 사느냐고 묻는다.

"풀을 먹고 산다"고, 어이가 없는 작업장 책임자가 농담처럼 답을 건넨다.

그 말을 곧이곧대로 믿는 심성 고운 아이들은 다음 날이 되면 다시 찾아와 라디에이터와 기름 탱크에 풀을 잔뜩 채워 넣는다.

05

세상의 모든 병폐
방글라데시

물 위에 떠다니는 병원

옛날 옛적에 덩케르크라는 도시에 프레이시네트 모델의 아주 오래된 배가 한 척 있었다. 그 배는 머지않아 폐기 처분될 운명이었다. 그런데 항공 승무원이며 뱃사람이기도 한 이브 마르라는 사람이 지나가다가 이 배를 보았다. 남자는 강물에서만 항해를 하던 이 배를 보고 첫눈에 반해버렸다. 그 덕분에 모두들 미친 짓이라고 하는 황당한 계획이 수립되었다.

트럭에 실려 프레이시네트는 베르 호반으로 옮겨졌다. 항해에 오를 예정이었던 것이다. 호반 관리 당국에서 개입했다. 낡아빠진 배를 타고 항해하도록 허가하는 일은 있을 수 없다면서 언성을 높였다. 하지만 이브는 돈도 있고 인맥도 있는 사람이었다. 그의 인맥 중에는 기니아 만에 위치하고 있으며 향기가 유난히 좋은 코코아 산지로 유명한 아프리카 국가 상투메 프린시페 공화국의 아들도 있었다. 작은 배는 편의선적便宜船籍을 받아 마침내 바다로의 항해 길에 오르게 된다. 하지만 선원들을 모으기란 쉽지 않았다. 이름값을 하는 뱃사람이라면 바닥에서 물이 새는 보잘것없는 작은 배를 신뢰할 리가 없었다.

그때 부둣가를 거닐고 있던 한 남자가 눈에 띄었다. 뚜렷한 일 없이 어슬렁거리는 사람임에 틀림없었다. 남자는 배에 올라탔다. 항공사에서 근무한 경력이 있는 이브에게는 기상청에서 일하는 친구들이 있었다. 항해사 한 명이 항해 일정 내내 배를 살폈다. 그는 평온하기만 한 바닷길에서 프레이시네트를 이끌었다. 수에즈 운하가 가까워지면서 선장에 대한 선원의 신뢰는 한층 깊어졌다. 그는 자신이 걸어온 인생에 대해서 털어놓았다. 이제까지 단 한 번도 항해라고는 해본 적이 없었으며, 15년 동안의 교도소 생활을 마치고 출옥하는 길에 이브를 만난 것이었다. 운하를 지나자 인도양이 펼쳐졌다. 배는 아대륙亞大陸을 따라 앞으로 나아갔다. 이윽고 벵골 만이 나타나면서 프레이시네트는 강을 거슬러 올라가 다카에서 멈췄다. 몇 군데 수리를 해야 했기 때문이었다.

이제는 병원(시민 단체인 프렌드십에서 관리한다)으로 개조된 프레이시네트는 브라마푸트라 강을 따라 6년째 방가반두 대교와 가이반다 시 사이를 오르락내리락한다. 한 장소에서 몇 주일씩 머무르면서 하루도 빠짐없이 환자들을 돌본 다음, 닻을 올려 다른 곳으로 떠나는 일정을 반복하고 있는 것이다. 벌써 이 배에 와서 치료를 받은 환자의 수는 29만 명이 넘는다. 이브 마르의 부인인 루나가 물 위에 떠다니는 병원과 시민 단체 프렌드십의 정신적인 지주 역할을 맡고 있다. 나는 이제까지 매력과 에너지, 세부 사항에 대한 열정적인 배려와 전체를 보는 눈, 권위 있는 태도와 경청하는 자세 등 서로 모순되고 상반되는 장점을 그토록 많이 가진 사람을 본 적이 손가락으로 꼽을 만큼 드물다.

한 달에 두 번씩 진찰 프로그램이 바뀐다. 요즘은 '백내장' 치료 기간이다. 나는 진료가 이루어지는 시간에 그곳에 도착했다. 남자와 여자 합해서 60명의 환자들이 몸을 구부린 채 모래밭에 누워 있었다. 그 사람들은 강둑에 쳐놓은 텐트 속에서 잠을 잤다. 세상에 완벽한 것은 없는 법이므로, 나와 동행한 사진작가 베르나르 마튀시에르는 "아니, 환자들을 모두 역광으로 눕혀놓으면 어쩌란 말이야!"라면서 투덜댄다.

그는 노란 사프란색, 주황색, 진홍색 등 눈을 현란하게 만드는 화려한 빛깔의 사리를 입은 여자들의 몸에 붙여진 하얀 붕대가 훨씬 "사진발이 잘 받는다"고 말한다. 여자들을 돋보이게 찍으려면 빛이 좋아야 한다고도 덧붙인다. 나는 무슨 일이 있어도 새로 수술한 각막을 보호해야 한다고 그에게 애써서 설명한다. 의사가 환자 한 사람 한 사람에게서 붕대를 떼어낸다. 눈을 검사하고 약을 세 방울쯤 투여한다. 그런 다음 주의 사항을 들려준다. 60명의 환자들에게 안구가 그려진 도표를 짚어가며 반드시 지켜야 할 위생 규칙과 치료 방법을 일러주는 것이다. 이것이 끝나자 60명의 환자들은 일어나서 휘청거리는 걸음으로 각자 자기 집으로 돌아간다. 아주 멀리 떨어진 마을에서 온 사람들도 간혹 있다. 이제 또 다른 60명의 환자들 차례이다. 이들은 다리 아래쪽에서 열을 만들어 기다리고 있다. 어떤 사람들은 왼쪽에, 어떤 사람들은 오른쪽 이마에 각각 반창고를 붙이고 있다. 수술을 담당한 안과 의사들에게 수술해야 할 눈을 알려주는 방식임에 틀림없다.

배 위에서 벌이는 의료 행위를 좀 더 확대하기 위해서 프렌드십은 1백 개의 분원을 설립했다. 움직이는 섬에 설립한 분원들이니만큼 그 운명이 매우 불안정하다. 홍수가 나면 병원을 해체해서 다른 곳, 그러니까 일시적으로나마 움직임을 멈춘 땅에 옮겨 짓는다.

홍수와 움직이는 섬

사실 프랑스어에서 홍수를 뜻하는 '이농다시옹 inondation'이라는 말은 그다지 정확한 표현이 못 된다. '홍수'라는 표현은 온대 기후 지역에 속하는 나라에서나 어울리는 말이다. 물론 프랑스 내에서도 극심한 홍수가 일어나는 경우가 있음을 나도 잘 알고 있다. 특히 우리가 바닥을 온통 아스팔트로 포장하고, 지하수를 전부 끌어다 쓴 이후로는 그러한 현상이 한층 더 심화되었다. 하지만 프랑스의 하천은 강바닥을 벗어나 우리가 사는 집의 지하실을 침수시키고, 냉동고에 피해를 주어 음식물이 상하게 만드는 정도로 만족한다.

그에 비해서 영어의 '플러드 flood'라는 단어는 우선 길이가 짧다는 점에서 프랑스어보다 상황 묘사에 보다 적합해 보인다. '플러드'라는 단어는 발음상으로도 경고처럼 들린다. 플러드는 간단명료하며, 피를 뜻하는 '블러드 blood'가 붉은 것처럼 '플러드'는 검다. 하늘이 온통 검은빛으로 변하는 것에서 모든 것은 시작된다. 탁 트였던 지평선이 막혀버리고, 거대한 장벽 앞으로 밀려온다. 첫 번째 파도이다. 그런 다음 커튼이 떨어지고, 조금 전보다 더하면 더했지 절대 덜하지 않은 검은 벽이 나타난다. 바로 수직으로 몰려오는 두 번째 파도인 장대비이다. 두 번째 파도가 지나가고 나면, 이제 세 번째 파도가 덮친다. 살인적으로 광분한 강물이다.

세 번째 파도가 몰려오면 사방은 온통 물 천지가 되어버린다. 물이 작가가 되어 새로 쓰는 천지 창조인 셈이다. 대지 위에는 더 이상 아무것도 남아 있지 않고, 오로지 나무 끝 부분만 언뜻언뜻 눈에 띌 뿐이다. 물과 하늘은 자신들의 작품에 만족한 듯 얼굴을 맞댄다. 물과 하늘이 모두 회색빛이 도는 푸른색인 것은 어쩌면 만족한 나머지 미소를 짓기 때문일 수도 있다.

이제 살아남은 남자들과 여자들은 자신들의 머릿수를 세고, 어린아이들을 세며, 가축을 세어본다. 점차 물은 물러간다. 만일 물에게 뭔가를 느낄 수 있는 감정이 있다면, 이 순간 물은 후회라는 감정을 맛볼 것이다. 소란스럽게 요동치며 물러가는 물의 고함 소리는 후회하고 있다는 표현일 것이다. 그 사이 인간들은 침묵 속에서 절망한다.

매번 물난리를 겪고 나면 늘 그래 왔듯이, 방글라데시 정부는 국토 재건을 시작한다. 재건은 침묵하던 인간들이 스스로에게 허락하는 한바탕의 고함이고 소동이다. 도끼로 나무를 찍는 소리, 망치로 못을 두드리는 소리, 삽과 곡괭이로 젖은 바닥을 파헤치는 소리⋯⋯.

샤char는 섬을 가리킨다. 섬이되 아주 불안정한 섬, 오로지 모래만으로 이루어져서 열대 계절풍이나 태풍이 몰려오면 물에 잠겨버리는 섬, 강이나 바다가 쓸어가버리는 섬, 다른 곳으로 움직이는 섬, 유목하는 섬, 한번 사라지면 대부분의 경우 결코 다시는 나타나지 않는 섬을 가리키는 말이다.

쿠크리 무크리 섬이나 방글라데시 국토 최남단에 떠 있는 맹그로브의 낙원인 순다르반스 군도에 속하는 마리야발리 섬처럼 바다의 샤들이 있는가 하면, 강의 새들도 존재한다. 이들 움직이는 섬은 수백 개에 달한다. 어림잡아 6백 개 정도라고들 하지만, 아무도 정확한 숫자는 알지 못한다. 이 섬들은 방글라데시 최북단을 흐르는 브라마푸트라 강을 근거지로 삼고 있다. 어째서 이들을 가리켜 움직이는 섬, 유목하는 섬이라고 하는 것일까? 한마디로 한 자리에 가만있지 않고 물결따라 이리저리 옮겨다니는가 하면, '플러드'가 몰려오면 아예 물속으로 가라앉아버리기 때문이다.

그런데 이런 섬에도 많은 사람들이 살고 있다. 세상 모든 것으로부터, 아니 우선 방글라데시 정부로부터 버림받고 그날그날 살아가는 이 움직이는 섬 주민은 모두 합해서 몇 명이나 되는 될까? 섬에 사는 사람들만 해도 줄잡아 2백만 명에, 이 섬들만큼이나 일상적으로 위험에 노출되어 있는 강가에 사는 사람들도 3백만 명이 넘는 것으로 추정된다.

루나는 달력을 짚어가며 나에게 상황을 설명해주었다. 12월부터 3월까지 브라마푸트라 강은 평온한 휴식기에 들어간다. 강물은 구불구불 뱀 모양으로 몸을 틀며 유유자적 흘러간다. 그럴 때면, 얼마 전까지만 해도 강물이 무서운 기세로 인근 지역에 위협을 가했다는 사실이 도저히 믿어지지 않을 정도이다. 강 주변에 사는 주민들은 이 기간 동안 수마가 할퀴고 간 상처를 치료한다.

4월 초가 되면 강물은 평온한 휴식기에서 깨어나 기지개를 켠다. 히말라야에서 녹기 시작하는 얼음이 강물로 하여금 살아 있는 기쁨을 상기시켜주는 것이다. 6월 초에는 열대 계절풍이 몰려온다. 모든 것을 뒤덮어버리고, 모든 것을 휩쓸어가는 무서운 홍수가 시작된다.

우리는 이번에는 구급차, 즉 물 위로 떠다니면서 의료 행위를 하는 배에 올랐다. 마르크 반 피테겐이라는 정상급 선박 설계사가 디자인한 쌍동선雙胴船이다.

세 시간 동안 높은 물살 사이로 요리조리 헤치고 다니며 보기 드물게 모습을 드러내는 물새들에게 인사도 건네면서 항해한 결과, 우리는 아주 작은 샤에 도착했다.

"카마르 자미 섬에 오신 걸 환영합니다!"

*

　대지는 평평하다. 주변 세상은 온통 수면과 맞닿아 있다. 하늘은 절대자로 군림한다. 도처에 하늘이다. 나의 눈은 푸른빛을 머금은 잿빛 물 위를 물수제비뜨기라도 하듯이 통통 건너뛴다. 시간은 자꾸 흐른다. 텅 빈 물을 바라보는 데 진력이 난 나의 눈은 이제 더 먼 쪽을 응시한다. 하지만 더 먼 쪽도 마찬가지이다. 아주 나지막하고 노르스름한 계단을 올려다보는 변화가 있을 뿐…… 모래이다. 이따금씩 연녹색의 표면이 모래벌판을 덮는다. 모래벌판에 심어놓은 벼이다.

　조금 더 먼 곳으로는 두 줄기의 또 다른 녹색 길이 달린다. 한 줄은 남자 어른의 키만 한 높이이다. 짐승들에게 먹일 옥수수라고 사람들이 설명해준다. 다른 한 줄, 즉 내 시야에서 유일하게 높은 곳에 위치한다고 할 수 있는 그 녹색 길은 바로 나무들이다. 건축에 쓰일 나무들이다. 그 나무들이 아니라면, 아마도 현기증 나도록 끝없이 펼쳐지는 지평선을 응시하다가 정신이 돌아버릴지도 모를 일이다. 그 너머로 드리워진 그늘은 절대 지배자 하늘의 영역을 야금야금 갉아먹고 있다. 인도에 속하는 구릉지대이다. 구릉지대의 언덕들이 시야를 막는다. 방글라데시는 평평하지 않은 고지대를 지닐 권리 따윈 없다고 인도에서는 생각하는 모양이다.

　우람한 강줄기가 여러 개로 갈라지는 지점, 그러니까 강폭이 좁아지기 시작하는 지점에서 우리는 쌍동선 앰뷸런스에서 내려 카누로 바꿔

타야 했다. 카누는 강둑에 닿을 정도로 바짝 붙어서 미끄러져 내려간다. 덕분에 움직이는 섬의 바닥이 어떻게 요동치는지, 어떻게 물속으로 점차 가라앉는지 혹은 갑자기 한 귀퉁이의 땅과 그 위에 심은 식물까지 통째로 물속으로 빠져버리는지 가까이에서 볼 수 있었다. 하지만 이런 정도는 아무것도 아니다. 그저 모래가 부드럽게 조금씩 줄어드는 모래시계와 비슷하다고 할 수 있다. 문제는 그 다음이다. 조금씩 흘러내리는 모래는 머지않아 태풍이 닥쳐올 것임을 예고하기 때문이다. 나는 비로소 물로 시간을 측정할 수 있을 뿐 아니라, 시간에 가속도를 붙게 할 수도 있음을 이해한다. 물은 시간에게는 없는 진노와 조바심이라는 무기를 지녔다. 물은 시간의 원시성을 비웃는다.

한 무리의 오리가 모래밭에서 엉덩이를 씰룩거리며 모습을 드러낸다. 그런데 이 녀석들의 털빛은 이제까지 어느 곳에서도 보지 못한 빛깔이다. 머리는 노란색이고, 목 주위에는 검은 띠가 둘러져 있으며, 가슴은 밝은 오렌지색, 날개는 흰색과 녹색, 꼬리는 검은색이다. 이 녀석들의 몸집을 보니 뭔가 머릿속에 떠오르는 기억이 있다. 부드럽고 친근하며 익숙한 그 무엇. 나는 모든 기억력을 동원한다. 하지만 찾아내려고 하는 단어는 고집스럽게 저항한다. 세상일이 대개 그렇듯이, 단어라는 녀석들도 희한하게 찾으려고 하면 꼭꼭 숨어버린다. 마침내 단어는 고집을 버리고 투항한다. 오리의 둥그스름한 몸집을 보며 내가 떠올린 단어는 바로 'tadorne', 즉 흑부리 오리이다. 방글라데시의 동글동글한 오리들은 내 고향 브르타뉴의 통통한 오리들과 오누이처럼 닮았다. 녀석들은 자신들의 천적이나 다름없는 여우들과 마찬가지로 아주 튼실한 땅속 둥지를 만들 줄 안다.

가난에는 한계가 없다. 세상에는 항상 자기보다 더 가난한 누군가가 있게 마련이다. 하지만 샤에서 가난은 그야말로 바닥을 찍는 듯하다. 움직이는 섬에는 가난 중의 가난이 널려 있다. 혹시 당신들은 그 증거를 보고 싶은가?

우선, 그들은 자신들이 사는 섬에서 강둑까지 실어다주는 카누의 삯을 지불하지 못한다. 배 삯이라야 고작 5~10테카, 즉 5~10(유로)센트에 불과하지만 그들은 그것을 낼 형편이 못 된다.

두 번째 증거는, 홍수가 나면 얼마 되지도 않는 살림의 모든 것, 즉 암소 한 마리, 염소 대여섯 마리 등을 잃고, 벼를 심은 얼마 안 되는 땅뙈기를 하필이면 추수를 앞둔 시점에서 잃고, 집도 잃고, 헤엄칠 줄 모르는 부모나 자식, 떠내려가지 않기 위해서 나무라도 붙잡을 경황이나 기운이 없었던 친지들을 잃는다. 새로 일군 지 얼마 되지 않아 모든 것을 잃고 나면 처음부터 다시 시작해야 한다.

이 정도면 증거로 충분하지 않은가? 8월이나 9월의 어느 날, 갑자기 파도가 몰려와서 언제 모든 것을 가져갈지 알 수 없는 이 상황에 대해서 당신은 어떻게 생각하는가?

방글라데시의 섬들은 기대 수명이 아주 짧다. 짧아도 너무 짧다. 남부 지역에서는 10년에서 15년, 북부 지역에서는 기껏해야 2년에서 3년 정도밖에 되지 않는다. 하지만 기후 온난화로 인해서 날씨가 점점 예측하기 어렵게 들쑥날쑥해짐에 따라, 이나마도 자꾸만 더 짧아진다.

샤(섬)에서 들은 이야기들

"나는 내 나이가 몇 살인지 몰라요. 열 살에 결혼했어요. 홍수 때문에 열다섯 번이나 이사를 했죠. 1988년에 우리는 목숨을 걸고 헤엄을 쳐야 했어요. 물이 모든 걸 빼앗아갔죠. 나는 일곱 명의 자식을 낳았는데, 두 명이 죽었어요."

"1978년에서 1988년 사이에는 그래도 운이 좋았어요. 내 땅이 수면 위로 솟아 있었거든요. 그런데 그 후엔 사라졌다 나타났다 다시 사라졌다 나타나기를 반복했죠. 지금은 3분의 1만 남았어요."

"나는 글을 읽거나 쓸 줄 몰라요. 우리 집은 스무 번이나 물에 떠내려갔어요. 남편은 머리가 성한 적이 없었죠. 그이는 어디론가 사라졌어요."

"나는 토양 부식 때문에 섬엔 절대로 가고 싶지 않았어요. 그래서 무슨 일이 있어도 본토에 머물러서 살았죠. 하지만 본토에서도 물난리가 일어나 땅을 삼켜버리고 말았어요. 그게 그러니까 5년 전 일이었죠."[01]

샤에서는 도처에서 이와 같은 이야기를 들었다.

나는 다음에 소개하는 이야기도 들었다. 한 노인이 섬 끝에서 꼼짝 않

[01] 질 소시에는 방글라데시에서 그곳 주민들의 삶을 보여주는 가슴 저린 사진만 찍은 것이 아니었다. 그는 그들이 하는 말도 귀담아들었다. 《삶의 언저리에서 살기 Living in the Fringe》, 퍼스트 출판사, 1998.

고 서 있었다. 우리는 그에게 다가가서 거기서 무엇을 하시는 중이냐고 여쭤보았다.

"나는 내 땅을 바라보고 있소."

"아니, 여긴 온통 물뿐인데요."

"어쩌면 내 땅이 다시 솟아날지도 모른다오. 물이 내 땅을 삼켰으니 돌려줄 수도 있겠지. 물이 하는 일은 우리 사람이 알 수 없는 법이라오."

땅이 돌아오기를 기다리면서 노인은 계속해서 토지세를 낸다.

"내가 세금을 내지 않으면, 내 땅이 돌아와도 정부에서는 그 땅을 다른 사람에게 주고 말 것이오. 그러면 난 정말로 그 땅을 잃게 되지 않겠소?"

홍수가 모든 것을 빼앗아간다고는 하지만 열대성 저기압, 즉 태풍(태풍으로 인한 사망자는 1970년에 30만 명, 1991년에는 13만 명이었다)과는 달리 목숨까지 앗아가는 적은 거의 없다. 나룻배가 급류에 휩쓸리면서 배에 타고 있던 사람들이 물에 빠지는 정도이다. 하지만 진정한 위험은 다른 곳에 도사리고 있다. 홍수가 닥치면 뱀들도 사람들처럼 물길을 피해 도망친다. 만일 뱀들이 당신과 같은 지붕을 피난처로 삼는다면, 녀석들에게 자리를 양보하는 편이 낫다. 그런데 그렇게 되면 당신이 물에 빠지는 수밖에 없다. 거센 물결 속에 휩쓸려야 한다는 말이다. 그러니 뱀이 없는 다른 지붕을 찾는 것이 상책이다…….

인구에 대한 자기 검열

우리가 지나가는 마을마다 수십 명의 아이들이 우르르 몰려나와 반겨

준다. 매번 나는 여자들에게 "아이가 몇 명이냐?"고 묻는다.

여자들의 모습은 매우 인상적이다. 색색의 사리(먼지에도 불구하고 여자들이 입고 있는 사리는 완벽하게 깨끗하다)를 입고 항상 기분 좋은 얼굴(이들의 유쾌한 기분은 절대로 변하지 않는 것 같다)을 하고 있기 때문일까? 내가 물어볼 때마다 여자들은 손가락 두 개와 한 개의 반을 쳐든다. 그리고는 "둘 일곱!"

그 말을 대번에 알아듣지 못한 나는 "몇이라고요?"라며 되묻는다.

"2.7명"이라고 루나가 정확하게 알려준다.

2.7명은 공식적인 숫자이다. 여자들은 공연히 실제보다 더 많은 수를 입에 올렸다간 각종 시민 단체의 지원금이 줄어들까봐 걱정을 한다. 나는 인구학자가 아니다. 그 전문가들이 상황이 '전환 국면'에 접어들었다고, 출생률이 서서히 감소하고 있는 중이라고 말하면, 나는 그 말을 그대로 믿고 싶다. 하지만 내 눈에 보이는 건 온통 대가족들뿐이다. 국토의 면적이 프랑스의 3분의 1에 불과한 방글라데시의 인구는 머지않아 1억 8천만 명에 도달할 것이다.

감상적 지리학

어렸을 때부터 나는 지도 위에서 손가락으로 큰 강들의 흐름을 따라가는 놀이를 좋아했다. 이렇듯 나는 종이 위에서 이루어지는 산책을 통해서 내 인생의 유익한 길잡이들을 단단히 챙겨두었다. 가령, 나한테 도전 정신과 광기가 부족하다고 여겨질 때면 나이저 강을 생각하는 식이었다. 이 강은 전 세계의 정상적인 모든 강들이 그렇듯이 평온하게 바다로 흘러들어가는 것이 아니라, 남부에서 사하라 사막과 일대 결투를 벌인다. 그러니까 나라고 어찌 이 근사한 강을 본뜨지 않을 수 있겠는가?

갠지스 강과 브라마푸트라 강의 운명을 비교해보는 것도 흥미진진하다. 두 강은 거의 같은 장소, 즉 세계의 지붕이라는 히말라야 부근, 라싸의 서부에서 수천 킬로미터 떨어진 빙하에서 발원한다. 그런데 갠지스 강이 인도 평원으로 곧장 흘러가는 데 비해서 장난이 심한 브라마푸트라 강은 한눈팔기 좋아하는 개구쟁이들이 선택하는 길을 간다는 점이 다르다. 브라마푸트라 강은 조금도 서두르는 법 없이 유유자적 티베트 고원을 가로지른 다음에야 비로소 강의 목적지, 즉 바다로 간다.

나는 이제 거대한 목선에 몸을 싣고 두 강이 만나는 부근에 와 있다. 흡사 두 개의 서로 다른 기차에 타고 오는 친척을 맞이하러 역에 나와 있는 기분이다. 이제 잠시 후면 나는 친척들을 만나서 짐을 들어주게 될 것이다. 그때까지 나는 귀를 기울인다. 눈치 빠른 독자들이라면 벌써 짐작했겠지만, 두 강의 순례 여행기를 듣고 싶은 것이다. 하지만 아무 이야기도 들리지 않는다. 혹시 두 강이 히말라야에서부터 토라져서 내내 냉전 중인가? 아무리 애를 써봐도 들리지 않는 것은, 솔직히 내가 아직은 강들의 언어를 잘 알아듣지 못하기 때문일 수도 있다. 혹은 두 형제가 오랜만에 만났으니 남들 모르게 자기들끼리만 이야기를 주고받는 중인지도 모르겠다.

어부들은 천 번도 넘게 똑같은 동작을 해온 사람들만이 지니고 있는, 서두르지 않고 정확한 방식으로 고기 잡는 일에 전념한다. 눈먼 돌고래들이 같은 곳을 몇 번이고 왔다갔다 하면서 헤엄을 친다. 두 강이 만나는 지점은 다른 지점에 비해서 물고기가 훨씬 풍부한 모양이다.

한 노인이 키 손잡이에 손을 얹은 채 배 말미에 우두커니 앉아 있다. 노인은 꼼짝도 하지 않는다. 노를 젓는 사람이라고는 아무도 없다. 그런데도 배는 거센 물살을 거스르며 앞으로 나아간다.

배에서 서른 발자국 정도 떨어져 있는 강둑 위로 어린아이 한 명이 걸어가고 있다.

누구의 눈에 모래 빛깔의 밧줄이 보이겠는가?

노인의 배를 끄는 건 강둑 위를 걸어가는 바로 그 어린아이이다.

지정학적 교훈

물길을 따라가다보면 모든 것은 평온하고 그지없이 온화해 보인다. 감히 어느 누가 이 두 강 때문에 엄청난 분쟁이 일어날 수도 있다는 것을 짐작이나 할 수 있겠는가? 항해를 통해서 얻을 수 있는 이점은 시간과 한 걸음 물러서서 관조하는 힘이다. 흔히 단단하다고들 하는 대지의 소요에서 벗어나면 생각할 수 있는 여유가 생긴다. 이브와 루나는 갑판 위에 커다란 이 지역 지도를 여러 장 펼쳐놓았다.

"자, 이걸 좀 보십시오. 동쪽에는 갠지스 강, 북서쪽에는 브라마푸트라 강이 흐르고 있습니다."

전 세계적으로 볼 때, 갠지스 강과 브라마푸트라 강은 어떤 국제기구도 간섭하지 않는 유일한 두 개의 대규모 하천이다. 이 두 강에 관한 한 인도 정부가 독자적으로 결정한다. 인도는 마치 식민 제국 같은 태도를 취한다. 그러나 조만간 중국도 목소리를 높일 것이다. 약소국 방글라데시는 자신에게 할당될 물의 양이나 계산해보는 수밖에 달리 어찌할 방도가 없다.

인도는 1980년대에 방글라데시와의 국경 지대 바로 앞에 파라카 댐을 건설했다. 갠지스 강에서 가두어둔 물은 인도 농민들에게 큰 혜택을 안겨주었다. 그 사람들 입장에서 보면 썩 잘된 일이다. 한편, 캘커타를 가로지르는 후글리 강 역시 그 댐의 덕을 보았다. 덕분에 수량이 눈에 띄게 불어났기 때문이다. 브라보! 하지만 갠지스 강 하류, 즉 방글라데시에서는 유속이며 유량이 보잘것없다. 갠지스 강 바닥은 방글라데시에 들어오면서 점점 모래로 덮인다.

인도와 중국 사람들은 이번에는 브라마푸트라 강에 댐을 건설할 계획을 세우고 있다. 인도는 라자스탄 지역에 물을 대고 싶어 하고, 중국도 물 사정이 긴박하기 때문이다. 언젠가 이 댐들이 실제로 들어서게 된다면, 방글라데시의 유용 가능한 토지는 절반으로 줄어들 것이다. 두 강에서 흘러내리는 물만으로는 벵골 만에서 들어오는 바닷물을 막기에 역부족이기 때문이다. 벼가 제아무리 염분이 많은 물에서도 잘 자라는 작물이라고 한들 그런 상황에서라면 "이건 아니다"라고 할 것이 확실하다. 염분 때문에 벼농사를 짓지 못하게 된 나라에 무엇이 남겠는가?

방글라데시가 처한 이 같은 불안한 상황을 듣고 보니, 그렇지 않아도 걱정거리 많은 나라에 뭐 하러 걱정을 보태랴 싶어서, 히말라야의 얼음이 녹을까봐 걱정하던 고시 교수의 경고는 그저 나 혼자만 마음속에 간직하기로 작정했다.

돌이 없는 나라

나는 붉은 반점 덕분에 이 나라를 조금 더 잘 이해하게 되었다. 의료 임무를 수행하는 수상 비행기는 높은 굴뚝이 세워져 있는 붉은 늪지대와 논 위를 날아 다카 쪽으로 돌아왔다. 나는 그것들의 정체가 무엇인지 루나에게 물었다.

"우리 나라에는 돌이 없어요……."

대부분의 사람들은 내 질문에 대해서, 마치 무서운 것에 전염될까봐 염려하는 사람들처럼 모기 쫓듯 신속하게 받아넘겼지만, 루나는 그런 부류의 사람들과는 달랐다. 매사에 한없이 너그러운 루나는 늘 후한 대답을 들려주었다. 항상 역사를 거슬러 올라가서 시대 상황을 설명하고, 그 상황을 무대 장치 삼아 분위기를 조성하면서 인물들을 등장시키는 식이었다. 그래서 나는 참을성 있게 루나가 본론에 도달하기를 기다렸다.

"우리 나라에는 돌이 없어요. 그렇기 때문에 우리는 땅에서 돌을 수확해야 해요."

"돌을 수확한다고요?"

그에 대한 설명은 한참 후, 그러니까 족히 15분쯤은 지난 다음에야 들을 수 있었다. 벵골 사람들의 시적 감수성에는 아무리 바쁜 사람들도 두 손 들어야 할 판이다.

"우리 나라에는 돌이 없으니, 우리가 가진 흙으로 돌을 만드는 수밖에 없잖아요. 저 붉은 반점들은 모두 벽돌 공장이에요!"

방글라데시는 히말라야에서 흘러내려오는 강의 침전물로 이루어진 나라이다. 그러므로 그럴듯한 조약돌이라도 하나 찾아내려면 수십만 년을 거슬러 올라가야 한다. 다시 말해서, 땅속으로 수백 미터를 파내려가야 조약돌을 만날 가능성이 있다는 말이다.

수상 비행기가 착륙할 때까지 우리는 계속해서 돌에 관해 이야기를 나누었다. 내 생각에 국토 도처에 붉은 반점이 찍혀 있는 나라, 그러니까 돌이 없는 나라는 담장이 부실한 것보다 훨씬 더 중대한 위험을 안고 있을 것이 분명하다.

돌이 없는 나라에서 어떻게 반석같이 단단한 윤리 의식이 싹트기를 기대할 수 있단 말인가? 두 명의 총리가 감옥에서 재판 날짜를 기다리고 있으며, 그들을 도와주었던 1백여 명의 동료들도 횡령 혐의로 같은 신세를 면하지 못하고 있다.

돌이 없는 나라에서 어떻게 탄탄한 국가를 건설할 수 있겠는가? 국가 행정이 더 이상 제대로 기능하지 못하자, 시민 단체들이 정부의 역할을 대신하고 있는 형편이다. 그 때문에 방글라데시의 시민 단체들은 다른 어느 나라에서보다 수적으로도 압도적이고, 세력 또한 막강하다. 그중에서 가장 잘 알려진 단체는 노벨 평화상 수상자인 무함마드 유누스 총재가 운영하는 그라민Grameen 은행이다. 그라민 은행은 방글라데시를 비롯하여 전 세계 각국(플라네트 피낭스Planète Finance)에서 소액 대출 활동을 함으로써 유명해졌다. 이 단체는 소액 대출 분야 외에 다른 여러 분야에서도 눈부신 활약을 펼치고 있다. 최근 베올리아와도 협약을 맺었다. 방글라데시를 고통으로 몰아넣는 각종 사회 병폐 중에서, 특히 천연 비소 문제는 매우 심각하다. 주민들은 오염된 강물을 바로 마심으로써 순식간에 중독되거나, 오염된 우물에서 물을 길어 마심으로써 서서히 중독되거나, 둘 중의 하나를 택하는 수밖에 없었다. 하지만 베올리아와의 협약으로 이제 정화 시설이 들어서게 될 것이다.

*

돌 이야기가 나왔으니 말인데, 나는 인도 측에서 매우 인색하게 굴었음을 나중에야 알게 되었다. 어느 날, 거대 국가 인도는 브라마푸트라 강과 쿠시야라 강이 강바닥에 있는 조약돌들을 쓸어간다는 사실을 알게 되었다. 물론 규모가 크고 작고를 떠나 이 세상의 모든 강물들이 돌을 실어 나르는 것이 사실이지만, 이 두 강은 다른 강들에 비해서 기운이 센 탓에 쓸어가는 돌도 다른 강들의 돌에 비해서 훨씬 크다는 점에 착안한 것이었다. 인도는 자국의 소중한 돌 자원이 남의 땅으로 흘러가는 것을 팔짱 끼고 두고 볼 수만은 없었다. 그래서 급기야 굴러가는 돌들을 막아보겠다는 계산에서 두 강의 물속에 그물을 쳤다고 한다.

물에 쫓긴 난민들의 집

다른 어느 나라에서도 방글라데시만큼 물이 그처럼 자주, 그처럼 격렬하고 다양한 방식으로 진노하는 경우는 찾아볼 수 없다. 이 점은 앞에서 언급했던 내용만 요약해보아도 금방 납득할 수 있다. 홍수에 열대 저기압, 해수면 상승, 가뭄, 염분 농도 증가, 비소의 위협 등등…….

진노하는 물에 쫓긴 가족들은 어디로 가야 하는가? 많은 가구들이 인도로 피신하는 길을 택한다. 방글라데시에 남기로 결정한 사람들이라면 수도인 다카로 몰려간다.

 열차가 빈민촌 사이를 관통하게 된 건, 더 이상 아무것도 가진 것이 없고, 잃을 것도 없는 사람들이 철로변에 정착했기 때문이다. 그도 그럴 것이, 얼마 전까지만 해도 철로 밑에 자갈을 깔아둔 곳만이 도시에서 유일하게 사람들이 살지 않는 공터로 남아 있었기 때문이었다. 게다가 아직까지는 자갈밭 5제곱미터 정도를 점유했다고 해서 세금을 내라고 하는 사람이 없으니 금상첨화 아니겠는가.

 그러니 가난한 사람들 중에서도 최고로 가난한 사람들은 이곳으로 판자 조각이나 헝겊, 양철 조각 등을 가져와서 허름한 판잣집을 지었다. 그들은 그곳에서 대여섯 명의 자식들을 거느리고 산다.

 이렇게 해서 생겨난 빈민가는 점점 도시 전체를 관통하게 되고, 기차처럼 마을과 마을 사이를 뱀처럼 구불구불 이어가면서 호사스럽게 단장한 고층 건물이며 중산층들의 주거지를 파고든다. 빈민가를 찾아 일부러 길을 나설 필요도 없다. 웬만큼 높은 건물의 발코니에 서서 내려다보면 바로 눈앞에 비참함이 펼쳐진다. 끊어질 듯 말 듯 계속 이어지는 빈민가는 기차역을 만나면 잠시 주춤하는 듯싶다가 이내 다시 이어진다. 이번 주에 들어서만도 빈민가는 훨씬 더 길게 연장되었다. 어느새 도시를 벗어나 농촌까지도 잠식하기 시작했다. 마치 기차에 탄 여행객이 너무 많아, 열차의 양옆은 물론 플랫폼의 앞뒤를 그득 메우고, 마침내 철로변까지도 점령한 것처럼 보인다. 다만 차비를 지불할 능력이 없는 이 여행객들은 정상적으로 역에 내린 것이 아니라는 점이 다를 뿐이다. 이 여행객들은 또한 가방 따위도 가지고 있지 않다. 다카는 이들의 목적지가 아니었으며, 이들에게 목적지란 아예 처음부터 존재하지도 않았다. 그래도 이들은 다카에 계속 머물 것이다. 그곳이 종점이기 때문이다. 강물이나 바다가 철로변까지도 물 범벅을 만든다면 하는 수 없이 다른 곳을 찾아 나서겠지만, 그전에는 아니다. 그럴 수 없다.

5분이나 6분마다 기차가 한 대씩 도착한다. 사람들은 마지막 순간이 되어서야 철로변에서 비켜선다. 선로 변경 장치 위에서 잠을 자는 어린아이도 있다. 기차 바퀴가 거의 아이의 머리를 스칠 뻔했다. 어린 여자아이 하나가 왼손으로 머리를 빗는다. 아이는 거울을 침목 위에 놓는다. 아이에게는 오른손이 없다. 성인 여자 한 명이 타월 위에 액세서리를 늘어놓는다. 싸구려 플라스틱 팔찌 다섯 개, 아연 조각으로 만든 귀고리 세 쌍. 할머니 한 명이 걸음을 멈춰 서더니 흥정을 벌인다. 어린아이들이 재잘거린다. 웬 남자가 방금 닭 두 마리의 모가지를 잘랐기 때문이다. 목이 잘린 닭들은 있는 힘을 다해 버둥거린다. 그때마다 사방에 피가 튀고, 아이들은 좋아라 손뼉을 친다. 액세서리에 관심이 없는 여자들은 식사를 준비한다. 식사라야 쌀 조금과 당근 조각이 전부이다. 철길을 따라 남자들이 어슬렁거린다. 한 역에서 다음 역 사이는 할 일 없이 어슬렁거리기에는 좀 먼 거리 같아 보인다. 혹시 기차놀이라도 하는 것일까? 무료하게 시간이 지나간다. 그 사이에 두 가족이 도착했다. 먼지를 흠뻑 뒤집어쓴 걸 보면 새로 온 사람임을 대번에 알 수 있다. 먼저 정착한 사람들이 더 먼 곳으로 가라고 알려준다. 이곳은 보시다시피 벌써 만원이라는 것이다.

앞으로 10년, 20년, 30년 후에는 이렇게 사는 사람들, 이들 '기후 난민'

은 몇백만 명이나 될까? 그리고 그때쯤에는 어떤 곳에 '정착'하게 될까?

노예와 행운아

여행객들은 행운아이며, 이들은 지리라면 아무리 먹어도 자꾸만 배가 고프다고 느낀다. 나는 얼마 전에 난생처음으로 오스트레일리아와 싱가포르, 캘커타, 다카, 움직이는 섬 등을 여행했다.

그런데도 나는 그쯤에서 만족할 줄 모르고 지금까지 가보지 못했던 곳, 전 세계에서 비가 가장 많이 내리는 도시 체라푼지에 가볼 수만 있다면 얼마나 좋을까 애타게 소망했다. 어렸을 때부터 나는 뭔가 부족하다 싶으면 그 부족을 내 나름의 방식으로 해결했다. 바로 나한테 부족한 그 무엇에 대해서 이야기를 만들어 자신에게 들려주는 것이었다. 이야기를 만들어가면서 나는 마음을 온통 그 이야기에 담았다. 겉보기와 다르게, 내가 사랑하는 것들의 현존이 스스로에게 달려 있다는 사고방식은 평생 나를 떠난 적이 없다. 내가 적절한 단어와 그 단어들을 순서대로 적당히 배열하고, 단어들이 어울려 아름다운 노래가 되는 순서를 발견하는 데 성공하면 나에게 부족한 그 무엇이 나타나리라고 믿는 것이다.

다카 공항의 6번 게이트(도하행 비행기 탑승) 대합실에서도 나는 혼잣말로 체라푼지의 진정한 이야기를 읊조렸다.

벵골 만의 북쪽 지역은 수심이 아주 얕다. 태곳적부터 갠지스 강과 브라마푸트라 강이 실어온 각종 침적물들이 그곳에 쌓이기 때문이다. 열대 지역의 살인적인 열기로 덮인 이 물은 열대 계절풍의 강력한 바람에 쉽게 빨려들어간다.

따라서 습기를 잔뜩 머금은 바람이 벵골 만의 저지대를 지나고, 맹그로브 숲을 지나 벼농사가 한창인 논과 차밭으로 형성된 언덕을 넘어가게 된다. 이렇듯 바다에서 밀려온 습기에 식물들이 내뿜는 물기가 더해진다.

여기가 습기를 머금은 구름 떼의 종착지점이다. 그 앞으로는 넘어가기 어려운 히말라야의 고산지대가 펼쳐진다. 히말라야에 다다르면, 제아무리 격렬한 바람이라도 부딪쳐서 되돌아오는 수밖에 다른 도리가 없다.

그렇기 때문에 지구상의 그 어디에도 이 지역만큼 공기 중에 물을 많이 머금고 있는 지역은 없다. 구름의 이동조차도 막아버리는 거대한 장벽이 다른 곳에는 없기 때문이다. 이와 같은 태생적인 비극의 결말은 딱 한 가지이다. 비. 따라서 메갈라야에는 다른 어느 곳보다 더 많은 비, 즉 3개월 동안 12미터가 넘는 비가 내린다(내가 기억하기로, 브레스트에는 1년에 8백 밀리미터의 비가 내린다).

예루살렘에서 만나자고 약속하는 사람들이 있는 것처럼, 나는 언젠가 체라푼지에 꼭 가고 말겠다고 다짐했다.

*

그렇다, 어떤 여행객들은 정말 행운아들이다. 그런가 하면 노예에 버금가는 여행객들도 적지 않다.

그런 여행객들을 처음 보면 시선이 놀란다. 아시아의 어떤 도시 공항에서였던가. 두바이, 리아드, 아니면 도하로 가는 비행기 탑승 수속을 하는 창구 앞에는 으레 40~50명쯤 되어 보이는 남자 단체 여행객들이 모여 있다. 그들의 특징은 유니폼이다. 그들은 모두 똑같은 푸른 작업복을 입고 있다. 때로는 녹색이나 회색, 빨간색일 수도 있다. 등에는 그들을 고용한 회사의 이름이 찍혀 있다. 틀림없이 그 옷을 입는 순간부터 그들은 개인으로서의 정체성을 상실한다는 사실을 공개적으로 널리 알리려는 표시일 것이다. 더구나 그들의 여권은 '임무'가 끝날 때에야 비로소 주인에게 반환된다. 5백만 명에 달하는 인도인 근로자들이 걸프 지역에서 일하고 있으며, 파키스탄 근로자의 수도 이에 버금간다. 반면, 이 지역에서 일하는 필리핀 근로자는 2백만 명 정도이다.

그날 아침, 이른 시간에 다카 공항에서 마주친 이들은 눈이 시릴 정도의 형광 오렌지색 옷을 입고 있었다. 관타나모 수용소에 수감된 포로들을 생각나게 하는 복장이었다.

06

치수와 깨끗한 물을 향한 집념 중국

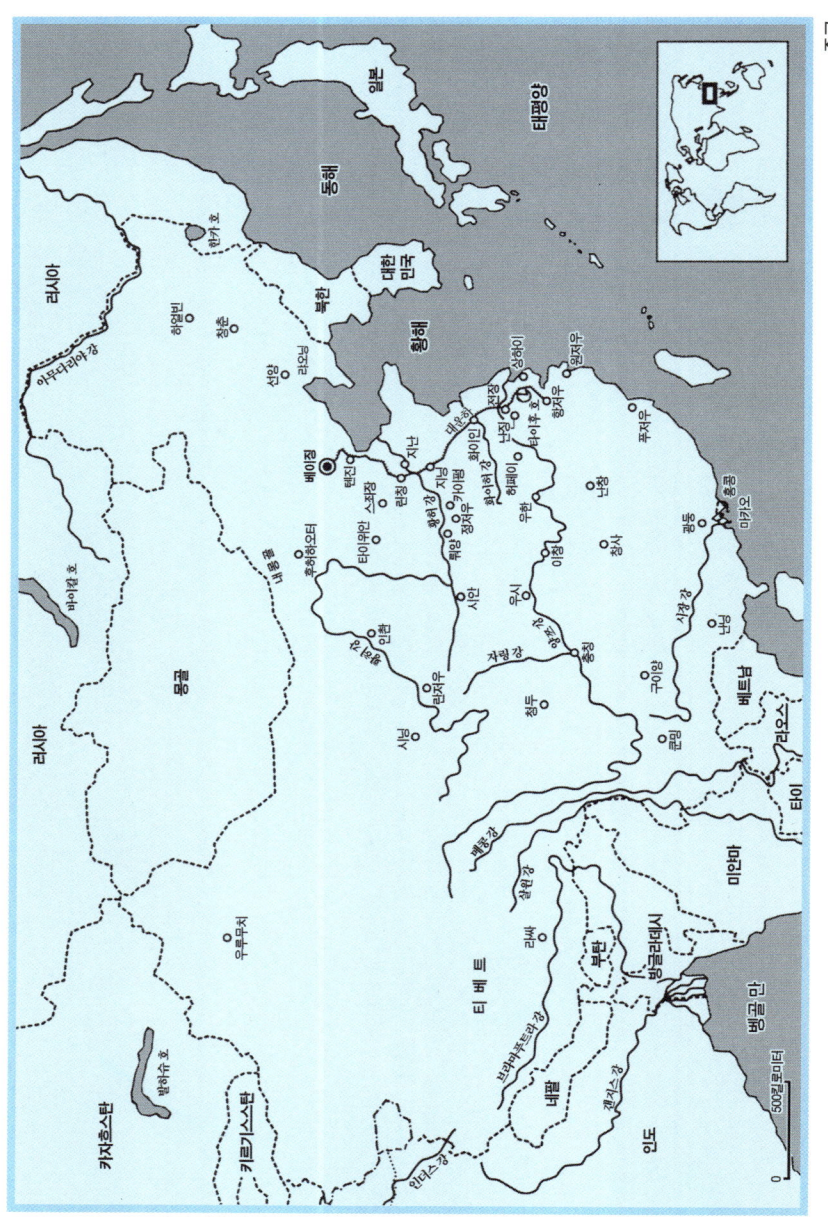

자연의 조건 앞에서

이 세상에는 매우 부드러운 지형, 절제되고 온화한 땅들이 있다. 그런 곳에 사는 사람들은 땅이 생긴 모양처럼 부드럽게 살기만 하면 된다. 프랑스 같은 나라가 거기에 속한다. 프랑스도 이따금씩 국토 개발이란 걸 하지만 대단하게 땅을 뒤엎거나 땅을 상대로 투쟁할 필요까지는 없다.

그런가 하면 저주받은 땅들도 분명 존재하며, 그런 땅에서 살기 위해서 끊임없이 투쟁을 벌여야 하는 사람들도 있다. 모래를 상대로 싸우는가 하면, 추위와 맞서기도 하고, 자꾸 미끄러지거나 지진이 나는 토양과 대결하기도 한다. 또 지나치게 힘이 센 물, 혹은 부족한 물 때문에 힘겹게 싸우는 경우도 생긴다. 중국이 그렇다. 중국 사람들의 대화를 가만히 듣고 있으면 자주 등장하는 형용사가 하나 있다. 이 형용사는 네 개의 음절로 이루어진다. 첫 번째 음절은 짜이zāi로 재앙, 천재지변 등을 가리킨다. 두 번째 음절 난nān은 고통, 세 번째 음절 전zhēn은 깊다, 마지막 네 번째 음절은 무겁다는 뜻을 지닌 중zhōng이다.

사람들이 흔히 생각하는 것과는 달리 중국인들은 자신들의 나라를 강력한 대국 또는 아주 오랜 문명국가라는 식으로 생각하지 않는다. 오히려 그들이 자주 사용하는 형용사 짜이-난-전-중, 즉 끊임없는 적대감을 나타내는 이 단어들이야말로 중국인들이 자기 나라를 인식하는 방식이라고 말할 수 있다. 중국인들은 때로 자신들이 무신론자임을 원망하기도 한다. 만일 우리가 신을 믿었더라면, 신도 우리에게 질 좋은 토양을 나누어주고 정기적으로 알맞은 양의 비를 내려주는 일을 이처럼 자주 잊어버리지는 않을 거라고 그들은 이야기한다.

물의 주인

수자원부의 물 담당 국장인 가오얼쿤 씨는 마치 대통령처럼 손님을 맞이한다. 상냥하기가 두 번째 가라면 서러울 것 같아 보이는 첫 번째 여비서가 그녀만큼이나 상냥한 두 번째 여비서에게 나를 인계하자, 두 번째 여비서는 근엄하게 생긴 경비원에게 안내하고, 경비원이 대기실로 안내하자, 그곳에 있던 수석 여비서가 내 자리로 보이는 커다란 파란색 의자로 데려갔다. 솔직히 수석 여비서는 앞의 두 여비서만큼 상냥하지 않았다. 의자 앞에 내 이름이 붙어 있는 것을 보니 내가 분명 방문을 약속한 사람임에 틀림없고, 이 파란색 의자는 내가 앉아야 할 자리가 확실했다. 나의 왼쪽에는 꽃다발이 놓여 있고, 꽃다발의 반대쪽에는 가오얼쿤 씨가 앉았다. 한자 漢字 가 차고 넘치도록 그려져 있어서 눈이 아플 지경인 양탄자를 사이에 두고 마주 앉은 우리 두 사람 앞에는 내가 앉은 의자와 색깔은 같지만 크기가 약간 작은 의자들이 두 줄로 가지런히 정렬되어 있었다. 그중 한 의자에 엄격해 보이는 여자 한 명이 앉아서 초등학생들이 쓰는 공책처럼 생긴 수첩을 뒤적거렸다. 아마도 가오얼쿤 씨의 오른팔 역할을 하는 사람인 것 같았다. 통역들도 자리를 잡았다.

의례적인 인사말이 오간 다음 가오얼쿤 씨는 준비해온 강의를 시작했다.

"우리 나라는 수자원이 풍부합니다. 수자원 관점에서 보자면 중국은 세계 4위 또는 5위 수준입니다. 하지만 아시다시피 중국에는 인구가 많다보니…… 수자원이 풍부하긴 하나 시공간적으로 볼 때 균등하게 배분되지 못한다는 문제가 있습니다……."

가오얼쿤 씨는 교수들처럼 명쾌하고 조리 있게 말하는 방식을 터득한 사람이었다. 내가 열심히 받아 적는 모습이 가오얼쿤 씨의 마음을 흡족하게 만든다는 것은 물어보지 않아도 알 수 있었다. 그의 시선은 시종일관 꽃다발 너머로 내 수첩에 머물렀다. 덕분에 나는 글씨를 좀 잘 써야겠다는 생각이 들 정도였다.

"우리 나라 강수량의 70퍼센트는 여름 한철에 집중되어 있습니다. 7월과 8월엔 물이 너무너무 많은 반면, 우기가 끝나면 거의 한 방울도 없는 셈이죠. 이번엔 공간적인 분배에 대해서 이야기해보겠습니다. 머릿속에 대략적인 중국 지도가 들어 있으시겠죠? 좋습니다. 자, 직선을 하나 그어봅시다. 상하이 바로 위쪽에서 시작해서 서쪽으로 쭉 뻗은 직선입니다. 중국을 이렇게 두 조각으로 나누었을 때, 직선의 위쪽, 즉 북부와 아래쪽, 즉 남부의 인구는 동일합니다. 각각 7억 명 정도 되지요. 그런데 물만 놓고 보자면, 북부의 수량은 전체 수량의 17퍼센트에 불과합니다……."

이 첫 마디는 나를 불안하게 만들었다. 이처럼 요약하기를 좋아하고, 이처럼 중차대한 일을 맡고 있는 사람이라면 나한테 긴 시간을 할애해주지 못할 것이 분명해 보였기 때문이었다. 하지만 그것은 나의 기우였다. 가오얼쿤 씨는 엄격해 보이는 여자의 조바심이 난 시선은 안중에도 없이 무려 세 시간씩이나 나와 대화를 나누었다. 아마도 우리 두 사람 모두 과거에 경제학자였다는 공통적인 경험이 나에 대한 그의 신뢰를 증폭시켰을 것 같기도 하다. 그렇지만 바쁜 가오얼쿤 씨가 나에게 예외적으로 오랜 시간을 할애해준 데에는 내가 브르타뉴 출신이라는 사실이 더 크게 작용했을 것이다. 어떤 수리학자들의 모임에 참석하기 위해서 였는지는 잘 모르겠지만, 가오얼쿤 씨는 학회 참석차 파리에 온 적이 있는데, 그때 누군가가 프랑스의 이 습기 많은 지방에 대해서 이야기를 했다는 것이었다. 지구상에 줄기차게 비가 내리면서도 강수량은 그저 충분할 정도이며, 빗발 또한 얌전하고, 사계절 고르게 강수량이 분포되어 있는 지역이 존재한다니, 그것은 바로 그 문제에서라면 운이 엄청 나쁘다고 할 수 있는 중화제국이 꿈꾸던 곳이 아니겠는가! 난 브르타뉴에 사는 내 동지들에게 이렇게 말하고 싶다. "중국은 당신들을 몹시 부러워하고 있습니다. 적어도 수리학적으로 그렇다는 말씀입니다!"

"선생께서는 온대 기후 지역에 속하는 대륙에서 오셨습니다. 그러므로 선생께서는 홍수와 가뭄의 고통을 동시에 겪는 나라가 있다는 사실을 이해하기 어려우실 수도 있습니다. 게다가 이 두 가지 재앙으로 인한 피해자의 수는 거의 같습니다. 그럼 홍수에 대해서 먼저 이야기해볼까요?"

통역사가 통계 숫자 때문에 애를 먹자, 가오얼쿤 씨는 다시 설명했다. 그는 온대 지역에서 온 방문객은 중국의 기후가 지니는 극단적인 성격을 어느 정도 염두에 두어야 한다고 말했다.

그는 중국이 겪은 가장 참혹한 세 번의 홍수를 예로 들었다. 1931년의 홍수는 14만 5천 명의 사망자를 냈으며, 1935년에는 14만 2천 명, 1954년에는 3만 3천 명의 사망자가 발생했다.

벨기에 출신 만화가 에르제가 창조한 소년 탐정 탱탱의 모험을 다룬 연작 만화의 열렬한 애독자였던 나는 어린 시절 〈푸른 연꽃〉이라는 만화를 보면서 처음으로 중국이라는 나라가 있다는 것을 알게 되었다. 무시무시한 미쓰히라토가 지배하는 마약 밀거래 조직에 대항해서 싸움을 벌이는 탱탱은 상하이 감옥에서 무사히 탈출한다. 만화책 42쪽에 보면 탱탱이 허우커우에 가려고 하는데, 홍수 때문에 기차가 멈춰 서는 장면이 나온다. 양쯔 강의 둑이 터져버린 것이다. 강을 따라 내려가던 탱탱은 사람들의 절규 소리를 듣는다. 이윽고 탱탱은 급류에 뛰어들어 물에 빠질 위험에 처해 있던 중국인 소년 창을 구한다.

내가 탱탱 이야기를 떠올리고 있는 동안에 가오얼쿤 씨는 상商 왕조(기원전 2000년경)의 야오堯 황제(저자는 상 왕조라고 했지만, 내용상 하 왕조라고 보는 것이 타당하다 – 옮긴이)에 대해서 언급했다. 야오 황제는 부족장들 중의 한 명이었던 군鯀에게 북쪽의 거대한 강인 황허의 범람을 막을 수 있는 묘책을 생각해내라고 지시했다. 군의 아들인 '위대한 유禹'는 아버지의 유업을 물려받았다. 그는 30개가 넘는 부족을 규합해서 28만 명이 넘는 인부들을 동원해, 마침내 황허에 둑을 쌓는 데 성공한다.

"보시다시피 오르세나 씨, 물은 너무도 강력하고 잔인하기 때문에 그 힘에 대항하려면 인간들이 단합하지 않을 수 없죠!"

엄격한 얼굴을 한 오른팔의 조바심(가오얼쿤 씨는 그 여자에게 다음 약속들을 뒤로 미루라고 지시하는 것 같았다)에도 아랑곳없이 가오얼쿤 씨는 역사에 대한 방문객의 무지함을 보충해주느라고 여념이 없었다.

군과 위대한 유, 리빙李冰…… 이들의 이름은 우리 유럽인들에게는 알려지지 않았다. 하지만 이들은 중국의 하늘 위에서 찬란하게 빛을 발하는 인물들이다. 이 치수 기술자들은 또한 지구상에서 아마도 가장 끈질기게 이어졌을 것으로 보이는 전쟁, 즉 중화제국이 물이라는 용을 상대로 벌인 끝나지 않은 전쟁의 일선에서 싸운 장군들이기도 하다.

*

가오얼쿤 씨는 이제 또 다른 재앙인 가뭄으로 화제를 돌린다. 물 부족과 그로 인한 곡물 수확량의 감소로 죽은 사람들이 몇 명이나 되는지는 아무도 모른다. 1959년과 1960년 두 해 사이에 이어진 기근은 수백만, 수천만 명의 중국인들을 죽음으로 몰고 갔다.

가오얼쿤 씨에 따르면, 기후는 가만두어도 변하게 마련이지만, 우리에게도 어느 정도 책임이 있다. 우리는 숲을 훼손했으며, 호수의 물을 바닥냈다. 습지에는 빈틈없이 농사를 지었다. 그 결과 가뭄의 피해를 보는 지역의 면적이 해마다 증가한다. 베이징을 벗어나 북서쪽으로 가보라. 80킬로미터도 채 못 가서 고비 사막의 첫 번째 모래 언덕을 만나게 될 것이다. 베이징에서 고작 80킬로미터 떨어진 곳까지 사막화가 진행되었다니!

어찌할 것인가?

가오얼쿤 씨는 이제 서둘러서 물 절약과 나무 심기 계획으로 넘어간다. 이 문제에 관해서는, 심은 나무들 중의 상당수가 관리 부족으로 살아남지 못한다는 사실을 염두에 두어야 한다. 하지만 가오얼쿤 씨는 투지에 불타는 엔지니어 정신의 소유자이다. 엔지니어들은 대개 예방이나 섬세한 농업 같은 것에는 별 관심이 없다. 그보다는 건설하는 편을 훨씬 더 좋아한다. 가오얼쿤 씨는 잠시 동안 염분 제거 처리 공장에 대해서도 언급한다.

하지만 나는 그것은 가오얼쿤 씨가 그다지 애착을 보이지 않는 문제임을 금세 느낄 수 있었다.

내 마음을 알아차린 듯 가오얼쿤 씨가 슬며시 미소를 짓는다. 그에게는 또 다른 생각이 있는 것이다.

그가 대운하의 복권과 재개발에 대해서 이야기를 시작하자, 나는 그것이 바로 그가 가장 아끼는 계획임을 알 수 있었다. 전형적인 중국식 계획이었다. 나도 그에게 미소로 화답했다. 그 분야라면 나도 제법 알고 있었기 때문이다.

가오얼쿤 씨와의 면담을 준비하기 위해 나는 중국의 대운하에 대해서 소상하게 이야기를 들려줄 만한 인물을 찾았다. 크리스틴 코르네[01]가 바로 내가 찾던 전문가였다. 크리스틴은 대학에서 강의하는 중국학자이자 역사학자이며, 현재 베이징 프랑스 대사관에서 문정관으로 일하고 있다. 1930년대 상하이의 역사에 관한 크리스틴의 논문은 그 분야에서는 상당한 권위를 인정받고 있다.

대운하는 만리장성보다 훨씬 더 중국인의 재능을 증명해주는 위업이라고 감히 말할 수 있다.

첫째, 제어 욕망. 다른 부족으로부터 침략을 당하면서 살지 않겠다는 마음처럼, 자연의 독재를 좌시하지 않겠다는 인간의 야심을 그대로 드러낸다.

둘째, 기술자들의 중요성을 일깨워주는 위업. 비록 문관들이 권력을

---

[01] 크리스틴 코르네와 프랑수아 베르디에 공저, 《중국 일기와 물을 가꾸는 농부 Carnet de Chine et Paysans de l'eau》, 악트 쉬드 출판사, 블뢰 드 신 총서, 2004.

틀어쥐고 있긴 하지만, 과학적인 지식이 유용하며, 그 지식이 실생활에 응용되어야 한다는 사실을 잊어서는 안 된다. 숙고하고 명상하는 일도 물론 필요하다. 하지만 실제로 계획을 세워 설계를 하고, 건축을 하고, 땅을 파고, 고장난 곳을 수리하며, 이 세상이 돌아가는 상태를 개선하는 일도 그에 못지않게 중요하다.

셋째, 광적이라고 할 수 있을 정도로 어마어마한 인력 동원. 일단 결정되면, 그 내용이 무엇이건 수적, 양적인 면에서 일사분란하게 노동력을 동원하여 실현하고 만다(이때 동원되는 노동력은 솔직히 자발적인 경우가 거의 없다. 하지만 그게 무슨 상관이란 말인가?)

넷째, 대칭에 대한 맹목적인 열정. 어째서 중국의 강들은 모두 서쪽에서 동쪽으로만 흐르는가, 어째서 북쪽에서 남쪽으로 흐르거나 남쪽에서 북쪽으로, 혹은 동쪽에서 서쪽으로 흐르면 안 된단 말인가? 지리학적인 자료들이 제아무리 널려 있다고 한들 그건 변명이 될 수 없다. 이 같은 편중은 바로잡아야 한다.

다섯째, 지속성의 교훈. 조상들이 3천 년 전에 무슨 일인가를 시작했다면 그것은 분명 그에 합당한 이유가 있었기 때문이다. 그런데 그 이유가 왜 지금에 와서는 없어졌다고 생각해야 한단 말인가? 무슨 권리로 조상들이 시작한 일을 자손들이 중단한단 말인가?

대운하의 건설은 군사들과 조공품(곡물 형태로 내던 일종의 세금)의 운송을 위해 지금으로부터 500년 전쯤에 시작되었다.

그런데 공사가 진행되는 동안 목표가 바뀌었다. 북쪽에 위치한 도시들에 남쪽의 물을 가져다주는 것이 가장 우선적인 목표가 된 것이다.

이 건설 사업은 오늘날 재개되었다.

내가 대운하에 대해서 알고 있는 지식이 가오얼쿤 씨를 기쁘게 한 것이 틀림없었다. 그는 이만하면 경제학자이며 온대 기후 대륙에서 온 이 손님은 제법 말상대가 될 만한 사람이군, 이라고 생각하는 것 같았다.

그런데 어느새 질문할 시간이 되었고, 내 입에서 튀어나온 질문은 그를 화나게 만들었다. 나는 요령 없이 공해에 대해서 질문을 한 것이다. 중국의 강은 어느 정도 오염되었습니까?

가오얼쿤 씨가 한층 더 화사한 미소를 지어 보였다.

"오염은 전 국가적인 전염병이나 다름없습니다. 중국은 자신의 적이 누군지 알아내는 데 오랜 시간을 보냅니다. 하지만 일단 적을 알아내고 그 적에게 선전포고를 하면 반드시 이깁니다. 언제나 이기죠. 오염 문제는 우리가 추진하는 개발 계획에 제동을 거는 게 사실입니다. 그렇지만 우리에게는 개발이 필요합니다. 그러니까 우리는 오염이라는 적과 싸워 승리를 쟁취하고 말 겁니다."

그가 뭔가 지시를 내렸다. 시계만 초조하게 바라보던 여비서는 용수철처럼 튀어나갔다. 여비서가 돌아오기를 기다리면서 가오얼쿤 씨는 상황을 간략하게 요약했다. 경작할 수 있는 땅의 면적이 점점 줄어들기 때문에 농부들은 점점 더 많은 비료를 투입한다고 한다. 게다가 도시에서는 전체 하수의 30퍼센트에도 못 미치는 비율만이 정화 작용을 거친다. 한편, 산업 분야에서 배출되는 폐수는 점점 더 위험 물질의 양이 늘어가는 추세이므로, 정화 비율이 60퍼센트를 웃돈다. 결과적으로, 중국 하천의 3분의 1 정도는 심각하게 오염되었다는 결론을 얻을 수 있다.

어쩐 일인지 가오얼쿤 씨는 이렇듯 참담한 소식을 전하면서 쾌감을 느끼는 것 같다는 생각을 떨쳐버릴 수가 없었다. 어쨌거나 그가 하고자 하는 말은 분명하다. 중국의 가장 높은 결정 기구에서는 문제의 심각성을 충분히 인식하고 있다는 것이다. 예전처럼 문제가 있는데도 쉬쉬하면서 감추는 것이 아니라, 국민 각자가 이 문제를 충분히 인식하기를 바라고 있다는 말도 덧붙였다. 그는 이 문제를 해결하기 위해서 가능한 모든 수단이 동원될 것이라고도("잘 들으셨겠죠? 제가 분명 모든 수단이라고 말했습니다!") 말했다.

밖으로 나갔던 여비서가 소책자 두 권을 들고 오더니 가오얼쿤 씨에게 내민다. 그는 그중 한 권을 펼치더니 소리 내어 읽는다. "덩샤오핑의 이론과 3부 대표들의 중심적인 사상을 토대로 우리는 개발의 학문적 근거에 충실한 가운데 성공적인 경제적, 사회적 발전을 추구해나가야 한다."

낭독을 마친 그가 고개를 들었다.

"나는 선생께 이보다 더 분명하게 설명해드릴 능력이 없습니다. 방금 읽어드린 것은 우리 나라 제11차 경제개발 5개년 계획 2006~2010의 서두입니다. 우리가 정한 세 번째 목표를 보십시오. '자원을 절약하고 환경을 보호한다.' 또, 그 다음에 이어지는 목표도 보시죠. '자원을 보존하고 환경 친화적인 사회를 건설한다…….'"

그는 서류철을 덮는 동시에 토론을 끝냈다. 그 정도의 국가적인 공약이라면 공공의 적인 오염을 상대로 한 전쟁에서의 승리는 보장된 것이나 다름없지 않겠는가.

면담은 끝났다. 가오얼쿤 씨는 비로소 엄격한 얼굴의 오른팔을 안심시키려는 듯 의자에서 일어났다. 그는 나에게 두 번째 소책자를 내밀었다. 제11차 경제개발 5개년 계획을 영어로 요약한 책자였다. 잘 읽어보라는 당부의 말도 잊지 않았다.

"그걸 읽어보시면, 중국 정부의 단호한 입장과 관련 통계를 잘 아실 수 있을 겁니다……."

오늘 저녁 호텔 방에서 5개년 계획을 읽는 것보다 더 좋은 소일거리가 어디 있겠는가?

"Harnessing rivers……(강을 이용하는 일은……)."

가오얼쿤 씨가 직접 영어 책자를 읽기 시작한다. 나와 헤어지기 전에 그는 내가 자신의 임무를 제대로 이해하기를 바라는 모양이었다. 영어의 harness에는 두 가지 의미가 있다. 가령 '말에게 마구를 달다'처럼 '짐승을 가축으로 만들다'라는 뜻과, '천연 자연을 이용하다'라는 뜻이다. 하지만 이 두 가지 의미는 결국 시간상의 차이에 불과하다. 짐승에게 마구를 얹으면 녀석의 힘을 이용하게 되는 것이 세상의 이치니까 말이다.

가오얼쿤 씨는 얼른 수력 에너지 문제를 거론한다. 그는 내가 산샤 댐을 방문할 거라는 사실을 잘 알고 있다.

"그 댐의 건설로 우리는 선생 나라 프랑스의 모든 댐을 합한 것만큼 많은 양의 전기를 얻을 수 있게 될 것입니다. 물론 환경의 균형을 다소 파괴한다는 문제는 안고 있죠. 하지만 온대 지역에서 사는 행운을 누리는 분들은 우리 입장을 제대로 이해하시지 못하는 것 같습니다. 양쯔 강의 범람을 막는 것이 산샤 댐 건설의 1차적인 이유입니다. 우리 중국 사람들이 어떻게 단 한순간이라도 홍수의 위험을 잊을 수 있겠습니까?"

가오얼쿤 씨는 다시금 자신의 편집증적인 걱정거리로 돌아왔다.

"내 전임자들을 비판하려는 건 아니지만, 내가 보기에 그자들은 자만심 때문에 일을 그르친 것 같습니다. 둑을 아무리 높게 쌓고, 원하는 댐을 모두 짓는다고 해도(중국에는 8만 5천 개의 저수지가 있습니다) 말씀입니다. 강 하나가 마음만 먹으면 인간보다 훨씬 힘이 센 법입니다. 그러므로 국토 전역을 보호하려 들 것이 아니라 본질적인 문제에 집중하는 편이 효율적입니다. 대도시의 중심부면 중심부, 위험 물질 취급 공장이면 공장, 이런 식으로 말입니다. 나머지는 물에 잠겨도 어쩔 수 없습니다……."

나는 능력 있는 통역사가 과연 어떤 단어를 사용해서 내 말을 옮겼는지 알지 못한다. 어쨌거나 가오얼쿤 씨는 힘차게 고개를 끄덕거리더니 다시 한 번 강조했다.

"물도 불과 마찬가지로 역할이 있는 법이죠."

그 말을 끝으로 그는 나에게 작별 인사를 건넸다.

"좋은 여행 되시기 바랍니다! 온화한 선생 나라에도 안부 전해주십시오. 짐작하셨겠지만, 이제 작별 인사를 드려야겠습니다. 온화하지 않은 나라에 사는 사람들은 더 열심히 일을 하는 수밖에 없습니다……."

*

  6번 순환도로변에 어느새 빌딩 숲이 들어선 걸 보며 다시금 베이징을 가로지를 때, 나는 프랑스의 곡물 창고라고 할 수 있는 보스의 중심 지역인 위르에루아르 지방의 작은 마을 생드니데푸이(주민 수 120명)를 생각했다. 온화한 프랑스! 물이 필요하면 땅을 조금만 파면 된다. 인접한 페르슈 지방에서 흘러나온 지하천이 바로 집들이 들어선 마을 옆으로 흐른다. 물값은 1제곱미터당 1유로에 불과하다. 지방자치단체에서는 향후 10년 동안 물값을 동결하기로 결정했다. 2년마다 여름의 첫 번째 토요일이면 마을의 물탱크를 완전히 비운다. 마을 주민들은 모두 모여 즐겁게 물탱크를 청소한다.

텐진의 해법

  나는 하느님께서 세상을 창조하느라 정신없이 바쁘게 엿새를 보낸 다음, 마침내 일곱째 날, 이른바 휴식의 날이 되었을 때, 인간에게 무슨 장난감을 선물할까 고민하는 광경을 상상해본다. 사실 하느님은 때로는 잔인하지만, 나름대로 공평무사한 정신의 소유자임에 틀림없다. 따라서 하느님 혼자만 재미있어서야 공평하겠는가?

  내가 보기에는, 이렇게 해서 하느님이 사피엔스 사피엔스들의 머릿속에 미니 모형이라는 아이디어를 심어준 것 같다. 그러면 오락으로 인한 즐거움을 공평하게 나누어가질 수 있으니 말이다. 이를테면 하느님은 세상을 창조하셨으니, 인간들은 축소판 세상 모형을 장난감 삼아 소일하는 식이다.

중국인들은 모형을 만드는 일이 단순한 오락이 아니며, 너무 규모가 큰 현실을 길들이는 수단도 아니라는 점을 일찌감치 간파했다. 축소 모형은 어디까지나 미래의 행동을 위한 동업자인 것이다.

본론을 말하자면, 나는 지금 이제까지 본 것 중에서 가장 웅장한 축소 모형 앞에 서 있다. 길이가 20미터, 폭이 5미터는 족히 되는, 부조 형태로 만든 톈진 시의 모형이다. 크기가 점점 커지다보니 축소 모형들도 본래의 성격에서 벗어나 자신들이 재현해야 하는 세상의 일부로 편입되는 모양이다.

거대 도시는 숲과 줄줄이 늘어선 집, 줄줄이 늘어선 건물, 슈퍼마켓, 종교 활동 장소, 병원 등으로 구성되어 있다. 모두 환하게 조명을 밝혀놓았다. 공원에는 나무들도 심고, 산책로를 따라가며 가로등도 세워놓았다. 커다란 바퀴가 돈다.

"여기 이 다리, 잘 보이시죠? 예전부터 있던 다리에다 우리가 새로 지은 다섯 개 교량 중의 하나이지요. 우리는 파리에 경의를 표하기로 했죠. 이 다리의 이름은 베이안北安, 즉 북부 평화의 다리인데, 파리 센 강 위에 놓여 있는 알렉상드르 3세 다리와 쌍둥이 형제처럼 닮았죠……."

"언제쯤 완공될 예정인가요?"

"벌써 끝났습니다!"

이것은 정말로 어린 시절에 보았던 성탄절 무렵 백화점의 진열장처럼 마술이 아닐 수 없다.

나는 어안이 벙벙해진 나머지 감격스러워서 눈만 껌벅거린다. 어린 시절로 돌아간 기분이다. 잘 생각해보면 내가 어린아이로 되돌아간 것은 그다지 이상할 것도 없다. 이 늙은 나라에는 어린 시절이 도처에 즐비하다. 중국은 모든 것을 당장 손에 넣고 싶어 하고, 새로 얻은 장난감 앞에서 좋아서 어쩔 줄 모르다가는 이내 다른 장난감을 손에 넣기 위하여 방금 얻은 장난감을 망가뜨려버린다.

*

베이징에서 두 시간쯤 떨어져 있는 톈진은 베이징의 항구라고 할 수 있다. 현재 1천4백만 명의 주민이 모여 사는 대도시이다. 항구도시인 탓에 오래전부터 가장 중요한 상업도시로 각광받아왔으며, 하이허 강 하구에 자리 잡고 있다. 중국어로 하이海는 바다를 뜻하며, 허河는 강을 뜻한다. 톈진은 이 강을 통해서 바다와 이어진다. 한편 대운하를 통해서는 황허 강(황색 강을 의미한다)이나 양쯔 강(푸른색 강을 의미한다)처럼 멀리 떨어진 곳에서 오는 너벅선들이 도착한다. 과거에 베이징을 먹여 살리던 조공품(남부의 부유한 지방에서 수확한 농작물에 대해 매기던 현물세)들도 톈진을 통해서 들어왔다. 뿐만 아니라 서양인들도 톈진을 통해서 중국 북부로 진출했다. 말하자면, 톈진은 1850년대 말에는 영국과 프랑스의 조차지로, 곧이어 일본, 러시아, 독일, 이탈리아, 벨기에, 오스트리아-헝가리 등, 1914년 제1차 세계대전 이전에 세계를 주름잡던 열강들의 조차지로 쪼개지고 나누어졌던 또 하나의 상하이였다.

하이허 강에 모래가 자꾸 쌓임에 따라 항구는 차츰차츰 동쪽으로 이동했으며, 탕구塘沽라는 이름으로 불린다. 물동량 순위로 보아 세계 6

위 또는 7위의 항구로 손색이 없다.

배가 드나들지 못하게 된 톈진은 제조업 단지를 유치하는 것으로 제2의 도약을 실현했다. 공장이 들어섬에 따라 오염도 극심해졌다. 하지만 이제 그런 시대는 지나갔다. 시 당국은 톈진 시를 중국에서 가장 아름다운 도시, 일종의 친환경 도시로 만들겠다고 팔을 걷어붙이고 나섰다. 모형이 등장하게 된 배경이다. 이 모형은 눈〔目〕이 없는 사람, 다시 말해서 미래를 믿지 못하는 사람들에게 눈을 선사한다.

이처럼 어마어마한 사업에 누가 돈을 지불할 것인가? 그런 질문은 유럽 사람들에게나 통하는 것이다. 관계 당국은 인프라 구축을 맡기로 했다. 건설과 재개발 사업은 중국이나 해외의 민간 자본이 맡는다. 금전적으로 여유 있는 계층에 속하는 사람들이라면 가장 엄격한 환경 잣대까지도 만족시키는 초현대식 주택과 꼼꼼하게 되살린 전통 가옥 중에서 입맛대로 선택하면 된다. 예전의 조차 지역에 있던 프랑스식 빌라나 오스트리아-헝가리식 빌라에 사는 것이 최고로 부러움을 사는 일이 될 날도 머지않았다. 낡은 이탈리아 병원을 초호화 호텔로 바꾸는 사업은 벌써 시작되었다. 작업 상황을 소개하는 홍보실에서는 베르디의 음악이 울려 퍼지는 가운데 무솔리니 시대의 뉴스를 보여주는 기록 영화 필름이 반복해서 돌아간다. 중국에서 흔히 그러하듯이 과거를 흔적도 남기지 않고 싹 밀어버리는 대신, 톈진은 과거 속에 현재와 미래를 나란히 앉히기로 결정한 것이다.

모형 속에서 아무리 찾아보아도 공장이라고는 단 한 개도 눈에 띄지 않았다. 마지막까지 남아 있던 공장들이 항구 쪽, 다시 말해서 완전히 다른 도시라고 할 수 있는 신도시로 이전하는 중이라는 설명이 돌아왔다.

"그 공장들은 어디로 가게 되나요?"

"공장 지대로 계획되어 있는 곳으로 갑니다."

"오염을 다른 곳으로 옮기는 것이 해결책이란 말씀입니까?"

한 젊은 여자가, 마치 내가 아주 천박한 음담패설이라도 한 것처럼 당황스러운 표정으로 나를 쳐다보다가 이내 얼굴을 붉힌다. 도대체 조금 전까지만 해도 그렇게 감탄을 연발하던 이 프랑스 사람은 어째서 저렇게 심술궂은 질문을 던져서 이 멋진 미래의 도시 분위기를 망치려는 거지? 나는 잠시 난처한 기색을 보였지만, 그렇다고 해서 일단 내지른 파렴치함을 거두어들일 마음은 조금도 없었다. 많은 지도자들이 새로운 환경 기준을 지키기보다는 공장을 다른 곳으로 이전하는 쪽을 선호한다. 그렇다면 당연히 그렇게 이주시키는 까닭이 무엇인지 묻지 않을 수 없지 않겠는가. 공장은 노동자들을 끌어들이며, 노동자들에게는 거주 시설이 필요하다.

"공장 이전은 우리에게는 절호의 기회입니다." 베올리아 중국 지사의 책임자인 리하오 씨가 내 귀에 대고 속삭인다. "새로운 설비를 말하는 사람이라면 누구나 이제까지는 존재하지 않았던 새로운 프로세스, 다시 말해서 환경을 존중하는 새로운 방식을 발명해내야 한다고 말하죠. 그러니까 우리가 해결책을 만들어내면 됩니다. 선생께서는 전 세계에서 가장 깨끗한 공장을 유럽이 아닌 이곳 톈진에서 보시게 될 겁니다……"

"그렇다면 톈진은 머지않아 완벽한 도시, 부족한 것이라고는 전혀 없는 이상적인 도시가 되겠군요?"

"아니죠, 물이 부족하죠."

축소 모형의 현란함에 넋이 빠졌던 나는 내가 이곳에 온 이유와, 지난 2년 동안 나를 떠나지 않았던 편집증적인 관심사마저 까마득히 잊어버리고 있었던 것이다.

나는 거의 소리를 질렀다. 모두들 놀라서 나를 쳐다보았다. 이후로는 모두가 환자를 대하듯이 아주 부드러운 투로 나에게 말을 걸었다. 필요하다면 아무리 오랜 시간이 걸려도 내가 알아들을 때까지 천천히 설명을 해줄 판이었다. 물이 부족하다, 그렇다. 하지만 제11차 경제개발 5개년 계획에 따른다면, 중국은 다른 문제와 마찬가지로 이 문제에서도 보기 좋게 도전하여 답을 얻어낼 것이다.

오래전부터 톈진은 아주 먼 곳에서 식수를 구해와야 했다. 북부 지역, 롼 강에 건설된 두 개의 저수지가 톈진의 식수원이었다. 하지만 이제 이 식수원이 고갈되어가고 있으며, 엎친 데 덮친 격으로 점점 더 갈증이 심해지는 수도 베이징도 이 두 저수지에 눈독을 들이고 있다. 급기야 톈진은 남부 지역을 탐사해 황 강을 찾아냈고, 이 강을 통해서 원하는 바를 얻으려고 계획하고 있다. 하지만 그것만으로는 충분하지 않다. 앞으로 언젠가는 물론 이 거대 도시가 폐수의 재활용을 보편화할 수 있을 것이다. 또, 염분 제거 시설도 설립할 수 있을 것이다.

이와 같은 수준의 현대화에 도달하는 날까지 톈진은 베이징과 마찬가지로 고전적인 치료법, 즉 가오얼쿤 씨가 나에게 입에 침이 마르도록 칭찬한 대운하를 통해 목마름을 달랠 것이다.

치수의 전설

이제 무대 장치는 물론 분위기도 완전히 달라진다. 쓰촨 성의 청두에서 북서쪽으로 50킬로미터 떨어진 곳에 위치한 작은 마을 두장옌으로 간다. 인근에 판다곰의 서식지가 자리하고 있다. 히말라야의 첫 번째 지맥들이 위용을 자랑하며 우리를 굽어본다. 하늘은 언제나처럼 잿빛이다. "어쩌다 햇빛이 나면 동네 개들이 너무 놀라서 마구 짖어댄다"고 식당의 한 종업원이 귀띔해준다.

기원전 3세기경, 바로 이곳에서 리빙이라는 판관이 뭔가를 해야 할 순간이 왔다고 결단을 내렸다. 사회정의를 확립하는 본분 외에 그는 지방 관청의 행정 분야에서도 요직을 겸하고 있었다. 따지고 보면 매우 현명한 겸직이었다. 사회가 제대로 통치될수록 그 사회의 구성원인 보통 사람들이 범죄를 저지를 확률이 낮아지지 않겠는가.

그런데도 해마다 여름이면 비극이 찾아왔다. 바로 홍수였다. 쓰촨이라는 말은 여섯 개의 강(저자는 여섯 개의 강이라고 했으나, 한자 四川으로 보면 네 개의 강을 의미한다 – 옮긴이)을 의미한다. 집들이 물에 쓸려 내려가고, 폭우에 씻겨 논과 밭이 황폐해지며, 그동안 지은 농사가 모두 수포로 돌아가버리면, 수해를 당한 가족들은 뿔뿔이 흩어지게 되고, 기근이 찾아오는 악순환이 거듭되었던 것이다. 홍수보다 더 처참하게 하나의 사회를 물질적으로, 정신적으로 파괴하는 재앙이 또 있을까?

양쯔 강의 지류인 민 강이 이처럼 참담한 홍수를 일으키는 주범이었다. 여러 날 동안 리빙 판관은 만사를 제쳐두고 강의 흐름을 거슬러 올라가보았다. 머릿속에 마침 그럴듯한 생각이 떠올랐기 때문이었다. 그는 잘못된 판단을 내리고 싶지 않았고, 그래서도 안 되었다. 그는 자연이란 본래 인간이 자신을 이해했다고 판단할 때만 인간의 개입을 받아들인다는 사실을 잘 알고 있었다. 말하자면 자연과 인간은 서로 존중하는 관계를 유지해야 한다는 것이 그의 생각이었다. 마침내 리빙은 결단을 내렸다. 그리고 작업을 시작했다.

재앙을 일으키는 민 강의 물의 흐름을 여러 갈래로 분산시켜 수해도 분산해보자는 계산에서 인공 섬이 만들어졌다. 계곡물을 길들이기 위해 산의 발치를 따라가면서 강바닥을 만들었으며, 대나무 발에 돌을 달아 만든 일종의 이동식 댐을 설치했다. 침적물들의 상당 부분을 흘려보내기 위해서 배수구도 만들었다. 계곡 쪽, 즉 들판과 이어지는 곳에는 운하를 팠다. 물길을 조절할 수만 있다면, 그 물을 관개용수로 사용하지 못할 이유가 없지 않겠는가?

2천2백 년 전 리빙이 시작한 이 사업은 그 후 여러 관리들에 의해서 대물림되어왔다. 그중에서 특히 루이, 딩바오전, 추이앙왕타이 등을 꼽을 수 있다. 이들은 형형색색으로 조각되어 댐을 굽어보고 있는 도교 사원에서 방문객들을 맞는다. 댐은 리빙이 그 옛날에 선정한 바로 그 자리에 그대로 세워졌다. 대나무 발이 콘크리트 벽으로, 돌 주머니 수문이 현대식 개폐 장치로 바뀌었을 뿐이다. 덕분에 2천2백 년 전부터 이곳에서는 홍수로 인해 더 이상 예전같이 참담한 피해를 입지 않는다. 평온하게 흐르는 강물은 청두 평원을 중국에서 가장 비옥한 곡창지대로 만들어주었다.

내가 2008년 4월 중순 그곳을 찾았을 때, 두장옌 마을은 이 세상에서 가장 평온한 모습을 간직하고 있었다. 인간에 의해 길들여진 민 강 강변을 따라 들어선 찻집들에서는 사람들이 모여 한가롭게 마작을 하거나 카드놀이를 즐기고 있었다. 오래전 이곳에서 살던 사람들은 강물이 범람할까봐 두려움에 떨었다는 사실을 누가 곧이듣겠는가? 인근 학교에서 수업을 마치고 집으로 가는 어린아이들은 코쟁이 서양 사람인 우리를 보며 놀려댔다. 하늘이 여느 때처럼 잿빛인 까닭에 개들도 짖지 않았다.

그로부터 한 달 후, 나는 청두의 친구들에게 전화를 하느라 분주한 나날을 보냈다. 그들 중에서 한 명과 어렵게 통화가 되었다. 그 친구가 내게 소식을 전해주었다. 두장옌 마을이 심각한 피해를 입었다는 것이었다. 전문가들은 북쪽으로 수십 킬로미터 떨어진 원츠란 근처가 지진의 진원지일 것으로 지목했다. 학교는 이제 거의 초토화되어버렸다. 5월 12일 14시 28분, 지진이 발생한 그 순간, 학교는 아이들로 가득했다.

세계에서 가장 큰 도시 충칭

이곳에서 지천支川인 자링 강은 양쯔 강과 합류한다. 자링 강의 물은 맑고 투명하다 못해 초록빛을 띤다. 반면 진흙투성이인 양쯔 강의 물은 짙은 갈색 빛이다. 도대체 어떤 색맹 시인이 양쯔 강을 '푸른 강'이라고 명명했단 말인가? 수 킬로미터를 흘러가는 동안 이 두 종류의 물은 단번에 합쳐지지 않고 나란히 흐른다.

태곳적부터 두 가지 빛깔을 띠는 합류 지점은 상업 지역으로서 번영을 누려왔다. 바다로부터, 특히 상하이로부터 배들이 드나들고, 이 배들은 강을 따라 중국 대륙의 중심부까지 거슬러 올라갈 수도 있었다.

충칭에서는 식당이나 호텔 로비, 공공건물 등 거의 도처에서 배를 끄는 인부들을 그린 그림이나 조각품을 만날 수 있다. 바꾸어 말하면, 도시 전체가 그들에게 빚지고 있음을 잘 알고 있었다. 이 배를 끄는 인부들이 아니었다면, 증기 기관선이 출현하기 전까지 어떻게 이곳에서 배를 탈 수 있었겠는가? 양쯔 강의 물살이 그토록 거세니 말이다. 여러 마리의 말들이 한꺼번에 다닐 수 있을 정도의 길이 나 있지 않은 협곡에서는 사람들이 배를 끌었다. 배의 크기에 따라 다섯 명, 열 명, 혹은 그 이상의 사람들이 서로의 몸을 밧줄로 묶었다. 그런 다음 그들은 강물 속으로 들어가, 때로는 목까지 올라오는 물을 헤쳐가며 새벽부터 밤까지, 힘이 빠져 기진맥진할 때까지 배를 끌었다. 조약돌 위에서 발이 미끄러져 뒤뚱거리다가 구멍에 빠지기도 하면서…….

서로에게 용기를 불어넣기 위해서 그들은 배를 끌며 노래를 불렀다. 이들이 부른 노동요는 시립 자료 보관소에 소중하게 보관되어 있다.

훗날 지질학자들은 이곳에서 그리 멀지 않은 곳에서 알루미늄, 천연가스, 바륨, 스트론튬 등을 발견했다. 그러자 이 지역을 중심으로 산업 시설이 들어서게 되었다. 광업은 물론 기계 제조업, 자동차 제조업, 제약업, 전자 산업 등이 차례로 둥지를 튼 것이다.

충칭의 발전에는 이와는 다른, 이보다 훨씬 어둡지만 영웅적인 또 하나의 원류가 있다.

1931년 9월 이후, 일본인들은 만주 지방을 점령했다. 1937년에 그들은 중국 남부 지역에 대대적인 공세를 퍼부었다. 일본 군대가 상하이에 근접하자, 중국의 장제스 정부는 중국 내륙 지방으로 피신하기로 결정했다. 산으로 둘러싸인 충칭이 피난지로 채택되었다. 수십 개의 기업들이 행정부를 따라 이곳으로 이주했으며, 교사와 시인, 예술가들도 무리지어 뒤따라왔다.

그 후 6년 동안, 중국 국민당의 거점이 된 충칭은 명실공히 중국의 경제, 문화, 정치의 수도로서 맹위를 떨쳤다.

그 사이에 일본인들은 항공로와 수로를 통해서 정기적으로 대규모 살상 공격을 감행했다. 충칭은 용감하게 일본인들에게 저항했다. 1941년에 이미 처칠은 이 알려지지 않은 용감한 도시에 대해 찬사를 아끼지 않았다.

평화를 되찾은 다음에도 충칭은 중국인들에게는 예사로운 리듬에 따라, 다시 말해서 거의 광적인 리듬으로 성장을 거듭했다. 충칭은 1980년대 말에 벌써 인구 1천만 명이 넘는 대도시로 발돋움했다. 하지만 정부 당국은 그 정도로 만족할 수 없다고 판단했다. 그들은 발전 리듬을 가속화했다. 충칭을 서부 지역의 구심점으로 키워야 한다는 구상에서였다. 이 같은 구상은 단숨에 지지를 얻었다. 공장들이 몰려오면서 8백만 명에 달하는 농부들이 공장에서 일하기 위하여 고향을 등졌다. 가족들을 먹여 살리기에는 가진 농토가 너무도 작았던 이들에게는 그렇게 하는 것 외에 다른 탈출구가 없었다.

이렇듯 인구가 급증하자, 이들이 거주할 공간이 필요했다. 따라서 부동산 건설 붐이 일어났다. 이들은 살 집을 마련하는 건 물론이거니와,

가능한 싼값에 식생활도 해결해야 했다. 프랑스가 선도적인 위치를 차지하고 있는 대형 유통 사업이 본격적으로 시동을 걸었다. 까르푸가 제일 먼저 문을 열었다.

가장 최근의 통계에 따르면, 양쯔 강이 자링 강을 삼키는 이 지점을 중심으로 현재 3천3백만 명 이상의 주민이 살고 있다. 대체 하나의 도시란 어디에서 시작하여 어디에서 끝나는 것일까? 어째서 우리는 오직 도시에 대해서, 도시와 그 도시 주변의 주거 밀집 지역에 대해서만 언급하는 것일까? 하긴, 기록을 수립하기 위해서는 정확한 숫자가 필요하기 때문일 수도 있겠다.

세계에서 가장 큰 도시라는 탐나는 위치까지는 아니더라도, 오늘날의 충칭은 3천3백만 명이라는 인구와 더불어 열 손가락 안에 꼽히기에 손색이 없는 도시로 성장했다는 데 대해 나는 물론 독자 여러분도 기꺼이 동의하리라고 믿는다.

멕시코시티, 상파울루, 라고스, 캘커타, 베이징…… 나는 이 몇몇 도시들을 여행했다. 하지만 그 어떤 도시도 충칭만큼 현기증을 안겨주지는 못했다. 한마디로 충칭은, 도저히 그럴 수 없어 보이는 곳, 즉 첩첩산중에 인간의 광기가 만들어낸 도시이다. 고도가 그다지 높지 않은 산이라고는 해도 깎아지른 듯 가파른 산임에 틀림없다.

그러다보니 교량과 터널이 번갈아 나타난다. 끝없이 펼쳐지는 건물의 정글은 이 때문에 토막토막 잘라진다. 터널이 하나씩 끝날 때마다 이번이 마지막 터널이겠거니 하는 생각이 든다. 그러나 웬걸, 어느새 또 다른 정글, 또 다른 도시가 모습을 드러낸다. 인구가 3, 4백만 명이면 도시가 아니고 무엇이겠는가? 터널과 마찬가지로 다리를 하나 건널 때마다, 방금 지나온 것과 똑같은 풍경이 어느 틈에 또 나타날까봐 두려워서 차마 고개를 들 수가 없다. 이번에는 인구가 '고작' 2,3백만 명 정도에 지나지 않는, 방금 지나온 곳보다 조금 작은 도시가 나오려나?

거의 똑같은 건물, 줄잡아 25층은 족히 되어 보이는 수천 개의 건물들이 눈에 들어온다. 능선을 따라가며 매달려 있는 건물들, 경사면에 기듯이 붙어 지은 건물들, 혹은 움푹 들어간 골짜기 속에서 솟아난 건물들, 도대체 저런 건물들을 어떻게 지었을지 궁금증이 밀려온다. 그 사이사이로 작은 집들과 빈민가도 자리 잡고 있다. 그런 집들은 앞으로 오래 버티기 힘들 것이다. 머지않아 닮은꼴의 건물들이 빼곡하게 들어찬 정글들이 저 하찮은 집들을 단숨에 삼켜버리게 될 거라는 예감이 자연스럽게 와 닿는다.

닮은꼴 건물들의 정글에서 지금까지 버티고 있을 뿐 아니라, 앞으로도 반드시 살아남을 유일한 공간은 정원들이다. 아무도 고층건물을 짓겠다고 덤벼들지 않을 쓸모없는 땅, 산영양들 아니면 등산객들이나 드나들 것 같은 손바닥만 한 땅뙈기들이 정글 사이에서 힘겹게 가쁜 숨을 몰아쉰다. 그래도 사람들은 그 조그마한 땅에서 텃밭을 일군다. 위에서 내려다보면 언뜻언뜻 밀짚모자들이 눈에 띈다. 그들의 모습과 그들이 일구는 녹색 왕국의 협소함이 고층건물 숲 속에서 질식하려는 방문객들이 간절하게 필요로 하는 산소 탱크 역할을 한다.

충칭 프랑스 중국 합작 수자원 관리 회사의 2인자인 궈밍췐 씨는 이 날 아침 나를 만나고 싶은 마음이 추호도 없었다. 진노하는 그의 목소리가 복도까지 쩌렁쩌렁 울린다. 문을 열고 들어선 그는 검은 뿔테 안경 너머로 우울하고 경멸에 가득 찬 듯한 눈초리로 나를 흘겨보았다. 내 소개가 진행됨에 따라 그의 입술은 점점 더 비웃는 듯한 태도를 감추지 않고 노골적으로 씰룩거렸다. 나는 그의 뱃속까지 들어가보지 않더라도 무슨 생각을 하고 있을지 환히 짐작할 수 있었다. 흥, 아카데미 프랑세즈라고? 분명 세제곱들만 찧는 사람들이 모여 있는 곳인가보군. 물 문제를 설명하는 책을 쓰기 위해서 세계 일주 중이라고? 시간과 돈이 남아도는 모양이로군…….

눈치라고는 전혀 없이, 나는 충칭에 대해서 내가 알고 있는 단 한 가지 물에 관한 정보로 이야기를 시작했다. 1900년, 당시 20만 명이던 주민을 위해 충칭 시는 1만 명의 물지게꾼을 모집했다는 이야기였다.

"그래서 그게 어쨌다는 겁니까? 프랑스에도 과거는 있지 않습니까?"

통역사는 나름대로 애를 썼지만, 안타깝게도 분위기를 누그러뜨리는 데에는 성공하지 못했다. 조금만 지나면 올림픽 사건이 그의 입 밖으로 튀어나올 판이었다. 티베트의 인권 문제를 염려한 프랑스가 중국인들이 흡족해할 만큼 열렬하게 올림픽 성화를 환영하지 않았던 사건을 기억하는가?

"우리의 고객들은 모두 어린아이들입니다. 아이들은 마술을 믿죠. 아이들은 수도꼭지를 옹달샘이라고 생각한단 말입니다. 그 아이들은 마음 좋은 산신령님이 어느 날 문득 수백만 개의 옹달샘을 통해서 맑디맑은 샘물을 집집마다 나눠주기로 결심했다고 생각하죠. 수도꼭지 뒤에 파이프가 연결되어 있고, 그 파이프들은 마음 좋은 산신령님과는 거리가 먼 노동자들에 의해서 지하에 파묻힌다는 사실 따위는 전혀 상상도 하지 않지요. 만에 하나, 물의 신령님이 정말 마음이 좋다고 치죠. 정말 마음이 좋은 신령이라면 높은 산을 만들지 말았어야 해요. 아니면 당국에서 이런 산속에 도시를 짓지 못하도록 말렸어야 한다고요. 이곳은 경치야 물론 아주 좋죠. 하지만 파이프를 놓기에는 아주 고약한 곳이죠. 지반이 높았다 낮았다 하면 그에 따라서 파이프도 높아졌다 낮아졌다 해야 하지 않겠습니까? 하지만 그러면서 동시에 상수도망 전체에서 일정한 압력을 유지해야 한다고요. 어린 고객들은 이런 애로 사항 따위는 전혀 고려에 넣을 생각도 하지 않습니다. 그뿐인 줄 아십니까? 산속이다보니 지반이 내려앉는 일도 종종 생기죠. 특히 비가 온 다음에는 그런 일이 자주 일어납니다. 그러면 계곡으로 토사가 흘러내리죠. 지반이 내려앉은 곳에 설치된 파이프에는 무슨 일이 일어나는지 아십니까? 끊어져요. 기적 같은 옹달샘이라고요? 아무리 수도꼭지를 때려보십시오, 한 방울의 물도 흘러나오지 않을 테니까. 그러면 고객들은 전화를 합니다. 누가 수리를 합니까? 누가 당장 나가서 한두 시간 안에 그걸 해결해주느냐고요? 마음 좋은 산신령님은 절대 아니죠!"

 그가 푸념을 늘어놓는 동안, 그의 오른손은 내내 충칭의 지형을 그렸다. 마치 프랑스에서 해마다 벌어지는 자전거 경주인 투르 드 프랑스에서 알프스 산맥을 넘는 일정을 묘사하는 것 같았다.

*

　푸른 강, 즉 양쯔 강은 정말로 무슨 색일까? 나는 그 강에 오렌지색, 녹색, 선명한 빨간색, 온갖 뉘앙스의 갈색 물들이 뒤섞이는 광경을 지켜보았다. 나는 양쯔 강이 풍기는 악취, 한마디로 사람을 질식하게 만드는 악취도 맡아보았다. 나는 또 1미터는 족히 됨직한 잿빛 거품이 괴물처럼 뭉게뭉게 피어나는 광경도 목도했다…….

　중국 당국이 제11차 경제개발 5개년 계획에서 내건 목표, 즉 '친환경적인 발전'을 이룩하기 위해서는 이제 2년밖에 시간이 없다.

산샤 댐과 서른두 개의 터빈

　이창이라는 작은 도시(인구 4백만 명)에서 댐으로 가는 특별 고속도로를 탈 수 있다. WUSI, 즉 인민무장경찰 소속 파견대가 배지를 부착하지 않은 자동차들에게는 고속도로 주행을 금지한다. 이 도로에서는 속도를 줄여서 천천히 달려야 한다. 인민 경찰들이 당신을 뚫어지게 쳐다본다. 당신은 좋은 인상을 주려고 여념이 없다. 그들은 조금이라도 불안한 요소가 발견되면, 제아무리 대단한 허가증을 가지고 있다고 해도 가차 없이 돌려보낸다. WUSI의 엘리트 부대원들이 이 지역의 치안을 담당하고 있다. 관계 당국은 위험 상황이 발생할까봐 늘 노심초사이다.

　긴, 아주 긴 터널을 지나면서 당신의 편집증은 점점 도를 더해간다. 도처에 카메라가 장착되어 있다. 카메라가 보이지 않는 보기 드문 자유로운 구간의 하늘을 바라보면서도, 당신은 어쩐지 주위 풍경에 몸서리를 친다. 당신은 지금 높고 뾰족뾰족한 산들과 깊은 골짜기들이 어우러진 능선을 지나고 있다. 가뜩이나 분위기가 을씨년스러운데, 때맞추어 굵은 빗줄기까지 아우성을 치며 쏟아진다. 그제야 당신은 자신도 모르는 사이에 007 제임스 본드 영화 시리즈 속에 들어와 있음을 알게 된다. 당신은 이제 악의 제왕의 공격이 임박한 비밀 기지로 접근하는 중이다. 이 기지는 인류를 위해 없어서는 안 될 중요한 활동이 벌어지는 곳이다.

나는 이른바 산샤 댐이라는 세계 최대의 댐에 대해서는, 호피 무늬의 비닐로 만들어진 비옷을 입은 안내원의 열성적인 설명이 곁들여진 모형밖에 볼 수가 없었다. 내 귀에서는 아직도 안내원이 쉴 새 없이 좔좔 쏟아내던 각종 숫자들이 윙윙거린다. 정확한 숫자는 물론 잊은 지 오래이다.

우리는 밖으로 나온다. 호피 무늬 비옷을 입은 안내원은 검은 자동차에 올라탄다. 우리는 서둘러 검은 자동차를 뒤따른다. 일단 시동을 걸면 절대 멈춰서는 안 된다. 돌발적인 테러 행위가 염려되기 때문이다.

갑자기 어둡고 거대한 물체가 눈앞에 나타난다. 한참 후에 호텔로 돌아와서 알게 되었지만, 그 거대한 물체는 길이가 2,309미터, 높이가 185미터에 이른다. 양쯔 강의 물을 가두기 위해서 만든 용량 1백억 제곱미터짜리 저수지이다. 나는 댐 윗부분에 달려 있는 희한하게 생긴 구조물에 주목했다. 동강난 팔 같았다. 산샤 댐 측에서 혹시 중국의 신예 조각가들에게 작품을 전시할 수 있는 기회를 준 것일까? 이보게 친구, 어이없는 생각 좀 작작하게나, 저건 기중기라네. 만일 자동 제어 장치에 문제가 생기면, 저 기중기로 수문을 들어 올린다네.

나는 이제 마음이 놓인다. 그 사이에 빗줄기는 두 배쯤 강해졌다. 만일 저 댐이 무너진다면…….

"내일 다시 오세나." 모리스가 단단히 다짐을 한다. "그런데 자넨 중국에 와서 뭘 했나? 난 여기서 산 지 4년이 되었지만 오늘같이 궂은 날씨는 처음이네."

그러고 보니 아직 모리스가 누구인지 소개하지 않았다. 페루, 브라질, 자이르, 인도네시아, 알바니아, 콜롬비아…… 모리스 카잘리는 인생의 대부분을 세계 각국의 댐에서 보냈다. 알스톰 사에서 개발한 터빈을 댐에 설치하는 것이 그의 임무이다.

모리스는 오늘 아침부터 나와 동행했다. 그는 뚱뚱하고 너그러우며, 말수가 많으면서 수줍음도 많이 타는 친구이다. 그는 왼팔에 물음표 비슷하게 생긴 문신을 새겨 넣었다. 그와 있으면서 나는 차츰 새로운 가족을 알게 된다. 바로 터빈이라는 녀석들의 가족이다. 터빈 가족들의 이름은 각각 펠톤, 프랜시스, 카플란…… 등이다. 모리스는 자기 안에 들어 있는 이야기보따리를 슬슬 풀기 시작한다. 예정보다 댐 방문 시간이 짧아진 덕분이었다. 억수같이 내리는 비가 두터운 잿빛 장막이 되어 시야를 꽉 막아버리자, 샨샤 댐은 안개 낀 날보다도 더 효율적으로 자신의 모습을 감추어버렸고, 친절하게도 호피 무늬 비옷을 입은 안내원이 빌려준 우산은 장대비를 막기에는 역부족이었다.

모리스는 여러 차례 몹시 힘든 경험을 했다. 안데스 산맥에서도 그랬다. 그를 태운 트럭이 막 질주하려던 도로의 일부가 그의 눈앞에서 무너지는가 싶더니 바로 뒤의 도로도 무너지는 것이 아닌가. 짐작했겠지만,

트럭 운전기사와 그는 앞뒤가 잘려나가고 기적처럼 남아 있는 절벽 뒤의 토막 난 도로에 갇혀 꼬박 사흘을 보낸 적이 있다. 두 사람은 낚싯대 덕분에 근근이 요기를 할 수 있었다(알아두면 매우 유용한 기법이므로 여기에 소개한다. 낚싯줄을 조난당한 사람들 쪽으로 던진다. 그러면 조난자들이 낚싯줄에 밧줄을 맨다. 이렇게 하면 다 된 것이다. 밧줄을 통해서 먹을거리를 보내줄 수 있다).

자이르에서는 이런 일도 있었다. 예정된 시간이 지나도 인부들이 오지 않았다. 처음에는 놀랐다가 차츰 걱정이 된 모리스는 그들이 사는 마을까지 갔다. 마을에 도착하니 남자들은 물론 여자들과 아이들까지 모두 목이 잘려 죽어 있었다.

요컨대 모리스는 산전수전 다 겪은 사람이다. 국제적인 작업장에서 감독직을 수행하는 사람들은 아주 특별한 사람들이다. 이들은 하루가 멀다 하고 자신들이 받는 고액의 보수를 정당화해야 한다. 일단 문제가 발생하면, 상황이 어떻든 간에 해결책을 찾아내야 하는 이들에게 감상 따위는 있을 수 없다. 그런 모리스임에도 불구하고 산샤 댐 공사는 특별히 고통스러운 경험이었다. 물론 터빈 설치 때문이다. 두 딸과 더불어 터빈은 그의 남다른 인생에서 가장 소중한 사랑의 대상이다.

"14개! 공사가 완공되면 산샤 댐에는 모두 합해서 서른두 개의 터빈이 설치될 예정이라네. 우리는 그중에서 14개를 제작하고 설치했지. 알스톰 상표를 단 터빈이 14개란 말이지. 그렇다면 나머지 18개는? 자네 생각엔 어떨 것 같은가? 나머지 18개는 알스톰 제품을 본떠서 만든 카피라네. 터빈 14개 계약을 따내기 위해서 우리는 필요한 모든 설계도를 중국 측에 제출해야 했지. 그러니까 그 사람들로서는 우리가 제출한 설계도를 그대로 베끼기만 하면 된다, 이런 말이지. 내 마음을 아프게 하는 건 말일세, 내가 마음이 아프다고 할 땐 말일세…… 댐 공사 관련 어느 서류에도 알스톰이라는 이름은 등장하지 않는다는 걸세. 자네 여기 오면서 표지판을 비롯하여 어디에서고 알스톰이라는 이름을 보았나? 절대로 보지 못했을 걸세. 중국인들은 자기들이 처음부터 끝까지 모든 걸 다 한 것처럼 믿게 하고 싶은 걸세!"

모리스는 허공을 응시하면서 말을 이어갔다. 준공식 날 다른 나라의 TV와 신문기자들은 그를 인터뷰했다. 알스톰 사에서도 축하 파티를 열었다. 큰일을 무사히 치러낸 그를 인정해준 것이다.

"이곳에서 우리는 아무것도 아닐세. 그저 하찮은 하청업자에 불과할 뿐이지. 굴욕을 참을 수 없다면 짐을 싸는 수밖에 없다네."

"그렇다면 우리가 자랑하는 기술적 노하우는 앞으로 무용지물이 될 거란 말인가?"

"우리야 경험이 많지, 하지만 그것뿐이네. 우리 회사의 해외 사업부는 1백 년의 역사를 가지고 있고, 근대 중국의 역사야 아직 20년밖에 되지 않았지. 하지만 중국은 무서운 속도로 따라잡고 있다네. 그러니까 우리가 앞으로 얼마 동안이야 그간 축적한 경험으로 버티겠지만, 그것도 잠시뿐일 걸세……"

얼마 후, 모리스는 나를 시트로엥 사의 피카소 자동차에 태우고 이창의 신시가지를 구경시켜주었다.

"10년 전에만 해도 여기는 허허벌판이었다네. 그러더니 어느 날 길을 닦기 시작했지. 그다지 크지 않은 도로였어. 규모가 크지는 않았지만 완벽한 도로였지. 각종 배관이며, 인도와 차도, 가로등, 모든 걸 갖춘 완전한 도로였다니까. 건물은 그 후에 들어왔지. 1년이면 2킬로미터씩 건물이 들어서더군!"

얼마 전까지 풀이 죽어 있던 모리스가 기운을 되찾은 모양이었다. 그의 두 눈이 반짝거렸다.

"아, 가장 놀라운 일을 잊었군! 저기 저곳에 산이 버티고 있어서 개발 계획에 차질이 생기는 것 같았지. 저기 저 사거리 부근 말일세. 눈 깜짝할 사이에 해결이 되더군. 불도저 십여 대가 순식간에 산을 밀어버렸지! 난 이래 봬도 하루아침에 없어지는 산을 여러 개 봤다네!"

모리스처럼 해결책을 절대적으로 신봉하는 사람이라면 중국 사람들에 대해서 칭찬 일변도일 수도 있다. 헤어지면서 그는 넋두리 비슷하게 한마디를 건넸다.

"입 가진 사람들이야 제멋대로 말하겠지. 어쨌거나 중국 사람들은 한 번 결정하면 밀고 나가는 사람들이라네!"

모리스는 오래도록 감상적인 기분에 젖어 있지 못하는 사람인 모양이다.

*

이러다가는 정말 며칠이고 이창 가든 호텔의 작은 방갈로에서만 몸을 뒤틀다가 산샤 댐은 냄새도 맡아보지 못하고 떠나야 하는 건 아닌지 모르겠다. 중국의 비는, 체라푼지에 대해 내가 품고 있는 흠모의 정을 질투라도 하는 것처럼, 모든 역량을 다해 줄기차게 쏟아진다. 어쩌면 다른 해석도 가능하다. 이 지역 특유의 편집증적인 분위기 탓인지, 나는 모르긴 몰라도 아주 고위층의 권력이(그 권력이 행정적이건 종교적이건 상관없이) 안개와 비에게 서로 힘을 합하여 내가 그곳을 볼 수 없도록 하라는 지시를 내렸고, 비가 너무 많이 온 지역의 산들은 수압 상승으로 말미암아 일부 붕괴되는 사태까지 발생토록 했다는 심증을 떨쳐버릴 수가 없다. 이 천재지변에 가까운 기후 탓에 수몰 지구 주민들(이들은 아직도 합당한 보상을 받지 못했다)을 만나려던 나의 계획마저도 수포로 돌아갈 형편이었다.

방금전에 공항이 폐쇄되었다. 이 소식을 들었을 때 내가 가장 처음으로 보인 반응이 무엇이었을지 상상해보라! 그것은 바로 자부심이었다! 정말로 하늘이 나로 하여금 그곳을 보지 못하도록 하기 위해서 모든 조화를 부리는구나!

다시 말해서, 나는 그만 이성을 잃고 말았다. 무슨 수를 써서라도 하루빨리 이곳을 벗어나야 했다. 댐 건설을 반대하던 무리들의 논리쯤이야 다음에도 얼마든지 들을 기회가 있을 것이다. 나는 자동차를 불렀다.

관계 당국(행정적이건 종교적이건!)은 내가 불온하기 짝이 없는 뒷조사를 단념하는 순간, 비를 멈췄다. 내가 이창에서 50킬로미터쯤 떨어진 곳에 도착했을 땐, 언제 비가 왔었나 싶을 정도로 하늘이 맑게 개었다. 정말로 보이지 않는 힘이 있어서, 나의 어설픈 비판 정신이 댐의 위업에 대해 이러쿵저러쿵 흠을 잡지 못하도록 술수를 쓰는 게 틀림없었다. 이제 보이지 않는 힘은 소위 세기의 걸작품이라고 일컬어지는 그 댐의 진정한 용도, 즉 댐 건설로 말미암아 농촌에 평화가 정착하고 있음을 보여주어야 할 차례이다.

*

들판은 한 치의 요철도 없이 지평선까지 쭉 이어진다. 키 큰 나무들만 이따금씩 하늘을 향해 솟구쳐 있을 뿐, 나지막한 집들은 들판과 거의 평행하게 달린다. 물은 어디에서나 대지와 더불어 조잘거린다. 사람들의 모습은 거의 눈에 띄지 않는다. 사람들은 이 자연의 두 요소가 나누는 대화를 방해하지 않기 위해서 최대한 모습을 감춘다. 하지만 수천 년 동안 힘들게 땅을 일궈온 것은 분명 이 사람들이다. 공간을 조각조각 나눈 건 분명 사람들이 한 일인 것이다. 네모로 쪼개진 공간들 중에서 어떤 네모는 청회색, 어떤 네모는 녹색을 띠고 있다. 물고기들을 기르는 정사각형(청회색) 양어장 옆에 길쭉하게 생긴 밭(녹색)들이 섞여 있는 모습이 정겹다.

한쪽 구석에는 풀보다 키가 약간 클까 말까 한 돌들이 비죽 고개를 내민다. 묘지이다. 조화 꽃다발과 보라색 플라스틱 하트가 새로 생긴 무덤임을 말해준다. 리본들이 펄럭인다. 얼마 전부터 그곳에 둥지를 튼 삶과 1천 년 혹은 2천 년 전부터 그곳에 자리 잡은 삶은 무엇이 다를까?

멀리서 볼 때는 정렬한 군대인 줄 알았는데, 가까이 와서 보니 벽돌 공장이다. 변덕스러운 날씨로부터 보호하기 위해서 시멘트 포대(혹은 쌀 포대)로 덮어놓은 벽돌 더미를 내가 군인으로 착각했던 것이다.

전속력으로 질주하는 개발 열풍에도 불구하고, 여전히 물소들이 건재하다. 중국에는, 아니 적어도 이창과 우한 사이에는 물소들이 많다. 물소들은 물과 대지와 어디론가 꼭꼭 숨어서 여간해서는 모습을 드러내지 않는 농부들에 이어 이곳을 구성하는 네 번째 원소이다. 서서 조는 녀석들이나 진흙탕 속에서 쟁기를 끄는 녀석들이나 구별할 것 없이 모두들 나름대로 전체적인 분위기에 일정한 리듬, 다시 말해서 한없이 느린 리듬감을 선사한다.

이보다 더 평화로운 세계를 상상할 수 있을까?

매우 길고 아주 높은 제방들이 이따금씩 나를 현실 세계로 잡아끈다. 이들 제방은 전쟁 중이다. 갑작스러운 날씨 변화에 대처하기 위해서 강물을 따라 도열해 있는 병사나 다름없다.

더 이상 내 눈에 보이지 않는 산샤 댐이 이러한 저항을 무용지물로 만들어버리는 것을 사실이라고 치자. 산샤 댐 덕분에 수천 년 동안 공공의 적인 홍수를 상대로 벌인 전쟁을 승리로 이끌었다고 치자. 하지만 새로운 위협이 이 평화스러운 농촌을 넘본다. 이들이 누리는 평화는 앞으로 얼마 동안이나 지속될 수 있을까? 도시를 먹여 살리기 위해서, 점점 더 많아지는 도시와 점점 더 늘어나는 도시인들(현재 중국에는 인구 10만 명 이상의 도시가 6백 개가 넘는다)을 먹여 살리기 위해서는 언젠가, 아마도 조만간이겠지만, 극도로 생산성을 높여야 하며, 그러기 위해서는 네모로 구획된 소규모 마을들을 농산물 생산 공장 지대로 변환시켜야 할 것이다.

황허 강을 치료하는 두 병원

아주 최근까지도 황허 강을 통치하기 위해서 분할 관리시키는 수법을 사용해왔다. 이 강이 통과하는 아홉 개의 지방은 각자 알아서 자신들에게 할당된 부분만을 관리해왔던 것이다. 수도 베이징은 심각한 문제가 발생했을 경우에만 개입할 뿐, 웬만한 일에는 눈감아주었다.

그러다가 1999년에 중앙정부가 팔을 걷어붙이고 나서기 시작했다. 황허 강에 설치된 다섯 개의 거대한 댐이 홍수를 제대로 막아내지 못했을 뿐 아니라, 수질오염 문제가 심각하게 대두되었기 때문이다. 상류 지역에서 너무나 많은 양의 물을 뽑아 쓰는 통에, 황허 강의 물은 바다에 도달하기 전에 점점 자주, 그리고 점점 더 긴 기간 동안 사막에 머물러 있어야 하는 운명에 처했다. 중국의 정체성과 너무도 밀접하게 연결되어 있는 강으로서 체면이 말이 아니었다.

그 결과 황허 강 유역 관리청이 정저우에 설립되었다. 이 관리 기관은 두 개의 부처로 나뉘어, 각각 거대한 건물을 하나씩 차지하고 있다. 마치 종합병원 같은 외관을 자랑한다.

첫 번째 병원은 물의 품질 분야를 관장한다. 거대한 벽 위에 표시되어 길게 이어진 반짝반짝 빛나는 점들이 강의 궤적을 말해준다. 황허 강은 왼쪽, 즉 티베트에서 시작할 때는 푸른빛을 띤다. 그러나 산악 지대에서 발원하는 물이 갖는 순수함은 오래 지속되지 못한다. 오른쪽, 즉 바다에 가까워질수록 병든 강은 온갖 빛깔을 모두 띠게 된다.

두 번째 병원에도 마찬가지로 거대한 로비가 있고, 그곳의 거대한 벽에는 먼젓번 병원에서 본 똑같은 환자, 다시 말해서 황허 강이 그려져 있다. 그러나 이번에는 강을 따라서 깜빡거리는 점들이 늘어선 것이 아니라 스무 개 남짓한 작은 화면이 깜빡이면서 환자가 앓고 있는 또 다른 중병, 즉 불규칙하기 짝이 없는 유량을 보여준다. 이 화면들을 지켜보면 각각의 저수지에 저장되어 있는 물의 양은 물론, 중요 지점을 지나는 물의 양을 실시간으로 알 수 있다. 다시 말해서, 위협의 정도를 실시간으로 파악할 수 있다는 뜻이다. 병원의 소생실에서 하듯이, 환자의 생체 변수들을 24시간 내내 관찰할 수 있다.

강물이 아무런 예고도 없이 갑자기 불어나 인명을 상하게 하던 시절은 오래된 과거의 일이다. 요즘에는 강의 변덕스러운 움직임을 빠짐없이 살필 수 있다. 강이 마음속 깊은 곳에서 심술궂은 의도를 품는 즉시, 그것이 탐지되어 고약한 의도는 여지없이 들통나는 것이다.

그렇다면 이제 황허 강에 살던 사나운 용이 완전히 길들여졌다고 볼 수 있을까?

관리청에서 일하는 관리들 중 어느 누구도 자신 있게 그 같은 장담을 하는 사람은 없을 것이다. 그와 같은 질문에 대답하려면 종합병원 의사들은 최대한 우회적인 표현을 사용하며, 재앙이 일어날 가능성을 배제할 수 없다는 점을 반드시 덧붙일 것이다.

"유감스럽게도 정보가 치료는 아니니까요!"

"우리는 그저 기초적인 불확실성만큼은 제어할 수 있어야 합니다……."

"그건 그렇죠, 특별한 경우를 제외하면 강물은 60년마다 크게 불어납니다."

"아냐, 그게 아니고 100년마다……."

"1998년을 생각해보라니까! 우한이 물에 잠겼을 때 말이야. 그때 5백만 명이 수해를 입었잖아!"

나는 잠시 로스앤젤레스에서 중국 문제 전문가들과 토론을 벌이는 듯한 착각에 빠졌다. 이들은 모든 것을 앗아갈 '아주 큰 놈'을 기다리는 사람 같았다.

*

거대한 용 황허 강이 앓고 있는 세 번째 질병은 화면상에는 나타나지 않는다. 하지만 이 역시 매우 심각한 질병임에 틀림없다. 바로 물 1제곱미터당 무려 36킬로그램에 달하는 모래의 비율로, 이는 중차대한 이변이 생길 수 있음을 예감하게 한다. 몽골의 남부를 따라 흘러내리는 황허 강은 부서지기 쉬운 토양으로 이루어진 고원지대로 접어든다. 이때부터 강물은 강안江岸의 토사를 함몰시키며 그 흙까지 실어 나르게 된다. 이 상황을 정확하게 파악하려면 정저우에서 동쪽으로 70킬로미터 떨어진 곳에 위치한 카이펑이라는 도시에 와서 고개를 위로 번쩍 치켜들면 된다. 강물이 들판보다 15미터 높은 곳에서 흘러간다. 강바닥이 그처럼 높이 올라온 것이다.

유량이 충분할 때는 토사가 물에 씻겨 내려간다. 하지만 인근 도시들과 공업지대에서 상류 쪽 물을 너무 많이 끌어올려 사용하면 물의 흐름은 느려지고, 모래는 흘러내려가지 못하고 쌓이게 되므로, 강바닥이 높아진다. 강바닥이 높아지면 강물의 범람 위험이 커지므로, 이를 방지하기 위해 둑을 쌓는다. 그러면 강바닥은 지속적으로 높아지게 되고, 이에 따라 둑의 높이도 점점 올라간다…….

베트남의 홍 강은 지역에 따라서 강바닥이 밭이나 마을보다 30미터씩 높기도 하다. 그러므로 언젠가는, 아마도 머지않은 장래에 둑이 무너지게 될 것이다.

*

홍수! 수천 년씩 사람들의 마음을 사로잡는 이 근심거리를 어떻게 이해시켜야 하는가? 나는 구이린에게 이 문제에 대해서 물었다. 그에게 물어본 것은 단지 내가 그의 책을 좋아하기 때문만은 아니었다.[02]

1967년 문화혁명이 시작된 지 1년 후, 구이린의 아버지는 교수(건축학)라는 이유로 투옥되었다. 역시 교수였던 어머니는 매주 공개적으로 비판받고 집요하게 들볶였다. 당시 열다섯 살이었던 구이린은 상하이 외국어 고등학교에서 두각을 나타내는 학생이었다. 하지만 홍위병들은 '성분이 나쁜 집안 출신'이라는 이유를 들어 구이린을 학교에서 제적시켰다. 하는 수 없이 구이린은 농촌으로 가서 자신을 정화시키는 길을 택했다. 또래의 두 친구가 구이린과 같은 선택을 했다. 세 여자아이들은 카이펑 근처 농촌 마을로 보내졌다. 황허 강 남쪽에서 1백 킬로미터 떨어진 매우 가난한 이 마을은 번번이 진흙탕 물에 잠기곤 했다. 마을 이장은 여자아이들을 창문 대신 군데군데 구멍이 뚫려 있는 흙집으로 데

---

[02] 《물 : 중국의 영원한 도전 L'Eau : un éternel défi pour la Chine》, 베이징에서 열린 제5회 세계물학회 기념특별호, 2006.

려갔다.

"너희들은 여기에서 살아라."

그때까지 구이린은 도시와 그 도시의 상류층들이 사는 아파트만을 알고 지냈던 소녀였음을 잊지 말아야 한다. 구이린은 깜짝 놀라 펄쩍 뛰고 싶은 마음을 억누른 채, 모범적인 당원으로서 물었다.

"혹시 누군가의 집을 우리가 차지하는 건 아닌가요?"

"이 집에 살던 식구 네 명은 작년 여름에 모두 익사했다. 잠을 자고 있었는데, 깨어보니 너무 늦어버렸던 거지. 사방으로 이미 물이 들어왔으니까. 7월부터는 잘 때 조심해야 한다. 지금이 1월이니까, 아직 시간이 있는 셈이지……."

나는 황허 강이 잡아먹은 네 명의 유령과 더불어 냉기만 감도는 맨바닥에서 첫날밤을 보냈을 어린 소녀들을 상상해보았다. 그리고는 내가 생각하기에도 멍청하기 짝이 없는 계산을 해보았다. 어린 소녀들이 겪었을 불안감에다가 중국에서 강이 흐르기 시작한 날 이래 계속되었을 여름밤의 수를 곱했다. 그것만으로도 이미 엄청난 숫자였지만, 거기에 강과 이웃해서 사는 모든 중국인들의 숫자까지 곱해보았다…….

이렇게 해서 얻어낸 숫자는 물론 아무런 의미도 지니지 못한다. 그것은 나도 백 번 동의한다. 게다가 솔직히 답을 얻어내지도 못했다. 하지만 적어도 중국인들의 강박관념이 어느 정도인지를 가늠해볼 수 있는 기준은 될 수 있지 않을까?

구이린의 이야기는 아직 끝나지 않았다.

여러 날이 지나갔다. 어린 여자아이들은 밥을 얻어먹기 위해서라도 열심히 일했다. 배급되는 곡식의 양은 제공한 노동력에 비례했기 때문이다. 역시 '성분이 나쁜 집안'에서 태어났다는 이유로 다섯 명의 남자아이들이 이 마을로 보내졌다. 남자들이 여자들에 비해서 버티는 힘이 약하며, 신경도 훨씬 약하다는 건 새삼스러울 것도 없이 널리 알려진 사실이다. 다섯 명의 남자아이들 중에서도 화는 특히 이곳 생활을 힘들어했다. 다른 아이들은 그 애의 생명이 하루하루 꺼져가는 모습을 지켜보아야 했다. 문화혁명 당시 나이를 불문하고 자살하는 사람이 무수히 많았음은 잘 알려져 있다. 구이린은 걱정이 되었다. 당은 구이린의 열성과 규율 준수 태도를 눈여겨보았다. 그리고는 식사나 주거 환경이 훨씬 나은 인근 공장에서 일하는 것이 어떻겠느냐고 제안했다. 구이린은 그 일자리를 화에게 양보했다. 화는 두 눈에 눈물이 그렁그렁한 채 구이린에게 고맙다고 인사를 했다.

하지만 이듬해 여름, 화는 황허 강물에 휩쓸려 세상을 떠나고 말았다.

인위적인 홍수

자전거용 도로, 그늘이 드리워진 도로, 식당, 야외 음악당, 시간 단위 혹은 하루 단위로 빌릴 수 있는 작은 보트……. 황허 강 유역은 중국인들이 좋아하는 쉼터이다. 나들이를 하거나 평온하게 잠들어 있는 용을 구경하기 위해서 정저우에서부터 행락객들이 몰려온다. 한가하게 나들이를 즐기는 사람들조차 여름이 되면 잠든 용이 포효하며 잠에서 깨어나리라는 사실을 단 한순간도 잊어버리지 않는다. 다리에 새겨진 눈금을 통해서 강물의 수위(현재까지 최고 수위는 1998년의 기록이다)를 알 수 있다. 현대 미술이 애용하는 그럴듯한 설치미술 작품 같아 보이는 강 근처 붉은 돌 더미들은 언제라도 거센 물살이 공격을 시작하면 주민들이 나서서 위험에 처한 둑을 탄탄하게 손볼 수 있음을 보여준다. 사실 이 둑이라는 것도 곰곰이 살펴보면, 성벽과 비슷한 모양새를 하고 있다. 강둑을 제대로 묘사하려면 군사 용어를 이용하는 편이 훨씬 더 효과적일 것으로 생각될 정도이다. 호사스럽게 대리석을 깔아놓은 거대한 원형 광장 한가운데 우뚝 세워진 기다란 얕은 돋을새김 조각은 중일 전쟁의 일화를 보여준다. 전쟁 당시 황허 강은 결정적인 역할을 하여 수많은 일본군의 목숨을 앗아갔다.

1938년 6월, 파죽지세의 일본 군대는 남쪽을 향해 계속 밀고 나갔다. 순식간에 카이펑이 일본군의 손아귀로 넘어가자, 철도 교통의 요지인 정저우가 위험해졌다. 장제스 장군은 최후의 원병을 청하는 심정으로 황허 강의 힘을 빌리기로 결심했다.

나는 이 대목에서 플랑드르 지방의 역사가 떠오른다. 적군의 공격을 늦추기 위해서 다른 방법을 찾지 못한 장군은 수문을 몇 개 연다. 그러자 북해의 바닷물이 해안 간척지를 덮친다. 그 후 수십 년 동안 과거의 전투에 대해서는 거의 기억하지 못하며, 그 전투의 의미라면 더더구나 알 수 없었던 이 지역 농부들은 간척지가 빨아들여야 했던 소금을 걷어내느라고 고생해야 했다.

장제스는 지도를 보고 연구했다. 어느 지점을 택할 것인지 고민하지 않을 수 없었다. 마침내 그는 화위안커우 마을, 지금 내가 있는 이곳 근방으로 낙점했다. 벌써 수백 년, 아니 수천 년일 수도 있는 기나긴 세월 동안 강둑 하나가 그럭저럭 강의 진노를 막아주던 곳이었다.

6월 8일에서 9일로 넘어가는 밤에 국민당 소속 군인들은 작업을 개시했다. 둑을 터뜨리라는 지시를 받은 것이었다. 9일 새벽부터 강물은 제멋대로 날뛰기 시작했다. 진노한 강물에게 저항할 수 있는 것이라곤 아무것도 없었다. 일본군들에게 기습 공격을 가하기 위해서 중국 주민들에게조차 아무런 경고가 내려지지 않은 상태였다. 거의 1백만 명(공식적인 통계에 의하면 82만 7천 명이다)에 달하는 사람들이 물에 빠져 죽었다. 집과 전답 등 모든 것을 잃은 이재민만 해도 1천만 명에 달했다. 물이 범람한 지역의 연면적은 5만 5천 제곱킬로미터, 즉 프랑스 국토의 10분의 1이 넘었다…….

댐의 보수 공사는 1946년이 되어서야 시작되었다. 플랑드르 지방에서와 마찬가지로 물이 몰고 온 토사를 걷어내는 데에는 몇 년, 아니 몇 십 년이라는 세월이 필요했다.

그린피스 중국 지부

비정부 기구인 그린피스 중국 지부는 합법적으로 승인받은 단 하나의 사무실을 홍콩에서 운영하고 있다. 하지만 '묵인되고 있는' 베이징의 연락 사무소에서는 40명이 넘는 열성 운동원들이 일하고 있다. 이들은 동부 지역에 위치한 거대한 건물의 19층과 맨 꼭대기 층을 사용한다.

주로 30대로 보이는 40여 명의 젊은이들은 하나같이 대학생 행색(팔꿈

치에는 구멍이 나고 너무 헐렁한 털 스웨터, 앞 뒤판에 모두 정치적인 문구가 새겨져 있는 티셔츠 등)에 긴 머리(솔직히 여자들보다 남자들의 머리가 더 길다) 차림새로 일한다. 언뜻언뜻 보이는 발에는 짐작대로 농구화나 부츠를 신었다. 저마다 각자의 컴퓨터 화면을 응시하는 표정이 예사롭지 않다. 환자의 X선 사진을 읽는 방사선과 의사들 같다. 이들은 암이 분포된 부위, 다시 말해서 새로운 환경 재앙이 일어나고 있는 곳을 살피는 것이다.

이들 중 3분의 1 이상이 금융 분야에서 일하다가 환경 지킴이로 변신했다. 그린피스 측에서 받아들이기를 거부하는 경우도 있다고 한다. 그도 그럴 것이, 매일 수십 명의 열혈 젊은이들이 이곳에서 일하겠다고 지원하니, 그린피스로서도 어쩔 수 없다.

이 젊은이들은 절대로 사무실에만 갇혀서 지내지 않는다. 현장으로 달려가 사진도 찍고, 주변 사람들을 인터뷰하며 자료들을 수집한다. Y 역시 한때 상하이 증권거래소에서 잘나가는 골든 걸로 일했다. 이유는 알 수 없지만 이름을 밝히고 싶지 않다고 했다. Y는 가장 최근에 수집한 자료들을 나에게 보여주었다. 나의 관찰이 옳았음을 확인시켜주는 자료들이었다. 보라색, 오렌지색, 녹색, 심지어 핑크색 띠들이 선명하게 나타나는 사진들이었다. 충칭 부근을 흐르는 양쯔 강의 다채로운 빛깔이었다. Y는 조사원으로서의 애로 사항을 털어놓았다. 대부분의 경우 공장의 하수도관은 땅속 깊은 곳에서 하천으로 흘러든다. 따라서 공장 용수의 견본을 채취하기란 거의 불가능하다. 공장에서 아무렇게나 버리는 폐수는 이렇게 해서 강으로, 바다로 흘러들어간다. 아무도 이를 보거나 알지 못한다. 그러니 해당 회사를 용의자로 지목할 수도 없다.

다행히도 4월경이 되면 강의 수위가 낮아진다. 이 무렵에는 강을 오염시키는 무리들을 색출해내기가 훨씬 수월하다.

그렇지만 가장 어려운 일은 그때부터 시작된다. 문제의 기업들에게 유죄 판결을 받도록 하거나, 그게 여의치 않을 경우 습관적으로 지속되어오던 문제 행동을 멈추도록 이끌어야 하는 것이다. 어려운 일이긴 하지만, 하늘색 스웨터를 입고 하품을 하는 젊은 Y는 앞으로는 모든 것이 나아질 것이라고 낙관한다.

"환경 문제의 중요성을 사람들이 점점 인식하고 있거든요. 모든 단계에서 사람들은 언젠가 자신들이 오염의 희생자가 될 수 있거나 이미 희생자가 되었음을 깨닫고 있어요. 얼마 전 벤젠 유출로 쑹화 강이 오염되었을 때 얼마나 많은 사람들이 물이 없어 고생했는지 아세요? 자그마치 5백만 명이에요! 그것도 1주일 동안이나요! 타이후 호수는 또 어떻고요, 혹시 들어보셨어요?"

상하이 서쪽, 인구 밀집 지역인 양쯔 강 삼각지 한가운데에 위치한 타이후 호수는 면적으로 볼 때 중국에서 세 번째로 큰 천연 저수지이다. 이 지역, 그중에서도 특히 인접 도시인 우시의 식수 공급을 책임지고 있는 상수도 공사에서 물을 길어가는 곳도 바로 이 호수이다.

2007년 봄, 녹조와 청조가 유난히도 극성을 부렸다. 내 고향 브르타뉴의 북부 해안 지대에서도 이 해조류 때문에 자주 골치를 앓는다. 이 해조류는 따뜻하고 깊지 않은 물을 좋아한다. 자기들이 좋아하는 먹을거리(인과 질산염)가 평소보다 약간만 더 풍부해지면 이들은 걷잡을 수 없이 번식하는데, 그러면 이들의 증식을 막을 방도가 없다. 심각한 오염 현상이 나타나게 되는 것이다. 한번 해조류의 공격을 받은 물은 아무리 정화를 해도 활용할 수가 없다. 이로 인해서 급기야 5월에는 1백만 명이 넘는 사람들이 식수를 공급받지 못했다.

식수난이 계속된 3주일 동안 슈퍼마켓에서는 생수 재고가 바닥이 났다. 당장 급한 주민들의 수요를 충족시키기 위해서 물을 실은 급수차들이 끊임없이 시내로 들어왔고, 이 때문에 시에서 치른 비용은 무려 1천만 유로였다.

당 주석을 비롯한 최고 행정 당국에서도 피해 현장을 살피기 위해 몰려왔다. 수자원 담당 책임자들은 이런 사태가 한번으로 끝나는 것이 아니라 앞으로 제2, 제3의 타이후 호수 재앙이 얼마든지 일어날 수 있음을 간파했다. 그럴 경우 정치적으로도 감당하기 어려울 뿐 아니라, 지불해야 할 비용도 천문학적으로 늘어나게 된다. 이는 곧 혈세의 낭비이며, 성장을 저해하는 장애 요소로 작용하게 될 것이다.

타이후 호수를 오염시킨 장본인은 멀리서 찾을 필요 없이, 섬유 공장, 화학 공장, 금속 공장, 제지 공장, 양조 공장 등 인근의 기업들이었다.

따라서 반드시 필요하지만 해악을 끼치는 기업들을 신속하게 이주시켜야 했다. 이어서 상하이 조선소에 44척의 배를 만들어달라고 주문했다. 해조류가 번식하는 것을 막을 수는 없으니, 나타나는 즉시 베어낸 다음, 그것을 강 밖으로 끌어내어 태워버리는 것이 최선이었다.

이보다 조금 북쪽으로 가면 칭다오 만(올림픽 요트 경기장)이 나온다. 이곳에서도 똑같은 이유로 똑같은 현상이 나타났다. 바다가 해조류의 습격을 받은 것이다.

그린피스 중국 지부는 삼림 보존, 독성 물질 배출 반대, 재생 가능한 에너지 권장, 그리고 수자원 보호라는 네 가지 주제에 활동력을 집중한다.

그린피스는 중국 환경부 SEPA와의 협조하에 해마다 국내 사업 결과를 발간하고 있다.

중국에서 시민 단체들의 영향력은 점점 더 커지고 있다. 각기 다른 권력기관 사이에서 교묘하게 줄타기를 잘할 때에는 그렇다는 말이다. 이런 관점에서 볼 때 지방자치는 이들에게 상당히 유리하게 작용한다. 지방 권력이나 현지 권력의 변칙적인 운용에 대해서 별다른 영향력을 행사할 수 없는 베이징의 중앙정부는 비정부 기구들이 중대한 오염 문제를 폭로해주기를 은근히 기대한다. 얼마 전까지만 해도 모든 편법적 관습은 기업체나 기업체들이 부패시킨 공무원들, 즉 시장이나 도지사들에 의해서 은폐되었다. 하지만 비정부 기구들의 고발이 최고위층까지 겨냥하는 경우, 이 단체들은 해체도 불사하는 각종 고난에 시달리게 된다.

비정부 기구의 네트워크는, 네티즌(3억 명 이상)들이나 문자 메시지를 통해서 소통하는 집단들과 더불어 진정한 의미에서 여론 형성에 지대한 공헌을 하고 있다. 이제 중국에서 무력으로 뭔가를 시도하기란 점점 더 어려워 보인다.

공산주의자들은 항상 환경 보호를 특권층의 배부른 걱정거리라고 치부해왔다. 하지만 적어도 베이징에서는 환경 보호가 공염불이 아닌 최우선 과제 중 하나로 부상했다.

현재 중국은 스스로 믿는 것처럼 미친 듯이 환경을 오염시키고 있다. 중국은 이산화탄소 발생량에서 이미 미국을 앞질렀다.

순수한 꽃들을 기르는 대학

과거에 여름 궁전이었던 위안밍위안 정원의 바로 옆에는 세계적으로 명성을 떨치고 있는 명문 대학인 칭화 대학교가 자리 잡고 있다. 대학이라기보다 주거지, 강의실, 그리고 퓨처 인터넷 테크놀로지 컴퍼니 같은 대학 소속 민간 기업들이 속속 들어선 하나의 도시라고 할 수 있다. 총장실은 캠퍼스에서 가장 깊숙한 곳에 위치한 고색창연한 목조 건물에 있었다. 희귀한 식물들이 풍취를 한껏 더해주는 것 같았다. 정확한 식물학적 정보를 원하는 사람들을 위해서 덧붙이자면, 학명이 소포라 야포니카 펜둘라*Sophora japonica pendula*나 말루스 사르겐티*Malus sargentii* 같은 식물들이 눈에 띄더라는 말이다. 내가 자료 조사 겸 여행의 주제를 말하자, 부총장인 진잉천 교수는 미소를 짓는다.

"물을 잘 관리하려면, 속담에도 있듯이 아홉 마리의 용에게 부탁을 해야 합니다……."

벌써 30분째 나는 칭화 대학교에서 계획한 수리학 분야 프로젝트를 나열한 길고 긴 목록에 대해 듣고 있었다. 첨단 연구에서 시장 및 결정권자들의 재교육 프로그램에 이르기까지 목록은 전 분야를 완벽하게 섭렵하고 있으며, 정부가 환경 문제에 우선권을 주는 한 앞으로도 계속 보완되어갈 것이라고 한다.

문득 내 대담자는 말을 멈춘다. 그리고는 여행해본 결과 가장 무서운 희귀재가 무엇인지 묻는다. 나는 지체 없이 대답한다.

"점점 줄어만 가는 경작지요."

그는 하늘을 향해 양팔을 쳐든다. 지금까지 진지한 표정으로 경직되어 있던 그의 얼굴에 환한 미소가 번진다. 그는 주머니에서 작은 수첩 하나를 꺼낸다.

"저도 동감입니다. 2001년, 우리 나라 경작지 면적은 1억 2천7백만 헥타르였습니다. 그랬던 것이 지금은 1억 2천1백만 헥타르로 떨어졌습니다. 오염, 부식, 도시화 등 복합적인 이유가 있겠죠. 작년에는 모든 노력을 경주했음에도 불구하고, 10만 헥타르의 경작지가 또 줄었습니다……."

칭화 대학교의 부총장은 오래된 목조 건물 입구까지 나를 배웅해주었다. 그는 내 손을 잡고 힘차게 흔들었다. 땅 부족, 그것이 문제이다. 그는 나에게 꼭 다시 오라는 초대의 말을 잊지 않았다. 나도 물론 그러겠노라고 대답했다. 그러자 그는 두 개의 금박 글자가 새겨져 있는 나무 현판을 가리키면서 고개를 쳐들었다. 다행히도 국가의 최고위층에서 이 문제를 직접 챙기고 있다고 말했다. 그의 설명에 따르면, 칭淸은 순수함 또는 물의 순수함을 가리키며, 화華는 꽃, 나무, 그리고 중국을 의미한다고 한다…….

그러니까 칭화 대학교는 순수한 꽃의 대학, 순수한 중국의 대학 또는 꽃의 순수함을 닮은 대학이라고 할 수 있다.

"보시다시피 우리는 이름값을 하려면 아직도 해야 할 일이 태산같이 많습니다……."

07

빙하와
댐

빙하는 과연 녹고 있는가?

많은 광적인 열정들과 마찬가지로, 빙하에 대한 나의 맹목적인 사랑은 우리가, 그러니까 빙하와 내가 서로 만날 수 없다는 불가능성에서 시작되었다. 어린 시절부터 병적인 현기증에 시달렸던 나는 낭떠러지를 끼고 달리는 도로는 애초에 달려볼 엄두조차 낼 수 없었다. 그러니 제대로 된 등산이라고는 한 번도 해보지 못한 내가 어떻게 감히 빙하에 접근할 수 있겠는가?

실물을 보러 갈 수 없는 형편이니, 나는 빙하를 담은 사진들 앞에서 몇 시간씩 보내기 일쑤였다.

그러던 차에 바다가 뛰어난 중매쟁이 기질을 발휘하여 나에게 구원의 손길을 내밀었다.

나는 우수아이아에 가기 위해 배에 올랐다. 목적지는 케이프 혼이었다. 케이프 혼을 넘어서자 우리에게는 며칠간의 자유 시간이 주어졌다. 우리를 태운 발타자르호의 선장은 우리를 비글 운하 서쪽으로 안내했다.

그곳에서 나는 기적을 만났다. 다윈 산맥의 빙하들이 우리가 힘들여 기어오를 필요도 없이 저절로 우리가 있는 곳으로 흘러온 것이었다. 덕분에 나는 내 두 눈으로 푸르스름한 빛이 감도는 얼음덩어리를 확인하고, 내 두 귀로 태초의 갈라짐 소리를 듣고, 열 손가락으로 우리 쪽을 향해 흘러온 빙산의 차가운 감촉을 느낄 수 있었다. 요컨대 불가능한 것으로 여겨졌던 나의 사랑이 현실이 되어 나타난 것이었다.

그 후 나는 살아서 움직이는 이 괴물에 대해 끊임없이 정보를 수집했다.

하지만 내가 수집한 정보들에 따르면, 좋은 징조라고는 전혀 보이지 않는다.

오늘날의 재난 예언은 얼음으로부터 올 모양이다.

*

위도가 높은 극지방 항해 전문가이자 고산 등반 안내원이기도 한 발타자르호 선장 베르트랑 뒤부아의 예만 봐도 그렇지만, 대부분의 빙하 관측가들은 학자인 동시에 등산가들이기도 하다. 그도 그럴 것이, 도저히 사람의 발길이 닿을 수 없어 보이는 곳, 가령 고도 6천 미터를 훌쩍 넘는 곳에서 지질 조사용 흙을 채취하거나 온갖 종류의 집적기들을 설치하기 위해서는 그와 같은 자질이 반드시 요구된다.

절벽을 기어오르는 것만으로는 만족할 수 없는 이 빙하 관측가들은 때로 행정 당국을 교묘히 따돌리기도 한다. 빙하는 산악 지대에만 존재한다. 그런데 고봉준령의 산맥들은 일반적으로 자연적인 국경 역할을 하는 경우가 비일비재하다. 이 산맥 인접 국가들이 자기 나라 국경 부근에 와서 어슬렁거리면서 수상한 작업을 하는 외국인들을 좋게 볼 리 만무하다. 학술 연구를 한답시고 혹시라도 저 외국인들이 스파이 짓을 하는 것은 아닐까?

지구상에서 티베트와 그 국경 지대만큼 민감한 지역도 찾아보기 힘들다. 서쪽으로는 아프가니스탄과 파키스탄(이슬람 원리주의자들의 은둔처), 카슈미르(잠재적 전쟁 지역), 남쪽으로는 네팔(현재 마오주의를 표방하는 게릴라들이 승승장구하고 있다), 부탄(이 지역 물탱크 역할을 한다), 그리고 북동쪽으로는 중국의 신장 성(소수민족인 이슬람 계통 위구르족의 시위가 정기적으로 일어난다)과 인접하고 있기 때문이다. 그러니 이 전략적인 지역에 가기 위해 허가를 받는 일이 얼마나 어려울지는 상상에 맡긴다!

따라서 히말라야의 빙하에 대한 우리의 지식 수준이 거의 제로에 가까운 데에는 이 지역의 높은 고도와 척박한 기후만이 아닌 다른 이유도 있다고 보아야 할 것이다.

인도는 단지 8개의 빙하에 대해서만 크기를 측정했다. 그러므로 그 결과만을 가지고 지나치게 서둘러서 빙하 일반에 대한 결론을 내리는 것은 너무나 경솔한 짓이다. 어쨌거나 안데스 산맥, 알프스 산맥, 킬리만자로 산, 혹은 히말라야 산맥을 힘들게 기어오르면서 빙하를 관찰하는 이 학자 등산가들에 의하면, 분명히 하나의 추세가 관찰된다. 20세기 초반부터, 특히 1970년대 말에 들어와서는 관찰할 수 있는 빙하가 현저하게 줄어들고 있다는 사실이다. 달리 말하자면, 그리고 동시에 내가 제목으로 내건 질문에 답을 하자면, 빙하가 녹고 있다는 말이다. 스칸디나비아 반도와 뉴질랜드, 남극 대륙 동부 지역의 특별한 강수 현상과 관련해서는 지극히 드문 예외가 있을 뿐이다.

빙하는 살아 있다. 빙하는 거대한 생명체이며 잠시도 가만있지 않는다. 시간이 흘러감에 따라 빙하의 크기는 끊임없이 달라진다. 10세기에서 13세기까지의 기간 동안 지구의 평균 온도는 오늘날의 평균 온도에 비해서 1도 이상이 높았다. 그 결과 얼음덩어리들이 전반적으로 줄어들었다. 그때가 바이킹족들이 '초록색 대지(그린란드)'를 점령하여 그곳에 곡식을 심은 시기이다. 그 후 추위가 다시 찾아왔다. 소빙하 시대가 19

세기까지 계속되었다.

20세기의 시작과 더불어 기후 온난화 현상이 꾸준히 관찰되고 있다. 온난화에도 나름대로의 단계가 관찰된다. 가령 처음 20년 동안(1955~75)에는 빙하 감소 추이가 주춤했다.

하지만 1980년대에 들어서면서 빙하는 광범위한 지역에서 그때까지 단 한 번도 관찰된 적이 없는 빠른 속도로 녹기 시작했다.

*

빙하는 인류에게 좋은 일을 많이 한다. 물론 내가 비의 역할을 잊은 것은 절대 아니다. 빗물은 졸졸 흐르면서 우리의 강을 그득하게 채우고, 지하수층에도 넉넉하게 물을 공급한다.

빙하는 비와 마찬가지로 너그러우면서, 그 너그러움을 실현하는 데는 비보다 훨씬 더 지혜롭다. 추운 기간에 내린 눈은 얼음으로 축적되기 때문이다. 때가 되면, 그러니까 더운 계절이 되어 사람들이 더 많은 물을 필요로 하게 되면 이 저장고가 녹아서 강물의 유속을 조절한다. 빙하가 줄어들수록 인류가 이용할 수 있는 근사한 천연 물 저장고의 용량은 줄어드는 셈이다.

빙하가 녹는 속도가 가속화되면, 이렇게 해서 만들어진 물이 유량 조절에 일조하는 것이 아니라 오히려 강물의 홍수 문제를 한층 더 심각하게 만들 우려가 있다. 우선 초기에는 빙하가 녹은 물이 대량으로 유입됨으로써 강물의 범람을 가져올 수 있으며, 일단 빙하가 모두 녹아 물 저장고가 바닥나면 가뭄이 장기간 이어지게 될 것이다.

또 다른 재앙도 상상해볼 수 있다. 일부 호수도 바닥을 보일 수 있다. 빙하에 실려온 조약돌이나 암석, 그 외 각종 쓰레기들이 퇴적층을 이루고, 이 퇴적층은 빙하의 진행 경로 양옆이나 전면에 점점 쌓여서, 마침내 댐 수준으로 높아지게 된다. 빙하가 너무 빨리 녹을 경우, 퇴적층 사이에 호수가 만들어질 수도 있다. 만일 이 호수에 너무 많은 물이 고이게 되면, 퇴적층으로 이루어진 측면 댐은 무너질 수밖에 없다. 그러면 걷잡을 수 없이 엄청난 사태가 일어날 수 있다.

1941년 12월 13일, 페루의 우아라스에서 이 같은 사태가 발생함으로써 인근 주민 4천 명이 사망하고 지도상에서 영영 자취를 감추게 되었다.

1985년 8월 4일, 네팔에서는 갑작스러운 눈사태로 말미암아 에베레스트 산과 인접한 호수의 물이 모두 빠져나가는 사태가 발생했다. 무려 1억 제곱미터에 달하는 물이 수력 발전소를 덮쳤다.

한편 부탄에는 2천5백 개의 빙하 호수가 있는데, 이 중에서 24개는 매우 큰 위험에 처해 있다.

*

여기서 한 가지 유의할 점이 있다. 빙하가 녹는 추세는 세계 전역에서 일반적으로 관찰되는 것이 사실이지만, 그로 인한 결과는 곳에 따라 다르게 나타난다는 점이다.

아시아 지도를 꼼꼼하게 살펴보자. 손가락으로 히말라야에서 발원하는 주요 하천들의 궤적을 찬찬히 짚어가며 따라가보자. 시곗바늘이 도는 방향으로 보자면, 우선 아무다리야 강과 시르다리야 강(우즈베키스탄), 황허 강, 양쯔 강(중국), 브라마푸트라 강(중국, 인도, 방글라데시), 홍강(베트남), 메콩 강(중국, 라오스, 캄보디아, 베트남), 그리고 갠지스 강(인도)과 인더스 강(파키스탄)을 차례로 만나게 된다.

이 강들과 이들의 지류, 그리고 이보다 훨씬 작은 지천들이 전 세계 인구의 40퍼센트가 넘는 사람들에게 물을 공급한다. 이 물은, 그러니까 히말라야의 빙하에서 출발한 것이다. 만일 빙하가 녹는 것이 사실이라면(조건법에 유의하시라!), 세계 인구의 절반가량이 갈증과 기근(들판의 물 고갈로 인한 식량 생산의 저하)으로 고통받는 날이 올 것이다.

다행히도 이와 같은 논리는 성급한 일반화의 오류를 보여주는 전형이라고 할 수 있다. 왜냐하면 두 가지 중요한 요소를 간과하고 있기 때문이다.

첫째, 히말라야의 규모이다. 동쪽 끝에서 서쪽 끝까지의 거리가 무려 2천5백 킬로미터에 이른다.

둘째, 열대 계절풍 현상이다. 동쪽에서는 극심하게 나타나는 이 현상이 서쪽에서는 전혀 관찰되지 않는다.

인도 북동부에서는 여름에 내리는 비가 강물의 90퍼센트 이상을 차지한다. 갠지스 강 어귀와 벵골 만의 경우, 빙하가 연평균 전체 유량에서 차지하는 비중은 불과 1퍼센트에 불과하다.[01]

산맥의 반대쪽에 위치한 인도 북서부와 파키스탄에서는 열대 계절풍의 영향력이 거의 느껴지지 않는다. 여름철 강의 유량은 녹은 빙하가 겨

---

[01] 파트릭 봐농, 이브 아르노, 피에르 슈발리에가 함께 저술한 〈고갈되어가는 히말라야의 수원 La source himalayenne se tarit〉 참조. 라 르세르슈 지, 2008년 7-8월 호.

우내 서쪽에서 이동하는 저기압이 몰고 오는 눈에 더해진 것이다. 산맥 중심부인 티베트 고원 지역도 사정은 마찬가지이다. 빙하가 녹아내림에도 불구하고 이들 지역에서는 가뭄이 점점 더 심각해지고 있으며, 주민들은 물 부족에 시달린다.

앞으로 우리가 당면하게 될, 물로 인한 위협은 불평등하며 철저하게 지역적임을 보여주기 위해서 이보다 더 좋은 예가 어디 있겠는가? 앞으로도 지구는 십중팔구 예전만큼의 물을 확보할 수 있을 것이다. 아니, 기후 온난화로 인해서 예전보다 훨씬 더 많은 양의 물을 보유할 수도 있다. 그런데 뭐가 문제냐고? 파키스탄 사람들이나 카슈미르 사람들에게 캐나다 사람들은 강수량이 너무 많아서 어찌할 바를 모른다는 정보가 무슨 위안이 되겠는가?

다시 캘커타를 찾게 되는 날, 나는 캘커타에서 만난 친구 고시 교수의 성급한 일반화가 반드시 맞아떨어지지는 않는다고 반박할 수 있을 것이다. 그가 느끼는 불안감을 완전히 해소시켜주지는 못할지라도, 적어도 이 지역을 괴롭히는 물의 위기는 세계적인 현상이 아니라고, 그건 지역적인 위기라고 주장할 수 있을 것이다.

하지만 물처럼 소중한 자원이 불평등하게 분포되어 있음으로써, 나날이 인구가 팽창함에 따라 심각한 갈등이 야기될 소지가 얼마든지 있음도 무시할 수 없는 사실이다.

어쨌거나 빙하 관찰을 강화하는 일은 시급한 과제로 보인다. 기후 변화 추이를 보여주는 대체할 수 없는 지표가 되기 때문이다. 그러므로 학자이면서 등산가 역할을 수행하는 용기 있는 자들이 무병장수하기(그리

고 그들에게 좀 더 많은 예산이 주어지기)만을 바란다.[02]

댐은 반드시 필요한가?

전 세계에는 약 4만 5천 개의 댐이 있으며, 그중에서 2만 2천 개가 중국에 밀집되어 있다. 세계의 주요 하천 중에서 적어도 1개 이상의 댐이 세워진 하천은 3분의 2 정도 된다. 이 댐들은 여러 가지 용도로 사용된다. 에너지를 생산하고, 식수원이 되며, 농토의 관개용수로 사용되는가 하면, 수로를 정비하여 홍수를 막기도 하고, 피곤에 지친 사람들의 심신을 달래주는 수상 유원지가 되어주기도 한다.

그럼에도 불구하고 전 세계 대부분의 비정부 단체에서는 댐을 싫어한다. 이들이 댐을 비난하는 데에는 나름대로 이유가 있다.

첫째, 환경을 파괴한다. 댐은 생태 다양성으로 충만한 광대한 면적의 땅을 수몰 지구로 만들어버린다. 댐은 하류 지역의 수리역학을 교란시키고, 습지를 고갈시키며, 계절에 따라 이동하는 어류를 위협한다. 인공 저수지에 가두어두는 물은 시간이 지남에 따라 수증기로 증발하면서 수질이 악화되고, 급기야 저수지 안에서 서식하는 동식물들이 만들어내는 메탄가스를 발생시킨다.

둘째, 해당 지역 주민들의 삶을 피폐하게 만든다. 댐을 건설하기 위해

---

[02] 베르나르 푸요에게 감사의 말을 전한다. 그가 나에게 빙하에 관한 첫 번째 강의를 들려주었다. 이 대단히 박식한 학자는 영화인(파트리스 데셴느가 감독한 "기후 연구가들 Chercheurs de climats")으로서도 두각을 나타냈다. 또한 그는 탐험 기간을 이용해 플라이 낚시를 즐기는 낚시광이기도 하다.

서는 기존 거주 주민 수천 명의 이주가 불가피하며(산샤 댐의 경우 150만 명의 주민을 강제 이주시켰다), 대부분의 경우 적절한 보상 조치나 이주민들을 위한 실질적인 지원 정책, 수몰되는 문화유산이나 거주지, 종교 생활 터전, 조상의 묘 등에 대한 배려가 없는 가운데 이루어진다. 또한 저수지에 고여 있는 물은 빌하르츠 주혈흡충住血吸蟲 병이나 말라리아 등 각종 질병을 일으킨다. 만에 하나 댐이 붕괴되면 수천 명의 사망자가 발생하는 것은 기본이다. 한 예로, 1979년 인도에서 모르비 댐이 붕괴했을 때에는 1만 5천 명이 사망했다. 지진 발생 위험이 높아진다는 점도 댐 건설의 부정적인 면으로 작용한다. 이미 지진으로 한 차례 엄청난 피해를 입은 딱한 마을 두장옌보다 약간 위쪽에 위치한 쯔핑푸 댐에서 균열이 발견되고 있다. 이 댐마저 붕괴할 경우 어떤 결과가 초래될지는 상상조차 하고 싶지 않다.

셋째, 비합리적인 예측으로 터무니없는 액수의 비용을 투자해야 하는 출혈을 막을 수 없어 공공 재정 파산을 자초한다. 댐 건설에 참여하는 기술자들은 항상 너무 큰 규모를 상정한다. 그런가 하면 강물이 불어나는 예상치는 언제나 과소평가하는 경향이 있다.

가엾은 댐!

이렇듯 댐을 모든 악의 근원으로 지목하는 것이 과연 옳은 일일까? 잘잘못을 따지기 전에 우선 제대로 조사해보자. 그러기 위해서 다시 한번 여행을 떠나자.

미슐랭 가이드북을 만드는 조사관처럼 니콜라 포르나주는 세계를 돌아다니며 장단점을 살피고 점수를 매겼다. 다른 점이 있다면, 미슐랭 조사관은 맛있는 음식을 내놓는 식당을 순회하는 반면, 불쌍한 니콜라는 별로 멋없는 댐을 돌았다는 점 정도일 것이다. 'CAES(환경사회 지원 팀) 책임자'가 프랑스 국립 개발원에서 그가 맡고 있는 공식적인 직함이다. 딱딱하기 그지없는 직함이지만 당사자는 그다지 신경을 쓰지 않는 눈치이다. 그는 오히려 열정을 담아 자신의 모험담을 들려준다.

나를 기쁘게 하기 위해서 그는 우선 내가 잘 알고 있는 지역인 서부 아프리카 이야기부터 꺼냈다. 장피에르 코 장관이 이끄는 국제 협력부의 신참 기술 고문으로 일하던 시절, 나는 1981년 디아마 댐(세네갈 강 어귀 인접 지역)과 마난탈리 댐(역시 세네갈 강의 지류로 본류의 상류로부터 약 1천 킬로미터 떨어진 지류인 바핑 강) 건설에 반기를 들었다. 이 두 댐을 건설하는 데 필요한 장비와 물량은 내가 보기에 말하자면 '흰 코끼리', 즉 불필요한 정도가 아니라 환경 파괴적이고 전통적인 문화적 관습과도 어긋나는 데다, 부패의 온상이 될 수 있는 최악의 수의 전형이었다.

니콜라 포르나주는 유감스럽지만 당시 나의 판단은 완전히 빗나갔다고 지적했다. 그 두 개의 댐은 계약서에 적힌 원래의 목표를 대체로 수행했다. 대서양으로부터 강으로 거슬러 올라오는 소금 차단, 잠재적 관개 면적 확충(37만 5천 헥타르 중에서 10만 헥타르는 이미 실현되었다), 수위 조절, 식수 공급, 마난탈리 발전소에서 막대한 양의 전기 생산 등.

부끄러워서 어쩔 줄 모르는 나를 보며 댐 조사관은 안심시켰다.

"한 가지 점에서는 선생의 판단이 옳았습니다. 이 댐들의 성공으로 강 주변 지역 주민들은 비싼 대가를 치르고 있죠. 갈대의 일종인 부들이 도처에서 마구 자라나 이동을 방해할 뿐 아니라 낚시에도 치명적인 장애가 되며, 철새들이 몰려와 작물 수확에 큰 피해를 입히거든요. 더 심각한 건 수인성 질병이 날로 증가한다는 점입니다. 특히 말라리아와 빌하르츠 주혈흡충 병이 창궐하고 있죠."

대화 내용을 바꾸기 위해서, 댐 전문가는 이제 나를 아프리카 대륙의 한 중심으로 안내했다.

"우간다로 가보실까요? 부자갈리 댐은 아주 좋은 본보기가 될 수 있습니다. 나일 강의 지류인 백나일 강에 세워진 이 댐은 상류 쪽에 세워진 다른 댐들이 사용한 물로 터빈을 돌립니다. 따라서 빅토리아 호수의 수원에서 따로 물을 끌어다 쓸 필요가 없습니다. 규모가 작아서 '물결 가는 대로 따라가는 댐'이라고 불리는 부자갈리 댐 건설로 생긴 이주민은 634명에 불과합니다. 전체 인구의 9퍼센트만이 전기의 혜택을 받고 있는 우간다의 실정을 감안하면, 이 댐이 생산하는 250메가와트는 사치라고 할 수 없죠……"

나는 그때까지 댐에 대한 부정적인 의견만을 너무도 많이 들었기 때문에 니콜라 포르나주가 토해내는 댐에 대한 긍정적인 열변을 듣자 기분이 좋아졌다. 그러면 그렇지, 대규모 수자원 개발이 반드시 나쁜 것만은 아니라고!

환경사회 지원 팀 책임자는 이제 아시아로 말머리를 돌렸다. 먼저, 지리적으로 아시아의 중심에 위치한 라오스로 가자. 히말라야에서 가깝기 때문에 강력한 물길이 지나가는 라오스는 수력 발전 잠재력이 큰 나라로서, 여전히 농촌 국가이며, 인구 밀도가 낮은 자국이 필요로 하는 양

이상의 전기를 생산하고 있다. 이웃 나라인 타이는 반대로 에너지 소비 대국이다. 남튼 강에 세워질 이 거대한 댐은 1,070메가와트의 전력을 생산하며, 이 중에서 1천 메가와트는 수출된다. 전기 수출에 따른 로열티와 각종 세금 수입은 25년간 해마다 3천만 달러에 이를 것으로 예상된다. 가난한 라오스에게는 하늘이 준 선물과도 같은 수입이다. 광대한 저수 면적은 450제곱킬로미터나 되지만, 수몰 지구 주민들을 위한 토지 보상 정책을 비롯한 실질적인 이주 지원 정책이 책정되었다. 따라서 이 주민들이 삶의 터전을 잃는 설움에서 벗어날 수 있을 것으로 보인다.

니콜라 포르나주는 "우리는 이 계획이 좋은 선례로 기억되기를 원합니다. 그 근처를 지나가실 일이 있으면 꼭 가서 보십시오"라고 당부했다.

나는 그가 성공적일 것이라고 말한 계획을 축하하고, 꼭 가보겠다고 약속했다. 라오스 만세! 국제 사회 만세! 그런데 제 성질 어쩌지 못한다고, 성공담으로 한껏 고무된 이 분위기에서 굳이 실패한 댐의 예를 꼭 집어 언급해서 찬물을 끼얹어야 직성이 풀릴 것 같으니, 내 고약한 성질을 누가 말리겠는가?

내 요청에 환경사회 지원 팀 책임자는 눈살을 찌푸렸다. 그리고는 양 팔을 하늘로 치켜들었다. 그가 괴로워하고 있음을 너무도 잘 알 수 있었다. 덕분에 온 신경을 집중하고 두 귀를 쫑긋거린 다음에야 비로소 망설이던 그의 입에서 새어나온 타우사라는 이름을 알아들었다. 나이저 강에 세워진 타우사 댐. 나는 그가 느꼈을 고통이 어떤 종류인지 이해할 수 있다. 제3세계, 특히 아프리카의 발전을 위해서 헌신적으로 노력하는 사람들에게는 몇몇 황당한 일들 때문에 가슴이 미어지는 듯한 서글품을 느끼는 동시에 억제할 수 없는 분노감을 느끼는 순간이 이따금씩 찾아온다는 사실은 잘 알려져 있다. 나는 여행 동반자 조엘 칼메트와 카누를 타고 물길 따라 혹은 물길을 거슬러 가며 여러 차례 오르락내리락했던 경험 덕분에 졸리바 강(나이저 강의 만딩가어 이름)을 잘 안다. 그 강을 소개하는 영화를 찍은 일도 있다.

나이저 강은 총 길이가 4,184킬로미터에 달하는 엄청나게 거대한 강이다. 또한 정신이 나간 강이기도 하다. 아니, 정신이 온전한 다른 강들처럼 얌전하게 바다로 직접 흘러들어가지 않고 어째서 북쪽으로 올라가 사하라 사막을 지날 생각을 한단 말인가? 나이저 강은 유속이 매우 느리다. 해발 8백 미터 지점에서 발원하기 때문이다. 작열하는 태양의 위협에 노출되어 상당량의 물이 증발하고, 이에 따라 상대적으로 토사의 양이 증가하므로 매우 불안정한 상황에 놓인 강이기도 하다. 세계에서 가장 가난한 지역 중의 하나로 손꼽히는 인근 지역 주민들에게는 없어서는 안 될 유일한 생명의 원천이다.

40년 전부터 이 강에 포미, 칸다지, 타우사, 이렇게 세 개의 댐을 건설하자는 계획이 토론의 단골 메뉴로 등장했다. 첫 번째 댐, 즉 포미 댐에 대해서는 전문가들 모두가 이구동성으로 동의했다. 다음으로 칸다지 댐 계획은 약간의 의구심을 야기시켰다. 마지막으로 타우사 댐에 대해서는 만장일치였다. 대재앙이 될 것이라는 데 모두가 동의했던 것이다.

타우사, 가오 시에서 그리 멀지 않으며 강의 동쪽 굽이에 위치한 곳…….

니콜라 포르나주는 착 가라앉은 목소리로 대강의 상황을 요약했다.

첫째, 사막 한가운데에 세워진 댐으로 연중 물 증발량이 2,750세제곱킬로미터에 이를 정도로 엄청나다. 이 양은 물의 저장량과 맞먹는다.

둘째, 하류 쪽(니제르와 나이지리아)으로 갈수록 유속 감소가 심하게 나타난다. 따라서 전기 생산력도 현저하게 떨어진다.

셋째, 2만 5천 명의 이주자가 발생한다.

넷째, 관개 용지의 염도가 증가할 우려가 매우 높다.

2007년 7월 26일, 이와 같은 전문가들의 소견 내용을 들은 담당 장관들은 지체 없이 타우사 댐을 건설하기로 결정했다!

정치적인 셈법에 대해서라면 나도 어느 정도는 알고 있으므로, 그와 같은 결정을 내린 사람들의 속셈은 어렵지 않게 짐작할 수 있었다. 선거 운동용 공약, 지역 원주민인 투아레그족과 평화 협정 체결, 성대한 준공식 등…….

이런 내막이 대충 머릿속에 그려지자 나는 더 이상 묻지 않았다. 그저 니콜라 포르나주의 어깨에 친구처럼 다정하게 손을 얹어 툭툭 친 다음, 조용히 그의 방을 빠져나왔다.

누가 뭐라고 하건, 엄연히 좋은 댐과 나쁜 댐이 있다. 물 문제에 관해서라면 언제나 그렇듯이, 일반적인 원칙은 단순화를 지향하는 사람들에게만 유리하게 작용한다. 그러나 단순화란 당원을 규합하는 데에는 효율적일지 모르지만, 섬세함과 통찰력이 결여된다는 폐단을 안고 있다.

1993년부터 2003년까지의 10년 동안, 비판에 민감한 세계은행은 각종 자금 지원을 중단했다. 새로 벌이게 될 사업들이 반드시 준수해야 할 원칙들을 수립하는 데 필요한 자숙기였다고나 할까? 하지만 몇몇 신흥

국가들은 이와 같은 원칙 따위는 보기 좋게 무시했다. 국제 유가가 올라갈수록 댐을 짓는 일은 점점 더 고수입을 보장했다. 자연히 각종 건설 계획이 난무했다. 중국 또는 타이의 민간 사업자들은 라오스에 남호우 댐과 남엔굼 2 댐을 건설했다. 아무리 좋게 봐주려고 해도 이들이 건설한 댐들은 환경적, 사회적 배려가 영점이다.

08

요르단 강과 염분 제거 공장
이스라엘

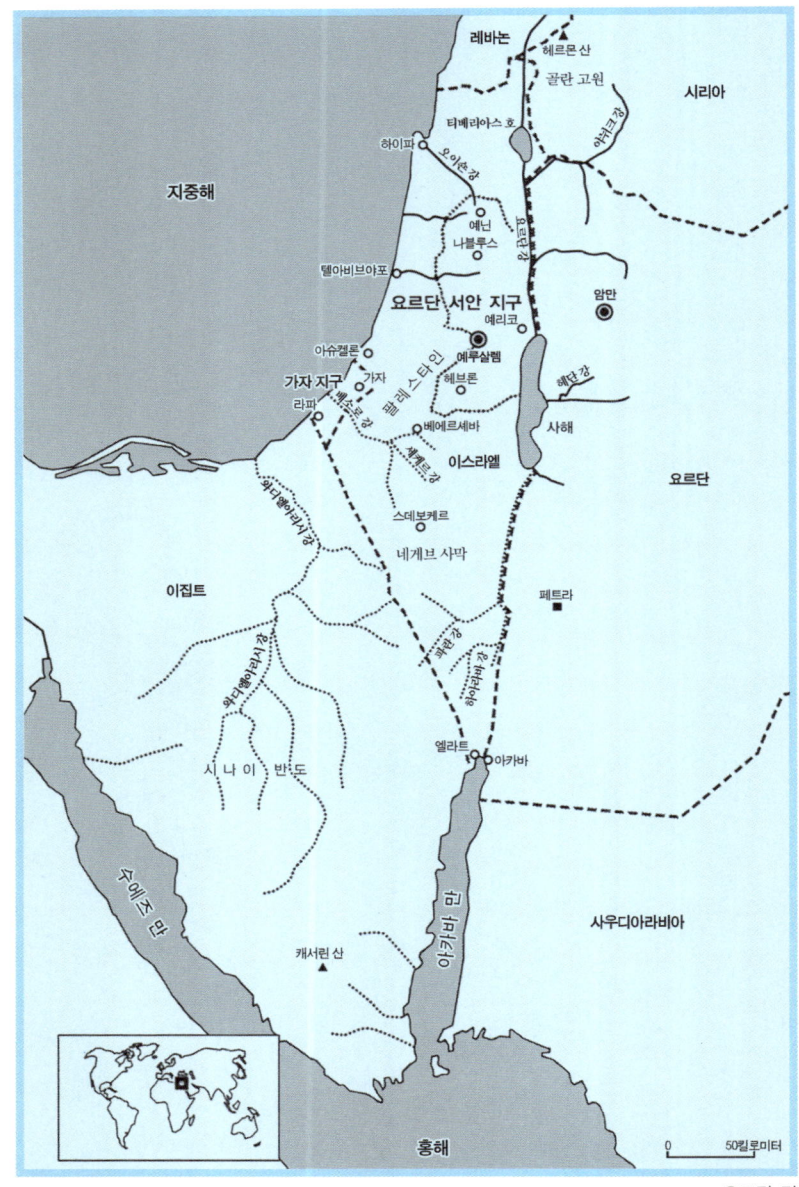

요르단 강

갈릴리와 골란 고원

티베리아스 시를 지나 90번 도로를 타고 국경 지대를 향해 달리면서 전투를 상기시키는 마을들을 지날 때마다, 전혀 기대하지 않았는데도 불현듯 이유를 알 수 없는 평화로움이 마음을 사로잡는다. 이스라엘에서는 어디를 가든 이 나라가 전쟁 중임을 느낄 수 있다. 생존을 위한 전쟁, 국가로서 인정받기 위한 전쟁, 치안을 위한 전쟁, 땅덩어리를 조금이라도 더 차지하려는 전쟁, 물을 차지하기 위한 전쟁 등 온갖 종류의 전쟁을 벌이고 있음을 온몸으로 느낄 수 있다. 이스라엘이라는 나라는 항상 전투적으로 투쟁을 벌여야 하는 숙명을 타고난 것이었다. 쏟아지는 태양을 피하기 위해서, 건조화를 막기 위해서, 국토가 다시 사막이 되어버리는 것을 막기 위해서 끊임없이 투쟁 중인 나라.

그런데 북쪽 한 귀퉁이에 접어들자, 도처에서 위협을 받고 있는 지역임에도 불구하고, 어쩐지 이곳에서만큼은 이스라엘이 무기를 내려놓고 있다는 느낌이 드는 것이었다. 물이 있는 곳이기 때문일까? 물은 투쟁하지 않아도, 염분을 제거하기 위한 거대한 처리 과정이 없어도, 끝없이 이어진 수로가 없어도 도처에 널려 있었다. 물이 있고, 7개월 동안 비라고는 한 방울도 내리지 않았음에도 불구하고 자연은 푸르렀고, 공기는 축축했다. 파란 천으로 덮인 큼지막한 면화 뭉치들이 저만치 밭 가장자리에서 잠자코 자리를 지키고 있었다. 여기저기에서 먹이를 쪼아먹고 있는 백로들의 모습도 눈에 들어왔다. 갈대숲 사이로 안개가 엷게 드리운다.

군인이라고는 한 명도 없고, 탱크도 보이지 않는다. 유일한 폭력의 흔적이라면 도로 저만치에 누워서 그럴듯한 묘지에 안장되기를 기다리는 멧돼지 사체뿐이다.

갈릴리 지방의 풍요로움은 어제오늘의 일이 아니다. 구약성서 〈신명기〉에서도 이미 "기름지고 넓은 땅, 골짜기와 산에서 지하수가 솟아 샘이 되고 냇물이 흐르는 땅…… 그곳은 밀과 보리가 자라고 포도와 무화과와 석류가 여는 땅이요, 올리브 나무 기름과 꿀이 나는 땅이다. 굶주리지 않고 먹을 수 있는 땅, 아쉬운 것 하나 없는 땅, 돌에서는 쇠를, 산에서는 구리를 캐낼 수 있는 땅이다……"(8장 7절~9절까지)라고 노래하고 있다.

키리야트 시모나. 오른쪽으로 도시오. 이제 90번 도로를 벗어나 99번 도로로 접어든다. 국경에 가까워질수록 점점 더 주위가 소란스러워지고, 사람들의 말을 알아들을 수가 없다. 강이 많아지는 까닭에 물 흐르는 소리가 사람의 목소리를 덮어버리기 때문이다. 이 고장이 자랑하는 관광 시설 중에서 나는 단연코 키부츠 식당 단을 권한다. 나무로 지은 식당은 일본이 자랑하는 전통 여관 같은 분위기를 풍긴다. 이곳에서는 물 위에서 식사를 한다. 이웃에 있는 헛간에서는 송어를 양식한다. 셀 수 없을 정도로 많은 오리들이 아이들을 즐겁게 해준다. 그와 동시에 하나의 의문이 당신의 머릿속에 떠오를 것이다. 지금 이 순간 내가 지구상에서 가장 전쟁이 잦은 지역 한가운데에 와 있다는 사실을 어떻게 받아들일 것인가? 그리고 보면 자연은 때로 인간들의 부산스러움을 무색하게 만드는 평상심이랄까 무심함을 고스란히 간직하고 있는 듯하다.

요르단 강과 염분 제거 공장 이스라엘

*

99번 도로는 이 행복이 충만한 계곡을 벗어나 경사로를 올라간다. 1949년부터 1967년 전쟁이 일어나기 전까지는 바로 그 고개 초입이 이스라엘과 시리아의 국경선이었다. 지금은 아무런 흔적도 남아 있지 않지만 고개를 올라갈수록 한 가지 사실, 즉 골란 고원을 차지하는 나라가 갈릴리의 모든 물을 차지할 수 있다는 사실만큼은 분명해진다. 갈릴리의 물이야말로 요르단 강과 이스라엘을 지탱해주는 가장 중요한 힘의 원천이다. 십자군 원정대들의 판단도 틀리지 않았다. 그들이 정상에 쌓아 올린 성벽에서는 사방의 풍경이 내려다보인다.

여전히 오르막길인 도로는 안개가 잔뜩 내려앉은 숲으로 들어선다. 조금만 더 가면 아무것도 보이지 않을 듯하다. 지나온 길을 되돌아보기 위해서 노변에 차를 세운다. 소나기 사이사이로 언뜻 모습을 드러내는 약간 노르스름한 빛을 띤 날카로운 햇살이 주변 공기를 한층 투명하게 만들어준다는 사실을 모르는 사람은 없다. 시선은 어느새 햇살에 취해버린 듯, 평소 같으면 볼 수 없는 아득히 먼 곳을 향해 자유롭게 날아간다. 바로 정면에 보이는 절벽 뒤편은 헤즈볼라의 은신처이다. 오른쪽에서 북쪽을 보면 갈라진 틈 사이로 보이는 곳이 레바논이다. 리타니 강이 흐르는 레바논 남부는 여러 나라가 각축전을 벌이는 격전지이다. 벤구리온에 이어 모셰 다얀 총리는 이 지역의 강변에 이스라엘 군대를 파병하여 수자원을 통제했다. 이제 천천히 몸을 한 바퀴 돌리면, 헤르몬 산이 장대한 위엄을 드러낸다. 대국 시리아가 아주 가까운 고지에서 이스라엘을 내려다보고 있는 형국이다. 그저 시선을 옮겨 둘러보면 된다. 풍경만 보면 그것이 저절로 지정학 강의가 된다. 유감스럽게도 시원찮은 내 시력으로 터키까지는 볼 수가 없다. 하지만 저 너머로 터키가 있음을 어찌 생각하지 않을 수 있을까? 지중해에서 아르메니아에 이르는 광대한 지역에 걸쳐 솟아 있는 토로스 산맥은 근동 지방 제1의 물 저장고이다. 이에 비하면 골란 고원은 작은 동네 저수지에 불과하다. 토로스 산맥으로부터 흘러내리는 강 중에서는 특히 티그리스 강과 유프라테스 강을 꼽을 수 있다. 이 대목에서 어원학과 지리학이 만난다. 메소포타미아가 무엇인가? 두 개의 강(포타미아) 사이에(메소) 낀 영토를 의미하는 말 아닌가?

　물의 주인인 터키가 이 지역을 지배한다. 터키와 이스라엘은 비교적 관계가 좋으므로, 터키 측에서 해마다 5천만 세제곱미터의 물(대용량 탱크 또는 예선이 끄는 해파리형 물 주머니에 넣어 운반이 가능)을 이스라엘 측에 제공하겠다고 제안했다. 이스라엘에게…… 강을 하나 파는 계획도 추진 중이다. 세이한 강 또는 제이한 강이 거론되고 있는데, 이 두 강은 모두 이스켄데룬 만으로 흘러간다. 이스켄데룬 만에서부터 일종의 운하처럼 거대한 물 수송구가 이스라엘까지 이어지게 된다. 안전을 위해서, 이 물 수송구는 바닷속을 지나도록 만들어지며, 하이파에 이르러서야 지상으로 모습을 드러내게 된다.

　이와 같은 사업을 통해서 이스라엘은 해마다 1백억 세제곱미터의 물을 공급받을 수 있을 것으로 예상된다. 총 공사비는 1백억 달러 이상이다.

　이처럼 거대한 계획은 현재로서는 캐비닛 속에서 잠을 자고 있는 중이므로, 우리는 다시 깨어 있는 현실로 돌아오자.

요르단 강과 염분 제거 공장 이스라엘

＊

일반적으로 산악 지대에 사는 사람들은 평온한 삶을 즐기는 사람들이다. 거기에는 그럴 만한 이유가 있다. 미친 듯한 속도로 빠르게 돌아가며 폭력이 난무하는 평지로부터의 삶에서 도피하기 위해, 불편함을 무릅쓰고 높은 곳, 접근하기도 어렵고 농사를 짓기도 힘든 곳을 찾아든 사람들이기 때문이다.

산악 지대 사람들이 평화를 사랑하는 사람들이라고 한다면(이는 조목조목 따져서 증명해볼 필요가 있는 가설이긴 하다), 산악 지대에 사는 드루즈족들은 운이 나쁜 편이다. 이들이 조국으로 삼고 뿌리를 내린 지역은, 높은 지대임에도 불구하고 각종 갈등과 분쟁에 휩쓸리기 일쑤이기 때문이다.

이스라엘의 북동쪽 끝에 위치한 마사다 마을 역시 예외가 아니다. 이 마을은 시리아와 국경을 접하고 있으며, 갈릴리 지방을 굽어본다. 몸을 조금만 굽히면 레바논 남부 지역에서 일어나는 일을 손바닥 들여다보듯이 훤히 알 수 있다.

하지만 이러한 위협조차도 드루즈족들의 낙관주의를 건드리지는 못하는 모양이다. 이 순간에도 마사다에는 집들이 들어서고 있으며, 머지않아 이 외떨어진 국경 마을의 인구는 두 배로 늘어날 전망이다.

요르단 강의 서글픈 운명

요르단 강은 자신에게 약속된 운명을 짐작이나 하고 있을까? 갈릴리 호수를 떠나 남쪽으로 흐르는 요르단 강이 키 큰 유칼리나무들이 늘어선 강안江岸으로 접어든다. 서쪽 강변에서는 수많은 사람들이 강을 보겠다고 몰려든다. 강으로서는 두려워할 것이라고는 없는 인파들이다. 이들은 좋은 의도로 충만한 사람들일 뿐이다. 만일 강물이 몸을 일으켜 언덕 너머를 볼 수 있다면, 주차장에 줄지어 늘어선 관광버스들과 온갖 기념품들을 파는 세 개의 상점, 그리고 기념품 가짓수만큼이나 많은 관광객들이 복작거리는 광경을 볼 수 있을 것이다. 이 정도면 한껏 고양된 자존심으로 뻐길 만도 하지 않은가. 붐비는 인파들 가운데에서 여남은 명의 남자와 여자가 대열에서 벗어나더니, 나머지 사람들이 박수를 치고 환호하는 가운데 강물 속으로 들어간다. 그 사람들은 기다랗고 하얀 가운을 입었다. 건장한 사람들은 강에서 헤엄을 친다. 다른 사람들은 얌전하게 강가에 서 있다.

조금 떨어진 곳에 모여 있는 한 무리의 사람들은 일종의 제례 의식이라고 할 수 있는 요르단 강에서의 수영에는 도통 관심을 보이지 않는다. 브라질 사람들이다. 예순 살쯤 되어 보이는 중년 부인은 노란색과 초록색으로 된 티셔츠를 입었다. 축구를 좋아하는 사람들이라면 익히 알고 있는 색이다. 부인은 기도를 한다. 아니, '할렐루야'라는 말로 점철된 열정적인 연설을 한다는 편이 더 어울린다.

"위로와…… 모든 젊은이들…… 할렐루야…… 연대감…… 할렐루야…… 우리 주님…… 할렐루야."

부인의 목소리에는 스포츠 중계자들에게서 엿보이는 열정과 박자감이 살아 있다. 기도하는 부인의 주위 사람들은 함께 할렐루야를 외치고,

하늘을 향해 양팔을 들어 올리며 회개하기에 여념이 없다. 한 젊은 여자는 뜨거운 눈물을 줄줄 흘린다. 메기로 보이는 커다란 물고기들이 무슨 일인지 궁금이라도 한 듯 브라질 사람들 앞으로 헤엄쳐 다닌다. 기도가 끝나자 브라질 사람들은 주머니에서 작은 병을 꺼내더니, 무릎을 꿇고 병에 성스러운 물을 담는다.

여기서 3킬로미터 떨어진 곳에서 요르단 강은 자취를 감춘다. 거대한 배관 시설이 강물을 거의 삼켜버리는 것이다. 전설적인 강에서 보잘것없는 실개천 수준으로 옹색해진 요르단 강은 갈대숲 사이를 힘겹게 헤치며 남쪽으로 계속 흘러간다.

요르단 강에서 세례를 주었던 세례 요한에게 축복 있으라!

> 그 무렵에 예수께서는 갈릴래아의 나자렛에서 요르단 강으로 요한을 찾아와 세례를 받으셨다. 그리고 물에서 올라오실 때 하늘이 갈라지며 성령이 비둘기 모양으로 당신에게 내려오시는 것을 보셨다. 그때 하늘에서 "너는 내 사랑하는 아들, 내 마음에 드는 아들이다" 하는 소리가 들려왔다.
>
> 〈마르코의 복음서〉 1장 9~11절

복음서에 적혀 있는 추억, 그리고 그 덕분에 관광객을 끌어모아 벌어들이는 짭짤한 수입이 없었다면, 요르단 강의 운명은 갈릴리(갈릴래아) 호수에서 그대로 끝났을 확률이 매우 높다. 거대한 배관 시설을 갈릴리 호수에 직접 연결시켜버릴 수도 있었을 테니 말이다. 더 규모가 큰 다른 배관 시설들이 모두 그런 식으로 설치된 것만 보더라도 그건 거의 확실하다. 배관 설비들은 이스라엘 전역에 물을 공급하는 운하로 물을 끌어온다. 그러므로 얼마 동안이나 될지는 모르겠지만, 요르단 강이 아직도 근근이 연명하는 것은 세례 요한, 오로지 세례 요한 덕분이다.

*

요르단 강의 서글픈 운명을 제대로 이해하기 위해서는 간선도로(90번 도로)에서 벗어나 오른쪽 길로 접어들어 레호브라는 작은 지방을 지난 다음, 조금 작은 도로인 667번을 타고 산으로 올라가야 한다. 가장 높은 곳(그래 봐야 해발 5백 미터도 채 안 된다)까지 가면, 테이블과 벤치가 드문드문 놓여 있다. 나들이 나온 가족들이 아름다우면서도 교훈적인 풍경을 만끽하며 피크닉을 즐길 수 있는 곳이다.

전설적인 요르단 강의 자취라고는 찾아볼 수 없다. 고작 줄을 맞춰 서 있는 나무 몇 그루가 전부이다. 내가 알아본 바에 의하면, 이 나무 대열은 그대로 요르단과의 국경선이기도 하다. 반면, 계곡에는 곳곳에 물을 저장하는 장소들이 숨어 있다. 이것들은 모두 이웃 들판에서 물을 길어오는 저수지들이다. 그렇다면 저쪽, 여기서 오른쪽으로 그다지 멀리 떨어지지 않은 곳에 위치한 요르단 서안 지구에는 무엇이 남아 있을까? 안개 속에서 희미하게 제닌 시로 짐작되는 도시의 실루엣이 드러난다.

자전거를 탄 사람이 빠른 속도로 지나간다. 오르막길에서는 힘이 들 텐데도 남자는 그다지 힘들어하는 것 같지 않다. 형광 분홍색 가죽 헬멧 아래로 보이는 남자의 머리카락은 백발이다. 남자는 물의 지정학 따위

요르단 강과 염분 제거 공장 이스라엘

에는 전혀 관심이 없어 보인다. 이제 그는 아풀라로 가는 내리막길로 접어든다. 어쩌면 남자의 오늘 일정에는 나사렛(나자렛)도 들어 있지 않을까?

염분 제거 공장

물, 도처에 물, 그러나 마실 물은 한 방울도 없다…….

우리는 콜리지가 노래한 바다의 선원들이다. 지도며 위성사진들을 보면 그건 확실하다. 우리가 사는 지구는 바다라고 불러야 마땅할 정도로, 지중해니 카스피 해니 하는 바다가 차지하는 면적(지구 전체 면적의 71퍼센트)이 넓다. 그리고 세계 인구의 40퍼센트는 해안에서 70킬로미터 이내에 모여 살고 있다. 물이 우리를 에워싸고 있지만, 우리는 그 물을 마실 수 없다. 알랭 봉바르는 1950년대에 이미 이와 같은 부당함과 싸우기로 결심했다. 바다에서 조난당한 사람들을 격려하기 위해, 그는 보트를 타고 가다가 조난을 당해도 얼마든지 살아남을 수 있음을 증명해 보이기로 했다.

텔아비브에서 남쪽으로 40킬로미터 떨어진 곳에 아슈켈론이라는 도시가 있다. 프랑스 기업 베올리아가 이곳 해변에 세운 두 개의 쌍둥이 염분 제거 공장에서는 지중해 물을 끌어다가 소금을 제거하는 작업이 24시간 내내 계속된다. 하루에 35만 세제곱미터의 식수가 생산(연간 생산량으로 환산하면 1억 1천만 세제곱미터)되며, 이는 150만 명이 마실 수 있는 양이다.

하늘은 푸르고, 엔지니어들의 말은 명료하다. 하지만 나는 온갖 종류의 질문을 중구난방으로 해댔는데, 그중에서 상당수는 아마도 어리석기 짝이 없는 우문일지도 모른다. 기술자가 나에게 모자를 하나 내민다. 그렇게 하면 내가 설명을 좀 더 잘 알아들을 거라고 생각한 것일까?

• 첫 번째 단계 : 펌프로 물을 퍼올리기

바닷속에 세 개의 파이프를 박아서 1킬로미터 떨어진 곳의 물을 끌어 올린다. 그래도 안심하시라. 파이프 속으로 물고기들까지 딸려오는 일은 없다. 이 점에서는 파이프 내부를 24시간 감시하는 카메라를 1백 퍼센트 믿어도 좋다. 다섯 개의 펌프는 1시간 동안 3만 5천 세제곱미터의 물을 공장에 공급한다.

• 두 번째 단계 : 세척하기

바다에서 바로 끌어올린 물은 깨끗하지 않다. 따라서 바닷물을 멤브레인이라는 막으로 통과시키기 전에 여러 가지 불순물을 제거해야 한다. 우선 모래를 거르고, 다음에는 탄소를 거르는 식의 일련의 여과 단계에서 1차 세척이 이루어진다. 이 단계를 거치고 나면 바닷물에 염분과 붕소 정도가 남는다.

• 세 번째 단계 : 압력을 가해서 낭비를 막기

여과 다음에 이어지는 단계는 힘을 필요로 한다. 일정한 압력(최소한 70기압)을 유지하면서 물을 막으로 보내야 한다.

공장 부속 발전소에서 이 압력을 제공한다.

하지만 누구나 잘 알고 있듯이 에너지란 워낙 고가이며, 앞으로도 그 비용이 줄어들 전망이라고는 없기 때문에 절약, 또 절약해야 하는 것은 기본이다. 절약만으로는 충분하지 않기 때문에 한 번 사용한 에너지를 재활용하는 것도 필수이다. 'ERD 시스템'이 이와 같은 기능을 수행하는데, 정확하게 어떤 방식으로 작업이 이루어지는가는 나한테 여전히 수수께끼로 남아 있다.

• 네 번째 단계 : 정화하기

그런데 도대체 막이란 무엇인가? 생물학에서 좋은 예를 볼 수 있다. 살아서 활동하는 각 신체 기관은 막이 없이는 살 수 없다. 요컨대 막이란 일종의 영리한 국경선이다. 필요한 것은 통과시키고 그렇지 않은 것은 붙잡아두기 때문이다.

• 다섯 번째 단계 : 광물 성분 재공급하기

네 번째 단계까지 거친 바닷물은 지나치게 순수하다. 여러 종류의 막을 통과한 물은 너무 깨끗하다. 아니, 그보다는 "지나치게 싱겁다"라고 말하고 싶다. 그렇기 때문에 칼슘, 마그네슘처럼 우리의 신체가 필요로 하는 몇몇 요소들을 첨가한다.

이 마지막 단계가 끝나고 다시 한 번 점검을 거친 다음에야 비로소 바닷물은 배급 단계로 접어든다.

나는 그처럼 뛰어난 능력을 지닌 기술자들, 거침없는 정치적 낙관주의로 무장한 기술자들을 길러낼 수 있는 우리 인간에 대해 새삼 자부심을 느끼면서 아슈켈론을 떠났다. 감격적인 마음이 조금만 더 컸더라면,

나의 이름으로 혹은 내 자식들의 이름으로 공업 지구를 지나가는 모든 행인(사실 굉장히 드물었다)들을 얼싸안고 감격의 눈물을 흘렸을지도 모른다(행인들은 대개 무장한 군인들이었으므로, 내가 그런 식으로 감격을 드러냈다면 겁에 질렸을 수도 있다). 어쨌거나 나는 아주 가까이에(겨우 10킬로미터) 중동의 화약고 가자 지구가 위치하고 있다는 사실조차 잠시 잊어버렸다. 과거에도 그랬고, 현재도 그러하며, 미래에도 크게 달라지지 않을 것으로 여겨지는 물로 인한 이 지역의 분쟁은 머지않아 완전히 사라질 것이다. 지구 인구의 절반가량을 차지하는 이들 바닷가 인근 지역 거주민들도 아무런 문제 없이 물을 공급받을 수 있게 된다니!

차츰 정신이 들자 나는 아슈켈론에서 느꼈던 감격을 잠깐 접어둔 채, 텔아비브에 도착해서 탐방 조사를 계속했다. 환경부 전문가들을 만나기에 앞서 전 세계 염분 제거 상황에 관한 나의 자료를 복습했다. 몇 가지 중요한 통계 숫자도 암기했다. 매일 바닷물에서 식수로 만들어지는 물의 양이 4천7백만 세제곱미터에 달한다는 사실을 숫자를 곁들여 확실하게 머릿속에 집어넣었다. 얼핏 보기에는 엄청난 양이지만, 지구상의 하루 담수 소비량을 놓고 볼 땐, 겨우 0.45퍼센트에 지나지 않는다.

나는 바닷물을 식수로 만드는 두 가지 중요한 방식, 즉 아슈켈론의 예에서 본 막을 이용한 역삼투 방식과, 전통적으로 선박에서 사용되며 해를 거듭할수록 개선되어온 증류 방식을 확실하게 정리했다. 후자의 경우 더 많은 에너지가 소요된다는 치명적인 단점이 있다.

간추려보자면, 석유가 충분할 때는 걸프 만에 위치한 물 처리 공장에서 하듯이 증류 방식을 사용한다. 그 외의 곳에서는 에너지 절약 문제가

요르단 강과 염분 제거 공장 이스라엘

첨예하게 대두되므로 삼투 방식을 사용한다.

나는 오늘도 지구본을 눈앞에 세워둔 채 잠이 들었다.

내가 사무실에 들어서자마자, 물 담당 국장은 자신이 가장 최근에 발표한 논문에 대해서 이야기하기 시작했다. 내가 방문한 아슈켈론 쌍둥이 공장이 지중해에 버리는 폐기물에 관한 논문이었다.

"제가 내린 결론은 잠정적이라는 점을 우선 말씀드립니다. 충분한 표본 조사가 아직 이루어지지 않았거든요. 폐기물 중에는 물론 염분이 있겠죠. 염분은 원래 자기가 몸담고 있었던 고향으로 돌아가는 셈이니 물결따라 단시간에 녹아버리게 되죠. 다행히도 우리 나라 정치인들은 역삼투 방식을 채택했습니다. 증류의 경우 바다로 폐기되는 염분의 양이 아홉 배나 많습니다. 우리는 화학적 찌꺼기들도 버려진다는 사실을 확인했습니다. 공장을 이따금씩 청소해야 하지 않겠습니까? 그때 나오는 폐기물인 거죠. 그리고 금속 미립자들도 있죠. 시간이 지남에 따라 공장에 녹이 스는 것은 당연한 이치 아니겠습니까? 그런데 가장 심각한 건 따로 있습니다……"

그는 자리에서 벌떡 일어났고, 우리는 하늘 위에서 가자 지구를 찍어서 커다랗게 확대한 사진 쪽으로 시선을 돌렸다.

"여기 이 동그란 점이 보이시죠? 이것이 바로 하수가 고여 있는 곳입니다. 벌써 누수가 감지되고 있죠. 게다가 자주 폭격이 있으니, 그것도 상황을 심각하게 만드는 데 일조하는 셈이죠. 수십만 세제곱미터의 하수가 바다에 버려지면, 제아무리 대단한 여과 장치와 막이 쉬지 않고 일을 한다고 해도 당해낼 재간이 없습니다……. 사람들이 선생님께서는 해류에 관심이 많으시다고 하더군요. 하지만 해류가 몰려온다고 해서 모든 문제가 다 해결되는 것은 아닙니다."

이보다 훨씬 우회적인 대담(군인들과의 대담) 덕분에 기적적인 해결책이라고 여겼던 염분 제거 공정에 대해서 나는 보다 냉정한 판단을 내리게 되었다.

첫째, 기적적인 해결책이라는 염분 제거 공정은 가시적이다.

염분 제거 공장만큼 눈에 잘 띄는 시설도 드물다. 복잡한 공정을 거쳐야 하고, 이 공정에 쓰이는 각종 여과 장치 막을 비치해야 하므로 방대한 면적이 필요하며, 따라서 염분 제거 공장은 보이지 않는 곳에 숨어 있을 수가 없다. 바다와 딱 붙은 곳에 거대한 공장을 짓는 것이 필수적이다. 테러주의자들에게는 이보다 더 좋은 표적이 있을 수 없다. 50~60킬로미터마다 새로운 공장이 들어서게 된다면 이스라엘의 해안은 이 나라에서 가장 치안이 취약한 지역이 될 것이다.

둘째, 기적적인 해결책이란 결국 '에너지를 먹는 하마'이다.

염분이 포함된 물을 막에 통과시키기 위해서는 매우 높은 압력을 가해야 한다. 이렇게 높은 압력을 얻기 위해서는 많은 에너지가 필요하다. 그렇기 때문에 염분 제거 공장에는 전기를 생산하는 발전소 시설이 따라다니기 마련이다. 발전소는 석탄이나 기름, 가스 등을 비롯하여, 때로는 우라늄을 한없이 잡아먹는다.

나는 군인들과 이야기하는 것이 즐겁다. 왜냐하면 군인들은 일반적으로 지리에 정통하기 때문이다. 뿐만 아니라 군인들은 세분화에도 남다른 애착을 보인다.

"자, 이제 염분 제거 공정에 개입하는 에너지 관련 문제들을 숙지하고 계시겠지요, 오르세나 선생님? 확실하죠?"

a) 에너지는 값이 비쌉니다. 삼투 방식(1세제곱미터당 0.4~0.8유로)이 증류 방식(0.7~1.9유로)보다 저비용이라고는 하지만, 아무리 저비용이라고 해도 비용이 드는 건 확실합니다. 그리고 이 상황은 호전될 기미가 전혀 보이지 않습니다.

b) 화석 연료는 이산화탄소를 발생시킵니다. 선생님께서는 오스트레일리아에 다녀오셨지요? 그러니 그곳의 퍼스 공장에 대해서 분명 들어보셨을 겁니다. 퍼스 공장은 윈드 팜, 즉 바람 농장입니다. 다시 말해서 아주 거대한 풍력 발전기 밭이란 말씀입니다. 바람으로 에너지를 만들죠. 좋습니다, 근사하죠! 그 나라는 광대합니다. 하지만 이스라엘처럼 손바닥만 한 나라에서는 어디에 그런 풍력기를 설치할 수 있겠습니까?

c) 우라늄에 대해 이야기해볼까요? 흔히 민간 핵 발전은 군사적인 이용과는 아무런 상관이 없다고들 하죠. 정말로 그렇게 생각하십니까? 연료에서 무기로의 이행이 불가능하다고 보시느냐고요?"

물의 실리콘 밸리 네게브 대학

교통과 통신 수단의 발달로 거리가 아무리 짧아졌다고 해도, 벌써 몇 시간째 우리는 계속 달리고 있다. 혹시 우리를 태운 자동차가 아무 예고도 없이 다른 우주 공간으로 이탈한 것은 아닐까? 혹시 우리 자동차가 시간을 거슬러 올라가고 있는 것은 아닐까? 40번 도로는 아브라함, 맞다, 성경에 나오는 바로 그 아브라함이 우물을 팠던 장소를 끼고 달린다. 자동차는 '진정한 야자수 농원'을 뜻하는 날라하살리라는 카페 겸 잡화점에 딱 한 번 멈춰 섰다. 없는 것이 없다. 음료수, 먹을거리, 백미러, 하다못해 플라스틱 칼라시니코프 총(어린이용 장난감)까지 다 있지만 정작 야자수라고는 흔적도 찾아볼 수 없다. 세 명의 베두인족이 자동차 좌석에 앉아 이야기를 나누고 있다. 모르긴 해도 언덕 꼭대기에서 좋은 시절이 오기만을 기다리고 있는 양철 가건물들 중의 하나에 사는 사람들인 것 같다. 아마도 목축으로 생계를 유지하는 것 같은데, 짐승들은 도대체 어디에 있는 것일까? 나는 언제나 '메마르다'라는 말을 좋아했다. 사실은 '메마르다'의 낙관적인 버전인 '반쯤 메마르다'라는 표현을 더 좋아한다. 그 말에는 약간의 희망이 담겨 있기 때문이다. 이곳에서 희망을 보기 위해서는 남다른 시력이 필요한데, 나한테는 그것이 부족하다. 먼지와 조약돌이 서로 희망을 빼앗아가려고 경쟁을 벌인다. 깊이 파인 도랑과 작은 규모의 계곡 때문에 대지에는 주름이 쭈글쭈글하다. 그것을 보니 가끔 물이 흐를 때도 있는 모양이다. 도로 주변으로 소규모 신도시들이 여기저기에서 솟아난다. 새로 지은 듯한 50여 채의 건물들이 눈에 들어온다. 2층이나 3층 높이의 낮은 건물들이다. 어쩌다가 나무들도 눈에 띄고, '호수'라고 표시된 화살표도 보이는가 하면, '유원지'라는 표지판도 세워져 있다. 그리고 나자 다시 모래와 조약돌, 그리고 언덕 저 너머로 보이는 성벽뿐이다. 조금 더 가니 '낙타 조심'이라고 쓴 표지판이 나온다.

요르단 강과 염분 제거 공장 이스라엘

마침내 스데보케르에 이르렀다.

"왜 이렇게 사막 한가운데에 대학을 지었나요?"

"이스라엘의 창시자 벤구리온은 이렇게 말했습니다. '이스라엘은 3분의 1이 사막으로 이루어졌다. 그러니 사막을 길들이는 데 성공하지 못한다면, 이스라엘은 죽은 것과 마찬가지다.' 벤구리온은 명상을 하기 위해 여기서 그리 멀지 않은 곳에 있는 오두막집에 자주 왔습니다. 그는 그곳에 묻혔어요. 우리 나라 창시자는 사막을 좋아했죠. 그가 옳아요. 사막에는 분명 고유한 가치가 있고, 그건 이스라엘의 가치가 되어야 해요. 텔아비브에 들렀다가 오시는 길이라고 하셨죠? 거긴 아주 다른 세상이죠!"

카사블랑카에서 태어났으며, 넓적한 얼굴에 웃기 좋아하는 사미 부시바 교수는 예전에는 작고 다부진 몸매의 소유자였는데, 이제는 살집이 투실투실 올랐다. 다음 약속이 잡혀 있어서 그런지, 그는 서두르는 기색이 역력했다. 그가 하는 말의 요점은 아주 간단했다. 해조류가 지구를 구해줄 것이라는 말이었다. 그의 말에 설득당하는 데에는 단 30분도 걸리지 않았다. 그가 이끌고 있는 실험실로 얼른 달려가보면 되는 일이었다.

"지구가 처음 생겨났을 무렵엔 바다, 그러니까 원시의 액체 속에는 해조류들이 살고 있었습니다. 우리는 모두 이 단순한 생물의 후손이죠. 원숭이는 그보다 훨씬 나중 이야기고요. 선생님도 동의하시죠? 좋습니다! 그래서 우리는 처음으로 되돌아가보기로 결정했습니다. 선생님도 이 여행을 함께 하실 준비가 되셨습니까? 좋아요! 그러면 이 창고 안으로 들어가시죠. 저기, 스무 개쯤 되는 비닐 주머니 보이십니까? 초록 빛깔이 뒤엉킨 덩어리도 보이시고요? 저게 바로 해조류들입니다. 우리는 우선 저걸 물고기들의 먹이로 사용합니다. 물고기 양식의 이점을 아십니까? 모든 양식업 중에서 물을 가장 적게 필요로 한다는 점이죠. 물고기들이 원래의 환경 속에 놓여 있으니까요."

부시바 교수의 말은 점점 더 빨라졌다. 발걸음을 재촉하는가 하면, 몇 단계를 건너뛰기도 했다.

"그러면 이제 2번 창고로 가실까요?"

수족관용 어류 수백 마리가 아가리를 커다랗게 벌린 채 먹이를 기다리고 있었다.

비록 이 형형색색의 물고기들을 팔아서 얻는 수익도 만만치 않다고는 하지만, 우리는 그보다 훨씬 더 진지하고 심각한 일에 집중하기로 했다. 문을 열고 다른 방으로 갔다. 그곳에서도 사막의 찝찔한 물속에서 해조류를 먹이로 하여 물고기들을 기르고 있었는데, 앞서 본 관상용 물고기들과는 달리 이들은 식용 물고기들이었다. 통 안에는 여러 지역으로부터 온 찝찔한 물이 담겨져 있었다. 우리는 치어들의 발달 상태를 관찰했다. 염분 부족(또는 과잉)은 성장을 저해한다. 레드 틸리피아라는 예쁜 이름을 가진 물고기들이 청소를 도맡았다. 청결함을 좋아하며 길을 잃는 법이 없는 이 물고기들은 다른 물고기들의 배설물을 게걸스럽게 먹어댄다.

6번 창고는 정화가 이루어지는 곳이었는데, 평온하고 세련된 데다 일본풍이 느껴지는 분위기는 여느 창고와 완전히 달랐다. 노란 연꽃으로 덮인 일종의 습지였다. 연꽃이라는 식물은 한 뿌리에 10달러라는 비싼 값을 지불할 수 있는 고객만을 상대하며, 뿌리가 물을 깨끗하게 정화시킨다는 두 가지 이점을 지니고 있다. 정화 작업이 이루어지는 동안 다른 물고기들은, 크기는 비록 작지만 아직까지 누구에게든 해를 입힐 엄두도 내지 않는 모기의 유충을 잡아먹는다.

실험실 탐방은 야외로 나와 들판 한가운데서 막을 내렸다. 그곳에서는 연꽃이 마음 좋게도 정성껏 정화시킨 물을 주어 기른 관목들이 자라고 있었다. 이름을 알 수 없는 이 관목들은 호두를 생산한다. 호두를 부수면 기름이 나오는데, 이 기름은 유용성 면에서 보면 경유와 비슷하다.

과연 이스라엘은 재활용의 달인이었다. 나는 시드니에서 만났던 일단의 전문가들이 생각났다. 아카데미 프랑세즈가 그 사람들이 사용했던 영어를 그대로 가져다 쓰는 나를 용서해주기를 바란다. Water Re-Use(물 재활용) 만세!

부시바 교수에 따르면, 해조류의 비밀은 아직도 상당 부분 베일에 가려져 있다. 그가 이끄는 실험실에서는 비타민과 오메가 VI 농축물을 생산하고 있다. 이 두 가지는 노화 방지를 위해 투쟁할 준비가 되어 있는 사람들에게는 더할 나위 없이 유용한 물질들이며, 운이 좋으면 성공할 확률도 상당히 높다고 한다. 그러나 뭐니 뭐니 해도 부시바 교수의 실험실이 거둔 가장 큰 성과라고 한다면, 바로 말라리아 치료에 특효가 있는 기적의 해조류를 발견했다는 점일 것이다. 그 해조류를 습지에 심기만 한다면 즉시 모든 모기의 유충들은 독사 毒死할 것이다…….

부시바 교수는 양손을 비벼댔다. 고향인 카사블랑카에서는 그를 몹시 자랑스럽게 여길 것이 틀림없다. 그가 이끄는 실험실은 조만간 큰돈을 벌어들이게 될 테니까.

약간의 우월감을 감추지 않는 미소 속에서 그의 야심이 보기보다 훨씬 크다는 사실을 짐작하기란 어려운 일이 아니었다. 솔직히 그는 〈창세기〉를 새로 쓰고자 하는 야망을 키워가고 있었다. 전적으로 새로 쓰는 것이 불가능하다면 적어도 보충은 할 수 있어야 한다고 믿는다. 조물주는 이른바 '원시의 액체'를 만들었고, 그 액체에서 해조류들이 탄생했으며, 해조류에서 모든 생물들이 태어났고, 그 생물들 중의 하나가 인간이다. 부시바 교수와 그의 연구진은 새로운 길을 열 것이며, 진화라는 거대한 강물에 하나의 중요한 지천을 보태게 될 것이다. 똑같은 자료를 가지고 다른 종류의 해조류를 만들어, 해조류의 원래 자손(그러니까 결국 우리 인간을 가리킨다)의 자식들을 위해서 사용하려고 한다.

"멕시코 교수들을 만나야 하는 다른 약속이 있어서, 죄송하지만 이쯤에서 인사를 드려야겠습니다. 그들도 물 때문에 문제가 있는 것 같더라고요. 물 걱정은 우리만 하는 게 아니더군요!"

옆 건물에서는 젊고 전도유망한 또 다른 학자 오퍼 다한 박사가 토양 오염의 확산 정도를 측정할 수 있는 시스템을 개발했다. 그가 이 시스템을 개발하기 전까지는, 임의적인 표본 채취를 통해 지하수층이 오염되었음을 알아내어 그에 대한 조치를 취했지만, 그 조치에 따른 행동을 개시하기까지 너무 오랜 시간이 소요되었으며, 그나마 정확한 장소를 찾아내지 못해 주먹구구식으로 미봉책을 마련하는 데 그치는 경우가 비일비재했다. 땅속 깊이 일종의 집전 장치 네크워크를 박아 넣는 방식이 개발됨으로써 이제는 여러 지점의 다양한 상태를 파악할 수 있고, 위험 정도에 따라 경고를 할 수도 있다.

  같은 캠퍼스 내의 다른 곳에서는 전 세계에서 몰려온 열 명의 건축가들이 미래의 주거 형태에 대해 연구를 진행하고 있다. 뜨거운 태양열로부터 어떻게 하면 신체를 보호할 수 있을까? 이 열을 어떤 방식으로 이용할 수 있을까? 태양 에너지를…… 주택을 냉각시키는 데 사용하는 것은 가능한 일일까? 내일의 에어컨은 태양열로 작동될 공산이 크다.

  이웃 건물에서는 차기 노벨상 후보들이 식물 유전공학을 연구하느라 여념이 없다. 그런가 하면 염분 제거의 신기술 개발에 열을 올리는 사람들도 눈에 띈다. 수리학과 미생물학(지하수층의 기능, 미생물을 이용한 폐수 처리 방안……)을 연구하는 독립된 과科도 있다. 국제 '사막학' 연구 센터에서는 국적을 초월하여 전 세계의 학생들을 받아들인다. 모하마드 타헤르는 요르단 출신 유학생으로, 학명이 지지푸스 마우리타니아 *Ziziphus mauritania*인 식물에 대한 논문을 마무리 짓고 있는 중이다. 관목에 속하는 이 식물의 열매는 '사막의 사과'라고 불린다…….

  나는 어째서 이 대학이 사막 한가운데에 자리 잡아야 했는지 이제 잘 이해하게 되었다. 사막은 이 모든 연구의 중심 주제이다. 어떻게 하면 사막에 대항할 수 있는가? 어떻게 하면 사막에서 사막을 길들일 수 있는 효과적인 무기를 찾아낼 수 있는가?

  연구비를 조달하는 방식은 지극히 단순하다. 전 세계에서 연구비를 끌어들인다. 일반적으로, 독지가가 거액의 기부금을 내면 그의 이름을 딴 연구소를 짓는 식이다. 사막의 잔인무도함에 대항해서 벌이는 인류의 전쟁에 동참하는 것보다 더 큰 영예가 어디 있겠는가? 나는 필요하다면 조세제도를 좀 더 유연하게 운용함으로써 독지가들의 참여를 부추길 수 있지 않을까 상상해본다…….

이렇듯 스데보케르는 즐겁고 떠들썩한 가운데, 기초 학문 연구와 실습이 손에 손을 맞잡고 나란히 발전해나간다. 이스라엘에서는 인류의 미래를 위해 없어서는 안 될 전문적인 연구가 축적되고 있다. 대학은 기업들과 밀접한 연계 속에서 연구를 진행한다. 이른바 물의 실리콘 밸리가 형성되고 있는 것이다. 관개 기술에서 단연 리더라고 할 수 있는 네타핌 같은 중견 기업이 수십 개의 벤처 기업과 어깨를 이웃하고 있다. 사막의 진전을 막기 위해 메마른 지대 도처에서 이루어지는 생명의 기제와 그에 대한 지식을 쌓아가는 동시에, 생명을 확산시켜나가는 방안을 연구하기 위해 머리를 맞대는 것이다. 세계적인 기후 온난화 현상 덕분에 사막의 대학은 실직 걱정은 하지 않아도 좋을 듯하다. 이미 지구상의 100개국, 15억 인구가 사막화로 위협받고 있기 때문이다!

아브라함에서 블래스 씨까지

어찌 되었든 인류를 위해 가장 큰일을 한 사람들 가운데 한 명인 심하 블래스라는 인물에 대해서 나는 상당 기간에 걸쳐 꽤 많은 정보를 수집해야 했다. 구글에서는 오로지 그가 태어난 나라(폴란드)와 사회적 지위(수력학 기술자), 그리고 그가 이스라엘 치수 정책을 기획하고 실행에 옮긴 사람이라는 사실 정도만을 확인했다. 한 인물에 대해서 제법 상세한 묘사를 함으로써 그에게 경의를 표하고자 하는 나 같은 사람에게는 너무나 빈약한 정보였다.

 블래스 선생의 가장 큰 업적은 인류의 복지, 즉 한 방울 한 방울 꼭 집에서 필요한 곳에만 물을 주는 것이 가능하도록(점적관수 재배 – 옮긴이) 만들었다는 점이다. 자연적으로 물이 흔한 나라의 경작자들이나 정원사들은 아무렇게나 물을 주는 경향이 있다. 반면 메마른 지역에 사는 그들의 동료들은 그들에 비해서 훨씬 물을 아껴야 한다. 필요는 발명의 어머니라고, 그렇기 때문에 그들은 훨씬 슬기로운 방식으로 물을 준다.

 꾀가 아주 많은 블래스 선생 덕분에 물은 새싹 하나하나의 발치마다 정확하게, 꼭 필요한 양을 토지의 경사 정도와 상관없이 적절한 관리하에 줄 수 있다. 잎사귀에는 물이 닿지 않으므로 이미 사용한 하수를 별다른 처리 과정을 거치지 않고 줄 수 있으며, 이로 인한 건강상의 위험은 전혀 없다. 그뿐 아니라 잎사귀들은 '돋보기 효과'로 인하여 타들어 갈 염려도 없다. '돋보기 효과'란 잘 알다시피, 한 방울의 물을 통해서 태양 광선의 힘이 여러 배로 증가하는 현상을 가리킨다. 이 외에도 여러 가지 이점이 있다. 예를 들어 비료가 물과 동시에 식물에게 투여될 수 있으며, 뿌리는 항상 청결하게 세척되므로 염분으로부터 보호된다. 물론 식물의 성장은 최소한으로 유지되겠지만, 수분의 증발 또한 최소한으로 유지할 수 있다…….

 블래스 선생은 축하를 받을 자격이 충분하고도 남는 특출한 인물이다. 하이파에서도 그렇듯이, 스데보케르를 비롯한 이스라엘의 대학들에서는 저마다 블래스 선생의 뒤를 이어 그가 이룩한 발명품을 좀 더 향상시키고 혁신시키는 일에 매진하고 있다. 우물을 판 아브라함으로부터 블래스 선생의 뜻을 이어받은 자들에 이르기까지, 이스라엘에서는 물을 얻기 위한 전쟁이 여전히 현재 진행형이다. 한 방울의 물이 지닌 유용성까지도 알뜰하게 활용하고, 너무 많은 양의 물을 필요로 하는 식물은 만들어내지 않는 등, 도처에서 미래의 농업이 준비되고 있다. 스데보케르는 그러한 온상 중의 하나이다.

감탄을 금할 수 없다.

*

굉장히 넓은 학교 식당에서 저녁 식사로, 북아프리카의 베르베르족들이 즐겨먹는 요리인 쿠스쿠스를 먹었다. 교수들이 앉는 식탁(티셔츠, 반바지에 슬리퍼 차림)과 학생들이 앉는 식탁(티셔츠, 반바지에 슬리퍼 차림). 유일하게 한 개의 식탁만이 올리브 녹색이다. 여덟 명의 젊은 여군들이다. 여자 장병들은 이곳에서 '환경 문제 입문' 연수를 받고 있다.

밖에는 밤이 깔렸다. 하지만 조금도 서두를 까닭이 없다. 나의 잠자리인 키부츠 마샤베이 사드의 책임자가, 안내 데스크는 오후 5시면 업무를 끝낸다고 일러주었다.

키부츠! 나는 신화 속으로 걸어가게 되리라고 믿었다. 물에 관심이 많다는 프랑스 출신 글쟁이와의 만남에 호기심과 기대를 보이며 하룻밤 쉬어가는 잠자리를 제공하는 야성적인 농업 개척자들의 공동체라니……. 나는 따뜻하고 화기애애한 접대와 새벽까지 이어지는 열띤(그러면서도 솔직한) 토론을 상상했다. 그런데 어둠 속에서 보이는 거라고는 다른 휴양지에서 흔히 보는 천편일률적인 숙박 시설과, 나처럼 여행 가

요르단 강과 염분 제거 공장 이스라엘

방을 끌고서 예약한 방갈로를 찾지 못한 채 헤매고 있는 길 잃은 관광객들이 전부였다.

시간이 조금 더 지난 다음에야 나는 키부츠에 살고 있는 대부분의 사람들이 예전의 키부츠 주민들과는 아주 다른 부류의 사람들이라는 사실을 알았다. 이곳 주민들 중 밭일을 하는 사람들이라고는 거의 없고, 대개 관광이나 첨단 기술 등 농사보다 훨씬 더 수익성이 높은 생업에 종사하고 있었다. 이웃 방갈로에 들어온 사람들은 나와 동향인 프랑스 사람들로 약간 시끄러운 편이었다. 호기심 많은 나는 얇은 벽에 귀를 대어 보았다. 이 사람들의 흥분감을 어떻게 나무랄 수 있을까? 그들은 '예수의 발자취를 따라 걷는' 순례 여행 중이었다.

다시 정적이 찾아왔다. 귀뚜라미들의 합창 소리가 들린다. 도대체 저놈의 헬리콥터들은 한밤중에 뭐하려고 온 하늘을 헤집고 다니는 것일까?

사해를 살리는 길

예루살렘(해발 8백 미터)에서 사해(해발 4백 미터)까지는 명실상부한 고속도로가 놓여 있었다.

이 작은, 아주 작은 나라에서는 공간 속으로 여행을 한다기보다 시간 속으로 여행을 한다고 말하는 편이 훨씬 그럴듯하다는 확신이 든다. 고속도로는 모래 속만을 뚫고 지나는 것이 아니었다. 길은 태고 시대까지 이어준다. 여러 문명이 이곳에서 명멸했다. 문명이 존재했다는 것은 물이 있었다는 가장 확실한 증거이다. 그 후 물이 사라짐에 따라 문명도

시들어갔다. "사해!", "사해!" 운전기사는 동쪽을 가리키며 계속 같은 말을 되풀이한다. 사해는 전염성이 강한 모양이다! 이 부근에서 생존하려면 상당히 억척스러워야 한다⋯⋯. 여기저기에 베두인족 '부락'(말이 좋아 부락이지 솔직히 빈민촌이나 다름없다. 양철과 천으로 지은 헛간 같은 집과 염소 몇 마리가 이들의 전 재산이다)이 눈에 띈다.

고도가 내려갈수록 기온은 올라간다. 해발 0(열린 바다, 다시 말해서 죽지 않은 바다들의 수면 높이를 가리킨다)인 곳에 주차장이 있고, 낙타 한 마리가 관광객을 기다린다. 20달러를 내면 낙타 등에 올라타고, 해발 0이라고 적어놓은 절벽을 배경으로 사진을 찍을 수 있다.

하강은 계속된다. 숨쉬기가 점점 더 어려워진다. 눈앞에 갑자기 탁 트인 풍경이 펼쳐진다. 모래보다 더 잿빛으로 보이는 공간이다. 바로 사해이다. 정면에 보이는 산들은 온통 붉은색이다. 일몰의 태양 광선을 보여주기 위해 그곳에 있는 것처럼 보인다. 거기가 바로 요르단이다.

가까이 가고 싶은 마음이 전혀 생겨나지 않는 바다, 몸을 담그고 싶은 마음은 더더욱 생기지 않는 바다. 그날따라 유난히 거세게 몰아치던 바람에도 거의 움직이지 않는 저 묵직해 보이는 물질이 정말 물일까? 한창 융합 중인 금속의 낮고 끈끈한 움직임이라는 편이 더 어울릴 것 같다. 염도가 유난히 높다는 것만으로는 충분한 설명이 되지 않는다. 어딘가에 불이 있는 것은 아닐까? 혹시 신이 벼락을 내려 죄 많은 두 도시 소돔과 고모라를 태워버렸다는 일화가 떠올랐기 때문일까? 몇몇 학자들, 성경의 내용을 일일이 사실로서 확인해보려는 학자들은 가끔 '이성적인' 설명을 제시하기도 한다. 죄 많은 두 도시가 인근 지역에 흔히 널려 있는 역청을 주요 건축 자재로 이용하여 건설되었기 때문이라는 것이다. 잘 알다시피 역청이라는 물질은 석유를 품고 있기 때문에 자그마한 불길만으로도 활활 타오른다.

어쨌거나, 신께서는 두 도시를 태워버리는 것으로도 부족하여 소돔과 고모라를 아예 사해 깊숙한 곳으로 가라앉게 만드셨다. 그래도 소용이 없다. 이 지역에서는 지금도 유황이 타오르는 분위기가 느껴진다. 기후 탓인지 유난히도 자유분방한 성 풍습을 지닌 이스라엘 젊은이들을 보면, 또다시 신의 진노를 사서 벌을 받을지 모른다는 두려움도 순간의 희열 앞에서는 어쩌지 못하는 것 같아 보인다. 더위가 극성을 부리는 계절이 되면 이 황량한 물가에서 뜨거운 밤을 보내는 이들이 적지 않을 것이 분명하다…….

*

요르단 강이 어느 지점에서 사해로 흘러드는지를 찾느라고 애를 쓸 필요는 없다. 우리는 갈릴리 호수에서 강이 시작되기가 무섭게 인간들이 그 물을 다 끌어다 쓴다는 사실을 알고 있기 때문이다. 하지만 샤토브리앙은 지금으로부터 2세기쯤 전에 요르단 강의 자취를 찾기 위해 실눈을 뜨고 주변을 살펴보았다.

우리는 길을 떠나 한 시간 반 동안이나 무진 애를 쓰며 희고 섬세한 모래가 깔린 백사장을 찾아다녔다. 우리는 메마른 바닥 한가운데에서 솟아나 나를 깜짝 놀라게 하는 야생 박하 나무와 타마린드 나무가 우거진 작은 숲을 향해 걸어갔다. 갑자기 베들레헴 사람들이 걸음을 멈추더니, 덤불 깊숙한 곳에 있었지만 내가 보지 못한 무엇인가를 손으로 가리켰다. 나는 그것이 무엇인지 잘 알 수는 없었지만 꼼짝 않고 요지부동으로 버티는 바닥 위에서 움직이는 모래 같다고 느꼈다. 이 희한한 물체에 다가서자 비로소 나는 그것이 누런 강임을, 강의 양편을 내가 미처 눈여겨보지 못했음을 알 수 있었다. 양쪽으로 둘러싸인 강은 상당히 높은 물결을 일으키며 천천히 흘러갔다. 요르단 강이었다.

만일 적대적인 분위기를 지닌 이곳에서 갑자기 부드러움을 느끼고 싶은 욕망이 솟구치거들랑 지체하지 말고 북쪽으로 몇 킬로미터 정도 올라가보라. 군사 철조망을 뚫고 지나가야 한다. 그 정도는 이제 습관이 되어버렸다. 인내심을 잃지 말고 계속 가라. 예리코(여리고)가 기다리고 있다. 약속된 땅, 여호수아가 정복한 땅, 그가 나팔을 불자 성벽이 저절로 주저앉아 버린 도시 예리코. 그곳 주민들은 미소로 당신을 맞아주고, 천천히 여유롭게 걸으며, 고함치지 않고 나직하게 말한다. 왠지 모르게, 세대를 거듭하면서 산전수전 다 겪은 탓에 그렇게 되었으리라는 느낌이 든다. 예리코는 더 이상 역사라면, 옛날 역사건 요즘 역사건, 나팔 소리건 칼라시니코프 총이건 모두 지긋지긋하다. 예리코는 그저 평온만을 바란다. 커피에 설탕을 넣으시겠어요? 의자를 조금만 뒤로 빼보세요, 부겐빌레아가 더 잘 보일 테니까요. 예리코에 오신 걸 환영합니다!

*

사해는 계속 죽어가고 있다. 해수면의 높이는 해마다 낮아진다. 주변

요르단 강과 염분 제거 공장 이스라엘

공기에는 온통 염분이 녹아서 숨을 들이쉴 때마다 코와 기관지가 타들어가는 것 같다. 어떻게 할 것인가? 운하를 건설해서 홍해의 바닷물을 끌어오는 방법이 있다.

지리적인 여건이 그와 같은 아이디어를 탄생시켰으리라고 짐작된다. 각 지점의 해발 고도를 비교해보기만 해도 답이 나온다. 시나이의 남쪽에 위치한 에일라트 쪽의 홍해는 사해보다 4백 미터가량 고도가 높다. 그러니 홍해에서 펌프질해서 물을 퍼올린 다음, 그 물로 사해를 채우자는 의견이 충분히 나올 법하다.

이렇게 할 경우 이점도 많다.

첫째, 물이 흐르게 될 길 전체가 경사면이기 때문에 이를 이용하면 염분 제거에 필요한 에너지를 생산해내는 터빈을 돌릴 동력을 생산할 수 있다.

둘째, 염분이 제거된 물로 여러 개의 오아시스를 차례로 만들 수 있다. 사막이 다시 살아나게 되는 것이다.

셋째, 사해의 해수면이 다시금 상승하게 되면, 이 지역 관광의 견인차 역할을 할 수 있으며, 현재 진행 중인 재앙에 가까운 토양 부식 현상을 억제할 수 있고, 기후 또한 지금보다 훨씬 온화해질 수 있다.

이것이 현실이 되는 날, 수에즈 운하는 이 지역 유일의 대운하로서의 지위를 상실하게 될 것이다. 홍해-사해 운하가 십여 년 후면 완성될 수도 있다. 현재 진행되고 있는 타당성 연구에 자금이 몰리는 현상이 이와 같은 예측을 가능하게 해준다.

기술자 파델 카와시 씨

　기술자 파델 카와시 씨의 사무실에서는 두 귀를 쫑긋 세워야 한다. 바깥에서 늘 바람이 세차게 불기 때문이다. 요르단 서안 지구에 부는 바람이란 바람은 모두 이곳, 라말라 초입에서 만나기로 약속한 다음, 힘을 합해 6층을 공격하는 게 아닌가 싶을 정도이다. 오늘은 11월 7일이다. 4월 이후 비라고는 한 방울도 내리지 않았다. 시커먼 구름들이 지나간다. 파델 씨는 구름의 진행 경로를 관찰한다. 그의 사무실에서 두 귀를 쫑긋 세워야 하는 두 번째 이유는 파델 씨의 목소리가 아주 부드럽고 조그맣기 때문이다. 그는 마치 속삭이듯이 말한다. 목소리와는 달리 그는 아주 건장한 중년의 사내이다. 그런데도 목소리가 그렇게 작은 데에는 다 이유가 있을 것이다. 이야기를 시작하면서 파델 씨는 지도를 펼친다. 나는 이제 지도 위에서 이리저리 이동하는 그의 손가락 끝만 바라본다. 손가락이 우선 동쪽에 위치한 요르단 강을 따라간다.

　"예전엔 요르단 강에 물이 콸콸 흘렀습니다. 그런데 지금은 이스라엘 사람들이 갈릴리 호수를 거의 폐쇄했습니다. 호수를 독점하기 위해서죠. 전에는 계곡에 우리 우물들이 있었죠. 그런데 지금은 이스라엘 군대가 그곳에 주둔하고 있지요. 이스라엘 군대가 우리 우물을 사용하고 있어요. 커피 드시겠습니까?"

　두 명의 비서가 기술자 파델 카와시 씨를 보좌하는데, 비서도 모두 파델 씨처럼 조용조용 이야기한다. 두 사람 중에서 좀 더 젊은 여자가 쟁반에 찻잔을 들고 나타났다. 젊은 여자는 문을 열면서 비밀을 누설했다. "여기 있어요, 삼촌." 그제야 파델 씨는 여자를 소개한다. "내 동생의 딸이죠."

요르단 강과 염분 제거 공장 이스라엘

아무리 북풍한설이 몰아친다고 한들 똘똘 뭉친 가족 앞에서야 어쩌겠는가? 파델 씨의 손가락이 다시 지도 위에서 춤을 추기 시작한다. 손가락은 이제 서쪽으로 이동한다.

"우리 나라 땅에 새로운 우물을 파려면 공동위원회의 동의를 얻어야 합니다."

나는 공동위원회라는 수수께끼 같은 조직에 대해서 묻고 싶었지만 간신히 참았다. 손가락이 계속 춤을 추도록 해야 했기 때문이다. 더구나 이제 손가락 춤은 막바지에 접어들었다.

"여기가 1967년까지의 국경입니다. 저 유명한 녹색 선이죠. 그런데 그보다 훨씬 안쪽, 그러니까 우리 나라 땅이 군사 지역으로 지정되었습니다. 그 안에서는 아무리 사소한 작업도 벌일 수가 없죠……."

나는 녹색 선 너머, 즉 이스라엘의 영토에서 서쪽으로 가면서 군데군데 보이는 파란 점을 가리켰다.

"그곳에서 일어나는 일에 대해선 우리는 아무런 반대도 할 수 없죠, 거긴 이스라엘 땅이니까요."

나는 고개를 들었다. 파델 씨는 나를 보고 웃었다.

"이 세상은 더 이상 공평하지 않아요. 지도에서 보이지 않는 곳은 산입니다. 이 우물들은 산의 발치, 다시 말해서 우리 땅에 내린 빗물이 흘러가서 만나는 곳, 강수량이 집중되는 곳에 파놓은 것들이죠. 자, 이제 결론을 내려보자면……."

파델 씨의 조카딸이 쟁반을 가지러 들어왔다. 삼촌은 조카딸이 나간 다음에야 다시 말을 이었다. 아마도 그가 지금부터 하려는 이야기는 젊은 여자들이 들어서는 안 되는 것인 모양이다.

"결론은 말입니다, 이스라엘이 우리 물의 85퍼센트[01]를 가져간다는 겁니다."

습관 들이기 나름일까, 아니면 저녁이 되면서 바람이 점점 잦아든 것일까? 어쨌거나 파델 씨의 말이 점점 더 또렷하게 들렸다.

"우리는 그 사람들보다 물을 덜 필요로 하는 것 같습니다!"

"그건 또 왜죠?"

"왜냐하면 우리는 전통 방식으로 농사를 짓기 때문이죠. 그렇게 하면 대대적인 관개가 필요 없으니까요."

어조는 달라지지 않았다. 파델 씨는 아마 화가 나도 절대 겉으로 그것을 드러내지 않을 사람 같아 보인다. 우리가 오슬로 평화 협정에 따라 만들어진 기관인 공동위원회의 물 문제 관련 회합에 대해서 물어보았을 때에도 마찬가지였다. 이스라엘 측 대표는 주요 안건을 논의하기 위한 회합을 자꾸 연기하고 있다. 그런데 뭔가를 시도하기 위해서는 양측의 동의가 있어야 하니……. "저는 팔레스타인 당국을 대표합니다, 아십니까? 하지만 팔레스타인 당국이라는 게 뭡니까?"

여전히 온화하고 부드러운 말투였다. 내가 그의 목소리에서 유일하게 긴장감을 감지한 것은(그러니까 그의 미소가 유난히 커졌다는 말이다) 딱 한 번, 내가 수영장이라는 단어를 입에 담았을 때였다. 식민 군대 점령 지역에서 이상하게도 비현실적으로 햇빛을 반사하고 있던 그 수영장들…….

[01] 이 숫자는 물론 논란을 불러일으킬 소지가 많다. 하지만 아무리 적게 잡아도 3분의 2 보다 더 내려간다고 주장할 수 있는 사람은 아무도 없다.

요르단 강과 염분 제거 공장 이스라엘

"내가 우리 국민들, 어떤 상수도 망에도 연결되어 있지 않은 우리 국민들에게 어떻게 그 수영장의 존재에 대해서 설명할 수 있겠습니까? 내가 어떻게 이 나라 젊은이들에게 남의 물을 훔치지 말고 돈을 내고 사야 한다고 말할 수 있겠습니까? 또…… 나의 무능함을 정당화시켜야 할 필요가 있을까요? 수영장이라…… 이스라엘 사람들은 과연 언제쯤이면 그들이 짓는 수영장 하나하나가 테러리스트들을 만들어낸다는 사실을 깨닫게 될까요?"

"이스라엘 사람들, 이스라엘 사람들, 언제나 그 사람들 이야기로군요……. 당신이 처한 절박한 상황을 누가 모르겠습니까? 그런데 팔레스타인도 문제가 있습니다. 이 지구상에서 팔레스타인 민족 말고 그 어떤 민족이 그처럼 많은 돈을 받았습니까? 그 돈은 다 어디로 갔습니까? 그 돈 중의 일부만이라도 상수도 망을 건설하는 데 사용할 수 있지 않았을까요?"

기술자 파델 카와시 씨는 대답을 하지 않았다. 부패 문제에 대해서는 그가 나보다 훨씬 더 잘 알고 있었다. 그는 누수 문제 전문가가 아니었던가. 하지만 세상에는 누구도 손을 쓰기 어려운 '누수'가 있는 법이다.

이제 사무실은 텅 비었다. 조카딸과 동료들은 파델 씨를 남겨두고 퇴근해버렸다. 그는 예정된 시간보다 훨씬 더 오랫동안 나를 붙잡아두고 있었다. 작별 인사를 하기 전에 나는 그에게 두 시간 전부터 입술을 근질거리게 만들던 질문을 하지 않을 수 없었다.

"이 모든 분통 터지는 일에도 불구하고 그처럼 평정심을 유지하시려면 어떻게 해야 합니까?"

"우리 동포들은 나의 분노를 필요로 하는 게 아니라 물을 필요로 하거든요……."

나중에 내가 이스라엘 환경부에서 물 담당관에게 팔레스타인에 관해서 언급하자, 그는 대뜸 흥분해서 언성을 높였다.

"선생께서는 지도를 보셨습니다. 요르단 서안 지구는 이스라엘보다 높은 곳에 위치합니다. 그곳의 물이 우리 쪽으로 흘러내려옵니다. 그 사람들이 폐수를 처리하지 않고 그대로 흘려보내면, 그게 그대로 우리에게 옵니다. 아주, 아주 불쾌한 일이죠. 게다가 우리들의 건강을 생각하면 불쾌한 정도가 아니라 위험하기까지 합니다. 그러니 그자들은 하루속히 그걸 알아야 해요. 모두들 환경을 개선하기 위해서 노력하는데, 어째서 그자들만 그렇게 하지 않는 겁니까?"

팔레스타인과의 물 문제

그것은 회색이다. 그리고 높다(8미터). 그것은 하얀 집들 사이로 요리조리 지나간다. 그것은 계곡까지도 파고든다. 언덕 위로도 거침없이 기어오른다. 끝없이 구불구불 이어진다. 멈추는 법이 없다. 계속 이어지고 또 이어진다. 그것이 무엇을 갈라놓는지 우리는 잘 알 수가 없다. 그것의 안과 밖은 쌍둥이처럼 닮았다. 그것이 있는 곳이면 어디에나 높은 망루에서 감시하는 철조망이 쳐져 있다. 대부분의 경우, 그것은 아무런 장식도 달고 있지 않다. 이따금씩 그것 위에 사람들이 글씨를 써놓기도 한

요르단 강과 염분 제거 공장 이스라엘

다. 어떤 때는 그림을 그리기도 한다. 또, "평화란 나라가 있어야 가능하다"는 식의 경건한 기원이라고나 해야 할 '광고'도 붙어 있다.

그것은 벽이다.

벽은 2000년에 들어와 높이 세워지기 시작했다. 예루살렘에서 테러가 빈번해지기 시작한 것이다. 이제 테러 행위는 줄어들었다. 그러니 벽을 세운 사람들의 심정도 이해할 만하다. 그들은 테러 행위가 멈추어지기를 원했을 것이다. 그런데 나는 그 벽에 대해서 무슨 유감이 그리도 많단 말인가? 무슨 권리로 그런단 말인가? 지금까지 내 가족 중의 어느 누구도 테러 행위에 희생된 적이 없지 않은가. 우리가 사는 지구는 언제나 벽을 사랑했다. 중국의 만리장성, 카르카손의 성벽, 마지노선, 철의 장막, 미국과 멕시코의 경계를 이루는 리오그란데 강을 따라 세워진 전기 철책…….

가끔씩 이스라엘의 벽은 끊어진다. 그러다가 10미터쯤 가서 다시 이어지곤 한다. 벽이 끊어진 곳을 소위 체크 포인트, 즉 검문소라고 한다. 이 검문소 앞에서 몇 시간이고 기다려야 할 때도 있다. 아예 지나갈 수 없을 때도 있다. 나는 꽤 괜찮은 번호판(노란색)과 그럴듯한 서류(외교관 증명서)를 구비했다. 검문소를 통과했다.

내 시야에 들어오는 풍경 속에는 벽이 그득하다. 높은 회색 벽 옆에 그보다 낮은 하얀 벽들이 보인다. 한눈에 보아도 새로 세운 벽들이다. 이 벽은 '식민지'를 의미한다. '식민지'는 처음에는 소규모 마을이었다가 점차 도시로 성장한다. 이스라엘 사람들이 팔레스타인 영토에 불법적으로 세운 마을들이 말하자면 '식민지'인 셈이다. 이 손바닥만 한 지역에 수천 개의 또 다른 벽들이 있다. 이 벽들은 낮다(대체로 1미터 정도로, 높아도 2미터를 넘지 않는다). 이 작은 벽들은 커다란 벽에 비해서 따뜻한 빛깔이라고 할 수 있는 황갈색이다. 바짝 마른 돌로 지어진 벽이다. 그 벽들은 테러리스트들을 막기 위해서라기보다 비 때문에 땅이 쓸려 내려가는 것을 방지하기 위해 세워졌다. 이 벽들 덕분에 포도 덩굴이 자라는 테라스가 만들어진다. 이 덩굴에서 자라는 포도는 술을 만드는 품종이 아니라 과일로 먹는 품종이다. 코란에서는 술을 금하기 때문이다.

벽에 붙은 광고의 내용은 사실이다. 평화란 나라가 있어야 가능하다는 말은 이곳에 오면 참으로 실감이 난다. 어린아이들은 뛰어놀고, 무심한 당나귀들이 걸어가는 위로 멧비둘기들이 날아다닌다. 어째서 목가적인 농촌 풍경은 우리에게 평안을 주는 것일까? 어째서 집들이 점점 더 많이 들어서면서 목가적인 풍경을 잠식해올 때, 헤브론이라는 도시가 시작됨을 알게 될 때 우리는 갑자기 불안감을 느끼는 것일까?

열에 들뜬 듯한 바쁜 리듬이 농촌의 평온함을 대체한다. 인도는 북적거리고, 작은 상점들은 서로 어깨를 맞댄다. 자동차 경적 소리, 줄지어 늘어선 소형 트럭들이 만들어내는 교통 체증. 나는 문득 깜짝 놀란다. 나는 이곳에서 적대감에 의해 짓눌리고 경직된 사람들을 만나리라고 예상했었다. 그러나 공사장이 개미집처럼 들어선 낯선 풍경을 만난 것이다. 도처에서 건설 작업이 한창이다. 망가진 곳은 수리하고, 낡은 것은 새것으로 바꾼다. 이와 같은 일련의 활동은 모두를 안심시킨다. 어려운 상황이지만 이처럼 맡은 일에 열심히 매진함으로써 보다 나은 미래를 가질 수 있다는 희망을 버리지 않고 있음을 보여주기 때문이다. 하지만 벽을 세우는 공정이 완전히 끝난 다음에도, 다시 말해서 완전한 고립이

요르단 강과 염분 제거 공장 이스라엘

기정사실화된 다음에도 이와 같은 역동성이 지속될 것인가? 꽉 막힌 유리병 속에서 누가 과연 장사를 할 수 있겠는가? 나는 물론 테러리즘의 위협으로 인한 제약이 상존함을 잊지 않고 있다. 하지만 담장과 식민지들로 가리가리 찢어진 이와 같은 영토에 어떻게 나라를 세운단 말인가? 제대로 된 국가가 되지 못한다면, 앞으로 팔레스타인의 운명은 어떻게 될 것인가? 과거 남아프리카 공화국의 흑인 영지 반투스탄 같은 운명에 처하게 될 것인가? 장기적인 안목에서 볼 때, 인구 밀도가 높은 반투스탄에 둘러싸인 이스라엘의 치안 문제는 어떻게 될 것인가?

가장 무심한 여행객조차도 이곳에서는 지정학에 관심을 갖지 않을 수 없다.

헤브론 시의 미래

두라라는 도시는 대도시 헤브론 시 주변을 에워싸고 있는 소도시 중의 하나이다. 두라 시의 시장은 우리 일행을 만나고 싶어 했다. 단단한 체구의 시장은 50대 중반 정도 되는 것 같았다. 시장의 양손은 크고 거칠었다. 한마디로 농부의 손이었다. 그는 아라파트와 아부 마젠의 초상화가 걸려 있는 시장 집무실에서 우리를 맞이했다. 물에 관심 있는 사람들의 대표단이라고 할 수 있는 우리는 그의 정면에 앉았다. 거의 10분마다 달콤한 커피가 새로 들어왔다.

시장은 아랍어로 우리에게 감사를 표했다. 그가 이끄는 시의 시민들은 고통을 겪고 있었다. 하루에 한 사람당 30리터가 채 안 되는 물로 생활해야 하기 때문이다. 프랑스가 비용을 지원해서 새로 만든 배관 시설과 저수지 덕분에 앞으로는 1백 리터 정도의 물을 공급받을 수 있을 거라고 한다. 30리터와 1백 리터의 차이는 보다 더 청결하고 보다 더 인간의 존엄성과 품위를 지킬 만한 생활을 할 수 있다는 것이다. 아주 젊은 보좌관이 자리에서 일어나서 그의 말을 통역한다. 통역이 끝나자 시장은 말을 멈추었고, 웃지도 않았다. 웃지 않으면서도 얼마든지 감사의 말을 할 수는 있으니까……. 환영 연설은 끝났다. 시장은 이제 우리에게 아무 관심도 없는 듯, 정면만을 응시한다.

프랑스와 팔레스타인의 물 관련 실무자 사이에 토론이 이어진다. 상황을 개선할 수 있도록 설비 보강 작업이 진행 중이다. 이스라엘 사람들은 한껏 너그러움을 발휘하여, 자기들 땅에 팔레스타인 사람들이 우물을 파도 좋다고 허가해주었다. 전문가들끼리는 "물로 인한 스트레스는 점차 줄어들 것"이라는 말에 모두 동의한다. 나는 병적인 나의 낙관주의를 한층 더 공고히 하기 위해 이 기쁜 소식에 집착한다. 내가 여행을 시작한 이후 처음 듣는 긍정적인 소식인 듯했기 때문이다. 그래서 불쑥 내 나름대로 성급하게 내린 결론을 넌지시 입 밖으로 내어본다.

"그러니까 요르단 서안 지구 남부의 물 문제는 이제 해결이 되었다, 이런 말이죠?"

내 정면에 앉은 사람은 물 배급 지역 책임자였다. 아직 젊고 명랑한 성격으로 공학을 전공한 기술자이다. 대담이 시작될 때부터 그는 미소를 잃지 않았다. 내 말을 듣더니 그의 미소가 한결 더 환해졌다. 그는 아들을 바라보듯, 아니 반드시 아들이 아니더라도 인생에 대해서 아직 아무것도 모르는 풋내기를 바라보듯 애써 온화한 표정을 지었다.

그 젊은이가 양 손바닥이 하늘로 향하게 두 팔을 치켜들었다. 운명론자들이 자주 사용하는 제스처 아니겠는가.

"한 번의 전투로 전쟁에 승리를 거두기를 원하는 자는 물과 관련된 직업을 가져서는 안 될 겁니다."

이번에는 프랑스 전문가가 끼어든다. 기적적인 배관 설비를 깔끔하게 마무리한 바로 그 전문가이다.

"길거리에서 돌아다니는 아이들의 숫자를 생각해보셨습니까?"

물 배급 지역 책임자는 두 눈을 가느다랗게 뜬다. 이제 보니 부드러우면서 체념한 듯한 그의 미소는 상관인 라말라의 미소와 닮은 데가 있다.

"어쩌겠습니까, 우리는 아이들을 좋아합니다. 그러니까 많이 낳지요. 앞으로 16년 혹은 17년 후면 우리의 인구는 두 배로 늘어날 겁니다."

나는 깜짝 놀랐다. 때로는 간단한 통계 숫자 하나가 수많은 사람과의 대담, 수많은 현장 조사보다 훨씬 더 현실을 적나라하게 보여준다.

왜냐하면 풍경이나 사람은 감정을 개입하게 만드는 반면, 통계 숫자는 그저 냉정한 숫자에 불과하기 때문이다. 나는 지금까지 방문한 모든 도시에서 어린아이들이 노는 모습, 학교 문을 나서는 꼬맹이들의 조잘거림, 어린 사람들만이 만들어낼 수 있는 맹목적인 부산스러움, 이 모든 젊음과 즐거움 앞에서 감탄해 마지않았다. 그런데 이제 그 아이들이 눈앞에서 하나의 무정형의 집합체가 되더니, 하루가 다르게 커가는 괴물 같은 덩어리로 변하고 만다. 16년 혹은 17년 후면 그 덩어리들은 이 작고 메마른 땅덩어리에서, 그나마 벽 속에 갇혀 어떻게 살아갈 것인가?

예루살렘으로 돌아오는 길목에서 거대한, 너무도 거대한 식민지 하르호마가 일몰 속에서 붉은빛을 발하는 광경을 지켜보았다. 2천5백 세대가 사는 곳이다. 게다가 이스라엘 정부의 거듭된 약속에도 불구하고, 그날 아침에만 해도 300세대를 더 모집한다는 공고가 났다. 식민지 내에서도 어린아이들은 자꾸 태어난다. 오히려 식민지 내에 거주하는 이스라엘 사람들은 팔레스타인 사람들보다 아이를 더 많이 낳는다. 연간 팔레스타인 인구 증가율이 4.6, 4.7퍼센트 정도인 데 비해서 이스라엘 점령 지역 인구 증가율은 5.8퍼센트를 웃돈다. 이렇게 된 데에는 더운 기후도 무관하지 않을 것이다. 그리고 높은 실업률로 인한 무료함도 한몫 거들었을 것이 분명하다. 또한 사랑하기에 앞서 자손을 번식하라는 종교의 가르침도 빼놓을 수 없다. 하지만 요르단 서안 지구에서 벌어지는 아이 낳기 경쟁의 가장 큰 원인은 다른 곳에 있다. 바로 공격을 위해서이다. 저항하기 위해서 아이를 낳고, 그러면서 언젠가는 상대방을 공격할 날이 오리라고 기대한다. 자손 번식은 전쟁을 계속하는 또 다른 수단인 것이다. 앞으로 닥칠 다른 전쟁에 준비하는 방식이다. 아프리카의 라이베리아나 시에라리온에만 소년병이 있는 것이 아니다. 갓난아기들은 미래의 군인들이다.

　어떤 물이 이 불을 끌 수 있을 것인가, 아니 무슨 이유로 이 불을 끈단 말인가?

　공중에서 가해진 위협이 그날 하루 중에서 가장 긴장된 순간이었다. 지시를 내리는 고함 소리에 이어 몸에서 손가락 한두 마디 정도 떨어진 곳을 향해 쏘아대는 기관총 소리. 두 명의 남자 군인과 한 명의 여자 군

요르단 강과 염분 제거 공장 이스라엘

인. 이 세 명의 이스라엘 군인들은 겁에 질렸다. 우리는 그들을 진정시키기 위해서 최선을 다했다. 아마도 이제 막 군대 생활을 시작한 초년병들인 것 같았다. 세 명 모두 스무 살도 채 안 되어 보였다. 이스라엘 사람들, 적어도 식민지에 거주하지 않는 사람들은 가구당 평균 두 자녀를 둔다. 젊음과 젊음의 대결이다. 방금 전에 헤브론에서 나는 갓 열 살이나 되었을 것 같은 어린아이들이 순찰을 도는 군인들에게 욕설을 퍼붓는 광경을 목격했다. 무장한 젊음에 대항하여 인해전술을 펴는 젊음.

이스라엘 여행을 마치며

물은 실제 그대로를 비추는 것이 아니라, 특징을 과장하며 희화시킨다.

물 또는 물과 관련된 문제가 불거질 때마다 해당 국가는 자신의 힘과 전설, 강박관념, 모순 등을 송두리째 드러낸다. 이스라엘도 마찬가지이다. 이스라엘은 이 지역에서 사용 가능한 물의 대부분을 차지하고 있으며, 그 때문에 억누르기 힘든 긴장감과 원망을 고조시키고 있다.

이와 동시에 이스라엘은 전 세계 어느 국가도 따라가지 못할 정도로 알뜰하게 물을 절약하고 있으며, 어느 누구보다도 적극적으로 한 번 쓴 물을 다시 쓰고, 그 물을 또다시 활용하는 등 끝없이 물을 재활용한다. 그런 한편으로 첨단 기술을 연마하여, 메마른 기후로 인해서 근심 걱정이 끊일 날 없는 100여 개국에 희망을 주고 있기도 하다.

주변 환경이 적대적일수록 토지를 점령하는 것이야말로 자신의 존재를 인정받을 수 있는 가장 효과적인 방법임을 나도 잘 안다. 그것이야말로 거의 절대적으로 정당성을 인정받을 수 있는 방편이다. 나는 또한 새로운 국가를 세우겠다는 꿈은 누구도 부인할 수 없는 현실에 뿌리를 내려야 하며, 지극히 단순한 가치에 입각해야 한다는 사실도 잘 알고 있다. 그런데 농업보다 더 명백한 현실이 무엇이겠는가? 하나의 국가에 밭일을 하는 사람들이 신봉하는 가치, 즉 용기와 전통 존중, 연대의식 등의 가치보다 더 유용한 가치가 무엇이겠는가? 하나의 국가를 창건하려는 사람이라면 누구나 자신의 백성을 위해 농업의 근간을 마련하겠노라는 꿈을 꾼다.

하지만 팔레스타인으로부터 그처럼 많은 땅을 병합하고, 그처럼 많은 물을 빼앗음으로써 그처럼 많은 증오를 일으키고 있는 이스라엘은 혹시 시대착오적인 것은 아닐까?

방문객으로 이 나라를 찾았던 여행자는 여행을 끝마치면서, 이제는 이스라엘의 친구가 되어 이 사회가 지니는 자유민주주의 가치(자유와 민주주의는 이 지역에서 매우 귀한 자원이다)와 놀라운 발전상 앞에서 감탄과 찬사를 아끼지 않으면서도 한편으로는 몇 가지 의문을 품지 않을 수 없다. 그냥 흘려버리기에는 너무 중대하기 때문에 쉽게 여행자의 머리를 떠날 것 같지 않은 문제들이다.

누가 오늘날 '사막에 꽃을 피우기'를 위해서 이웃집에 불을 지르는 일쯤은 무시되어도 좋다는 말을 믿겠는가? 누가 방울토마토 판매가 전 세계적으로 물을 관리할 수 있고 절약할 수 있는 첨단 기술의 개발보다 수익성이 더 높다고 믿겠는가?

멀리 떨어진 필리핀이나 인도에서 수만 명의 노동자들을(이들이 오늘

요르단 강과 염분 제거 공장 이스라엘

날 이스라엘 키부츠의 주요 주민들이다) 데려옴으로써 가장 가까운 이웃 사람들을 실업자로 전락시키는 나라가 미래의 안전을 보장해주겠다고 하면, 누가 그 말을 곧이듣겠는가?

09

지구의 온난화와
지중해 지역의 연대의식

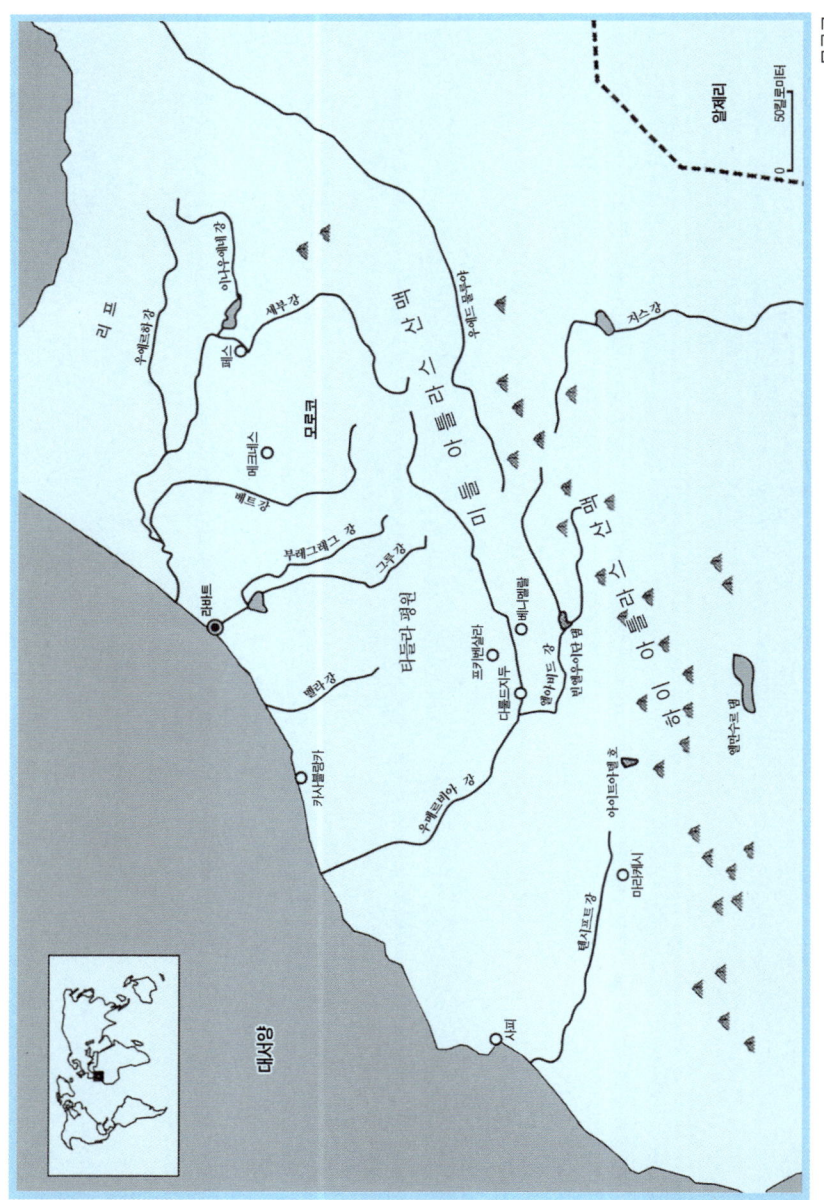

세계적인 기후 온난화와 지역적인 위기

일반적으로 사람들이 범하는 첫 번째 오류는 바로 '물은 석유가 아니다'라고 생각한다는 사실이다. 물은 재생 가능한 자원이다. 물을 이해하기 위해서는 광맥이나 지층이 아닌 주기를 생각해야 한다. 따라서 물과 관련해서는 쌓여 있는 자원이 고갈되는 것이 아니라, 순환 주기에 이상이 생기는 일을 염려해야 한다. 가령, 산림 파괴는 물의 순환 주기에 동요를 가져올 수 있으며, 강수량을 감소시킬 수 있다.

두 번째 오류 역시 광범위하게 확산되어 있다. 지구 온난화는 사용 가능한 물의 양을 감소시키는 것이 아니라, 증가시킨다고 믿는 것이다. 온실 효과가 강화되면 태양열이 지표면에서 반사되는 양이 늘어난다. 결과적으로 수증기의 증발 현상이 가속화된다. 공기 중의 습기가 많아지면 자연히 강수량이 늘어난다고 생각한다.

세 번째와 네 번째 오류를 살펴보자. 조절 기제가 작용할 것이며, 평등성이 유지될 것이라고 믿는다. 도덕심에 의해서, 그리고 지적 나태함에 의해서 우리는 강수량의 증가가 한 해 동안 고르게, 지역적으로 균등하게 분포될 것이라고 믿고 싶어 한다.

그런데 공기가 대기 중에서 움직이는 아주 복잡한 기제에 따라 상황은 우리의 예상과는 전혀 다른 방식으로 전개된다. 이 때문에 격렬함과 불편부당이 승리하게 될 것이다. 폭염과 홍수가 번갈아가며 나타날 것이다. 이미 비가 많이 내린 지역에는 홍수가 발생하며, 건조한 지역에 내리는 비의 양은 점점 줄어들 것이다.

지구 전체를 한 덩어리로 바라보는 세계화의 관점은 아무런 도움이 되지 않는다. 유용한 분석을 내놓기 위해서는 지역적인 현실에 입각해야 한다. 이를테면 지구의 한 끝과 다른 끝에서 맞는 계절은 같다고 말할 수 없다.

우리가 수긍할 수 있는 유일한 일반화라면, "비가 오지 않는 날이 늘어날 것이며, 남반구와 북반구 모두 건조한 지역이 늘어날 것이다"라는 점 정도일 것이다.

*

마그레브 지역으로 떠나면서 나는 IPCC(기후 변화에 대한 정부 간 전문가 그룹)가 작성한 최근 지역별 보고서(2007)를 지참했다. 그 보고서는 여행 기간 내내 잠시도 내게서 떠나지 않았다.

- 2100년까지 해마다 평균 기온이 2.5도 상승할 것이다.
- 해수면이 최소한 30센티미터 상승할 것이며, 이에 따라 태풍이 불 때면 홍수의 위험이 증가된다.
- 폭염의 횟수가 증가하고, 기간도 길어지며, 정도 또한 훨씬 강화될 것이다.
- 강수량은 현저하게 감소(5퍼센트에서 25퍼센트)할 것이나, 국지성 호우의 위험은 증가한다.

이 모든 예측을 종합해볼 때,

- 물 부족이 보편화될 것이며,
- 갈등이(개인 사용자들, 지역 혹은 국가 간의 갈등을 모두 포함한다) 빈번해질 것이고,

• 농업 생산성이 50퍼센트까지 저하될 수 있을 것이다.

결론적으로, 지중해 남부 연안 지역은 기후 온난화 현상으로 인해 지구상에서 가장 크게 고통받는 지역 가운데 하나가 될 것이다.

이들 지역은 특히 인구 증가로 인한 압박(2025년경이면 탕헤르에서 카이로까지의 지역에 1억 명의 인구가 늘어날 것으로 예상된다)과 무차별적 도시화로 신음하는 지역으로 기후 조건 악화까지 겹칠 경우 고통은 배가 될 것이다.

나는 이중의 시선을 견지하겠노라고 마음먹었다. 마주치는 현실마다 두 번씩 생각하기로 했다는 말이다. 다시 말해서 현재적인 관점과, 적절한 시기에 적절한 조치가 취해지지 않은 상태에서 몇 년의 시간이 흘렀을 때의 관점, 이렇게 두 가지 각도로 매사를 관찰할 것이다.

사하라 심층 지하수와 나쁜 소식

옛날 옛적에, 그러니까 지금으로부터 1만 년 전에 아주 습한 지역이 있었다. 시간이 지나서 그 지역은 사막이 될 것이고, 사하라라는 이름으로 불릴 것이다. 하지만 지금으로서는 그 지역에 비가 억수같이 내리고, 빗물은 토양 속으로 스며든다. 이처럼 습기가 많은 곳에서는, 흔히 토양은 다공질인 동시에 물을 잘 흡수하는 성질을 지니고 있으므로, 스며든 빗물을 보관하게 된다. 이와 같이 형성된 층을 지질학적인 용어로 대수층帶水層, 즉 물을 간직한 층이라고 한다.

알제리에서 리비아에 이르는 구간에는 대규모 대수층들이 형성되어 있다. 31조 세제곱미터, 즉 프랑스의 일드프랑스 지역 지하수층 저수량의 100배에 해당하는 양이 고여 있다는 말이다.

그런데 사하라의 이 대수층이 위험에 처해 있다. 무수히 많은 우물이 생겨나서 해마다 25억 세제곱미터의 물을 퍼가기 때문이다.

최근까지만 하더라도 학자들은 대수층의 물이 석유와 유사하다고, 다시 말해서 화석 자원이라고 믿었다. 하지만 이 물은 화석이 아니라 재생이 가능한 자원이다. 지구상에 떨어지는 빗물로 다시 채워진다는 말이다. 다시 채워지기는 하되 천천히, 아주 천천히, 한 해에 10억 세제곱미터도 채 되지 않게 채워진다.

퍼가는 물과 다시 채워지는 물 사이의 격차가 커짐에 따라 적자가 늘어난다. 사하라는 언젠가 지표면뿐만 아니라 지하수층까지 바짝 말라버린 메마른 곳이 될 수도 있다.

관련 3개국(알제리, 튀니지, 리비아)은 대응책을 마련하여 공동으로 대처해야 할 필요성을 인식하기 시작했다. 이들은 고위급에서 정기적으로 서로 만나 적절한 조치를 연구하기로 결정했다.

그때까지 리비아 혁명 지도자 무아마르 알 카다피는 GMMR(Great Man-Made River), 즉 대규모 인공 강 조성 사업에 박차를 가하고 있다. GMMR는 한마디로 사막 한가운데에 위치한 지하수가 풍부한 층을 찾아 거기에서 물을 퍼올리자는 계획이다. 이렇게 퍼올린 물은 화석이다. 하지만 그것이 무슨 대수이겠는가! 앞으로 50년, 1백 년 후 지하수층이 완전히 말라붙을 때까지는 물을 퍼올릴 수 있으니, 나중 일은 그때 가서 생각하면 될 것이다. 이 사업을 추진하는 데 드는 비용에 대해서라면,

오일 달러를 풍부하게 쌓아놓고 있는 혁명 지도자는 별로 걱정하지 않는다. 총 연장 길이 4천 킬로미터, 총 사업비 3백억 달러에 달하는 어마어마한 규모의 사막 배관 사업 계약을 따낼 기업은 얼마나 행복할까?

알제의 엄청난 고통

그 동네의 이름은 모하메드 사이둔이다. 지금은 모두가 잊어버린 어느 전쟁 용사의 이름에서 따왔다. 그런데 그곳 주민들은 알 수 없는 이유로 그곳을 달라스라고 부르기 시작했다. 돈 많은 군인들이 정원 딸린 그림 같은 집들을 짓고 정착했기 때문일까? 부겐빌레아들이 담장을 아름답게 치장하고 있다. 철책 너머로는 장미도 보인다. 이슬람 테러리스트들이 '암흑의 10년' 동안 저 너머에서 은신했다고 한다. 전원 같은 고요함과 테러. 알제는 이처럼 어울리지 않는 칵테일을 만드는 데 남다른 재능이 있다.

"고역이죠!"

페타 네하르 여사는 예순 살에 접어든 중년 부인이다. 체구가 작고 늘 검은 옷만 입고 다니는 네하르 여사는 얼마 전에 은퇴했다. 네하르 여사가 살고 있는 작은 아파트의 발코니에 서면, 그녀가 32년 동안 교직 생활을 했던 학교가 한눈에 들어온다. 네하르 여사는 남편과 일찍 사별한 후 혼자서 아들과 딸 사미라(의사이면서 시인으로 유명하며, 사미라 네그루슈라는 필명으로 시를 쓴다)를 키웠다. 그렇다고 해서 네하르 여사는 불평을 하는 법이 없다. 그녀가 이야기를 할 땐 정신 차려서 귀를 기울여야 한다. 한숨인지 넋두리인지 구별하기가 쉽지 않기 때문이다. 그런 네하르 여사가 여러 번 반복해서 말한다.

"고역이죠……."

"엄마, 제발 가만히 좀 앉아 계세요!"

하지만 엄마는 딸 사미라의 말을 듣지 않는다. 몇 번이고 자리에서 일어난다. 차를 끓이기 위해서, 또 그 다음에는 커피를 끓이기 위해서("혹시 마음이 달라졌을지도 모르니까요."), 그리고 또 알제리 와플 비모(바닐라 향과 초콜릿 향)를 가져오기 위해서. 네하르 여사는 카바일족 출신이다. 그러니 친절한 환대 그 자체라고 해도 과언이 아니다. 벽이며 찬장 군데군데에 이탈리아 돌로미티 산맥의 사진들이 붙어 있다.

네하르 여사는 높은 산을 좋아한다면서 얼굴을 붉힌다. 알제리에는 높은 산이 없어서 유감이라고도 했다. 네하르 여사가 점점 더 늘어가는 딸의 핀잔에도 아랑곳하지 않고, 다시 자리에서 일어난다. 이번에는 이웃 여자 사미아를 데리고 온다.

"난 선생께서 내 말을 믿지 않을까봐 두렵거든요. 사미아 얘기도 들어보세요."

사미아는 훨씬 젊다. 마흔 살이 될까 말까 한 정도이다. 밝은 빛깔 스카프로 머리카락을 감쌌다. 의자에 앉기가 무섭게 사미아는 입을 연다.

"엄청난 고통이죠. 물이야말로 정말 엄청난 고통이라고요!"

한 번은 네하르 여사가, 한 번은 사미아가, 이런 식으로 번갈아가면서 두 여자는 이야기를 한다. 요컨대 물이 부족하다는 것이다. 이틀, 사흘, 심지어는 열흘 동안 수돗물이 한 방울도 나오지 않을 때도 있다. 두 여자는 이야기를 계속한다. 이웃 여자 사미아가 좀 더 과격하다. 네하르 여사는 사미아보다 훨씬 참을성이 강하다. "이보다 훨씬 더 힘들게 산 사람들도 있는데요, 뭘."

두 여자는 안 그래도 좁은 아파트에 20리터들이 석유통이며 물병, 물단지, 대야 등에 물을 받아 늘어놓고 사는 불편함에 대해서 털어놓는다. 기다림 또한 빼놓을 수 없다. 언제 물이 다시 나올지 아는 사람은 아무도 없다. 그러니 그냥 기다릴 수밖에 없다.

밤새도록 기다릴 때도 자주 있다. 수도 파이프에서 아주 자그마한 트림 소리라도 나기 시작하면 전투가 개시된다. 온 가족이 바빠진다. 새로 물이 나오기 시작하면, 그 물이 어느 정도 오랫동안 나올 거라는 확신이 드는 순간, 모두들 달려들어 그릇에 받아두었던 오래된 물을 잽싸게 비운다. 그리고 새 물을 받는다. 커피 메이커, 물 컵 등 물을 담아둘 수 있는 그릇이란 그릇은 모두 동원해서 미친 듯이 물을 받는다…….

때로는 소리는 들리는데 물이 나오지 않기도 한다. 분명 아랫집에서는 물을 쓰는 소리가 들리는데, 당신이 사는 층은 너무 높은 탓에 수압이 충분히 세지 않으면 물이 그 높은 곳까지 올라올 수가 없다. 그러면 아래로 뛰어내려가 문을 두드리고는 애원을 한다. 마음씨 좋은 이웃들이 있는가 하면, 난투극이 벌어지는 경우도 적지 않다.

다음 날 아침이 되면, 간밤에 물 때문에 한숨도 못 잤을지라도 일어나서 아침 식사를 준비하고, 아이들을 학교에 데려다준 다음, 일터로 가서 돈을 벌어야 한다.

또다시 기다림이 시작된다.

물이 나오지 않으면 물이 있는 곳으로 가야 한다. 물차까지, 샘이 있는 곳까지 물을 길러 가는 노역을 위해 대열을 정비해야 한다. 어린아이들까지도 하루에 두 번씩 10리터짜리 양동이에 물을 길어온다. 한 손에 하나씩 양동이를 들고 오는 것이다. 등이 아프고, 손바닥이 까진다. 척추 디스크도 흔하다. 알제에 허리가 아픈 사람이 그토록 많은 것은 모두 물 때문이다.

투자도 게을리 하지 않는다. 물이 나오면 받아두기 위해서 그릇을 새로 장만한다. 요행히 물이 나와서 양동이, 대야 등이 좁아터진 집구석을 온통 차지해도 어쩌겠는가, 조금씩 자리를 부대껴가며 사는 수밖에. 지붕 위에 물 저장 탱크를 마련하기도 한다. 위성 안테나 사이로 간혹 물탱크들이 눈에 띈다.

"나심이 결혼하던 날, 기억나세요? 정오쯤 되었는데, 갑자기 물이 안 나오는 거예요. 손님들은 도착하기 시작하는데 정말 미치겠더라고요. 그래서 삼촌이 수도계원에게로 달려갔죠."

"돈을 좀 쥐어줬겠네……."

"어쨌거나 물이 다시 나왔어요. 물 없이 어떻게 결혼식을 치르겠어요?"

아이드는? 물 없이 어떻게 전통 축제 아이드를 치를 수 있겠는가? 물이 없는데 어떻게 양의 목을 딸 수 있겠는가? 1마리가 아니라 1백만 마리의 양의 목을 어찌 따겠는가 말이다. 바다가 온통 뻘겋게 될 정도로 알제 거리의 곳곳에서 양의 피가 흐른다는데, 물이 없이 어떻게 그것을 닦을 수 있겠는가?

*

하얀 자수 깃이 달린 빨간 옷을 입은 자그마한 할머니 한 분이 토마토밭의 김을 매고 계신다. 할머니는 허리를 펴기 위해서 자주 몸을 일으킨 다음, 뭐라고 한두 마디씩 툭툭 내뱉으시는데, 아마도 나이에 대한 원망이 아닐까 싶다. 그런 다음 다시 몸을 굽히고 김을 매신다. 우리가 다가가자 할머니의 두 눈이 반짝거리며 빛을 발한다. 사미라와 자그마한 할머니는 꽤 오랫동안 서로 웅크린 몸을 맞대고 소곤거린다. 사미라는 자신의 할머니 지다 네하르 여사가 알제에서 겪는 일상의 괴로움에 대한 이야기를 들려줄 것을 간청했을 것이다. 하지만 한눈에 척 봐도 지다 할머니는 누가 시킨다고 해서 하기 싫은 일을 마지못해 하실 분이 아님을 알 수 있었다.

그날 사미라는 할머니를 조르고 달래며, 내가 파리에서 일부러 그 이야기를 들으러 온 사람임을 아무리 강조해도 소용없었다. 지다 네하르 할머니는 물에 대해서 이야기하는 거라면 단호하게 싫다고 대답했다. 하는 수 없이 사미라는 할머니를 함정에 빠뜨렸다.

"정 싫으시다면 할 수 없죠. 그럼 그냥 탁셋 댐에 대해서 할머니가 어떻게 생각하시는지나 이야기해보세요."

사미라는 나한테 이미 언질을 준 상태였다. 할머니는 그 댐을 증오하신다는 거였다. 할머니가 살던 베니 두알라 근처의 타우리트 무사 우아마르 마을이 댐 때문에 물에 잠겼기 때문이었다. 그 마을은 알제리 카바일의 베르베르족 출신인 유명 가수 마투브 루네스가 납치되어 2001년에 살해된 사건 때문에 유명해졌다. 어느 날, 댐 관계자가 지다 네하르 할머니에게 왜 그렇게 불평을 하느냐고, 보상금을 두둑하게 받았으니 가슴이(카바일족의 할머니들은 자신의 가슴속에 귀중품을 감추어둔다) 온통 돈으로 가득 찼을 텐데 무슨 불만이 그렇게 많으냐고 묻자, 할머니는 오직 땅과 자신의 뿌리만이 중요하다고 대답했다.

할머니의 아버지는 할머니가 겨우 세 살이었을 때 할머니를 버렸다. 나머지 가족들을 상대로 할머니는 40년 동안이나 투쟁을 벌였고, 마침내 땅에 대한 자신의 권리를 행사할 수 있었다. 그런 땅을 이제 댐이라는 게 생겨서 빼앗아갔다. 할머니는 틈만 나면 댐이 들어서는 곳까지 다녀온다. 가서 올리브나무들이 사라져가는 광경을 지켜본다. 할머니는 도시가 그것들을 삼켜버리는 거라고, 알제라는 도시를 먹여 살리기 위해서 그 댐을 짓는 거라고 굳게 믿는다. 사미라는 그저 어깨만 으쓱한다.

"그래서요? 할머니는 어떻게 했으면 좋겠어요? 가서 숟가락으로 댐에 저장된 물을 다 퍼내기라도 하실 건가요?"

물은 벌써 너무도 많은 고통을 안겨주었다. 할머니는 더 이상 그런 이야기를 입에 올리기조차 싫어하시는 듯했다. 할머니에게는 다른 계획이 있었다. 할머니가 나를 당신의 정원으로 데려갔다.

"알제 한복판에, 이렇게 작지만 그래도 정원이 있다우, 아시겠수?"

나는 무슨 말씀인지 너무 잘 안다고 거듭 강조했다. 할머니는 내 말을 믿지 않으면서도 미소를 지어 보였다. 알제에는 너무 많은 사람이 산다. 어느 곳이건 너무 많은 사람이 살게 되면, 정원은 사라지게 마련이다. 사람이 정원을 죽이는 셈이라고나 할까.

할머니가 손가락으로 가리키면, 사미라가 통역을 했다. 덕분에 나는 물에 대해서 배우는 대신 카바일어 강습을 받았다. 카바일어로 서양 모과는 자흐로zahror, 레몬은 크라스khrass, 아티초크는 트구아tfghoua, 장미는 와르드ward라고 한다.

나는 단어만 배운 것이 아니었다. 할머니가 손가락으로 가리키며 실물까지 하나씩 따주었던 것이다.

떠날 시간이 되자, 어느새 나는 한 보따리의 과일과 채소를 품에 안고 있었다. 품에 안은 모과와 레몬, 아티초크를 떨어뜨리지 않고, 그리고 무엇보다도 장미를 눌리지 않게 조심하면서 어떻게 이 자그마한 할머니와 포옹하고 작별 인사를 건넬 수 있었을까?

사랑이 넘치는 만남에서 돌아오면, 한동안 그 사랑이 주위에 남아 있는 법이다. 자동차 안에서 사미라는 말이 없었다. 대신 모과나무 아래에 서서 손을 흔드는 할머니에게 계속 미소를 지었다.

"우리 할머니는 황소보다도 고집이 세다니까요!"

"그래도 물에 대해서 이야기하셨어요. 정원 이야기를 하다보면 물 이야기가 빠질 수 없으니까요……."

"우리 할머니 말인데요, 난 정말로 할머니가 부러워요. 할머니는 늘 행복에 매달리시거든요. 할머니는 아마 지금쯤 내가 선생님께 할아버지 이야기를 들려드리고 있을 거라는 걸 아실 거예요. 할아버지는 서점을 하셨어요. 쿠바 지역에서 가장 큰 서점이었죠. 할아버지는 자나 깨나 일만 하셨어요. 할아버지 덕분에 가족은 이 건물에 살게 되었고, 할머니는 저렇게 정원을 가꾸실 수 있는 거죠."

자동차는 오르막과 내리막 경사가 번갈아 나타나는 꼬부랑길을 달린다. 알제는 추함과 섬세함, 너무 많은 사람이 밀집해서 사는 콩나물시루 아파트촌과 자그마한 단독 주택들, 행복과 불행, 쓰레기 하치장의 고약한 악취와 재스민 향기가 기묘하게 뒤엉켜서 예고도 없이 불쑥불쑥 나타나는 몇 안 되는 도시들 가운데 하나이다. 우리는 과거에 프랑스인들이 고문을 일삼았던 너무도 아름다운 수시니 빌라 앞을 지났다.

사미라는 여전히 가족 사랑의 추억 속에서 산책을 즐기는 중이었다.

"할아버지의 성함은 모하메드 네하르였어요. 쿠바 지역에서는 모두들 네하르 씨라고 불렀죠. 할아버지처럼 책을 사랑한 사람은 없어요."

"일반적으로 서점 주인들이 원래 그렇죠……."

"그건 그래요, 하지만 우리 할아버지는 글자를 읽을 줄 모르는 분이셨어요. 배우려고도 하지 않으셨죠. 할아버지는 사람들이 책을 읽어주면 듣기를 좋아하셨어요. 말하자면 책을 책으로, 그러니까 책을 하나의 물체로 사랑하셨던 거죠. 무슨 말인지 아시겠어요?"

"할아버지도 행복에 매달리셨군요……."

"알제라는 도시를 견디기 위해서는 그런 것이 필요하거든요."

*

"프랑스에서는 물과 관련해서 일하는 사람들이 몇 살이 되면 은퇴를 하나요?"

나는 그런 것은 잘 모른다.

"선생님 보시기에 저는 몇 살쯤 되어 보이나요?"

슬리만은 약간 주름살이 있으며 피부가 잿빛이다. 그는 피곤에 지쳐 보였다. 우리는 밥아준 가街에 있는 식당에서 SEAL 팀과 점심을 먹었다. SEAL은 알제 수자원 관리 및 하수 정화 회사(Société des eaux et d'assainissement d'Alger)의 약자이다. 모두들 말없이 생선 요리를 먹으며 슬리만 혼자 떠들도록 내버려둔다. 슬리만은 전투란 전투에서 빠진 적이 없다. 물이 일반 주민들에게 엄청난 고통을 안겨주는 장본인이라면, SEAL 직원들에게는 반드시 이겨야 할 전쟁이나 다름없다.

"어떤 재앙에서부터 시작할까요?"

"원하시는 대로."

"좋습니다, 그렇다면 2001년 11월 홍수부터 시작하죠. 사람들은 그 홍수를 우리의 잘못이라고 했습니다. 하지만 나는 그런 말을 용납할 수 없어요. 물론 하수도들이 너무 작은 건 사실이에요. 난 벌써 오래전부터 그 점에 대해서 경고해왔어요. 대부분의 하수도관들이 너무 작을 뿐 아니라 너무 낡았어요. 하지만 누구를 데리고 그걸 다 고칠 수 있겠습니까? 하수관 속에 훔친 자동차를 집어넣은 건 내가 아니라고요! 자동차뿐이겠어요, 덩치 큰 폐기물들을 많이도 버렸더군요……. 그런데 하수도 구멍을 막으라고 명령을 내린 건 누구죠? 군대라고요. 테러리스트들이 상수도관에 독을 풀거나 그곳을 은신처로 삼지 못하도록 하기 위해서 그렇게 해야 한다고 했죠. 막았던 걸 다시 여는 것도 힘든데, 그걸 신속하게 열라고 하니까, 아예 불가능하더군요! 결과적으로 7백 명이 목숨을 잃었습니다. 나는 모든 걸 말할 수 있어요. 알제에서는 모든 일이 가능해요……."

"그런데 말입니다, 지금까지 수도 관련 시설에 대해 테러 행위가 가해졌던 적이 있습니까?"

"괜히 가만있는 사람들한테 그런 나쁜 생각을 불어넣게 될까봐 겁이 나는군요!"

"그렇다면 질문을 반대로 해보죠. 물 공급이 자꾸 끊기기 때문에 이슬람 원리주의자들이 득세하기 쉬웠다고는 생각하지 않으십니까?"

"당신들, 프랑스 사람들은, 생활에 지치면 테러리스트가 됩니까?"

"결국 모든 건 주민들이 얼마나 지쳐 있는지, 지친 정도에 따라 다를 거라고 봐요."

"프랑스 사람이니까, 그런 말을 그렇게 쉽게 할 수 있겠죠!"

무안해진 나는 주문한 도미 요리에 코를 박고 아무 말도 하지 않았다. 긴 침묵이 이어졌다. 슬리만이 침묵을 깼다. 어색해진 분위기를 바꾸기 위해서 슬리만은 이번에는 지진(2003년 5월 21일 발생한 지진은 2,217명의 사망자를 냈다) 이야기를 꺼냈다.

"나는 그렇게 오랫동안 잠을 자지 않고도 살 수 있다는 걸 그때 처음으로 알았습니다. 열흘쯤? 아니 열이틀인가? 선생님은 지진 전문이 아니라 글 쓰는 게 직업이니까, 그런 건 모르실 테죠. 하여간 지진이 나면 말입니다, 제일 시급한 건 먹을 물이죠. 홍수가 나도 마찬가지예요. 식수를 빨리, 아주 빨리 공급하지 않으면 사람들은 아무것이나 마시게 되고, 그러면 전염병이 마구 퍼지는 거죠. 지진 현장에서 아주 가까운 곳에 우리 건물들이 있었습니다. 다행히 지진에도 쓰러지지 않고 용케 견뎌냈죠. 그러자 엄청 많은 사람들이 그 건물들로 들어왔습니다. 몇십 가구도 넘었을 겁니다. 그 사람들은 군대가 제공하는 텐트로 가기를 거부했습니다. 정말로 집 같은 집에 들어가게 되기를 기다렸죠. 말하자면 그 사람들은 당국에서 내건 약속을 믿을 수 없었던 겁니다. 아시겠습니까? 우리 SEAL이 이렇게 남한테 도움을 줄 때도 있단 말입니다. 물론 단수를 결정하는 것도 SEAL이지만, 사람들한테 머무를 공간을 제공하기도 한다, 이런 말입니다. 하긴, 그거야 다 지나간 일입니다만……."

식당 주인이 계산서를 가지고 다가왔다. 아침부터 나는 줄곧 자신에게 제동을 걸고 있었다. SEAL 팀이 눈앞에 있으니, 지금이야말로 '바로 그 질문'을 할 수 있는 절호의 기회가 아니겠는가? 뭘 망설인단 말인가?

"하나만 물어봅시다. 이젠 물 공급 사정이 훨씬 나아졌다니 말씀인데, 그렇다면 물동이 같은 건 이제 다 폐기 처분하셨나요?"

식당 주인은 껄껄 웃더니 부인을 부른다.

"타이델트! 우리가 물동이를 다 팔아버렸는지 궁금해하시는 손님들이 계신데, 이리 좀 와보구려."

부인이 종종걸음으로 달려나왔다. 여자는 행주로 손의 물기를 닦았다.

"내가 왜 물동이를 내다 팔았을 거라고 생각하시는 거죠?"

"그야 물 공급이 원활해졌으니 그럴 수도 있죠." 슬리만이 거들었다.

"우리는 H24를 향해서 거침없이 나아가고 있는 중이니까요……."

"그거야 두고 봐야 알죠. 나는 실제로 보기 전엔 믿을 수 없어요."

"신뢰감을 가지셔야죠."

"신뢰감은 무슨 얼어죽을 신뢰감!"

이날 아침 나는 H24라는 표현을 처음 들었다. 설명을 들은즉, 프랑스에 사는 우리들에게 그것은 너무나 당연한 일이어서 아무도 거기에 대해서는 생각조차 하지 않는다. H24란 하루 24시간 내내 수도꼭지를 틀 수 있고, 수도꼭지를 틀면 물이 나온다는 말이었다. 적절한 수압으로 하루의 어느 때고, 낮이나 밤이나 구별 없이 24시간 내내 물을 쓸 수 있는 것이 바로 H24였다.

*

2003년이 끝나갈(어쩌면 2004년이 시작될 무렵일 수도 있다. 전지전능한 지도자의 머릿속을 번뜩 스치고 지나가는 생각이 떠오르는 순간이 언제인지 보통 사람들이 어찌 정확하게 알겠는가?) 무렵의 어느 날, 부테플리카 대통령은 알제리 국민들이 이제까지 너무 고생을 많이 했다는 슬기로운 깨달음을 얻었다. 그는 국정 책임자들을 한자리에 불러 모았다. 이 자리에서 대통령은 비효율적인 심의위원회가 판을 치던 시대는 이제 끝났다고 선언했다. 그는 아주 간단한 목표를 제시했다. 2009년 9월까지 알제리 모든 사람들이 H24 혜택을 받을 수 있도록 만전을 기하라는 것이었다. 이 간단한 목표에는, 만일 목표를 달성하지 못할 경우에 대비해서 위협이 뒤따랐다. 대통령은 염분 제거 공장 건립을 위해 경쟁 입찰을 공고했다. 당연히 재원을 마련해야 했다. 엄청난 액수의 자금이 동원되었다. 하루 물 생산량 150만 세제곱미터로 알제리는 지중해에서 두 번째 가는 염분 제거 용수 생산국으로 발돋움했다. 참고로 1위 자리는 에스파냐가 고수하고 있다.

생산량 증가와 동시에 기존 배관 시설의 품질 향상도 추진해야 했다. 알제리 대통령은 SEAL이 외국 기업, 그러니까 프랑스 기업의 도움을 받는 것을 허가했다. 이렇게 해서 수에즈 사에서는 2006년 3월 29명의 기술자를 알제리에 파견했다.

회의론자들은 여전히 집 안에 물동이들을 그득 쌓아두고 있지만, 실질적으로 물 사정이 많이 좋아졌음은 아무도 부인할 수 없다. 매일 점점 더 오랜 시간 동안 수돗물이 끊이지 않으며, 이와 같은 혜택을 받는 지역도 점점 늘어나고 있다. 2년 사이에 누수 수리 공사도 두 배나 증가했으며, 수리에 걸리는 기간은 3분의 1로 단축되었다. 하지만 SEAL은 아무리 열심히 계산기를 두드려보아도, 전체 공급량의 절반가량에 해당되는 물에 대해서만 제대로 요금을 징수하고 있다. 나머지는 쥐도 새도 모르게 어딘가로 증발해버리는 것이다.

예전에 비해 현저하게 나아졌다고는 하지만, 여전히 낡은 배관 설비 때문일까? 충분히 그럴 수 있다. 그런 비율이 20~30퍼센트 정도 된다고 치자. 그렇다면 그 나머지는 어떻게 된 것일까? (전체 65만 가구 중에서) 20만이 넘는 가구가 아직도 계량기의 편리함에 끈질기게 저항하고 있다. '경찰과 (물)도둑' 사이에 쫓고 쫓기는 경주가 여전히 진행 중이다.

알제를 떠나면서 나는 한 가지 확신을 얻었다. 다름 아니라, 물 부족과 그로 인한 고통은 물질적인 자원 부족이라기보다 무능력과 정치적 나태함의 소치라는 확신이다.

모로코 타들라 평원

마라케시에서 북쪽으로 150킬로미터쯤 떨어졌으며, 거대한 인광석

고원의 남동쪽에 위치한 타들라는 토질이 비옥한 광대한 평원으로 미들 아틀라스가 굽어보고 있다. 10만 헥타르에 이르는 면적에 과실수와 곡물, 사탕무 등이 자라고 있다. 큼지막한 녹색 뭉치들을 밖으로 삐져나올 정도로 가득 실은 짐수레들이 지나간다. 젖소들이 가장 좋아하는 양식인 개자리 속 풀이다. 엄청 크게 자라는 종류의 올리브나무들은 예전에는 그저 땅을 구획하는 울타리 용도로 쓰였지만, 올리브기름 값이 천정부지로 오른 지금은 재배 면적이 눈에 띄게 늘어났다.

프키벤살라, 다룰드지두, 베니멜랄…… 같은 이름을 가진 도시들은 날로 번창한다. 농사일이 점점 더 기계화되다보니, 상대적으로 남아돌게 된 일손은 에스파냐나 이탈리아로 빠져나간다. 유럽에서 번 돈은 이 지역 부동산이나 농업에 재투자된다.

물은 우에드엘아비드, 즉 '노예들의 강'이라는 심상치 않은 이름을 가진 강에서 얻는다. 어느 날, 우에드 강은 여느 때처럼 산에서 흘러내릴 차비를 하고 있었는데, 기술자들이 물을 막더니 댐에 가둬버리고는 억지로 운하 쪽으로 방향을 틀어버렸다. 이렇게 해서 우에드엘아비드 강은 타들라 평원에 물을 주게 되었다.

과거에 농부들은 우에드 강을 무한히 선을 베푸는 전능한 신격체로 받들었다. 그들은 모든 것이 강으로부터 나온다는 사실을 잘 알고 있었다. 그랬던 그들이 지금은 강과 저주받은 빈엘우이단 댐을 싸잡아서 맹렬히 비난한다. 해를 거듭할수록 수량이 줄어든다는 것이다. 하지만 물이 부족하게 된 것은 가뭄 탓이 제일 크다. 어쩌겠는가?

프키벤살라에서 그다지 멀지 않은 곳에서는 1백여 명의 목축업자들이 자신들이 세운 협동조합을 믿지 못하겠다고 불만을 털어놓는다. 경영이 불투명한 데다 역동적이지 못하고, 미래에 대한 비전도 없다는 것이 불만의 내용이다. 이들은 협동조합에서 탈퇴하여, 지역민들의 노골적인 적대감을 무릅써가면서 자신들만의 새로운 단체를 만들었다. 새로운 협동조합은 2001년에 탄생했다. 조합원들은 새로 결성한 조합에 '보름달'을 뜻하는 바드레Badre라는 이름을 붙였다. 투명성을 높이겠다는 의지가 반영된 이름이다.

창설 이후 바드레는 쉴 새 없이 일해왔다. 우유 수거와 처리라는 본연의 임무 외에, 최신 설비를 갖춘 소규모 공장을 하나 지었고, 병원을 세웠으며, 구급차도 구입하고, 교육 사업도 펼치고 있다. 특히 교육 사업은 이민자 연합과의 협상을 통해 자금 지원을 얻어냈다. 또한 바드레는 조합원들에게 '방울방울'이라는 이름의 물 절약 장비 설치를 권장하고 있다.

평균적으로 볼 때, 단위 면적과 재배 곡물에 따라서 이 장비를 설치할 경우 물 소비량을 절반가량 줄일 수 있다. 자원 절약에 민감한 정부 당국은 물을 절약할 수 있는 새로운 장비를 설치하는 데 드는 비용을 처음에는 40~50퍼센트 정도 선에서 보조해주다가 지금은 60퍼센트로 올렸다.

이처럼 늘어나는 혜택에도 불구하고, 이와 같은 방식을 채택한 경작지는 1만 헥타르 정도, 그러니까 타들라 전체 면적의 10분의 1 수준에 불과하다. 1헥타르의 면적에 방울방울을 설치하는 데 드는 초기 비용(1천 유로가량)이 너무 비싸기 때문이다. 하지만 경작자들도 오랜 관습을 바꿀 필요가 있다. 많은 양의 물을 한꺼번에 준 다음 식물과 토양이 알아서 그 물을 처리하도록 내버려둘 것이 아니라, 아기에게 한 숟가락 또

한 숟가락 이유식을 먹이듯이 작물에게 물을 주어야 한다. 한번 물 주기가 끝나면 며칠이고 농장을 돌아보지 않아도 되는 것이 아니라, 항상 수압을 확인하고 파이프의 작은 구멍들이 막히지는 않았는지 점검하며, 여과 상태와 분량을 확인해야만 한다.

점점 심각해져가는 물 부족 사태에 대응하기 위한 모로코의 농업 현대화 작업은 지나치게 느리고 부분적으로만 진행되고 있다.

카사블랑카를 향해 길을 떠난 아침부터 줄곧 마주치게 되는 소규모 회합들이 눈길을 끌었다. 매번 십여 명가량의 사람들이 어떨 땐 들판 한가운데, 어떨 땐 가장자리, 또 어떨 땐 한 귀퉁이에 둘러앉아서 반드시 농업과 직접적으로 관련 있어 보이지는 않는 뭔가에 대해서 열심히 토론을 벌이는 것이었다. 더 희한한 것은, 바닥에 쌓아놓은 파란 용기들이었다. 나는 그 병들의 용도를 도저히 짐작할 수 없었다. 마침내 나는 동행 중이던 두 명의 농학자 마르셀 쿠퍼와 하산 켐문에게 물었다.

"드디어 물어보시는군요. 궁금한 걸 용케도 잘 참으셨습니다!"

이 소규모 회합이 그토록 중요한 것이라면, 어째서 나한테 미리 알려주지 않았을까?

"우리는 선생께서 직접 발견하시기를 기다렸습니다. 모로코 농업 문제의 핵심이 바로 거기에 있으니까요."

그 말이 끝나자 우리는 가장 먼저 눈에 띈 회합에 참석하기 위해 차를 세우고, 모여서 분주하게 이야기를 주고받는 사람들 쪽으로 걸어갔다. 아무도 우리에게 관심을 보이지 않았다.

자동차의 모터가 요란스러운 소리를 내며 돌아가면서 수평 벨트가 따라서 돌고, 그 벨트에 달린 튜브가 차츰 토양 속으로 들어갔다.

"우물을 파는 건가요?"

"물론이죠, 우물을 파고 있습니다."

목소리가 잘 들리지 않았다. 고함을 질러야 겨우 들릴 정도였다.

"그런데 저 파란 용기들은 다 뭡니까?"

"모터에 연료를 공급하기 위해서죠. 부탄가스는 정부에서 보조금을 지원해줍니다. 그래서 경유보다 싸게 먹히지요."

갑자기 파이프에서 물이 흘러나왔다. 한 사람이 모터를 멈추었다. 사람들은 모두 기뻐하며 자리에서 일어났다.

"깊이가 어느 정도 되나요?" 마르셀이 물었다.

"180미터요."

우리는 잠시 이야기를 주고받은 다음 다시 길을 떠났다.

"정부에서 허가해준 우물 파기인가요?"

"물론 아니죠. 저런 사람들 때문에 지하수층이 해마다 3미터씩 내려앉고 있습니다."

"하지만 저 사람들은 우리를 보고도 그다지 겁을 내는 것 같지 않던데요……. 만일 우리가 행정 당국 소속이나 경찰이었다면 어땠을까요?"

"그런 일은 절대 있을 수가 없죠. 당국은 그저 방관하고 있거든요. 저 넓은 평원을 무슨 수로 다 감시하겠습니까? 더구나 당국은 폭동 사태가 날까봐 전전긍긍하고 있거든요. 농민들이란 물을 얻기 위해서라면 무슨 짓이든 할 준비가 되어 있는 사람들이죠."

"저 사람들은 그렇게 함으로써 자원이 고갈된다는 걸 알고 있을까요?"

"지금 당장 자기 발등에 불이 떨어지면, 장기적인 안목 같은 건 잊어버리게 되죠. 더구나 농부들 대부분이 짧은 기간 동안 토지를 임대해서 경작합니다. 어떤 경우에는 겨우 1년 동안 계약하는 수도 있죠. 그런 형편이니 그 사람들한테 자원을 보호하라고 하는 건…… 아, 말이 나왔으니 말인데, 왜 정부에서 부탄가스에 보조금을 지급하는지 아십니까?"

다시 한 번 나는 꿀 먹은 벙어리가 되어야 했다.

"산림 훼손을 방지하기 위해서입니다. 가스버너를 가진 사람은 나무를 베러 산에 가려는 유혹이 훨씬 덜하기 때문이죠."

"그렇지만 숲을 보존하기 위해서 지하수층이 고갈되지 않습니까?"

"그게 인생이죠!"

*

모로코 출신 농학 교수들은 떠나기 전에 '노예들의 강'을 보러 가자고 나를 부추겼다. 고맙다는 인사를 하자는 것이었다. 그 강이 아니었다면 타들라는 여전히 전원풍의 경치 좋은 평원으로만 남아 있었을 테니까.

아푸레를 지나자마자 길은 오르막으로 변했다. 오르막길은 몇 시간이고 계속될 것처럼 보였다. 그만큼 커브 길을 돌 때마다 차를 세우고 주변을 바라보고 싶은 유혹이 컸다. 지평선까지, 밝은 점으로 보이는 인광석의 거대한 고원까지 완벽하게 네모로 구획된 농지가 어깨를 맞대고 이어졌다. 예전에 행정 당국이 윤작을 강요했던 시절에는 이 네모들이 동시에 다른 색깔 옷으로 갈아입었다. 오늘날에는 농지들도 제법 될 줄을 안다. 이따금씩 주변과 다른 빛깔을 띤 곳들이 생겨나는 것이다. 황금빛 곡물들이 개자리 속 풀과 옥수수, 사탕무 등 다양한 뉘앙스의 초록빛과 공존한다. 과실수를 심은 밭에서는 양털처럼 하얗게 포말이 인다. 올리브나무들은 순하게도 가장자리 땅에서 자라는 것으로 만족한다. 전답을 구획하는 일이 이들의 본분이기 때문이다. 말 없는 병정들의 대열을 두 개의 잿빛 선이 뚫고 지나간다. 노예들의 강에서 흘러나온 물을 남과 북으로 전달하는 운하들이다.

나는 이 세상을 스케치북처럼 인식하는 엔지니어들을 생각한다. 또 오래전부터 이 세상이 스케치북에 그려진 그림과 일치하도록 애를 쓰는 농부들을 생각한다.

고개가 시작되기 바로 전에 도로는 푸르른 참나무 숲을 관통한다. 하산은 저녁 식사로 비둘기 요리를 대접하겠노라고 약속했다. 우리는 고급스럽고 무례하게 생긴 네덜란드산 자전거에 엉덩이를 걸치고 달리는 용감한 자전거 경주자들을 제쳤다. 이제 내리막길이다. 속을 들여다보기에는 너무나 깊은 계곡 저만치에서 흐르는 우에드엘아비드 강이 시야에 들어온다. 그리고는 문득 콘크리트 장벽이 나타난다. 빈엘우이단 댐이다. 오도 가도 못 하고 갇혀 있는 물을 보며 어떻게 마음이 즐거울 수 있겠는가? 물은 감금 상태이다. 게다가 특히 우려할 만한 것은, 조수가 그다지 높지 않아 보인다는 점이다. 광활한 붉은 해변이 저택들 앞으로 펼쳐진다. 제트스키가 멍청하게도 곤충처럼 붕붕 신경질적인 소리를 내며 오락가락한다. 의사들이 말라리아 예방 백신을 개발 중이라는 것 같다. 그 일을 끝내면, 이제 제트스키라는 모기들을 공격해야 할 것 같다. 제트스키라는 모기도 말라리아모기만큼이나 사람을 괴롭히는 고약한 놈이니까.

댐 아래쪽에 위치한 호텔에서는 아무 응답이 없다. 마침 그곳을 지나던 커플이 호텔 주인이 죽었다고 알려준다. 호텔 건물의 주인인 전기 회사에서는 호텔을 인수하겠다고 나선 지원자들을 차례로 뿌리쳤다고 한다. 아마도 그 지원자들이 제대로 된 비둘기 요리를 제공할 수 없어 보였기 때문일지도 모른다.

저녁 식사로 비둘기 요리를 대접하겠다고 큰소리쳤던 하산에게는 너무나 무안하게도, 닫힌 호텔 옆에 있는 민박집으로 갔다. 그 집에는 먹을 거라곤 차밖에 없었다.

우에드엘아비드 강을 내려다볼 수 있는 이곳에서 두 명의 농학 교수들은 나를 대상으로 강의를 시작했다.

오스트레일리아는 국가적으로 지나친 부담 없이(오스트레일리아에서 농업이 국가총생산에서 차지하는 비율은 2퍼센트에 불과하다) 농업 활동의 감소라는 현상을 받아들일 수 있는 형편인 반면, 모로코의 경우 똑같은 현상은 훨씬 더 심각한 결과를 초래한다. 농업은 이 나라 경제를 이끄는 다섯 번째로 중요한 분야이며, 4백만 개의 일자리는 1천8백만 농촌 인구(모로코 전체 인구가 3천만 명이니, 농촌 인구는 거의 절반인 셈이다. 게다가 도시건 농촌이건, 국민들을 먹여 살리는 것은 결국 농부들 아니겠는가?)의 도시 진출을 억제하는 직접적인 효과를 낸다. 따라서 농업 부문의 위기는 정치, 사회 전반에 걸쳐 아슬아슬하게 유지되어온 균형 상태를 순식간에 무너뜨릴 만한 파괴력을 지닌다. 또한, 모로코에서 이러한 사태가 발생할 경우, 이는 곧 마그레브 전역으로 확산될 우려가 크다.

이에 따라 정부는 미국 기업인 맥킨지 사에 용역을 맡겼다. 그 결과에 따라 농업부에서는 녹색 모로코 건설 계획이라는 이름의 행동 지침을 만들어 2008년 4월 22일에 공식적으로 발표했다. 문제의 진단에 대해서는 모두들 동의한다. 사실 그 점에서는 미국 회사 전문가들의 진단을 받을 필요도 없었다. 모로코의 농업은 지난 20년 이래 줄곧 답보 상태에 머물러 있었으며, 토지 분할(70퍼센트의 농장이 2헥타르 미만을 경작한다)이 주요 원인으로 지적된다. 진단에 따른 전략에서도 비교적 의견은 수렴된다. 첫째, 협동조합을 중심으로 역량을 모아야 한다. 둘째, 대대적인 투자(최소한 해마다 1백억 유로)가 필요하다.

돈은 어떻게든 마련될 것이다. 또한, 앞으로 살아남을 수 있는 유일한 해결책은 서로 연합하는 것임을 경작자들도 잘 알고 있다. 그런데 물은 어떻게 할 것인가? 어디에서 물을 구한단 말인가? 일부 채소 재배자들은 대서양 물을 길어다 염분을 제거하는 것만이 유일한 희망이라고 말한다.

이처럼 불길한 상황을 새삼 확인시켜주는 듯, 불쌍한 우에드엘아비드 강은 우리 눈앞에서 거의 바닥을 드러낸다. 유속이 너무 낮기 때문에 제대로 흐르지도 못하고 모래톱에 발이 묶인 채 머물러 있다. 누가 '수영 금지. 급속한 유속 변화[01] 위험'이라고 써붙인 팻말을 곧이곧대로 믿겠는가?

타들라로 돌아오는 내리막길을 달리면서 우리 세 사람은 어느새 끈끈한 우정의 포로가 되어 서로 헤어지기 싫어하는 사이가 되어버렸다. 하

[01] 여기서 급속한 유속 변화라고 함은, 댐의 수문을 열어서 유량이 늘어나면 유속 또한 빨라지는 특수한 경우를 의미한다.

산과 마르셀은 나를 더 교육시키기 위해서 여행을 계속할 계획을 짰다.

"다음 번엔 우리 알제리로 갑시다. 선생님은 브르타뉴에서 나는 아티초크밖에 모르시잖아요. 우리가 오랑 지방의 멍게를 소개해드리죠……."

"아니, 그전에 아가디르 동쪽에 있는 수스를 소개해드리죠. 거기 가면 좋아하실 겁니다. 우리 농업의 전진 기지니까요!"

"코파르는 왜 빼먹는 거야?"

"하산! 당신은 운전을 천천히 하는 만큼 이야기는 너무 빨리 앞서가는 게 문제라고! 누가 코파르를 잊을 수 있겠어? 물론 에릭 오르세나 씨한테 코파르 팀을 소개해드려야지! 협동조합의 모범 사례니까! 조합원이 1만 7천 명이나 되잖아! 유제품 시장 점유율도 20퍼센트나 되고!"

여러 차례에 걸쳐서 걱정과 근심을 겪고 난 다음, 두 사람의 열정에 들뜬 목소리를 들으니 기분이 좋아졌다. 하지만 커브 길이 주는 졸음에는 저항할 길이 없었다.

완전히 잠 속으로 빠져들기 전에 나는 수스의 가장 큰 목장에서는 아무런 통제도 없이 마구 지하의 물을 퍼올린다는 사실을 알았다. 더구나 물값이라고는 한 푼도 내지 않는다고 했다. 고위층의 비호를 받는 농장이라는 의심을 받아 마땅한 곳이 아닐지…….

카탈루냐 지방의 사막화

변화하는 세상에 맞서기 위해 구대륙 유럽이 내세우는 무기는 주술적인 차원에 해당된다. 항구성에 집착하며, 궁극적으로는 아무것도 달라지는 것이 없다고 계속 주문을 외우는 것이다.

경제의 항구성 : 우리 유럽의 힘을 따라올 자는 없다.

문화의 항구성 : 현대화의 요람인 우리 유럽은 내내 현대화를 선도하는 등대로 남을 것이다.

기후의 항구성 : 가히 폭력적인 날씨는 다른 대륙의 차지일 뿐, 우리 유럽은 본래 온화한 온대 기후 지역에 속한다.

그런 생각을 가지고 있기 때문에 최근 자주 등장하는 이상 기후를 대하는 유럽인들은 문자 그대로 아연실색이다. 물이 부족한 국가임을 깨닫게 된 에스파냐의 놀라움도 이런 맥락에서 이해할 수 있다. 이제까지는 "사막은 지중해를 건널 권리가 없다", "사막은 저개발 지역에나 해당되는 말이다"라고 철석같이 믿어왔던 것이다.

그런데 이와 같은 명명백백한 사실 앞에서 놀라는 것은 에스파냐 남부인 안달루시아만이 아니다. 가뭄은 지브롤터 해협을 건너 에스파냐 전역을 위협하고 있다. 에스파냐 땅덩어리는 전통적으로 자원이 매우 불균형하게 분포되어 있는 지역이다. 물의 경우, 40퍼센트의 수자원이 15퍼센트의 국토에 집중되어 있다. 마그레브 지역과 관련한 IPCC의 예측은 이제 훨씬 북부에 해당되는 카탈루냐 지방에도 적용된다.

바르셀로나 시와 인근 교외 지역에는 5백만 명의 주민이 살고 있다. 해를 거듭할수록 강우량은 줄고, 이 지방 하천인 요브레가트 강은 강이라는 말이 무색할 정도의 개천 수준으로 전락하고 있는데, 어떻게 이들 5백만 주민에게 물을 공급할 것인가? 재활용과 절약이라는 전통적인 방식 외에 다른 어떤 해결책을 강구할 수 있겠는가?

첫째, 몇몇 물길을 지중해 연안으로 우회시킨다. 바르셀로나는 에브로 강의 지류인 세그레 강을 물망에 올려놓았다. 세그레 강이 불쌍한 요브레가트 강을 도와줄 수만 있다면 모든 문제는 해결되고, 몬주이크 언덕의 옹달샘들도 예전의 생기를 되찾을 수 있을 것이다. 그런데 유감스럽게도 이웃한 아라곤 지방에서 이와 같은 제안을 거절했다. 그렇게 되면 아라곤 지역 농부들이 물 부족에 시달리게 된다는 것이었다. 사라고사 근처에 들어서게 될 대규모 위락 도시의 물 공급에도 차질을 빚을 수밖에 없다는 점도 거절하는 이유 중의 하나였다. 골프장은 물론 호텔과 카지노도 물을 필요로 한다. 어쩔 수 없이 바르셀로나는 마드리드 중앙 정부에 에스파냐의 이름으로 지역 간 연대를 강요해달라고 요청했다. 이 얼마나 역설적인 상황인가! 지방자치권을 강조해오던 독립심 강한 카탈루냐가 물 때문에 에스파냐 국가의 덕을 보려고 하다니!

이보다 조금 남부로 내려오면, 발렌시아와 무르시아도 바르셀로나와 마찬가지로 물 부족 상황으로 고민하고 있다. 이 두 도시는 중부 지역에 타호 강의 물을 나눠 쓸 수 있겠느냐는 도움을 청했다. 하지만 카스티야와 라만차 지방은 이를 거부했다. 안타깝게도 벌써 선약이 있었던 것이다.

둘째, 매입한다. 급한 불을 끄기 위해서 물을 실은 배들이 바르셀로나 항구에 잇달아 입항했다. 과잉 생산 설비를 갖춘 염분 제거 공장들이 있는 마르세유, 타라고나(카탈루냐의 남부), 카르보네라스(안달루시아) 등지에서 오는 배들이었다. 해결책치고는 너무 비싸고(한 달 비용 2천2백만 유로, 즉 물 1세제곱미터당 10유로 이상) 번거로우며 불편하므로, 어디까지나 임기응변용 미봉책에 불과하다.

셋째, 염분을 제거한다. 현재 가동 중인 여섯 개의 공장과 앞으로 계획 중이거나 벌써 상당히 진척된 20여 개의 공장 건립으로 에스파냐는 물 부족 타개를 위한 입장을 분명히 했다. 지중해의 염분을 제거하겠다는 것이다. 이 계획에 따르면, 지금까지 이 분야에서는 뒤처져 있던 카탈루냐 지방이 머지않아 곧 다른 지방을 따라잡을 것으로 보인다. 2009년에 새로운 염분 제거 공장이 문을 열 예정이기 때문이다. 그보다 조금 후에는 세 개의 공장이 새로 가동에 들어간다. 앞에서 우리는 염분 제거 방식의 효과에 대해서 살펴보았다. 비용이 많이 들고, 많은 에너지를 필요로 하며, 뽑아낸 염분을 다시 바다로 보내야 하는 단점 또한 모르지 않는다.

넷째, 프랑스 론 강의 도움을 받는다. 수로를 건설하는 계획을 검토 중이다. 그렇게 되면 아를 근처에서 론 강의 물을 끌어오게 될 것으로 보인다.[02]

---

[02] 이 계획에 대해서 국가최고위원회(Conseil d'Etat)는 처음으로 로마 협약에 의거하여 유럽 공공 이익이라는 개념을 인정했다. 이 경우, 유럽 공공 이익이라고 함은 에스파냐 사람들에게 물을 공급하기 위한 건설 사업을 추진하기 위해서 프랑스 사람들의 재산을 환수할 수 있음을 의미한다.

10

아프리카와 관련한
몇 가지 문제

나이저 강 유역

세네갈

100킬로미터

말리

바코이 강
바쿨레 강
바울레 강
바피잉 강
팔레메 강
카이
세네갈 강
코롱 강
기니
알리그 호
구이에스 강
세네갈 강
펠루구 강
모리타니
생루이
다카르
대서양
잠비아 강
카자망스 강
지귄쇼르
지구분부 강
기니비사우
비사우
카잠 강

차드 호수의 운명

부두마라는 이름으로도 알려진 쿠리족의 암소들은 요즈음 걱정이 태산이다. 다윈의 책을 열심히 읽은 탓에 암소들은 모든 좋은 환경의 변화에 적응하게 되어 있음을 잘 알고 있다. 하지만 차드 호수가 말라버린다면, 소의 아름다움을 재는 첫 번째 요소인 뿔은 어떻게 될 것인가? 소의 뿔, 이 덩치 큰(지름 15센티미터, 길이 1미터) 불가사의는 아름다움을 재는 척도일 뿐 아니라 소들을 물에 뜨게 하는, 말하자면 튜브의 기능도 수행한다.

물이 사라져버리면 헤엄치는 게 다 무슨 소용이란 말인가?

그렇다고 해서 암소들이 손을 놓고 무기력하게 지내는 건 절대 아니다. 암소들은 정보를 수집한다. 혹시라도 여러분 중에 누군가가 근처를 지나가게 된다면, 암소들 중의 한 마리가 다가와 먼저 입을 열고 대화를 청할 것이다.

"혹시 우리 차드 호수가 예전에도 그처럼 참담한 상황에 처한 적이 있었나요?"

"그렇습니다. 15세기에도 호수에 물이라고는 한 방울도 없었던 적이 있죠. 호수 속으로 잠수해본 결과, 오늘날 물에 잠긴 부분이 예전에는 마을이었던 흔적을 찾아냈습니다."

"호수가 예전에는 지금보다 훨씬 컸나요?"

"지금으로부터 5, 6천 년 전쯤에는 호수 면적이 아마도 30만 제곱킬로미터 정도 되었을 겁니다. 그러다가 1900년 이후로는 평균적으로 세 가지 크기 사이에서 엉거주춤하는 양상을 보여왔습니다. 첫째, 평소보다 클 때, 가령 1950년에서 1960년 사이의 기간 동안에는 면적이 2만 5천 제곱킬로미터였습니다. 둘째, 정상적일 때 면적이 2만 2천 제곱킬로미터 정도 되며, 가장 오랜 기간 이와 같은 크기를 유지했죠. 마지막으로 작을 때는 순수한 물 표면 면적만 2천5백 제곱미터이며 물 주변으로 수만 제곱미터에 달하는 습지가 생겨났습니다."

마지막 경우, 즉 '작은 차드 호수'는 바로 현재의 경우에 해당되며, 이는 새로운 일은 아니다. 현재 상황에 새로운 점이 있다면, 작은 크기가 오랜 기간 지속된다는 정도일 것이다. 예전에는 작아졌다가 다시 변화를 일으켰는데, 이번에는 한번 줄어든 면적이 다시금 늘어나지 않는다.

이 마지막 관찰 때문에 쿠리의 소들은 불안하다. 나는 뒤로 몇 걸음 물러나보았다. 뿔의 길이를 감안해볼 때, 간단히 고개 한 번만 끄덕여도 2세제곱미터 정도의 뜨거운 공기쯤은 쉽사리 움직일 것 같아 보였다.

나는 짐승들의 우려를 이해할 수 있다. 푈족의 몇몇 신화들에서 보면, 암소들은 하마들처럼 처음에는 대부분의 시간을 물속에서 호수의 정령들과 함께 지냈다. 그러던 어느 날, 정령 하나가 강둑을 지나가는 여자를 보았다. 정령은 그녀에게 마음을 빼앗겼다. 그래서 정령은 여자를 임신시켰다. 새로 태어난 아기를 어떻게 먹일 것인가? 정령은 물속에서 소 한 마리를 꺼냈다. 인간들이 주변으로 모여들자, 정령은 젖 짜는 법을 가르쳐주었다. 그러자 물속에 있던 다른 소들이 호기심이 동한 나머지 차례로 호수 밖으로 나왔다. 이렇게 해서 최초의 소 떼들이 생겨났다.

갑자기 쿠리 소가 자제력을 잃는 것 같더니, 이윽고 갈색 점액질이 모래 위로 떨어지면서 소똥이 된다. 볼일을 다 보자 해방감을 느낀 암소는 가장 불안감을 조성하는 최후의 질문을 던진다.

"우리 호수가 지구의 기후 온난화의 희생양이 될 거라고 보십니까? 만일 그렇다면 우리에겐 더 이상 희망이 없습니다."

"한 가지는 분명합니다. 차드 호수는 강수량에 의존하는 비율이 매우 낮습니다(10퍼센트도 채 안 된다). 호수 물의 거의 대부분은 로곤 강과 샤리 강에서 옵니다. 이 두 강은 모두 습기가 많은 지방에서 발원하지요. 로곤 강은 카메룬에서, 샤리 강은 중앙아프리카 공화국에서부터 시작됩니다. 따라서 호수가 건강하게 유지되느냐의 여부는 이 두 강의 유속이 정상적으로 유지되느냐에 달려 있는데, 두 강의 유속 문제는 매우 복합적이며, 현재까지는 상세하게 알려지지 않은 기후 기제와 밀접하게 연관되어 있습니다. '지구 온난화'라는 말은 지나치게 포괄적이고 애매하기 때문에 전혀 명확하게 와 닿지 않습니다. 게다가 학자들은 늘 가설만 내세울 뿐이죠……."

말을 마친 쿠리 소는 실망감과 경멸감에 젖어 자리를 뜬다. 도대체 대답 하나 명확하게 하지 못하는 이런 인간들은 뭐란 말이지? 쿠리 소는 앞으로도 상당 기간 불확실성 속에서 살아야 할 것 같다.

자연의 조화는 사람들이 흔히 생각하는 것보다 훨씬 더 복잡하다. 특히 인간들이 억지로 그 안에 한몫 끼려고 하면 더 복잡해진다.

나는 니제르의 니아메 지하수층을 생각한다. 모든 분석은 단호했다.

가뭄이 극심했던 시기(1968~73)까지도 포함해서 지하수층의 수위가 계속 상승하고 있다는 것이었다. 기후 변화에 정면으로 역행하는 이 희한한 현상에 대한 유일한 설명은 문화적 관습에서 찾을 수 있다. 나무를 얻기 위해서, 그리고 좀 더 편하게 조를 재배하기 위해서 농부들은 사바나 초원의 나무들을 밀어버렸다(혹은 태워버렸다). 그러자 흘러내리는 빗물의 양이 증가했다. 물은 저지대와 습지에 모였다가 심층으로 스며들었다. 아무도 온난화가 물의 순환 주기에 영향을 미친다는 사실을 부인하지 않는다. 하지만 그보다 훨씬 더 결정적인 영향을 미치는 것은 인간에 의한 토양의 변화(농업 또는 도시화)이다.

나미비아 사막의 풍뎅이

흔히 나미비아 사막이 지구상에서 가장 오래된 사막이라고 말한다. 기원전 1억 년 전에 생겨났다고 하니 그럴 만도 하다. 무려 2천 킬로미터에 달하는 나미비아 사막은 남위 19도에서 27도에 걸쳐 자리 잡고 있으며, 주변으로는 어찌나 무서운지 해골 해안이라는 이름을 가진 해안선이 달리고 있다. 수백 척의 난파선 잔해가 이곳의 악명을 짐작케 해준다. 전체적으로 살풍경한 이곳에서 유일하게 호의적인 것이 있다면, 단연 남극으로부터 흘러오는 벵겔라 해류이다. 벵겔라 해류는 풍부한 어류뿐 아니라 선선한 기운도 선사한다. 벵겔라 해류가 대륙으로부터 불어오는 건조하고 (아주) 더운 바람을 만나면 안개가 자주 끼게 되고, 그 덕분에 이 지역의 식물군과 동물군이 생명을 유지할 수 있다.

이곳에서는 비를 기대할 수 없기 때문이다. 연평균 강수량은 극단적인 경우에는 20밀리미터에 못 미칠 때도 있으며, 대체로 1백 밀리미터 이내에 그친다.

이처럼 황량하기 그지없는 환경에서 살아남기 위해서, 동물이나 식물들은 놀라운 적응력을 보일 필요가 있다.

이름에 '근사한'을 뜻하는 mirabilis라는 형용사가 붙었음에도 불구하고, 웰위치아 미라빌리스 *Welwitschia mirabilis* 의 외모는 한마디로 끔찍하다. 태워버리기 위해서 모래 한가운데에 쌓아놓은 식물 쓰레기 같은 모습을 하고 있기 때문이다. 좀 더 가까이 접근해보자. 웰위치아 미라빌리스는 나이만으로도 충분히 존경받을 가치가 있는 중년 부인이라고나 할까. 2천 살까지도 살 수 있는 식물이라니 놀랍지 않은가! 하나의 뿌리에서 솟아난 두 개의 잎사귀가 끝도 없이 자라고 또 자란다. 학자들은 이 마술 같은 잎사귀의 구조를 파악하기 위해서 지속적으로 관찰하고 연구한다. 어떤 기제에 의해서 이 잎사귀들은 공기 중에 있는 지극히 소량의 습기도 놓치지 않고 포착하여, 이처럼 척박한 풍토에서 그토록 장수를 누릴 수 있는 것일까?

*

반면에 이 지역에 서식하는 풍뎅이들은 장수 비결을 약간 공개했다. 영국 출신으로 옥스퍼드 대학교에서 동물학을 전공한 앤드루 파커와 크리스 로런스는 2001년 이 풍뎅이의 딱딱한 등껍질을 연구했다. 두 사람은 그 껍질이 툭 튀어나온 혹과 움푹 들어간 홈이 번갈아 나타나는 조직으로 되어 있음을 찾아냈다. 혹은 물을 좋아하고(물 친화적), 홈은 물을 싫어한다(물과 상극)는 성질도 알아냈다. 안개가 걷히면 풍뎅이는 바람이 부는 쪽을 향해서 버티고 선다. 그러면 수증기가 혹 위로 밀집하여 물방울이 송골송골 맺힌다. 물방울은 홈을 통해서 갈증을 느끼는 입까지 굴러떨어진다!

5년 후, 이 관찰에 고무된 매사추세츠 공과대학(MIT) 소속 학자 로버트 코언과 마이클 루브너는 이 기적 같은 기제를 재현하는 데 성공한다. 두 사람은 어떤 표면이 수증기를 가장 잘 받아들일 수 있는지 알아낸 것이다.

일단 풍뎅이의 등껍질을 재현하자, 크기를 키워 사막에 물을 주는 공장을 만드는 일은 순식간에 진행되었다.

*

우리가 숨을 쉬는 대기 중에는 1만 2천9백 세제곱킬로미터에 해당되는 담수가 포함되어 있다고 학자들은 계산했다. 98퍼센트는 수증기 상태이며, 나머지 2퍼센트는 응축된 물, 즉 구름 형태로 존재한다. 이 정도의 양은 우리가 살고 있는 대지 속에 포함되어 있으며, 재생 가능한 액체 상태의 물(1만 2천5백 세제곱킬로미터)과 거의 맞먹는 양이다.

자, 그렇다면 결론은 자명하다. 우리를 둘러싸고 있는 공기 중에 포함되어 있는 물을 뽑아 쓸 수만 있다면, 지구상에서 물 부족으로 고통받는 사람은 더 이상 없을 것이다.

그 첫 번째 시도로 안개 공략을 꼽을 수 있는데, 유감스럽게도 이것은 너무 제한적이다. 건조하면서 안개가 자주 낄 정도로 운이 좋은 나라는 너무 드물기 때문이다.

그렇다면 다른 방법을 찾아내야 한다. 특정 시간(해 뜰 무렵)에 지구의 전 지표면에 나타나는 습기는 무엇일까? 이슬이다.

이슬 사냥꾼 협회 회장(전 세계적으로 널리 알려진 인물이다)을 만나기 위해서는 프랑스의 수도로 가서 21번 버스를 타고 베르톨레 정거장에서 하차한 다음 보클랭 가를 향해 걸어간다. 그 길의 10번지에 너무도 유명한 파리 국립 산업물리화학 대학이 자리 잡고 있다.

바로 이 자리에서 1898년 어느 날, 피에르와 마리 퀴리 부부는 귀스타브 베몽의 도움을 받아 라듐을 발견했다.

"T관은 어느 쪽에 있나요?"

나이 든 수위가 방향을 가리킨다.

두근거리는 심장을 안고 고귀한 지식의 전당으로 들어간다. 이곳에서는 지형지물을 찾는 것이 비교적 쉽다. F관, M관 등 알파벳 마을처럼 이름을 붙여놓았기 때문이다. 덕분에 망설이지 않고 발걸음을 옮길 수 있다.

그런데 그 다음부터는 약간 불안해지기 시작한다. 불안이 절망으로 변하는 것은 시간문제이다.

어디에도 T관은 없다. 처음부터 다시 시작하는 기분이다. T관은 도대체 어디에 있단 말인가? 컨테이너를 쌓아 올려 만든 듯한, 조립식 건축의 대명사인 알제코류 작업장의 낡은 건물 사이를 아무리 헤집고 다녀도 소용이 없다.

T관을 찾다 못해 하는 수 없이 R관의 문을 두드린다. R관에 있던 사람은 당신이 예감은 하면서도 차마 입 밖으로 내지 못했던 진실을 확인시켜준다. 예상대로 T관은 작업장에 늘어선 허름한 오두막집들 중의 하나라는 것이다.

문을 두드린다. 대답이 없다. 그냥 들어간다. 무단 거주지 같다. 세 명의 젊은이들이 푹 꺼진 소파에 대충 엉덩이를 붙이고서, 노트북의 화면에 나타난 상당히 복잡한 곡선들을 보면서 영어로 한마디씩 논평을 하고 있었다. 그것이 모래와 관련된 것(응집물질 물리학)이라는 사실을 나는 나중에야 알았다. 문이 열렸다. 마침내 이슬의 교황이 모습을 드러낸다. 그는 원자에너지 위원회의 연구 국장이며 응집물질, 그중에서도 특히 단순 액체와 복합 액체에서의 천이遷移(응축, 비등, 임계점의 특성 등) 전문가였다. 한가운데는 대머리이며 가장자리에 남은 머리는 제멋대로 뻗친 독특한 헤어스타일의 교황. 요컨대 개성 넘치는 머리 모양을 제외하고는 명랑하고 쾌활하며 열정으로 응집된 인물이었다.

"작을 뿐 아니라 전설적인 저의 연구실에 오신 걸 환영합니다!"

도대체 연구실을 둘러싼 그 전설이 뭐냐고(연구실 크기로 말하자면, 작다는 말은 아주 적절했다. 마주 바라보는 우리 두 사람의 의자는 서로 맞닿을 정도였고, 한 명이라도 더 있었더라면 우리 중 어느 누구의 무릎에 앉아야 할 판이었다) 물을 새도 없이, 다니엘 베상스는 단도직입적으로 주제를 공략하기 시작했다.

"물리 화학에 관해서는 영 젬병이시라고요? 걱정 마십시오. 제가 아주 간단하게 말씀드릴 테니까요. 크게 보아 질소(78퍼센트)와 산소(21퍼센트)로 구성되어 있는 공기는 온도와 기압에 따라 양이 달라지긴 하지만, 하여간 수증기 형태로 물을 포함하고 있습니다. 공기의 온도(또는 압력)가 올라가면, 공기가 포함하는 물의 양도 늘어납니다. 압력의 값이 주어진다면, 수증기가 응축되는 온도를 쉽게 계산할 수 있지요. 그 온도를 가리켜서 이슬점이라고 합니다. 오래전부터……."

자, 이제 우리는 전설 속으로 들어간다. 나는 그제야 이 작은 연구실이 지니는 마력을 실감하기 시작했다.

다니엘 베상스는 만년설에 의해서 냉각된 스키타이족의 무덤에 대해서 언급했다. 그는 또한 나를 중세 영국의 이슬이 내려앉은 연못가로 인도했으며…….

그의 말을 들으면서 나는 상상의 날개를 마음껏 펼치고 꿈을 꾸었다. 신비한 건축물을 상상했다. 지구 곳곳에서 이슬 함정을 거느린 건물이 늘어나는 광경을 꿈꾸었다. 함정들은 낮 동안에는 잠을 자다가 밤이 되면 활동을 개시한다. 밤이슬로 촉촉하게 젖는 것보다 더 부드러운 유혹이 어디 있겠는가?

다니엘 베상스는 한창 기분 좋은 상상에 잠겨 있던 나를 현실 세계, 즉 겸양의 세계로 끌어낸다. 현대에 들어와서 짓는 설비들은 훨씬 덜 시적이다. 단순하게 생긴 패널을 바닥이나 지붕에 간단하게 박아놓으면 된다. 물론 그 판자들은 가벼워야 한다. 밤이 되면 빨리 식어야 하기 때문이다. 연구자들은 가장 효과적인 경사각(기울기가 30도 정도일 때, 바람으로 인한 기온 상승을 가장 효과적으로 차단하는 동시에 물 빠짐을 용이하게 해준다)과 가장 좋은 방향(떠오르는 태양의 열을 가장 늦게 받는다)을 찾아냈다.

"어느 정도 효과가 있느냐고요? 이론적으로 보자면, 매일 밤 1제곱미터의 패널에서 1리터의 물을 얻을 수 있죠."

나는 실망감을 감추지 못했다. 그도 그럴 것이, 지금까지 줄곧 수십만 세제곱미터 단위로 말하는 데 익숙해지지 않았던가?

다니엘 베샹스는 나를 바라보았다.

"예를 하나 들어보겠습니다. 인도에 사야라트라는 마을이 있습니다. 쿠치 근처 구자라트 주에 속한 마을이죠. 그곳에선 1년 중에 한 달, 길어야 두 달 동안만 비가 옵니다. 우리는 학교의 지붕(350제곱미터)을 단열제로 덮은 다음, 그 위에 특수 제작한 플라스틱 막을 한 겹 입혔습니다. 매일 아침이면 그날그날 날씨에 따라 15리터에서 110리터의 물을 얻을 수 있습니다. 이 정도면 마을 사람들의 생활을 확 바꿀 수 있습니다. 제 말을 믿으세요!"

이슬에 관한 나의 첫 번째 강습은 이렇게 끝났다. 다니엘 베샹스는 실망하는 기색이 역력한 나를 나무라지 않았다. 문 앞까지 배웅하면서 천 이 전문가는 연구실 문을 가리켰다.

"저기 저 글자 보이시죠?"

몸을 굽히고 가까이에서 들여다보니 다니엘 베샹스라는 이름 아래 조르주 샤르파크라는 이름이 적혀 있었다. 다니엘 베샹스가 이슬에 관한 연구를 시작하기 전에 조르주 샤르파크는 분자 탐지기에 관해서 연구했으며, 그 연구 덕분에 노벨 물리학상(1992)을 받았다. 그렇다면 조르주 샤르파크와 다니엘 베상스가 자신들이 지닌 지혜와 지식의 일부를 방금 나한테 선사해준 셈일까? 스스로에게 대해 약간의 부끄러움을 느끼며 T관을 나서면서 나는 이슬을 우습게 본 내가 얼마나 어리석었는지 깨달았다. 아무 데고 거대한 설비를 설치한다는 것은 현실적이지 못할뿐더러 슬기로운 결정도 될 수 없다. 물은 어디까지나 지역적인 수요를 충족시켜야 하는 자원이므로, 가능한 모든 수단을 동원해서 지역적으로 해결해야 한다. 21번 버스를 기다리면서, 나는 석유 문제에서 보듯이, 단일한 문제에 대해 단일한(그리고 게으르고 안일한) 해결책을 제시하는 시대도 끝났음을 깨달았다. 비록 어리석고 생각 없는 사람들에게는 우습게 보이는 방법일지라도, 가능한 모든 방법을 동원해야 마땅하다.[01]

세네갈 사람들에게 쌀이 부족한 이유

식민지 정책에 따라 검은아프리카(또는 사하라 이남 아프리카) 대륙에는 쌀이 물밀듯이 몰려왔다. 1920년대에 들어와 프랑스 공화국은 자신이 키워온 제국에 질서를 잡을 필요가 있다고 생각하기 시작했다. 제1차 세계대전을 치르느라 국고에는 손실이 많았다. 그러므로 멀리 떨어

---

[01] 친애하는 독자들이여, 이슬이 벌이는 아름답고 유익한 투쟁에 동참하기를 원하신다면, 지체 없이 우리를 찾아주시기 바랍니다. 우리가 이끄는 군대는 평화를 사랑하며 유쾌하고 교육적입니다. 이름은 OPUR(오퓌르 : 프랑스어로 오퓌르라고 발음하면 순수한 물을 의미한다)라고 지었습니다. 우리 조직의 사무총장은 아름답고 기력이 넘치는 우크라이나 출신 이리나 밀뤼뉘크입니다(60 rue Emériau, 75015 Paris; opuricmcb.u-bordeaux.fr; www.opur.u-bordeaux.fr).

진 영토에서라도 수익성을 올려야 될 필요가 생겼다. 이에 따라 각각의 식민지에 전문성을 부여하기로 결정했다.

　세네갈은 이렇게 해서 땅콩을 생산하는 임무를 부여받았다. 조나 수수 같은 식량의 재배는 뒷전으로 밀려났다. 세네갈 사람들도 끼니는 해결해야 하지 않겠느냐고? 그런 거라면 문제될 게 없었다. 역시 멀리 떨어져 있는 식민지인 인도네시아로부터 쌀 부스러기를 배달시키기만 하면 될 일이었다. 물론 세네갈 사람들에게는 인도네시아에서 보내온 쌀 부스러기가 그곳에서는 동물 사료용이라는 말을 하지 않았다. 아프리카 사람들이 정말로 벼를 심고자 한다면 말리의 중심부, 나이저 강의 내륙 삼각주가 적합한 장소였다.

　수입된 쌀 부스러기는 아프리카 지역의 식생활을 완전히 바꿔놓았다. 사람들은 쌀 부스러기에 익숙해진 정도가 아니라 아주 좋아하게 되었다. 먼 곳에서 온 이 곡물은 어딘지 모르게 호사스럽다는 느낌도 풍겼다. 사람들은 손가락 끝에 묻은 기름기를 최대한 오래도록 남겨두었다가 마지못해 손을 닦았다. 누가 보더라도 대번에 알 수 있는 이 기름은, 적어도 그걸 살 수 있는 여유가 있음을 과시하는 수단이었기 때문이다. 게다가 쌀 부스러기는 오랫동안 빻을 필요도 없었다. 덕분에 음식 준비하기가 훨씬 간편했다.

　식민지 시대를 청산하고 독립을 되찾은 세네갈은 중지를 모았다.

　"아무리 생각해봐도 나는 쌀이 좋아. 그런데 왜 우리 땅에서 직접 재배할 수 없는 거지?"

　이 같은 의문이 들기가 무섭게 세네갈 국토 전역을 살펴본 결과, 가장 적합한 곳은 생루이와 바켈의 중간쯤 되는 북쪽 국경 지대의 강변이라는 결론이 나왔다. 1년에 일조 시간이 3천 시간이나 되며, 손을 뻗으면 닿을 정도로 가까운 곳에 절대 고갈되지 않을 만큼 풍부한 물이 있었다. 땅을 파서 관개수로만 설치하면 되는 일이었다. 하지만 이처럼 대대적인 공사를 진행하는 데 필요한 경비를 조달하는 일이 문제였다. 세계은행에 손을 벌려보았지만, 여느 때와 똑같은 말만 되풀이했다.

"아시아를 상대로 벼농사 경쟁을 벌이면 승산이 없다"는 것이었다.

당시 세네갈 사람들은 백인 전문가들이 하는 말이라면 거의 그대로 받아들이는 경향이 있었다. 전문가들이 벼농사를 짓겠다는 것이 그다지 신통한 생각이 아니라고 하자, 정말로 그렇게 생각되는 것이다. 그래서 세네갈 사람들은 백인 전문가들에게, 그렇다면 그 대신 어떻게 하면 좋을지 해결책을 요구했다.

"그거야 우리가 어떻게 알겠습니까? 화훼는 어떨까요?"라고 전문가 중의 하나가 제안했다.

다른 전문가들은 웃음을 터뜨렸다.

"아니, 자네는 어떻게 저 운 나쁜 사람들이 기른 꽃이 경쟁력이 있으리라고 생각할 수 있단 말인가?"

세네갈 사람들은 부드럽게, 상냥하게, 요컨대 세네갈식으로 고집을 부렸다.

"물이 많은 강이 지척에 있는데, 그걸로 뭘 하면 좋겠느냐니까요?"

"글쎄요…… 아, 그렇군요, 악어, 악어 농장을 하는 건 어떻겠습니까?"
"으음……."

악어 농장이라는 가능성은 세네갈 체류 기간 동안 백인 전문가들을 기쁘게 했다. 하지만 워싱턴으로 돌아와서 평소의 진지함을 되찾자, 이들은 의심스럽다는 말로 보고서를 마무리했다. 악어 양식 분야에서조차도 세네갈 사람들이 언젠가 경쟁력을 가질 수 있을지 의문이라는 소견을 적었던 것이다.

세네갈의 상고르 대통령이 벼농사 문제를 재고하기로 한 것은 이처럼 복잡한 과정을 거친 다음이었다. 그는 세계은행이 아닌 다른 곳에서 지원을 받았다. 그는 강 유역을 정비하기 위해 공기업을 창설했으며, 이 기업이 운하 건설을 위한 굴착, 전기 공급, 양수 장비 설치, 도로와 둑 건설(사실 도로가 둑의 역할을 하는 구간도 적지 않았다), 농업 노동력 교육 및 보건 사업, 생산품 상업화 등 제반 업무를 도맡았다. 말하자면, 한동안 아프리카에서 성공적으로 이루어지던 일종의 거대한 집단 농장을 경영한 것이다. 이런 방식의 집단 농장은 콜베르와 레닌, 다시 말해서 프랑스의 독특한 국가 개입 주의와 러시아의 집단주의의 결합으로 태어난 사생아라고 할 수 있다.

면화의 나라들을 주유하면서(이 여행의 기록은 《코튼로드》라는 책으로 국내에도 소개되었다 - 옮긴이) 나는 집단 농장이라는 괴물들의 습성을 면밀히 관찰하고 분석할 기회를 가졌다. 한마디로 집단 농장들은 하나같이 몸집이 무겁고, 낭비가 심하며, 부패의 온상 노릇을 하고 있었다. 그렇지만 부정적인 면만 있는 것은 물론 아니었다. 공간을 조직하며, 끊임없이 지역 주민들을 독려하는 역할을 함으로써 국가 발전의 원동력이 되고 있음도 부인할 수 없는 사실이었다.

세네갈의 괴물은 SAED라는 이름을 가졌다. '국립 세네갈 강 삼각주, 세네갈 강과 팔레메 강 계곡 농지 정비 및 개간 회사'라는 긴 이름을 짧게 줄인 이름이었다. 이 회사의 책임자인 마무두 데므가 나를 맞이해주었다. 그는 자신이 이끄는 조직이 바로 자기 자신이라고 믿는 부류의 남자였다. 그는 자나 깨나 SAED를 생각하고, SAED와 더불어 살며, SAED를 위해 투쟁하고, SAED가 이루어놓은 업적 앞에서 감탄하며, SAED 때문에 분노하고, 당연히 SAED 꿈만 꾸는 사람이었다. 아침마다 피곤에 지친 보좌관들에게 간밤에 생각해낸 새로운 프로젝트를 발표한다니, 어떻게 달리 생각할 수 있겠는가.

그가 이끄는 왕국은 실로 거대하다. 세네갈 국토 면적의 34퍼센트를 차지하는 땅덩어리에, 거주하는 주민만도 1백만 명(이 중에서 농촌 주민은 75퍼센트를 차지한다)이 넘는다. 1965년에 정식으로 창설되었으며, 20년 동안 모든 일을 도맡아서 진행했다. SAED가 구상하고, 정비하고, 조직하면, 농민들이 실행에 옮겼다. 1980년대 말이 되자, 민영화가 SAED의 가장 중요한 화두로 떠올랐다. 그 후로 SAED의 업무 중에서 생산 담당 업무는 제외되었다. 하지만 토지 정비와 자문 기능, 이렇게 두 가지는 지속적으로 유지함으로써 공기업의 명맥을 이어갔다. 상당 기간 갈팡질팡하면서 방황하는 시간을 보냈던 SAED는 결국 여러 개의 민간 기업에 업무 전체를 이양했다. 이 과정에는 어려움이 뒤따랐다. 세네갈에서 통용되는 화폐인 CFA, 즉 중앙아프리카 화폐의 평가절하로 각종 비용(비료, 설비, 파종 등)이 치솟은 것이 주원인이었다. 현재 대부분의 지역은 마을 공동체에서 운영하고 있다.

마무두 데므의 입에서는 두 개의 단어가 가장 빈번하게 사용되었다. 수수께끼 같은 단어가 아닐 수 없었다. 그가 말하는 '투기'란 무엇을 의미할까? "작년에, 땅콩 투기는 우리를 적잖이 실망시켰습니다", "나는 토마토의 투기에 대해서는 신뢰합니다." 또, 그가 매우 중요하게 생각하는 것으로 보이는 '배수로'란 무엇을 가리키는 말일까? 봇물처럼 이어지는 그의 말, 진정한 관개의 서사시라고 할 수 있는 그 말을 차마 끊을 수 없어서 나는 혼자 끙끙 앓았다. 솔직히 나의 무지함을 드러내 보이고 싶지 않은 마음이 전혀 없었다고 하면 그건 거짓말이다. 그래도 내가 명색이 아카데미 회원, 다시 말해서 사전 편찬을 책임진 사람 아닌가 말이다.

나는 그날 저녁이 되어서야 한 보좌관을 통해서 '배수로'란 하수 처리용 배관을 가리킨다는 것을 알았다. 한편, '투기'라는 말은 단순히 생산(벼 생산, 토마토 생산……)을 가리킨다는 사실도 알았다. 투기라! 이 얼마나 현명한 단어인가! 얼마나 현실적인 말인가! 날씨라는 게 원래 천성적으로 변덕이 심해서 종잡을 수가 없으니, 어떻게 생산된 작물의 가치를 확신할 수 있겠는가? 프랑스 본토를 제외한 여타 지역 프랑스어권, 무궁무진한 유머의 원천이며, 지극히 구체적인 사물을 통해서 얻어지는 생생한 시정 넘치는 표현의 저수지, 요컨대 지혜의 저장고인 이 지역이 아니었다면, 프랑스어는 어떻게 되었을까?

이제 마무두 데므의 이야기는 경작 일정으로 넘어갔다.

"우리에게는 세 철이 있습니다. 물론 각각의 계절이 다른 계절들과 조금씩 겹치기도 하죠. 동면기는 6월부터 12월까지이며, 건조하고 추운 계절이 10월부터 3월까지 계속되고, 건조하고 더운 계절이 2월부터 6월까지 계속되죠."

"1년에 수확은 몇 번이나 할 수 있죠?"

"뭐라고요? 그걸 모르고 계셨습니까? 쌀, 토마토, 옥수수, 양파는 이모작이고, 땅콩은 3모작이죠. 자그마치 세 번 수확한다고요, 아시겠습니까? 그런데도 아프리카는 저주받은 땅이라고 말하는 사람들이 있으니 말이 됩니까?"

'저 높은 곳'을 향한 감사의 정과 주민들의 야심 부족에 대한 맹비난을 번갈아가며 들으면서 우리는 음분둠에 도착했다.

"강물 냄새가 나는군요."

나는 차창을 열었다.

"선생도 금방 그 냄새를 느끼시게 될 겁니다. 저 강이 있으니 우리에겐 천만다행이지요. 혹시 1헥타르의 논에 벼를 심으면 물을 얼마나 줘야 하는지 아십니까?"

다시 한 번 나는 무지함을 통감해야 했다.

"동면기엔 1만 6천 세제곱미터, 더운 계절엔 거의 2만 세제곱미터가 필요하죠. 사탕수수가 벼보다 물을 더 많이 먹는 유일한 작물일 겁니다. 녀석은 2만 9천 세제곱미터를 먹는 하마니까요!"

*

그곳은 여행객이라면 누구나 확실하게 인류의 아주 오랜 조상들과 만날 수 있는 곳이었다. 그곳에서 보면, 지구는 분명 평평하다. 지평선 한 쪽 끝에서 다른 쪽 끝에 이를 때까지 쭉 고르게 평평하다. 언덕 같은 것은 그림자조차 보이지 않는다. 산과 계곡으로 이루어진 울퉁불퉁한 기복 같은 것도 전혀 없다. 도대체 얼마나 거대한 대패가 밀고 지나갔단 말인가? 마을의 집들은 지면에서 몸을 세운 것이 미안하다는 듯 한껏 낮추고 있다. 하물며 기니나 시에라리온에서 온 계절노동자들을 위한 납작한 오두막 막사는 더 말할 나위도 없다. 이 오두막집들의 높이는 베어놓은 볏단 뭉치와 맞먹을 정도이다. 나무 한 그루조차 보이지 않는다. 저만치 멀리 생루이와 리샤르 톨을 연결하는 간선도로변을 따라 줄지어 서 있는 유칼리나무의 윤곽만 희미하게 짐작할 수 있을 뿐이다. 각양각색의 크고 작은 새들이 저마다 목청껏 애창곡들을 불러댄다. 이 세상의 모든 조류들이 이곳에 모여 인간들이 일하는 모습을 구경하기로 작정이라도 한 것 같다. 이따금씩 새들은 아무런 위협도 받지 않으며, 텅 빈 하늘 저 너머로 바람을 쐬러 날아간다. 새들의 기분을 누가 알겠는가? 잠깐만이라도 이 강 유역 인근에서 풍기는 불길한 마력, 모든 것이 너무 평평하게 수평을 이루고 있어서 불안해지는 그 마음에서 벗어나고 싶을지 누가 알겠는가 말이다. 지나치게 평평하게 이어지는 지평선이 새들에게 권태감을 주는 것은 아닌가?

이 들판에 섰을 때 느낄 수 있는 또 하나의 강력한 인상은 바로 노동이다. 누구나 잘 알다시피, 농부들은 새들처럼 바람 쐬러 날아다닐 여유가 없다. 언제나 땅과 하나가 되어 일한다. 나는 이곳에서처럼 인간의 노고에 대해 경의를 표하고 싶은 마음이 들고, 꼭 그래야만 할 필요성을 느꼈던 적이 없다. 일반적으로 노동의 양은 들판에서 그대로 헤아려지는 법이다. 파종에서 제초, 수확에 이르려면, 우선 땅을 일구고 돌을 골라내며 평평하게 바닥을 다져야 한다. 이곳에 서면 가장 먼저 들판 주변에 마련되어 생명을 주는 관개수로에 감탄하게 된다.

마무두 데므는 풍경을 구성하고 있는 씨실과 날실들, 그리고 그 사이의 공간들을 읽는 방법을 일러준다. 잔물결이 찰랑거리는 초록색과 노란색의 긴 선은 주요 배수로로서 세네갈 강의 물을 끌어온다. 배수로는 바닥 높이에 설치되어 있다. 펌프는 처음에 물을 빨아들일 때 한 번만 사용하면 된다. 그런 다음에는 중력이 다 알아서 해결해준다. 고마운 중력이다. 우리가 비틀거릴 때나 넘어지면서 툴툴거릴 때마다 몸무게 덕분에 에너지를 절약할 수 있음을 상기하라!

이 주요 배수로에서 보다 규모가 작은 배수로로 물이 흘러가고, 작은 배수로는 다시 도랑으로, 도랑에서는…… 도처에서 필요에 따라 수문이 열리고 닫히는 것이다.

바닥보다 더 낮은 곳에는 또 다른 배관 설비, 관개용수 배수로보다는 덜 우아하지만 없어서는 안 될 중요한 설비인 지하 배수로, 즉 사용한 물을 한 곳으로 모아서 흘려보내는 하수로 망이 설치되어 있다. 하수로가 없으면 방충제나 살충제 따위가 토양에 그대로 남아 있게 된다.

아, 염분을 잊을 뻔했다. 회색과 백색의 중간쯤 되는 빛깔을 띤 소금 자국은 버려진 땅에서 여전히 눈에 띈다. 소금기와 물 사이에는 영원히 끝나지 않을 전투가 지속 중인 것이다. 대지를 무대 삼아 벌어지는 격전이다. 물은 소금을 녹인다. 하지만 소금은 때를 기다릴 줄 안다. 물이 물러가고 나면 얼른 돌아와 지표면까지 올라온다. 그러면 대지는 죽는다.

  12월도 끝나갈 무렵, 수확이 한창이다. 들판에서는 모두들 바쁘다. 솔직히 더 바쁘게 작업을 하고 싶은 마음이 굴뚝같지만 기계가 모자란다. 몇 대 안 되는 고물 탈곡기들이 이 구역 저 구역으로 분주하게 돌아다닌다. 넓은 들판을 띄엄띄엄 수놓고 있는 탈곡기들은 장난감처럼 보인다. 필리핀 모델을 베낀 듯한 탈곡기들이다.

  농부들은 서글픈 표정으로 길게 자란 벼를 바라본다. 아무리 기다려도 탈곡기는 오지 않는데, 그 사이에 벼는 자꾸만 물기가 말라가기 때문이다. 올해도 역시 수확량은 기대에 못 미칠 듯하다. 백로와 황새들도 농부들의 시름을 이해하는 눈치이다. 길쭉한 다리를 가진 그 새들은 멋쟁이새, 참새, 멧비둘기 같은 꼬맹이 새들이 철딱서니 없게도 미친 듯이 낟알을 주워먹는 모습을 보며 못마땅해한다. 몇천 개씩이나 세워놓은 허수아비들이 도대체 무슨 소용인가? 허수아비라고는 하지만, 솔직히 들판에 부는 바람에 휘날리는 허연 깃발이라는 표현이 훨씬 더 정확할 것이다. 마을 사람들이 하늘을 나는 조류들에게 이제 약탈을 그만두라고 휴전을 요청하는 항복의 깃발 같지 않은가. 이와 같은 불운에 대항하기 위해서 위대한 지도자 마오쩌둥은 중국의 인민들을 한자리에 모았다. 이들은 밤낮없이 소리 지르고 노래를 부르며, 쉬지 말고 북을 치며, 프라이팬이나 냄비를 두드리라는 임무를 부여받았다. 몹쓸 놈의 참새들이 땅 위에 내려앉는 것을 막아보자는 의도에서였다. 숨이 차도록 날기만 해야 했던 새들 중 상당수가 죽어버렸다. 하늘에서 죽은 새들이 우박처럼 쏟아졌다. 아프리카 사람들에게는 물론 이 같은 잔인함이 결여되어 있으므로, 새란 녀석들은 이 점을 한껏 이용한다.

당나귀가 끄는 수레들이 천천히 지나간다. 새들의 공격으로부터 무사히 지킨 낟알이 담긴 자루들을 운반하는 수레이다.

마을 대표는 이런 순간에 여러 가지 요구를 들이대는 치명적인 실수를 하지 말았어야 했다. 그랬다면 '미스터 SAED'라고 불리는 마무두 데므가 참았던 진노를 폭발시키는 일은 없었을 것이다.

우리는 새로 지은 물 정화 설비를 돌아보았다. 몇 달 전에 설비가 완성된 이래로, 마을의 수백 가구는 식수를 공급받고 있었다. 놀랄 만한 진보였다. 하지만 유감스럽게도 설비를 시찰하던 미스터 SAED는 첫째, 이탈리아산 자동 급수 조정기가 작동하지 않으며, 둘째, 펌프를 보호해야 할 포석이 깨져 있음을 발견했다.

책임자에 대한 문책이 시작되었다. 책임자는 사람 좋은 미소와 운명론자적인 제스처를 곁들여가며 답변했다.

"그래도 아직까지 심한 설사를 일으킨 주민들은 한 명도 없었습니다……."

마무두 데므는 아무 말도 하지 않았다. 그 대신에 기계가 부족하다고 불평을 늘어놓은 마을 대표가 호되게 무안을 당했다.

"기계가 있다 한들 당신들한테 무슨 도움이 되겠소? 당신들은 기계를 망가뜨리고, 그러면 고칠 생각도 하지 않고 버려둘 게 뻔한 데 말이오. 지금까지도 내내 그렇게 하지 않았소!"

돌아오는 차 안에서 우리는 기계를 유지하고 보수하지 못하는 고질적인 증상에 대해 이야기를 나누었다. 나는 그의 낙담을 충분히 이해할 수 있었다. 아프리카 사람들은 수작업의 천재들이며, 재활용의 예술가들이다. 그들은 고물을 회수해서 새로운 용도로 재창조하는 데 남다른 재주를 가졌다는 말이다. 아프리카에 굴러다니는 택시들은 스위스 출신 화가이자 조각가로, 기계 부품들을 모아 재구성한 조각품들로 유명한 팅글리의 작품이라고 해도 손색이 없을 정도로, 그럭저럭 제구실을 해내고 있지 않은가. 그런데 어째서 쓰던 기계가 조금만 고장이 나도 고칠 생각을 하지 않는 것일까? 게다가 그 기계가 자신들의 삶을 보다 윤택하게 만들어줄 수 있는 확실한 수단인데 말이다. 아프리카 사람들은 기계의 고장을 나쁜 징조로 해석하는 경향이 있는 듯하다. 혹은 현대화의 산물인 기계를 싫지만 마지못해 받아들이는지도 모르겠다. 그러니 일단 기계가 제대로 정착하면 머지않아 인간관계로 이루어진 전통적인 사회망이 파괴될 수도 있으리라는 염려가 자리 잡고 있어서, 기회만 있으면 기계를 없애버리려고 할 수도 있다. 어떻게 해서든지 기계가 중심이 되는 운명의 순간을 늦춰보자…….

잠깐! 이런 식으로 가면 우리는 바람직하지 않은 길로 접어들게 된다. 아프리카와 아프리카 사람들…… 아프리카를 잘 알수록, 아프리카 사람들을 잘 알수록, 이와 같은 섣부른 일반화는 용납하기 힘들다. 민족 단위의 심리나, 더 나아가 대륙 단위의 심리(가령 '흑인', '황색 인종' 등)

에 관한 속설들은 지나치게 애매모호하기 때문에 빗나가기 쉬울 뿐 아니라 말도 안 되는 추악함을 생산하기도 한다. 따라서 우리는, 그러니까 마무두 데므와 나는 그쯤에서 부질없는 논쟁을 멈추기로 했다. 차가 마침 로스 베티오에 도착했으므로, 그렇게 하는 편이 백 번 나았다. 교육 센터에는 주요 쌀 생산자들이 모여 있었다. 전통적인 곳간의 크기를 상당히 넓히고 시멘트로 마무리한 형태의 거대한 뾰족 지붕 집 안에 모여 있는 사람들의 대다수는 남자들이었다. 하지만 이들의 대표인 펜다 게예 시세 회장은 작은 체구에, 나이는 50세 전후로 보이는 여자였다. 마침 이스라엘 방문을 마치고 돌아온 게예 여사는 우물쭈물하는 법 없이 직설적으로 말을 쏟아냈다.

"우리는 지지리 못났습니다. (게예 여사는 프랑스어로 이 말을 여러 번 되풀이했다. 나머지 연설은 내가 알아듣지 못하는 투쿨로르어로 진행되었다.) 우리는 못났습니다. 식물에 대한 지식에서 지지리 못났습니다. 생산 활동을 조직하는 데에도 지지리 못났습니다. 우리 나라는 아시아에서 쌀을 사들이느라 파산 지경에 이르렀는데, 우리는 1헥타르당 7톤, 좀 나을 땐 8톤 정도를 수확하는 못난 수확량에 만족하고 있습니다. 1헥타르당 10톤도 거뜬할 텐데 말입니다!"

동료들은 고개를 끄덕였다.

"회장님 말씀이 맞습니다! 회장님 말씀이 무섭긴 하지만, 회장님이 화를 내는 건 당연합니다 ……."

여자 회장은 똑같은 어조로 연설을 계속했다. 미스터 SAED는 감탄어린 눈, 아니 마음이 놓이는 듯한 태도로 여자 회장을 응시했다. 자신의 적극성과 맞먹는 활동력을 지닌 맞수를 이제야 만났다는 눈치였다.

"나는 여러분들에게 회개하라고 요구하지 않습니다. 나는 여러분들의 적극적인 참여를 원합니다!"

농부들은 강 유역 지방이 아프리카 전체에 모범을 보여야 한다는 점에 동의하면서 적극적인 참여를 약속했다.

회합을 마치자 게예 회장은 나에게 자신이 구상 중인 계획을 털어놓았다. '아프리카 사람들'을 잠에서 깨어나게 하기 위해서 이스라엘 농부 한 명을 초대하겠다는 것이었다.

회장은 이스라엘 탐방 여행에 대해서 이야기했다. 게예 회장이 벤구리온 대학에 도착하자 마중 나온 교수가 단도직입적으로 묻더라는 것이었다.

"당신들에겐 태양이 있습니까?"

"물론이죠!"

"얼마나 많이? 정확하게 말씀해주시죠."

"1년에 3천 시간."

"당신들에겐 물도 있습니까?"

"우리는 강물을 쓰면 됩니다……."

그 교수는 빈정거리는 듯한 표정을 지으며 손가락으로 유리창 너머 네게브 사막을 가리켰다.

"그런데도 그것밖에는 생산을 못 한다고요? 그렇다면 그건 당신들이 게으르기 때문입니다. 아니면 머리가 모자라거나. 둘 중 하나죠."

게예 여사는 그때 느낀 굴욕감을 잊을 수가 없었다. 그래서 '세네갈의 벼농사 자급자족'을 개인적인 목표로 삼기로 결심했다.

"우리는 벌써 넓은 면적에 관개를 하고 있습니다. 관개 경작지를 두 배로 늘리고, 헥타르당 생산량을 2톤만 증가시킬 수 있다면, 우리는 어느 누구에게도 의존할 필요가 없습니다. 당신도 동의합니까? 다시 한 번 설명할까요?"

나는 잠깐 다른 데 정신이 팔려 있었음을 차마 고백하지 못했다. 이번 주 초부터 나는 줄곧 너무 많은 이야기를 들었고, 너무 많은 숫자를 메모했다. 덕분에 한계에 달한 내 집중력은 필사적으로 숨 쉴 곳을 찾고 있었다. 바닥 쪽으로 몸을 구부리고 있는 수백 명의 농부들이 다시금 내 눈에 들어왔다. 귓속에서는 새들의 빈정거림이 웅웅거렸다.

돌아오는 차 안에서 마무두 데프 씨는 강의를 계속했다.

"게예 여사의 말이 물론 다 맞아요, 맞고말고요. 그렇지만 생산성을 높이는 것만으로는 충분하지 않아요. 농업과 관련한 제반 분야가 모두 발전되어야 합니다. 생산만 많이 하면 뭐합니까? 수확된 작물들이 언제까지고 밭 귀퉁이에서 기다려야 하는데요. 만일 트럭이 와서 싣고 가지 않는다면, 필요한 순간에 창고로 들어가 냉장 보관될 수 없다면 어떻게 되겠느냐고요? 또, 농부들이 계속 교육을 받지 못한다면요?"

나는 그에게 잠깐 프랑스에서 발족한 FARM 재단[02]과 현재 세우려고 추진 중인 '면화대학교' 프로젝트에 대해서 언급했다. FARM 재단은 서

---

[02] FARM : Fondation pour l'agriculture et la ruralité dans le monde(세계의 농업과 농촌성을 위한 재단). www.fondation-farm.org.

부 아프리카의 농부들이 농업 관련 제반 분야와 농부들의 노동조합 건립 문제에 대해서 성찰하는 일을 돕는다. 프랑스 농업의 성공은 구조를 탄탄하게 다진 데에서 기인한다고 본다.

이제 생루이에 거의 다 왔다. 그리고는 또다시 많은 사람들이 모여 있는 곳으로 안내되었다. 나는 2년쯤 전에 이곳에 왔었다. 그 사이에 그때는 없던 새로운 동네가 무질서한 가운데 유쾌한 분위기를 잃지 않으며 우후죽순처럼 삐죽삐죽 솟아났다. 물이라는 주제에 온통 사로잡힌 나는 상수도 보급과 하수 정화 시설이 곧 이루어질 것인지 물었다. 각각 상당히 무거워 보이는 석유통을 두 개씩 들고 서 있는 어린 여자아이 두 명의 모습이 내 시야에 들어왔다. 나는 이처럼 물 길어오는 심부름을 도맡아하는 어린 여자아이는 문맹이 될 확률이 매우 높다는 사실을 잘 알고 있다. 그 이유는 아주 간단하다. 몸이 하나인 사람이 모든 것을 다 할 수는 없기 때문이다. 더구나 그 아이가 물만 길어오는 것이 아니라 짬짬이 땔감으로 쓸 나무도 주워와야 한다면, 학교 갈 시간이 없는 건 오히려 당연한 일 아니겠는가.

1950년대엔 화객선貨客船 부엘모그다드호가 바켈까지, 아니 바켈 너머 케스 시까지도 오가면서 우편물과 각종 물건, 여행객들을 실어 날랐다. 수많은 모험담과 휴지기를 지낸 다음, 이제 부엘모그다드호는 완전히 새것으로 고쳐지고 순백색으로 칠해져 바로 우리 눈앞에 닻을 내리고 있었다. 하루 일과가 끝나가는 일몰 속에서, 페데르브 다리와 라포스트 호텔(메르모즈[20세기 초에 활동한 프랑스의 조종사로, 안데스 산맥을 넘어가는 최초의 항공 노선을 개척한 인물 - 옮긴이)는 대서양 위로 날아오르기 전에 늘 이 호텔에 머물렀다)을 바라보면서 어찌 생루이의 매력에 빠져들지 않을 수 있을까? 과거의 영화를 지닌 이 섬에서 멀지 않은 곳에서 현재 매일매일 처절한 농업 전쟁이 벌어지고 있음을 어찌 상상이나 할 수 있을까? 전쟁의 변태성은 바로 후방 도시의 평온함에서 찾을 수 있다.

구름에 씨를 뿌릴 수 있다면?

해마다 5월 초가 되면 세네갈은 기다리기 시작한다. 세네갈은 희망을 가지고 기다리지만, 기다리는 것이 오지 않고 날짜만 지나가면 희망은 차츰 불안으로 바뀐다.

모두들 기다린다. 1차적 당사자인 농부들은 물론, 대통령의 총애가 그것이 오느냐 오지 않느냐에 달렸다는 것을 잘 아는 장관에 이르기까지, 너나없이 기다린다.

무엇 때문에 '저 높은 곳에 계신 분'과 잘 통하지도 않는 자를 행정부에 계속 붙잡아두겠는가?

도시에 거주하는 필부들도 기다리기는 마찬가지이다. 그것이 오지 않으면 식료품 값이 천정부지로 뛰어오르기 때문이다. 그렇게 되면 무슨 수로 가족들을 먹여 살린단 말인가?

강물로 관개를 할 수 있는 남부와 북부 지방은 관개용수로 들판에 물을 줄 수 있다. 하지만 국토의 중앙에 위치한 지방은 전적으로 그것, 즉 비에 의존해야 한다.

판단 착오를 일으켜서는 안 된다. 특히, 연중 최초의 소나기가 떨어졌다고 해서 서둘러 씨를 뿌려서는 안 된다. 소나기가 어쩌다 한 번 내리더니, 그 다음에는 영 소식이 없으면 어떻게 될지 상상해보라. 씨는 싹이 트기는커녕 말라죽기 십상이다. 세네갈은 하늘만 바라본다. 세네갈은 애가 타는 마음으로 손가락만 꼽는다.

5월 1일이 지난 다음 기상청에서 사흘 동안 20밀리미터 이상의 비가 왔다고 발표하고, 그 후 30일 동안 비가 오지 않은 기간이 7일 이상 지속된 적이 없으면, 그때 비로소 우기가 시작되었음을 확실하게 인정할 수 있다.

파종해도 좋다는 지시가 떨어진다. 그러면 세네갈은 잔치 분위기에 들뜨고, 장관은 모처럼 미소를 짓는다. 대통령이 그를 불러 칭찬과 격려를 해주었기 때문이다.

9월이 되면 다시금 불안감에 사로잡힌다. 비가 언제 물러갈 것인가? 비라면 세네갈 사람들도 웬만큼 잘 아는 편이다. 어느 장소를 떠나기로 마음을 먹으면, 세네갈에 내리는 비란 녀석은 금방 다시 오는 법이 없다. 그러니 장관을 포함한 온 나라가 다시 하늘을 바라보며 손가락만 꼽는다. 9월 1일이 지난 다음 스무 날 연속으로 비가 오지 않으면 단념하는 편이 현명하다. 우기가 끝났다고 보아야 하는 것이다.

세네갈은 이렇듯 철학자들처럼 초연하게 겨울을 맞는다. 요행히 비가 오는 겨울도 있지만, 그렇지 않은 겨울도 있다.

이런 나라에 비극이 발생했다. 1970년에 극심한 가뭄이 몰아닥친 것이다. 세상이 예전과는 완전히 달라진 것 같은 나날이 이어졌다. 계절이라는 기제가 완전히 망가져버렸다. 오죽하면 세네갈은 자신의 계산이 틀린 모양이라고 믿었을 정도였다. 그래서 세네갈은 다시 하늘을 쳐다보았고, 다시 손가락을 꼽았다. 하지만 결국 소나기가 예전보다 더 늦게 시작되고 일찍 끝나며, 일단 내릴 때는 거센 기세로 내리지만, 비가 내리는 빈도는 훨씬 줄었음을 인정해야 했다. 해를 거듭할수록 우기는 상어 가죽(peau de chagrin : 발자크의 소설 제목. 소원을 이루어주는 신기한 가죽이 있는데, 그 가죽은 사용할 때마다 점점 줄어든다는 이야기에서 관용적인 표현으로 굳어졌다 - 옮긴이)처럼 줄어들었다. 아, 끔찍한 상어 가죽!

중부 지역에서 무시무시한 기세로 사막화가 진행되고 있으므로, 서둘러 대처해야 할 필요가 있다.

*

경고! 민감한 지역(남동부 국경 지대)에 분포된 탐지기에 의해서 목표물이 발견되면 일련의 공정이 시작되며, 일단 시작된 공정은 절대 멈출 수 없다.

지표면에 장착된 발전기에는 불이 켜지고, 비행기에는 이륙하라는 명령이 내려진다.

이쯤 되면 무슨 말인지 짐작했을 것이다. 바야흐로 전쟁이 시작되는 것이다. 정복을 위한 전쟁이 아니라, 모두의 얼굴에 미소를 되찾아주는 아주 특별한 전쟁이 시작된다. 그렇다, 이건 분명 전쟁이다, 라고 막타르 은디아예가 강조한다. "하지만 농부들에게 웃음을 되찾아주려는 전쟁"이라고 그는 다시 한 번 분명히 말한다. 세네갈 국립 기상청을 이끄는 책임자인 그는 전투에 참가하는 용사들의 결연한 어조로 세네갈 기상청은 이제 관찰하고 예보하는 것만으로는 만족하지 못한다고 단호하게 말한다. 압둘라예 와드 국가수반의 전폭적인 지지하에 구름에 파종을 하기로 결정했다는 것이다.

저기 저 구름을 보십시오, 비를 머금고 있는 거대한 구름 말입니다. 저 구름이 세네갈 영공의 남동쪽으로 흘러가는 걸 지켜보십시오. 국립 니오콜로코바 동물 보호 지역에 사는 사자들이 구름에 관심이 있는지는 모르겠지만(내 생각에 녀석들은 구름에는 그다지 관심이 없을 것 같다), 근처를 지나간다니 녀석들도 구름을 볼 수 있을 것이다. 구름은 디알라코토, 미시라, 탐바쿤다 등의 도시가 있는 쪽으로 흘러간다. 기상 위성들은 탐지기들의 관찰이 옳았음을 확인해준다.

자, 이제 작전 개시다. 목표는 간단하다. 구름이 머금고 있는 물을 모두 토해내게 하는 것이다. 구름들이란 원래 변덕스러운 데다, 이기주의자 구름도 상당히 많다. 녀석들은 목말라하는 들판 따위는 안중에도 없고, 그저 자기들끼리 잔뜩 물을 품고 있다가 얼토당토않은 엉뚱한 곳, 가령 바다 같은 곳에 가서 오줌으로 뿌려버린다.

비가 내리도록 하기 위해서는 구름 속에 상당히 굵고 무거운 물방울이 형성되어 있어야 한다. 그렇기 때문에 요오드화은으로 구름에 씨를 뿌리는 것이다. 이 작은 알갱이들이 물방울이 뭉치도록 도와주는 역할을 한다. 요오드화은을 핵으로 하여 차츰 물방울들이 모이게 되면 무거워져서 결국 비가 오기만을 애타게 기다리는 대지 위로 떨어지게 된다.

구름에 씨를 뿌리는 작업은 대지에서 진행된다. 될성부른 구름이 발견되면, 응축기의 배터리를 켠다. 더워진 공기는 분자 알갱이를 싣고 구름을 향해 올라간다.

또한 비행기를 띄워 뭉게구름에 요오드화은을 뿌리는 방법도 있다.

세네갈은 이 기술에 큰 기대를 걸고 있다. 세네갈뿐만이 아니다. 러시아를 비롯한 다른 많은 나라들도 비슷한 형편이다.

아뿔싸! 2007년 10월 22일과 23일 양일 동안 터키의 안탈리아에 모인 전 세계 전문가들은 이들의 낙관주의에 찬물을 끼얹었다.

이론상으로는 구름에 씨를 뿌리는 것만큼 간단한 일은 없다. 그런데 현실적으로 볼 때, 구름이란 녀석은 인간의 이성으로는 도저히 이해할 수 없는 이유로 비를 뿌릴 수도 있고, 뿌리지 않을 수도 있는, 속을 알 수 없는 의뭉스런 녀석이다…….

물에게는 항상 진실을 말해야 한다

두 사람이 서로에게 도둑질을 했다고 비난하고 있었다. 마을 촌장은 늪지대로 두 사람을 불렀다.

"자, 이제 물에게 진실을 말하라."

"아니, 왜 물에게 그러라는 겁니까?" 한 남자가 물었다.

"당신은 물이 진실을 알아줄 거라고 확신하십니까?" 다른 남자도 물었다.

마을 촌장은 기가 막히다는 듯이 두 사람을 바라보았다.

"너희들은 무식하기 그지없구나. 너희들은 물을 마시고, 울고, 오줌을 눈다. 그러면 비가 내린다. 태양이 나타나면 비는 증발해버린다. 하늘로 올라가는 것이다."

"그래서요?"

"그래서라니? 이 멍청이들아, 너희들은 아직도 못 알아들었느냐? 물은 도처에 있단 말이다. 물은 모든 것을 보고 모든 것을 듣는다. 그러니 어디, 재주껏 거짓말을 해보거라."

(중부 콩고에 전해 내려오는 이야기)

11

물에 대한 예찬과 연민

특급 포도주를 위한 찬사

80퍼센트에서 85퍼센트.

이것이 전체 중에서 물이 차지하는 비율을 나타내는 수치이므로, 다시 말해서 물이 거의 대부분을 차지하고 있으므로, 나는 물에 관한 나의 여행에 와인에 관한 이야기를 조금 곁들이는 데 대해서 지나치게 죄의식을 느끼지는 않으련다.

이 말도 안 되는 기만적인 논리는 사실 먹혀들 수도 있고, 그렇지 않을 수도 있다. 만일 당신이 이 논리를 도저히 받아들일 수 없다면, 나도 그 심정은 얼마든지 이해하므로, 당장이라도 태도를 바꿔 큰 소동을 불러일으킬 수도 있는 솔직함을 발휘해보겠다. 나는 이제 물이라면 진저리가 난다! 몇 주일 동안 물에 사로잡혀 물을 따라 수천 킬로미터를 여행하고, 독서도 물을 주제로 한 책만 읽다보니 나는 갑자기 물에, 물이 지닌 엄격함과 무미함, 순수함, 그리고 무엇보다도 물의 중요성에 진력이 났다. 문득 나 자신에게 즐거움과 쾌락을 선사해야 할 필요를 느끼게 된 것이다. 이것은 말하자면, 내가 도저히 저항할 수 없는 성질의 유혹이다. 나이가 들면서 이와 같은 유혹에 저항하기란 점점 더 힘들어진다.

요컨대 나는 잠깐 꾀를 부리며 놀고 싶은 마음이 생겼다.

그래서 2008년 1월 17일 나는 프랑스 포도주 아카데미 회원 친구들과 같이 디종행 기차에 올랐다. 이름하여, 우리의 실존을 윤택하게 만들어주는 '연구 답사'를 떠난 것이다. (잡지 발행인으로, 방송 프로그램 제작자로, 프랑스어 받아쓰기 국제 대회 개최 등으로) 유명한 언론인 베르나르 피보는 피치 못할 사정으로 빠졌다. 지독한 기관지염에 걸렸기 때문이다. 오! 그 친구를 위해서는 정말 애석한 일이다!

부르고뉴 지방에서는 지리적인 모든 조건, 즉 토양의 성분, 감촉, 깊이 등은 물론 포도밭이 들어선 방향, 고도, 경사도까지도 뭉뚱그려 '클리마climat(기후)'라는 말로 표현한다. '기후'라는 용어가 '테루아르terroir(향토)'라는 용어보다 훨씬 더 적절하면서 더 많은 내용을 담고 있다고 하겠다.

내가 감사하고 싶은 클리마는, 모든 특급 포도주들이 그렇듯이, 반쯤 경사진 코트드뉘에 위치하고 있다. 이보다 더 높이 올라가면 물이 너무 많이 흘러내리기 때문에 땅이 너무 빨리 마른다. 반대로, 조금 더 낮은 곳에서는 물이 고여 있게 된다.

이 클리마는 총면적 1.8헥타르에서 6천 병(그것도 풍작이 난 해의 경우이고, 1968년처럼 흉년인 해에는 아예 한 병도 생산하지 않는다)의 포도주를 생산한다.

이 클리마의 이름은 로마네, 즉 로마인들의 점령에서 비롯되었다. 성姓은 콩티. 오랜 기간 이 포도밭을 소유했던 가문에서 땄다.

이곳의 주인장 오베르 드 빌렌의 안내로 우리는 포도밭을 둘러보았다. 그런 다음 저장고에 가서 촛불을 밝혀놓고, 마치 종교적인 제례 의식에 참석한 사람들처럼 경건하게 포도주를 시음했다. 천재적인 화학자 자크 푸이제는 평소에도 늘 그러는 것처럼, 특급 포도주 위에 진자를 올려놓아가면서 이 신비한 음료의 비밀을 캐느라고 여념이 없었다.

다른 포도주는 앞다퉈 자신들만이 지닌 독특한 풍미나 향기를 강조한다. 흡사 교태를 부리는 공작처럼 말이다. 그 포도주들은 말을 많이 하고, 설명을 하는가 하면, 정확을 기하려고 안간힘을 쓰는 듯했다. 아, 제비꽃 향이 느껴지는군. 앵두 맛이 섞여 있는데, 그걸 느끼셨나요? 그리고 이 포도주 말인데요, 산딸기 향취를 어떻게 생각하세요? 솔직히 말씀해보세요, 아주 순간적으로 느껴지는 구운 빵 맛이랄까, 잘 길들여진 가죽 맛이랄까, 그건 어떠세요?

반면 로마네 콩티는 모든 것을 한데 모은다. 그러니 그 안에서 개별적인 향이나 맛을 느낀다고 말하는 사람은 아주 대단한 사람이거나 거짓말쟁이가 틀림없다. 각각의 구성 성분은 다른 성분들과 너무도 긴밀하게, 너무도 은밀하게 연결되어 있다. 그렇기 때문에 한 요소에서 다른 요소로의 넘나듦이 거의 느껴지지 않는다. 말하자면 모든 국경이 열려 있는 것이다. 흔히 로마네 콩티를 '복합적인 포도주'라고들 한다. 당연하다. 하지만 통일성이 전제되지 않는다면, 복합성이 무슨 소용이겠는가? 균형을 찾을 수 없다면, 다양성이 어떻게 지속될 수 있겠는가?

다른 포도주들은 아무리 풍부한 향취를 지닌 포도주라고 하더라도, 결국에는 바닥을 드러내고 만다. 언젠가는 가지고 있는 모든 향취를 그대로 드러낸다. 더 이상 파고들 거리가 없어져버리는 것이다.

로마네 콩티는 언제나 '진행 중'이다. 우리는 그 안에 들어 있는 과일들 사이를 누비고 다니다가, 숲 속에서 잠깐 길을 잃기도 하고, 곧 나무 밑 초목들의 풀 냄새를 맡기도 한다. 그리 멀지 않은 곳에는 사냥감들이 있음도 짐작할 수 있다. 잠시 후면 흙 속으로 들어가 송로 버섯 향기를 만날 수도 있다. 그런가 하면, 감초 맛을 따라 또 다른 여정을 시작할 수도 있다. 그 외에도 무수히 다른 맛들이 이어진다. 다행히도 우리가 사는 지구는 둥글기 때문에 우리는 지나갔던 곳으로 돌아가지 않아도 된다.

그러다가 문득 이제는 모든 맛을, 입 안의 모든 즐거움을 다 맛보았다고 절망하려 할 때, 기적이 나타난다. 시들기 직전의 장미 꽃잎 하나, 부드러운 그 꽃잎의 촉감과 신경질적인 향기가 느껴지는 것이 아닌가.

나는 진심으로 여러분들에게 일생 동안 단 한 번만이라도 이 여행을 꼭 해보시라고 권하고 싶다.

생수중독자들에게 연민을!

아마 지금쯤은 누구나 짐작했을 것이다. 솔직히 H_2O, 즉 물은 내가 가장 좋아하는 음료수는 아니다. 나는 괜한 중독 때문에 스스로를 고문하는 남자들이나 여자들(특히 여자들)을 애처롭게 여긴다. 다시 말해서, 생수 중독자들에게 연민을 가지고 있다는 말이다. 이 불쌍한 사람들은 플라스틱 병에 든 물이 없이는 살 수 없는 것으로 알고 있다. 이들은 어디를 가거나 생수병을 반드시 지참하며, 15분마다 두 눈을 지그시 감은 채 희열과 고통이 적당하게 버무려진 표정, 즉 신비스러움을 가득 담아 물을 들이켠다.

이 불행한 사람들(대부분은 여자들이다)을 불쌍히 여기자. 이들은 언젠가 이 플라스틱 병에 든 생수를 생산해내는 기업들이 내건 "하루에 최소한 1.5리터의 생수를 마셔야 한다"는 광고 문구가 의학적으로 증명된 줄로 믿은 사람들이다. 그날 이후 이들의 불행은 시작되었다.

나는 가장 권위 있는 비뇨기과 의사들 가운데 한 사람으로 손꼽히는

기 발랑생 박사에게 급히 자문을 구했다. 자신의 전립선 상태보다 이 문제를 훨씬 더 시급하게 생각한 나는 나 역시 이 생수병 애용자들의 대열에 당장 합류해야 하는 거냐고 물었다.

그는 대번에 "부질없는 짓!"이라고 말하면서 껄껄 웃었다. 한마디로 생수업체의 상술이라는 것이다. 물을 아무리 많이 마셔도 피부가 부드러워지고, 광채가 나고, 허벅지 살이 단단해지고, 배가 납작해지며, 비뇨기적 질환이 줄어드는 일은 없을 것이다……. 목이 마를 때 물을 마시라는 아주 간단하고 상식적인 한 가지 원칙만 숙지하면 된다. 그 나머지는 신장에서 알아서 조절한다. 물을 지나치게 많이 마실 경우 소변의 색이 엷어지는, 아주 논리적인 결과가 발생한다. 그리고 환경이 손상된다.

"네? 뭐라고요?"

"내가 방금 한 말은 쓸데없이 화장실을 들락거리며 아마존 강만큼이나 소변 양이 늘어나면 환경이 훼손된다는 것이 아니라, 플라스틱으로 만든 생수병 처리 문제가 그렇다는 겁니다. 그 병들을 어떻게 처리해야 하겠습니까? 그리고 그 병들을 운반하는 트럭들은 어쩌고요? 그 병들이야말로 환경을 오염시키고, 그 트럭들이야말로 에너지를 낭비하는 거 아닐까요?"

나는 기왕에 시작한 조사를 보다 완벽하게 마무리 짓기 위해 프랑스 식품안전청의 대표인 파스칼 브리앙을 만났다. 내가 특별히 질문할 필요도 없었다. 진노한 파스칼이 선수를 쳤기 때문이었다. 생수업체들이 자신들이 생산하는 생수야말로 우리들의 건강을 지키기 위한 가장 중요한 파트너라는 식의 대대적인 광고 캠페인을 시작했다는 것이었다. 수돗물은 시민들의 건강을 위협한다는 전제를 깔고 벌이는 캠페인이었다. 파스칼 브리앙은 관련 서류들을 보여주었다. 나는 각종 실험실들에서 작성한 보고서를 읽었고, 경계 체제에 대해서도 충분히 설명을 들었다. 덕분에 여러분들에게 안심하라고 자신 있게 말할 수 있다.

물론 누구나 물맛이 좋다거나, 독특한 향이 좋다는 등의 개인적인 이유로 특정 생수를 좋아할 권리가 있다. 그리고 묽은 빛깔의 소변을 만들어낼 권리도 얼마든지 있다. 그것은 어디까지나 개인의 미학적인 선택의 문제이니까. 하지만 당신의 신체 기능이라는 면만을 놓고 본다면, 시에서 공급하는 수돗물을 100퍼센트 믿으시라!

12

공기업인가, 민간 기업인가

라틴아메리카가 주는 교훈: 부에노스아이레스와 코차밤바

부에노스아이레스

베를린 장벽 붕괴 이후, 자유주의에 대한 믿음은 이제 요지부동의 확실성으로 자리 잡았다. 전 세계에 자유주의가 급류를 타고 몰려오며, 모든 분야의 정책에 입김을 불어넣고 있다. 이런 분위기가 무르익어가던 1990년대 초, 기적적인 처방을 내놓는 일이라면 자타가 공인하는 전문가인 세계은행이 공공 서비스의 민영화라는 슬로건을 내걸었다. 물론 이 명제에 복종하기를 거부하는 자들에게는 금전적인 불이익이 따를 것이라는 위협도 잊지 않았다.

솔직히 적지 않은 도시들에서 공공 서비스 기관들은 주민들이 기대하는 기초적이고 본질적인 서비스를 아예 제공하지 못하거나, 제공하더라도 지극히 비효율적으로 제공하고 있는 것이 현실이다.

1992년 1월 1일, 프랑스의 민간 기업 리요네즈데조[01]가 대주주로 있는 아구아스 아르헨티나스라는 민간 기업에 공기업인 OSN(Obras Sanitorias de la Nación)의 업무가 이양되었다. 30년간 사업권을 이양한다는 내용의 계약서에는 1천1백만 주민들에게 양질의 물을 공급해야 한다는 임무가 명시되어 있다.

이와 같은 임무를 제대로 수행하기란 쉬운 일이 아니었다. 가까이에 유량이 매우 풍부한(1초당 2만 2천 세제곱미터) 라플라타 강이 있어도 소

---

[01] 리요네즈데조Lyonnaise des Eaux는 1997년 수에즈Suez 사에 합병되었다.

용없었다. 인근 공장들의 생산성은 떨어지고, 단수도 잦았다. 관할 면적은 광대하며, 여러 조각으로 불규칙적으로 분할되어 있었다. 배관 설비가 낡은 탓에 누수율이 무려 60퍼센트에 달했다. 뇌물과 인기 전술, 무단 점거, 불법 접속 등이 횡행했다. 직원들의 사기는 오래전부터 바닥에 떨어졌고, 이들이 속한 OSN은 기업이라기보다는 거대한 관공서라고 하는 편이 어울렸다. 요컨대 쓸데없이 조직만 비대한 비효율적인 집단이었다. 이처럼 1992년의 상황이 절망적이라는 점에 대해서, 양식 있는 사람들이라면 모두 동의했다. 아구아스 아르헨티나스의 결산을 보고할 때와, 그로부터 14년이 지난 2006년에 아르헨티나 정부가 계약을 파기한 이유에 대해서 격렬한 토론이 불붙었다.

부에노스아이레스 주민들의 구체적인 생활환경 개선이라는 문제를 뛰어넘어, 이는 곧 대안적 세계화주의와 자유주의 간의 이념 논쟁으로 번졌다.

양측의 주장을 통찰력 있게 비판하는 것은 나의 능력 밖의 일이다. 어쨌거나 현재 소송이 진행 중이다. 그러므로 재판이 끝나면 일말의 진실이 밝혀지게 될 것이다. 내가 아는 것이라곤 공급되는 물의 품질이 향상되었으며, 단수 빈도는 현저하게 줄었고, 배관 설비도 개선되었다는 사실 정도이다. 계약서에 언급된 의무를 제대로 수행했느냐, 하지 못했느냐는 재판정에서 판가름이 날 것이다.

예전에 비해 자택에서 식수를 공급받는 주민의 수가 2백만 명 증가했다는 사실도 나는 알고 있다.

알렉상드르 브렐로브스키 의사는 인도주의적인 사업을 위해 지구 곳곳을 뛰어다니는 프렌치 닥터들 가운데 한 사람이다. 이제까지 진행해 온 사업에 지속성을 부여하기 위해서는 물이 중요하다는 점을 뼈저리게 인식했기 때문에 그는 아구아스 아르헨티나스에 합류했다. 따라서 이 회사의 일원으로서 그는 새로운 고객들을 상대하기 시작했다. 그의 새로운 고객들은 대부분 카렌시아도스carenciados, 즉 공공 서비스를 비롯한 여러 가지 다양한 결핍 현상에 시달리고 있는 지역에 거주했다. 이곳은 수많은 주민들이 밀집해서 모여 사는 거대한 공공 주택 단지로서, 제대로 공사가 마무리되지도 않았으며, 임기응변식의 설비만을 엉성하게 갖춘 채, 재건축은 꿈도 꾸지 못하고 근근이 살아가는 지역이다. 광대한 지역에 그럭저럭 모습만 갖춘 판잣집들이 무허가로 들어선 빈민가이기도 하다.

  땅 주인들은 개인이나 공공 기관(국가, 지방자치 시 등)을 막론하고, 모든 종류의 개선에 대해 극구 반대했다. 제대로 된 상수 시설 혹은 하수 정화 시설들이 설치되는 즉시 이 무허가 주택들은 하루빨리 철거되기를 바라는 지주들의 마음과는 반대로, 한층 더 공고하게 뿌리를 내릴 것이라고 생각하기 때문이었다. 이처럼 민감한 지역에 서비스를 제공함으로써 아구아스 아르헨티나스는 사회적인 동요의 진원지가 되었다. 가령, 투기와 동의어라고 할 수 있는 각종 부동산 관련 거대 프로젝트들의 실현에 저해 요소가 되었다. 더 고약한 경우도 있다. 국가적인 혹은 지역적인 '마피아'들과 선거권(다시 말해서 이들 '마피아'에게 합법적인 지위를 부여해주는 권리)을 제외하고는 아무것도 가진 것이 없는 가난한 서민들 간의 묘한 밀고 당기기 싸움에 휘말렸다. 다국적 기업들은 물론 천사들이라고 할 수 없다. 하지만 여행이라면 웬만큼 해본 덕분에 나도 라틴아메리카의 정치인들이 선거에도 불구하고, 아니 선거 때문에라도 조직폭력배나 다름없다는 사실 정도는 잘 알고 있다. 법이라는 확고한 경계 체제가 없다면, 민주주의는 선거로 당선된 자들과 범죄 조직들이 손잡고 서로의 배를 불려주는 웃기는 코미디로 전락하기 십상이다.

법도 법 나름이므로, 법이 제대로 기능하기 위해서는 건전한 국회에 의해서 제정되고, 독립적인 사법부에 의해서 엄중하게 심판되어야 한다.

마지막으로, 내가 부에노스아이레스에 대해 알고 있는 또 한 가지 사실은 수도 계량기를 설치하기 위해서 매우 치열한 전투를 치러야 했다는 점이다.

물의 나라로의 여행을 시작하기 전까지만 해도, 나는 솔직히 말해서 작은 유리창 속에서 숫자들이 때로는 미친 듯이 빨리, 때로는 천천히 바뀌는 이 작은 상자에 대해 잠재적인 분노를 동반한 약간의 경멸을 느꼈었다. 이 숫자들의 행진은 우리가 내야 할 수도 요금이 올라감을 의미할 뿐 아니라, 개수대 아래, 냄새나는 물걸레 더미와 습기 때문에 퉁퉁 불어버린 세제 상자 위, 혹은 국수와 통조림을 쌓아놓은 찬장 속 제일 후미진 곳처럼 어디 붙어 있는지 잘 보이지도 않는 곳에 은밀하게 몸을 숨기고 있으니, 어찌 기쁜 마음으로 계량기를 대할 수 있겠는가……

그런데 이제 그 삐딱한 생각을 고치기로 마음먹었다. 수도 계량기는 인간의 가장 좋은 친구이다(그렇다고 해서 이제까지 인간의 가장 좋은 친구로 여겨지던 말들이 더 이상 좋은 친구가 아니라는 말은 아니다).

첫째, 계량기는 우선 상수도가 집까지 도달한다는 사실을 증명해준다. 태어나서부터 줄곧 수도꼭지만 돌리면 당연히 물이 나오는 거라고 알고 지낸 사람들은, 자기 집에 처음으로 수도가 들어오게 되었다는 사실이 가져다주는 기쁨이 얼마나 큰지 절대 알 수 없다.

둘째, 도시에 사는 사람이건 시골에 사는 사람이건, 계량기를 달고 사는 사람은 물이 희귀재임을 다시 한 번 깊이 깨달아야 하며, 이 희귀재에게는 응분의 존경심을 표해야 한다.

셋째, 계량기는 모든 움직임을 고스란히 기억하는 장치로서, 자신에게 쏟아지는 모든 질문에 답할 수 있다. 계량기는 물 사용자에게 혹시라도 못된 습관이 있는지 알아보기 위해서 법원이 언제라도 소환할 수 있는 이상적인 증인이다.

주의 사항. 계량기는 요금 인상의 책임자가 아니다. 계량기는 그저 사용량을 보여줄 뿐이며, 물값은 계량기보다 훨씬 높은 자리에 앉은 관계 당국 사람들에 의해서 결정된다. 관계 당국이 물을 무료로 공급해도, 혹은 비싼 값에 공급해도, 그것은 계량기와 아무 상관 없는 일이다. 만일 물값이 비싸다고 계량기를 원망한다면, 그것은 몸에 열이 난다고 체온계를 미워하는 것과 다르지 않다.

2006년 3월, 아르헨티나 정부는 계약에 문제가 있다고 지적했다. 이 계약으로 적어도 10억 달러 정도 손해를 보게 될 위기에 처한 수에즈 측(페소화의 급작스러운 평가절하로 인한 손실은 보상받을 길이 없다)은 이 문제를 CIADI(국제 투자관련분쟁조정센터)로 가지고 갔다. CIADI는 세계은행에 종속된 법원이다.

공기업인가, 민간 기업인가?

2008년 여름 현재, 재판 절차가 진행 중이다. 변호사들은 소송 기간이 길어질수록 많은 돈을 버는 사람들이므로 자신들에게 유리하도록 일을 진행하는 모양이다.

철두철미하게 자유주의를 주장하는 자들의 가장 큰 꿈은 물을 탈정치화시키며, 물을 효율 만능의 생산 유통 체계에 따라 생산하고 유통시키는 여타 상품들과 똑같은 상품으로 취급하는 것이다. 결말이야 어떻게 나건, 아르헨티나 물 분쟁은 이러한 꿈이 어리석으며 절대 실현될 수 없는 성질의 것임을 증명해준다. 물은 살아가는 데 없어서는 안 될 필수적인 것이며, 따라서 고도의 상징성을 지닌다는 이중적인 성격으로 말미암아 필연적으로 정치적이 될 수밖에 없다. 물에 관해 어떤 정책을 시행하기로 결정하건, 정치 지도자들은 물 문제의 주도권을 놓지 않을 것이다.

코차밤바

레지스탕트(제2차 세계대전 당시 독일군에 대항해서 싸운 프랑스 비밀 저항 단체 레지스탕스의 여자 회원을 가리킨다 – 옮긴이).

16세에 저항 투사, 83세에도 여전히 저항 투사.

자신을 둘러싼 세계가 견딜 수 없어질 때, 이 세상에 더 이상 인류애란 없다고 느껴질 때, 다니엘 미테랑 여사는 무기를 잡는다. 저항이란 모르방 태생의 어린 여자아이에게는 타고난 천성이었다.

제2차 세계대전 당시 레지스탕스가 나치에 항거하는 저항 세력으로서의 본분을 다했던 것처럼, 오늘날 새로이 등장한 악, 즉 돈의 제국에 대해서도 성공하지 말란 법이 없다고 다니엘 미테랑은 믿는다. 더구나,

어째서 돈을 부富와 동일한 것으로 여겨야 한단 말인가? 세상에는 여러 가지 다른 양상들이 존재하며, 진정한 발전을 측정하기 위해서는 이와 같은 변수들을 제대로 고려해야 한다. 인도 출신 노벨 경제학 수상자인 아마르티야 센은 인간 발전 지수라는 것을 제안했다.

대안적 세계화를 대표하는 인물을 딱 한 명 선택해야 한다면 단연 다니엘 미테랑 여사를 꼽아야 할 것이다.

다니엘이나 그의 친구들이 보기에 '다른 세상'은 얼마든지 가능하다. 아니, 머지않아 그러한 세상이 실제로 펼쳐질 것이다. 금융 체제의 위기며 항의 세력의 대두, 대안적인 해결책의 표면화 등 모든 징후가 이러한 예측을 가능하게 해준다.

사회 저항과 정치적 이상향의 지칠 줄 모르는 실험실인 라틴아메리카 대륙에 꾸준히 관심이 쏠리는 것도 이 때문이다. 다니엘은 이렇게 실험되는 이상향이야말로 미래의 얼굴을 구성하는 부분들이라고 굳게 믿는다.

이런 관점에서 볼 때, 코차밤바와 그곳에서 벌어진 '물의 전쟁'은 하나의 역사적 출발점으로서, 또 구체적인 사례로서 충분한 의미를 지닌다.

1990년대 말의 볼리비아.

국제통화기금IMF은 위기에 처한 볼리비아 경제를 돕기 위해서 이 나라에 돈을 빌려주기로 결정한다. 단, 깊이 있는 구조 개혁을 실천한다는 조건하에서였다. IMF 측은 우선 공기업의 민영화부터 시작하라고 주문했다.

이렇게 해서 코차밤바의 지역 수자원 관리 공사 SEMAPA는 1999년 9

월 미국의 베흐텔 사가 주동이 된 국제 컨소시엄에 업무를 이양한다. 민간 회사가 물의 생산과 배급, 하수 처리를 40년 동안 담당하게 된 것이다.

컨소시엄은 일단 자리를 잡자마자 물 관련 서비스의 품질을 향상시키고 서비스 지역을 확대시키기 위해서는 대대적인 투자가 필요하다고 주장하면서 물값을 올렸다.

세계에서 가장 가난한 이곳 주민들에게 이와 같은 물값 인상은 도저히 받아들일 수 없는 정책이었다. 새로 배달된 요금 고지서에는 이들이 벌어들이는 평균 수입의 3분의 1에 해당하는 액수가 적혀 있었다.

시위가 연일 계속되었다. 휴고 반저 대통령이 이끄는 정부가 아무런 대응을 하지 않자, 조정위원회가 설립되어 항거를 주도했다.

2000년 2월 4일, 시위대가 벌인 평화 행진은 경찰에 의해 엄중하게 진압되었다. 175명의 부상자가 속출했고, 청소년 2명이 실명했다. 시위는 이제 전국적으로 확산되었다. 4월 8일, 반저 대통령은 '계엄령'을 선포했다. 청년 1명이 총상을 입고 사망했다. 시위는 점점 잦아졌다. 4월 10일, 정부는 마침내 시위대에게 항복했다. 정부는 조정위원회 측과 협상 테이블에 앉았으며, 컨소시엄을 퇴진시키고 예전처럼 공공 기관에서 물을 관리하기로 합의를 보았다.

2001년 8월 6일, 휴고 반저 대통령은 대통령직에서 사임했다.

1986년에 다니엘 미테랑 여사가 주도한 가운데 발족한 프랑스 리베르테 France Libertés 재단은 초기 사업으로 체첸, 쿠르드, 투아레그, 롬, 티베트 등 억압받는 주민들의 인권 옹호를 설정했다. 이들을 향한 지지에는 구체적인 행동이 뒷받침되었다. 교육 지원 형태가 가장 널리 활용되었다. 어려움을 겪는 지역에서는 물 문제가 제기되었다. 따라서 물 문제는 가장 우선적 관심사인 동시에 다니엘 미테랑과 뜻을 같이하는 친구들이 건설하고자 하는 '다른 세상'의 상징으로 대두되었다.

여러 비정부 단체들과 개인들이 참여하고 있는 '물 나르는 사람들 모임'은 현재 수십여 개의 프로젝트를 지원하고 있으며, 여기서 지원하는 프로젝트들은 다음과 같은 헌장을 준수해야 한다.

1

물은 상품이 아니다. 물은 인류를 위한 공동의 재산일 뿐 아니라 살아 있는 생명체 모두를 위한 재산이다.

2

미래 세대들에게 이 자원을 보장해주기 위해서 우리는 원래 그대로의 순수함을 간직한 물을 자연에 돌려주어야 한다.

3

물을 사용할 수 있는 권리는 인간의 기본권으로, 법에 명기되어 있는 공익을 추구하며 민주적이고 투명한 공공 서비스에 의해서만 보장되어야 한다.

2번 조항에 관해서는 누구나 쉽사리 동의할 수 있다. 오늘날, 누구나 자원을 존중하고 회복시켜야 한다는 점을 충분히 이해하고 있다.

1번 조항의 구속력은 '상품'이라는 말을 어떻게 정의하느냐에 따라 달라질 수 있다. 물은 다른 것들과 똑같은 상품인가? 물론 아니다. 이 조항의 근저에는 물은 자연이 생명체에게 준 선물, 아무도 그 어떤 방법으로도 독점할 수 없으며 독점해서는 안 되는 선물이라는 인식이 깔려 있다. 하지만 사실상 물은 선물이 아니다. 물은 생산품으로 공장에서 일정한 공정을 거쳐 제조되며(극소수의 경우를 제외하면 물은 사용되기 전에 먼저 여러 단계의 처리 과정을 거친다), 배급된다(조물주는 물을 제공하지만, 물이 흘러가는 파이프까지 제공하지는 않으신다). 물이 무료라고 하는 것은 결코 물에 대한 예의가 아니다.

3번 조항은 아무도 부인할 수 없는 원칙으로 시작한다. 그렇다, 물은 공동의 재산이다. 그렇다, 물을 사용할 수 있는 권리는 인간의 기본권이다. 그런데 어째서 이 기본권이 공공 서비스에 의해서만 보장되어야 한단 말인가? 물은 주민들에게 없어서는 안 되기 때문에 물에 관한 책임은 항상 지방자치단체들이나 국가가 지고 있다. 그러니까 이 공공의 책임이 한층 더 엄격하게 집행되어야 한다고? 백번 옳은 소리이다. 투명성과 민주주의 존중이라는 테두리 안에서 이루어져야 한다고? 당연히 박수를 받아 마땅한 말이다. 그런데 왜 관리만 하는 일에도 애초부터 민간 기업의 개입은 금지하는가?

도저히 받아들일 수 없을 정도로 막대한 이익을 챙기는 악덕 민간 기업들이 얼마든지 있는 것과 마찬가지로, 비대한 조직만 거느린 채 아무런 문제의식 없이 현상 유지에 급급한 나머지 결국 비효율의 전형이 되어버리는 공기업도 적지 않다. 민간 기업이 구원투수로 등장하게 되는 것은 대부분의 경우 공공 서비스가 제대로 기능하지 못하기 때문이다.

다양하게 전개되는 각종 부패에서도, 민간 기업만이 부패를 독점하고 있다고 생각하는 것은 순진하기 그지없는 판단이다.

요컨대 나는 3번 조항에 순순히 동의할 수 없다.

유감스러운 일이다. 나는 이제까지 나도 '물 나르는 사람'의 일원이라고 자부했었는데, 그게 아닌 모양이다.

이제는 신화적인 존재가 되어버린 코차밤바 시에서 물 서비스는 과연 향상되었는가? 유감스럽게도 모든 일이 순조롭게 진행되는 것 같지는 않다. 지나치게 많은 수의 '물 투쟁 전사들'이 공기업에서 일하겠다고 자원했다. 어떻게 이들의 선의를 거절할 수 있겠는가? 덕분에 인원은 세 배로 증가했다. 고용 면에서는 대박이지만, 비용 면에서는 쪽박이 되어버린 셈이다. 물값은 '착한 가격'을 고수하고 있다. 그러나 물 부족 현상은 줄어들지 않았다. 수도꼭지에서는 아주 가끔씩만 물이 나온다. 그 때문에 생수업자들의 수입은 현저하게 증가했다.

볼리비아의 행정 수도인 라파스에서 세간의 예상을 뒤엎고 정권을 잡은 에보 모랄레스의 사회주의 운동당은 정책과 운영 면에서 난항을 거듭하고 있다. 최초의 수자원부 장관을 겸했던 총리는 경험 부족과 부패 연루로 일찌감치 낙마했다.

코차밤바에서는 능력 있는 간부급 인사들의 부재 현상이 더더욱 심각하게 나타난다. 조정위원회는 자력으로 그럭저럭 개혁을 이끌고 있다. 프랑스 리베르테 재단은 파리, 그르노블, 낭테르 등 프랑스의 여러 도시로부터 이곳을 돕겠다는 약속을 받아냈다. 한편, 스위스와의 협력 관계는 관련 프로젝트의 효율성에 대한 신뢰 부족으로 결렬된 반면, 유럽연합 측은 스위스가 거부한 프로젝트에 투자를 결정했다.

인디고 원주민들과 에스파냐 정복자들의 후손, 외국 국적의 대규모 다국적 기업들 간의 서로 다른 이해관계 때문에 볼리비아 사회가 분열되어가는 모습을 지켜보노라면 마음이 아프다. 가난한 자들, 또 백색과는 거리가 먼 피부색을 가진 사람들이 당하는 모멸감을 생각하면 역시 마음이 아프다. 인종차별주의는 사회적 불평등을 가중시키며 이를 정당화한다.

아주 작은 민주주의적 진보마저도 수많은 사상자를 내는 유혈 투쟁을 통해서 쟁취해야 하는 이곳, 극단적인 폭력성이 지배하는 이곳에서 물에 대한 사회적 요구는 실질적인 의무(물을 마셔야 살 수 있다)인 동시에 인간의 존엄성에 대한 확인이며, 경영 학습이기도 하다.

베를린

빚더미에 올라앉은 자치단체 : 베를린

라인 강변에 사는 프랑스 사람들 말을 빌리자면, 라인 강은 독일의 유일한 강이며, 게르만 신화에 물과 관련하여 유일하게 등장한다고 한다. 그러나 이는 완전히 실수이다! 베를린과 인근 지역에 대해서 전혀 모르면서 하는 소리에 불과하다.

그곳에서는 호수들 때문에 숲이 끊어지는가 하면, 어디를 둘러보아도 늪지대가 풍부하고, 구불구불 흘러가는 강들이 쉽사리 눈에 띈다. 독일 북부 지역에는 오히려 단단한 대지가 보기 드물 정도이다. 빙하가 이곳까지 내려오기 때문에 실제로 단단한 땅은 거의 없다. 빙하가 계속 녹기 때문이다. 베를린은 베네치아와 마찬가지로 물과 모래 위에 세워졌다. 독일 제국의 중심이 물가에 박아놓은 말뚝 위에 세워진 셈이다.

'베를린'이라는 이름 자체도 진흙에서 왔다고 한다. 이곳에 살던 최초의 종족인 슬라브족이 남긴 선물이다. 슬라브족은 늪지대, 즉 식인귀처럼 모든 것을 꿀꺽 삼켜버리는 이 물렁물렁한 잿빛 땅을 '브를로Brlo'라는 재미있는 이름으로 불렀다.

물이 지천에 널려 있던 베를린은 덕분에 콜레라의 온상이 되었다. 20년 혹은 30년을 주기로 매번 수천 명의 목숨을 빼앗아가는 전염병이 몰아닥쳤다.

헤겔은 대학의 학장이었다. 전염병을 피하기 위해서 너도나도 시골로 피신할 때 그는 도시에 남았다. 영웅담에 가까운 전설에 따르면, 그는 시험 기간이 끝날 때까지는 학교를 떠날 수 없다면서 학장실을 지켰다고 한다. 그 결과 그는 슈프레 강변, 박물관 섬과 마주 보고 있는 자택에서 1831년 11월 14일 콜레라로 사망했다.

하수도 직결식 수세 장치가 보편화되기 전, 즉 19세기 말까지 오물 처리는 '밤의 엠마'라는 뜻을 지닌 나흐템마Nachtemma들의 몫이었으며, 이들은 흡사 지옥에서 온 사람들 같은 모습이었다. 일단의 여자들인 나흐템마는 어둠이 내리깔리면 집집마다 돌면서 양동이에 모아놓은 대소변을 가져다가 큰 통으로 옮겨 담고, 큰 통은 시 외곽에 있는 오물 처리장으로 가져가서 비웠다.

한편, 빌헬름슈트라세에는 SS, SD, 게슈타포, RSHA 등의 진압대들이 모여 있었다. 특히 나치 독일에서 강력한 영향력을 행사하고 유대인 말살 정책에 적극적으로 가담한 힘러, 하이드리히, 칼텐브뤼너 등이 일하러 오는 곳이기도 했다. 늘 폐허로 남아 있던 이곳에는 현재 공포정치의 지형학이라는 야외 박물관이 건립되었다. 나치들은 1856년에 인근에 판 거대한 저수지를 1933년부터 반대파들에게 고문을 가하는 장소로 사용했다. 오늘날에는 특별한 음악 연주나 과학 실험을 위해 사용한다. 음향이 매우 독특하기 때문이다.

*

베를린의 물은 자유와 또 다른 연관성을 가지고 있다. 1961년 8월 13일 하나의 장벽, 이름하여 베를린 장벽이 단 몇 시간 만에 솟아나서 도시를 반으로 갈랐다. 그러자 졸지에 이산가족이 양산되었다. 불행하게도 동쪽에 살게 된 사람들은 함정에 갇힌 셈이 되고 말았다. 그 때문에 많은 사람들이 이곳을 탈출하고 싶어 했다. 그렇지만 땅 위로는 넘어갈

수가 없으므로 다른 방법, 즉 지하를 통해 넘어가는 방법을 모색했다. 10월의 어느 쌀쌀한 날 새벽에 나는 인발리덴슈트라세와 샤른호르스트 슈트라세가 만나며, 엄청난 규모의 자선병원에서 멀지 않은 곳에 있는 한 모퉁이에서 지하 통로로 들어갔다. 한 시청 직원이 모서리까지 완벽한 벽돌로 만들어진 지하 회랑으로 안내했다. 우리의 오른쪽에는 식수와 하수를 위한 운하가 각각 하나씩 이어졌다.

"선생님께서는 철책을 보고 싶다고 하셨던가요? 마침 여기에 하나가 있군요."

랜턴 불빛이 녹이 잔뜩 슨 커다란 철책을 비추었다. 요새에 설치된 내리닫이 살문과 비슷했다.

"장벽이 세워진 초창기에는 많은 사람들이 하수도를 통해서 탈출했습니다. 특히 동베를린의 한 고등학교에서는 한 학급의 학생 전체가 도망친 일도 있었죠. 관계 당국도 마냥 손을 놓고 있지는 않았죠. 아주 민첩하게 대처했으니까요. 그 일이 있고 난 지 1주일 후, 지금 보시는 이것과 유사한 철책이 수백 개씩 설치되었습니다."

*

지류인 슈프레 강의 바닥을 옮기는 대역사大役事 이후, 스위스 대사관은 더 이상 강물 속에 발을 담그고 있지 않아도 되었다. 다시 말해서 필로티 시대를 청산하게 되었다. 스위스 대사관은 옆집 근황을 살피기에도 아주 좋은 잔디밭에서 편안한 나날을 보낼 수 있게 된 것이다. 더구나 스위스 대사관의 옆집, 그러니까 누구나 장난기의 발동도 아니고, 돈

세탁을 한다는 의심을 사서도 아니며, 다만 건축적인 외관이 닮았다는 소박한 이유 때문에 '세탁기'라고들 부르는 그 건물은 다름 아닌 독일 법무부 청사였다. 역사의 질곡으로 힘들었던 시기에는 이 물길도 하나의 장벽 구실을 했다. 별것 아닌 한 줌의 액체가 국경을 가로막는 철의 장막의 일부였던 것이다. 동베를린 사람들이 서쪽으로 넘어오기 위해서 그 강으로 뛰어들면, 군인들은 물속에서 필사적으로 헤엄치는 사람들의 머리 위로 총알을 날렸다. 국회의사당 맞은편 강둑에서는 몇몇 이름들과 이름 옆에 세워진 십자가들을 볼 수 있다. 마리네타 지르코프스키(22.XI.80), 우도 둘리크(5.X.61), 클라우스 슈뢰터(4.XI.63), 귄터 리트핀(24.VIII.61). 이 시대에 스위스 대사관에서는 총알 세례를 용케도 피한 운 좋은 탈주자들이 매달릴 수 있도록 물속에 밧줄을 풀어놓곤 했다.

*

  지상에 세워진 장벽도, 하수도에 세워진 철책도 도도한 물의 흐름을 막지는 못했다. 동독 한가운데에 섬처럼 고립된 작은 영토에 불과했던 서베를린은 충분한 상하수도 설비를 보유하지 못했다. 따라서 서베를린 자본주의자들의 하수는 동베를린의 공산주의자들에게로 보내져서 처리되었으며, 이에 대한 대가로 서베를린은 비싼 비용을 지불했다.

  말하자면, 베를린이라는 도시 전체가 수혈을 받는 상태였다. 다른 분야도 마찬가지였지만, 특히 재정은 '자유 서방세계'로부터 흘러들어왔다. 장벽이 무너지고 통일이 결정되자, 각종 비용과 지출은 폭발적으로 늘어나는 반면, 이런 식으로 유입되던 돈줄은 말라버렸다. 한마디로 베를린 시는 파산 지경에 이르렀다. 통일에 걸맞은 각종 대규모 사업, 그중에서도 특히 끊어졌던 상하수도 시설을 연결하고 현대화하는 데 소요되는 재원을 어떻게 마련할 것인가?

이처럼 궁핍한 상황에서 물의 민영화를 위한 공개 입찰이 발표되었다. 그 후 공공 서비스와 민간 기업이 적절하게 버무려진 아주 흥미로운 합의서가 작성되었다. 시에서는 새로 설립되는 회사의 지분을 50.1퍼센트 소유하며, 이보다 조금 적은, 아주 조금 적은(49.9퍼센트) 나머지 지분은 프랑스의 베올리아와 독일의 RWE, 이렇게 두 기업으로 이루어진 컨소시엄에서 소유한다는 것이었다.

공공 기관과 민간 기업이 하나로 맺어진 흥미로운 커플이 태어난 것이다.

영리 추구와 유권자 만족이라는 두 개의 서로 다른 논리가 어떤 식으로 동거하게 될 것인가?

주주들에게 납득할 만한 배당금을 분배하고 투자를 게을리 하지 않으면서, 동시에 주민들이 받아들일 만한 합리적인 수준의 물값은 어떻게 책정해야 하는가?

베를린 시민들은 물이 물 아닌 다른 사업을 벌이는 데 드는 비용을 지불한다는 사실을 거부감 없이 받아들인다. 시 당국은 물을 민영화함으로써 얻은 이익으로 시 예산의 부족분을 보충한다. 시는 이 이익금을 얼마든지 다른 분야에서 자유롭게 활용할 수 있다. 물은 이제 더 이상, 적어도 독일에서는 대표적인 공공재이며, 절대 건드릴 수 없는 성역임을 포기한 것인가?

*

강이나 호수가 근처에 있다면, 상식적인 보통 사람들은 거기에 가서 직접 물을 퍼오고 싶어 한다. 그런데 이런 상식은 잘못된 것이다. 직접 퍼오는 것보다는 강이나 호수 인근에 구멍을 파는 편이 보다 바람직하다. 구멍을 통해서 얻은 물이 훨씬 깨끗하다. 자갈과 모래가 번갈아가면서 쌓여 있는 여러 지층으로 이루어진 토양이 여과지 역할을 하기 때문이다. 1810년부터 이미 글래스고에서는 클라이드 강을 따라가면서 우물을 팠다. 지금까지는 자연이 그와 같은 혜택을 베풀어준다는 사실만을 확인했을 뿐이었다. 그런데 2001년에 콤페텐츠 첸트룸Kompetenz Zentrum, 즉 통합연구 조직이 갖추어지면서 사정은 달라졌다. 4개 대학의 연구진이 규합하여 자연의 이 같은 신비를 본격적으로 캐내기로 결정했기 때문이다. 이들에게 부여된 임무는 절대 단순하지 않다! 땅속 깊숙한 곳에 놓여 있는 현장을 꿰뚫어볼 만한 투시력을 갖추지 못한 우리 인간들에게는 여간 벅찬 일이 아닐 수 없다. 수리지리학水理地理學이라는 흥미진진한 학문은, 말하자면 장님들의 학문인 것이다. 그저 흙을 채취하고 또 채취해야 한다. 그래서 그 구조를 상상하고 가설을 세워야 한다. 그리고 그 가설에 입각해서 점차적으로 모델을 만들어내야 한다. 하나의 모델이 완성되면, 여러 가지 가설을 실험해볼 수 있다. 예를 들어 "수온(강, 호수)의 상승은 자연적인 여과 과정에도 영향을 끼칠 것인가?"처럼 기후 온난화 현상이 미치는 결과를 실험해볼 수 있는 것이다.

염소는 하수 처리 전문가들 사이에서는 항상 격렬한 토론을 불러일으키는 주제이다. 많은 사람들, 특히 인디애나폴리스의 대규모 연구소 소속 연구자들은 인류의 건강을 저당잡힐 수는 없다는 입장을 취한다. 다시 말해서, 병원균을 죽이고 이들의 번식을 근본적으로 차단하기 위해서는 가장 효과적인 소독제, 즉 염소를 하수 처리 과정에 반드시 첨가해야 한다는 것이 이들의 입장이다. 반면, 콤페텐츠 첸트룸을 중심으로 하는 독일 연구진들은 토양이 자연적인 정화 기능을 충분히 수행하고 있다고 주장한다.

파리에서 일어나는 변화

2001년 3월, 베르트랑 들라노에는 파리 시장으로 취임하면서 아주 희한하고 상당히 복잡한 체제를 물려받았다. 물의 생산은 공공 기관이 담당하는 반면, 배급은 두 개의 민간 기업이 맡고 있었던 것이다. 이 두 민간 기업 중 베올리아는 센 강 좌안左岸 지역, 수에즈는 우안右岸 지역으로 할당 구역을 나누었다. 어느 누구에게도 인심을 잃고 싶지 않았던 전임 시장 자크 시라크가 고안해낸 묘책이었다.

파리 시장의 집무실로 향하는 기념비적인 계단을 오르다보면 저절로 주눅이 들고, 일단 집무실에 들어서면 그 광대함에 놀라기 마련이다. 그러니 이 집무실의 주인 노릇을 하는 사람은 말 타면 경마 잡히고 싶다고, 날이면 날마다 고개를 쳐드는 대권 도전의 꿈을 다스리기 위해서 무진 애를 쓰지 않을 수 없을 것이다.

"2001년 시장에 취임하셨을 때, 이 '희한한 체제'에 대해서 어떻게 생각하셨습니까?"

"일을 시작한 지 얼마 되지 않아 우리는 민간 기업으로의 권리 이양이 상당한 불균형을 초래한다는 사실을 깨달았습니다. 따라서 계약 내용을 조정하여 기업으로부터 실질적인 보상을 얻어냈습니다. 그리고 2008년 차기 선거를 위한 선거운동이 시작되자마자 나는 나의 의도를 분명히 했습니다. 재선이 되면 시가 물에 대한 전권을 되찾겠다는 공약을 걸었죠. 그리고 이 약속을 지켰습니다."

"좀 이상한 건 사실이지만, 그래도 파리 시민들에게 품질 좋은 수돗물을 비교적 저렴한 가격으로 공급해온 이 체제를 어째서 바꾸신 겁니까?"

"우선 실리주의적인 고려에서였죠. 민간 기업과의 계약은 2009년에 만료될 예정이었습니다. 그때가 되면 물에 관한 모든 것, 즉 생산과 배급 모두를 하나의 기관에서 관장하기로 결정되어 있었죠. 모두들 그렇게 하는 편이 훨씬 생산성이 높고 효율적이라고 인정했으니까요. 지금대로라면, 혹시 한 방울의 물이 생산자로부터 소비자에 이르기까지 적어도 반 타, 그러니까 대여섯 명의 책임자를 거쳐야 한다는 사실을 알고 계십니까? 앞으로 품질과 안전성 관리 강화를 위해 대대적인 투자가 필요할 것입니다. 우리가 경영적인 측면을 미리 개선해놓지 않는다면 소비자들은 비싼 값을 지불해야겠죠."

"혹시 정반대의 결정을 내리는 편이 현명하지 않았을까요? 그러니까 1백 퍼센트 시영市營이 아닌 1백 퍼센트 민영民營을 택하는 편이……."

"우리는 '파리 시민들에게 득이 되는 방식은 무엇인가?' 이 한 가지 문제만을 염두에 두고 모든 가능성을 타진했습니다. 물은 주민들에게 없어서는 안 될 재산입니다. 그러니 그 관리를 시민들의 대표에게 위임하는 편이 맞습니다. 우리는 '산업적, 상업적 지위를 가진 공기업'을 설립합니다. 완벽한 요약 아닙니까? 공공 서비스이지만 산업적, 상업적 제약을 고려하는 공기업이죠."

"이 정책을 택하면서 시장님께서는 녹색당이나 극좌파들에게 충성 서약이라도 하셔야 했던 건 아닙니까?"

내 질문에 시장은 잠자코 웃었다. 자부심 강한 자들이 보여주는, 그런 웃음이었다.

"파리 시의회에서 힘의 분배가 어떻게 이루어져 있는지는 알고 계시겠죠? 우리는 어느 누구에게도 충성 서약 같은 건 할 필요가 없는 절대적인 강자입니다. 그러니까 그 정책은 그저 효율을 최우선으로 고려한 결정이었다고 보시면 됩니다."

굳이 드러내놓고 말하지 않아도, 베르트랑 들라노에 시장에게 물 관련 문제는 그가 생각하는 좌파 정책이 어떤 것인지를 보여줄 수 있는 더없이 좋은 기회임에 틀림없다. 원칙에 충실하되 항상 실질적인 성과를 잊지 말 것, 이것이야말로 들라노에가 추구하는 좌파 철학이다.

"혹시 벌써 알고 계신지 모르겠습니다만, 나는 민간 부문에 대해서 아무런 거부감도 가지고 있지 않습니다. 증거를 대보라고요? 예를 들어보죠. 시립 수영장 몇몇은 민간 기업에게 관리를 맡겼습니다. 가정용 쓰레기 수거 역시 파리 시 절반 정도의 지역에서는 민간 기업이 맡고 있습니다. 왜 그렇게 하느냐고요? 그야 물론, 민간 기업이 경우에 따라서 가장 효과적인 해결책을 제시하기 때문이죠. 파리 시민들은 높은 품질의 공공 서비스를 받을 권리가 있습니다. 그러니까 우리가 시민들에게 그것을 제공할 수 있는 가장 효과적인 방식을 찾아내야죠."

"물 분야에서 활동하는 프랑스 기업들은 세계 1, 2위를 다투는 기업들입니다. 파리 시와의 계약을 잃게 됨으로써 혹시 세계 시장을 석권하는 데 어려움을 겪게 되지는 않을까요?"

"무슨 말씀을 하시는 겁니까? 우리는 그들 기업을 쫓아내는 게 절대 아닙니다. 만일 그렇게 한다면 그건 말도 안 되는 일이죠. 우리는 그들 기업이 보유하고 있는 능력을 필요로 합니다. 물은 워낙 방대한 분야이며, 따라서 각각의 공정마다 단계별로 공개 입찰이 실시됩니다. 시에서 벌이는 사업 중 여러 분야에서 그들 기업은 예전 그대로 활발하게 참여하고 있습니다."

나는 거대한 파리 시장 집무실을 나섰다. 기념비적인 대리석 계단에서 미끄러지지 않고 무사히 내려왔다. 거리로 나섰다. 파리 시 청사에서 나오니 파리 시가 아주 작게 느껴졌다.

물값으로는 얼마가 적당할까?

선험적으로 말해서 물은 하나이다.

물보다 더 단일한 현실이란 없다. 모든 형태의 생명체가 바로 물이라는 유일한 물질에서 비롯되었으니 더 이상 무슨 말이 필요하겠는가.

한눈에 척 보았을 때도 물은 닮음 그 자체이다. 오죽하면 쌍둥이들을 가리켜 두 개의 물방울처럼 닮았다고 하겠는가?

그런데 사실상 물은, 용매로서는 대단히 역설적이게도, 가장 다양한 얼굴을 가진 물질 중의 하나이다.

공동체의 모든 구성원들에게 품질 좋은 물을 제공하면서, 이와 동시에 전반적인 하수 처리도 제공한다. 이 두 가지 목표는 어디를 가든 공통적이다.

이 두 가지 공동의 필요성에 입각해서 유럽 국가들은 똑같은 해결책을 택했을 것이라고 생각하기 쉽다.

그렇다면 완전히 오산이다!

가령 식수에 관해서, 네덜란드와 폴란드는 공기업에만 전적으로 일임하고 있다. 반면, 영국은 완전한 민영화를 채택했다. 이 두 가지 극단적인 경우를 보면서 에스파냐는 아무런 선택도 하지 않기로 했다. 무슨 말인고 하니, 52퍼센트는 공기업에서, 40퍼센트는 민간 기업에서 관장하고 있기 때문이다. 독일은 압도적으로 공기업 쪽(67퍼센트)을 선호한다.

그렇다면 하수 처리에서는 어느 쪽이 더 나은가? 민간 기업인가? 공기업인가? 유럽의 지도자급 인사들의 견해는 상수에 관해서만큼이나 분분하다.

이와 같은 전략의 다양성에도 불구하고 가격은 단일화되어가는 경향을 보이고 있는가?

이것도 천만의 말씀이다.

덴마크 사람들은 상수와 하수 각각 1세제곱미터마다 5유로를 지불하는 반면, 지원금 혜택을 받는 이탈리아 사람들은 1유로에도 못 미치는 3분의 2유로 정도만 낸다. 3유로가 약간 못 되는 값을 지불하는 프랑스는 유럽 평균 선상에 위치한다. 하지만 프랑스 국내에서 지역에 따른 격차는 엄청나다. 모르비앙 지역에서는 4유로를 내는 반면, 오트알프 지역에서는 2유로가 안 되는 값만 내면 된다.

어째서 이런 차이가 생기는 것인가?

이 질문에 대한 답은 수원지의 상태에서 찾아야 한다. 상수원이 되는 강물이나 지하수층의 오염도가 높을수록, 그 물을 음용 가능한 상태로 처리하는 데 드는 비용은 올라간다. 또한 주민들의 거주지가 분산되어 있을수록 배급 단가가 올라간다.

프랑스 사람들은 1년에 평균 180유로를 물값으로 지불하는데, 이는 다른 지출에 비해서 비교적 합리적인 수준이라고 할 수 있다. 휴대전화 요금으로 얼마를 쓰는지 각자 계산해보면 내 말이 틀리지 않음을 알 수 있다!

그런데도 프랑스에서 연일 격렬하게 물값에 대한 논쟁이 벌어지는 이유는 민간 부문의 시장 점유율이 매우 높기 때문이다. 민간 부문은 식수의 경우 72퍼센트, 하수의 경우 55퍼센트를 차지하고 있다.

가장 공공 서비스성이 강한 영역을 태생적으로 이익을 추구하는 민간 기업에 이양하는 현실을 받아들여야 하는가?

소비자 단체에서는 정기적으로 베올리아와 수에즈 두 업체가 거의 독점적으로 군림하는 분야에서 경쟁 부재를 질타하는 보고서를 발행하고 있다. 이 단체들은 특히 계약 성사 과정에서의 투명성 부재나 민주주의적 감시 장치 부재를 폐해로 지적한다. 이러한 폐단은 곧 도저히 용납하기 어려울 정도로 비싼 가격과 끊임없이 계속되는 큰 폭의 인상(이 또한 받아들이기 어렵다), 그로 인해 얻게 되는 기업의 천문학적인 이익(공공의 재산을 운용하여 사적인 이익을 창출하므로 정당화될 수 없다) 등을 낳는다.

이 소비자 단체들의 활동에 견줄 만큼 정기적으로 해당 기업들도 나름대로의 보고서를 내놓는다. 우선, 물과 관련하여 상황은 지극히 다양하다는 것이 이들의 기본적인 입장이다. 따라서 비교할 수 없는 것을 어떻게 비교할 수 있단 말인가? 우리 기업들은 공교롭게도 매우 어려운 상황을 떠맡게 되었다. 상수원은 극도로 오염되어 있는 상태이다. 더구나 관리하는 지역의 지형은 더할 나위 없이 기복이 심하다. 각 지방자치 단체에서는 자신들의 능력을 벗어나는 문제가 있을 때에만 우리에게 떠넘기려고 한다. 전문가 집단을 영입하는 일에 돈이 들지 않는다고 말할 사람은 아무도 없다. 원하면 언제든지 우리 회사의 연구소를 방문해도 좋다. 그래도 우리가 청구하는 요금이 다소 비싸다고 생각하는 사람이 있다면, 그들은 아마도 우리가 국가에 세금을 납부해야 한다는 사실을 잠깐 잊었기 때문일 것이다. 그러므로 결론적으로 볼 때, 시민들은 혜택을 보는 셈이다.

13
나눠 쓰기 지혜를 가르치는 학교

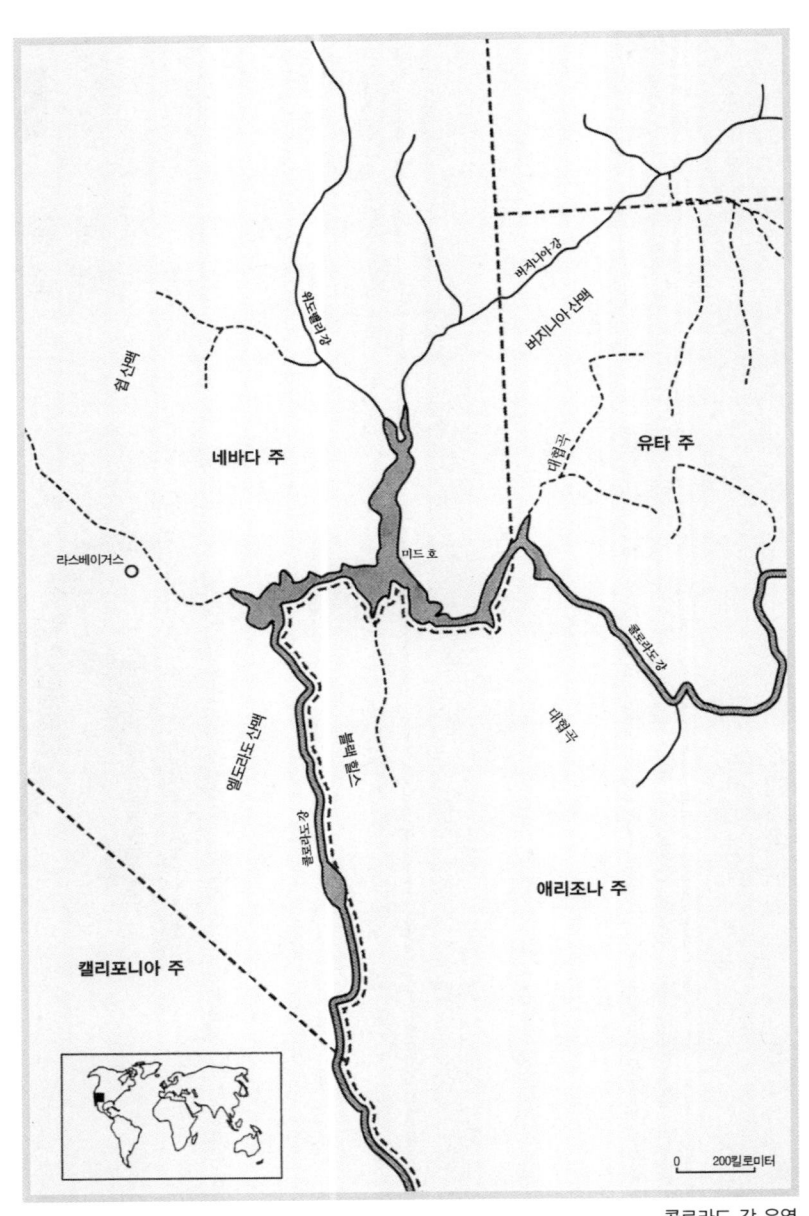

콜로라도 강 유역

확률 게임과 밭일

1855년에 설립되어 1930년대 이후 우후죽순처럼 들어선 카지노 산업으로 부자가 된 라스베이거스 시는 오늘날 인구 2백만 명의 대도시로 성장했으며, 세계 제1위의 호텔 도시(2004년 한 해 방문객 3,740만 명), 세계 제1위의 물 소비 도시(1인당 하루 소비량 1천 리터. 참고로 미국 평균은 7백 리터를 넘지 않으며, 유럽 평균은 2백 리터이다) 등의 몇몇 세계 기록도 보유하고 있다.

라스베이거스에서는 어느 누구도 무엇 하나 부족함이 없기를 원한다. 특히 녹색의 잔디밭은 필수이다. 비라고는 거의 내리지 않으며(1년 강수량 1백 밀리미터 미만), 기온이 섭씨 45도를 웃도는 날이 많은 모하비 사막 한가운데에 세워진 이 도시에서 잔디는 무척 돈이 많이 드는 취미 생활이다.

라스베이거스가 필요로 하는 물의 90퍼센트는 1935년 콜로라도 강에 세운 후버 댐의 물을 저장하고 있는 미드 호수를 통해서 얻는다. 나머지 10퍼센트는 우물을 파서 지하로부터 채취한다.

*

불쌍한 콜로라도 강!

길이가 2,250킬로미터에 달하는 이 강의 유역 면적은 프랑스 국토 전체 면적보다 넓다. 이 유역은 미국의 여러 주(애리조나 주, 캘리포니아 주, 콜로라도 주, 네바다 주, 뉴멕시코 주, 유타 주, 와이오밍 주)와 멕시코에 걸쳐 있다. 자연적인 지표면 빗물은 1초당 750세제곱미터나 되지만, 다양한 채취로 인해 강 하구에서는 35세제곱미터로 감소하여, 결국 작은 시냇물 수준으로 줄어들고 만다.

콜로라도 강의 물은 90퍼센트 이상을 농업 부문에서 가져다 쓴다. 올 아메리칸 캐널 All-American Canal이라는 거창하면서 거짓이 섞인 이름을 가진 이 운하는 세계에서 가장 크며, 캘리포니아 주의 임페리얼 밸리 지역(20만 헥타르)에 관개용수를 댄다. 로스앤젤레스, 샌디에이고, 피닉스, 투손 등의 도시도 콜로라도 강물을 수로를 통해 끌어다가 사용하고 있다.

*

미드 호수 저수지는 고갈되어가고 있다. 해마다 수위가 수 미터씩 낮아지는 것이 이를 증명한다. 이런 속도라면 지금부터 10년 내에 호수 자체가 사라질 가능성이 있다. 수십 년 동안 아무 걱정 없이 물을 펑펑 써오던 사람들에게 경적이 울렸다.

애리조나 주와 캘리포니아 주의 남부 지역은 콜로라도 강물을 채취할 권리를 보유하고 있다. 라스베이거스와 네바다 주는 이들에게 다음과 같은 제안을 했다. 당신들은 법이 보장해주는 한도 내에서 얼마든지 물을 사용할 수 있다. 당신들은 지하수층에 저장하라. 그러면 우리는 우리에게 물이 필요할 때 그 물을 가져다 쓰겠다. 예를 들어 애리조나 주가 해마다 2천5백만 세제곱미터의 물을 저장한다면, 그 대신 우리는 물값으로 2천3백만 달러를 지급하겠다.

이와 아울러 네바다 주는 캘리포니아 해안에 위치한 염분 제거 공장에도 비용을 지원할 것을 검토 중이다. 그 대신 콜로라도 강의 물 사용한도를 늘릴 수 있다.

또 다른 방법도 있다. 물을 운반하는 것이다. 라스베이거스 시는 시로부터 북쪽으로 5킬로미터 떨어진 곳에 위치한 스프링 밸리의 지하수층에서 7천4백만 세제곱미터의 물을 끌어올릴 권리를 협상했다. 유감스럽게도 이미 많은 농부들도 이 물을 사용하고 있다.

이처럼 두 개의 발전 모델, 즉 도시적 모델과 농촌적 모델이 경쟁하고 있으며, 이 경쟁은 점점 치열해지는 양상을 보인다. 그렇지만 사실 두 모델 모두 적대적인 환경에 적절하게 어울리는 모델이라고 할 수는 없다.

미국 남서부 지역 주민들은 자신들이 살고 있는 환경을 사막 한가운데에 위치한 녹색 오아시스에서 사는 것에 비유하곤 한다. 라스베이거스 인근의 파세오 베르데, 그린 밸리 랜치 등과 같은 지명들도 이를 뒷받침한다. 그러므로 이 사람들은 물이 부족하다는 사실을 믿으려고 하지 않는다. 전형적인 미국인(긍정적이고 근면하게 일하는 현대인)의 사고방식에 의하면, 기술 발전에 저항할 수 있는 희귀재는 없다.

한편, 농업 생산자들은 자신들만이 미국의 진정한 번영을 일구어낸 사람들이라는 자부심이 대단하다. 한 나라의 진정한 부는 그 나라의 땅과 그 땅을 가꾸는 사람들에게서 나오는 것이 아니냐고 이들은 묻는다. 막강한 로비력을 자랑하는 이 농부들은 절대적으로 관개용수에 의존하는 현재의 농법을 바꿀 마음이 전혀 없다.

도시와 농촌 간의 이와 같은 대립은 사실 새로운 현상이 아니며, 과거에도 이미 수차례에 걸쳐서 비극을 낳은 바 있다. 1920년대에 농부들은 오웬스 계곡에서 퍼올린 물을 로스앤젤레스 시로 운반해주는 수로를 다

이너마이트를 동원해서 여러 번 폭발시킨 적도 있다.

이와 같은 갈등은 세계 도처에서 관찰되며, 갈등의 강도에 약간의 차이가 있을 뿐이다.

또한 세계 도처에서 행정 당국은 국가 단위, 혹은 지방 단위로 무수히 많은 물 관련 이해 당사자들이 모두 받아들일 수 있는 나눠 쓰기 방법을 모색하고 있다.

에스파냐에서는 아주 오랜 옛날부터 '물 재판소'에서 나눠 쓰기 원칙을 준수하도록 소송인들을 교육시키고 있다. 네덜란드와 핀란드에서는 '물 서클'이 같은 역할을 맡고 있다.

경제학자이며 프랑스 국립 과학연구소의 국장인 베르나르 바라케는 물의 경영 문제에 대해 연구 중이다. 그는 자신의 무기인 심오한 역사적 지식에 의거하여 모든 문제를 숙고하고, 해법을 제안한다. 그가 보기에 물이란 무상으로 지급되는 재화(물을 배급하기 위해서는 상당한 비용이 든다)가 아니다. 물은 공공재(어째서 물이 국가에 속한단 말인가?)도 아니다. 하지만 물이 공동의 재산인 것만큼은 틀림없다. 이처럼 매우 특별한 물을 제대로 관리하기 위해서는 역사적으로 볼 때 크게 세 가지 체제가 사용되어왔다.

첫째, 동양적인 전제 군주제 : 농부들은 식량을 공급하고, 국가는 그 대가로 물 관련 기반 시설 구축을 책임졌다(이집트, 바빌론, 중앙아메리카, 중국).

둘째, 로마법 : 흘러가는 물은 공동의 재산이지만, 항해가 가능한 물은 사정이 달랐다. 항해가 가능한 물은 국가가 관리했다. 지하수는 개인의 영역에 속했다. 라틴 국가들은 이 이중적인 체제를 답습했으며, 프랑스도 아주 최근까지 이 체제를 채택했다.

셋째, 게르만 전통 : 물이란 그 어느 것도 사유재산이 될 수 없다. 수자원이 점점 고갈되어감에 따라 오늘날에는 게르만 전통에 의한 이 같은 개념이 확산되어가고 있다.

프랑스 물 의회의 일상

우리는 그런 것들을 가리켜 '위원회'라고 한다. 1964년에 제정된 법에 의해 설립된 여섯 개의 기구는 각각 '위원회'를 두고 있다. 솔직히 말해서 위원회라는 말은 지나친 겸손 때문에 오히려 왜곡된 인상을 주기 쉽다. 이것들은 위원회가 아니라 진정한 의미로 본 물 의회라고 해야 맞는다. 이들이 내리는 결정은 구속력을 가지는데, 이들 위원회가 정치 기구이기 때문이다.

하나의 위원회-의회는 190명의 의원으로 이루어진다. 이 중에서 더도 덜도 아닌 딱 절반은 선거를 통해 선출된 대표들(지방 대표, 도 대표, 구 대표)로 이루어진다. 정족수의 3분의 1가량은 물 사용자(여기에는 각종 직업이 총망라된다. 농업, 어업, 하천 운수업, 관광업, 제조업, 전기 생산업, 개별 소비자, 자연보호 단체, 각종 사회 직능 단체 등)를 비롯하여 '전문가들'(전문가들이라는 용어는 전문가가 아닌 다른 그룹에 속하는 사람들에게는 모욕적인 표현이 될 소지가 없지 않다. 하지만 식품 안전을 다루는 또 다른 기구인 Afssa의 대표 자격으로 루아르-브르타뉴 지역 수자원 기구 위원회에 참여하는 파스칼 브리앙의 능력에 대해 누가 감히 이의를 제기하겠는가?)로 채워진다. 나머지 의석은 국가 공무원들에게 돌아간다. 해당 지역 도지사들은 물론 최소한 13개의 부처가 토론에 참가한다.

이 위원회-의회의 독창성이라면, 소속 집단을 결정하는 기준이 정치적 성향을 제외한 공동의 관심사라는 점이다. 벌써 짐작하겠지만, 이 구성원들의 관심사는 좋게 말하면 다양하지만, 좀 더 솔직하게 말하면 아예 반대되는 경우도 적지 않다.

예를 들어 관개용수, 어업이나 보트업, 해수욕장업…… 그리고 원자력 발전소에 필요한 냉각수에 이르기까지 이 모든 수요를 어떤 식으로 화해시킬 수 있을까? 농업 생산력을 증대시키면서 제조업도 발전시키며, 그와 동시에 물이 오염되지 않도록 깨끗하게 지켜야 하는 이 모순된 요구를 어떻게 만족시킬 수 있을까? 물 사용자들에게 비싼 요금을 물리지 않으면서 어떻게 야심찬 설비를 마련할 수 있을까?

요컨대 한 국가를 구성하는 각기 다른 이해 집단, 아니 소규모 연대 집단의 다양함이 그대로 드러나는 축소판이 바로 물 위원회-의회라고 할 수 있다. 이것이야말로 공동생활을 배우는 소중한 기회가 아닐 수 없다!

190명의 구성원들이 도출해내야 하는 서류는 Sdage(물 정비와 경영을 위한 지침)이라고 불린다. 지혜를 뜻하는 sagesse와도 어쩐지 비슷해 보인다. 지혜는 누구에게나 필요하지만, 책임지고 회의를 진행하여 중요하고도 실질적인 합의에 도달하도록 이끌어야 하는 의장에게는 특별히 상당한 외교술까지 필요하다. 의장은 해당 지역에서 향후 6년 동안 전개될 물 관련 정책을 마련해야 한다!

2000년 10월 23일 유럽연합의 지침이 결정된 이후, 위원회-의회의 토론 분위기는 한층 더 고조되었다. 언제까지고 의도만을 내세우며 연기만 거듭하던 시대는 이제 끝났다. 지극히 명확하며 숫자화가 가능한 목표가 설정되었고, 그 목표에 달성해야 하는 기한(2015)이 정해졌기 때문이다. 결과를 내놓아야 한다는 강제성("모든 물의 품질을 향상시켜야 한다")이 이제까지 통용되던 지나치게 부드럽고 느슨한 제약을 대체했다. 정해진 기한 내에 목표에 도달하지 못할 경우 재정적으로 막대한 손실을 입게 되는 날이 눈앞에 다가왔다.

내가 사랑하는 브르타뉴 지방의 피니스테르, 코트다르모르 도의 지하 수층과 강 유역, 해안의 사정이 그다지 좋지 못하다는 사실을 잘 알고 있는 나는 앞으로 어떤 방식으로 2015년을 준비해나갈지 궁금했다.

철도청의 파업에도 불구하고, 나는 2008년 7월 10일 용감하게도 루아르-브르타뉴 지역 수자원 기구 사옥을 찾아갔다.

주소만 보아도 벌써 자연을 생각하는 마음이 물씬 전해졌다. 프랑스의 저명한 박물학자의 이름을 딴 뷔퐁 가街, 오를레앙의 샘물이라는 뜻인 오를레앙라수르스.

너무도 막중한 책임을 지고 있는 이 기구(관할지 면적 15만 5천 제곱킬로미터로, 프랑스 전체 국토의 3분의 1에 해당되며, 10개 지방, 36개 도, 7천4백 개 구를 포함한다. 사용료에서 지급되는 한 해 예산은 3억 유로이다!)는 그 이유만으로도 마땅히 존중받아야 한다.

새로 지은 회의 센터는 오를레앙 시에 자리 잡고 있으며, 잔 다르크에게 특별한 의미가 있었던 성당과는 지척이었다. 오전 10시. 귀한 목재로 마무리된 벽에 미나리아재비처럼 황금색 의자들이 놓여 있는 모리스 주느부아 강당이 사람들로 채워지기 시작했다. 전前 장관이자 농공학자인 앙브루아즈 겔렉이 20년 동안 충실하게 수행해온 의장직에서 물러나게 되었으므로, 위원회는 후임을 선출해야 했다.

나는 위원회-의회 참석자들의 면면을 살피면서 누가 농부 대표이며, 누가 어부 대표이며, 누가 하천 운수업 대표인지 알아맞혀보려고 시도했다.

의장 선거에는 두 사람이 출마했다. 장피에르 라파랭 내각에서 장관을 지낸 세르주 르펠티에와, 녹색당 소속이며 브르타뉴 지방 의회의 부의장직을 맡고 있는 파스칼 로제였다.

선거는 비밀투표로 진행되었다.

개표 결과, 르펠티에는 83표, 로제는 58표를 얻었다. 왕년의 환경지속발전부 장관이며 모두에게 존경받는 이가 의장에 추대되었으니 좋은 소식이다. 그가 장관 자리에서 해임된 이유를 잊은 사람은 아무도 없다. 그의 진정한 환경주의자적 신념과 능력이 오히려 당시 정부를 성가시게 만들었기 때문이었다.

또한, 일개 녹색당 소속 당원이 그 정도의 지지를 받을 수 있었다는 점도, 여전히 불충분하긴 하지만 환경 문제에 대한 인식이 점점 확산되고 있음을 보여주는 반가운 징조라고 여겨진다.

그러나 그날의 다음 일정은 이러한 낙관주의를 희석시킨다. 부의장으로 선출된 자는 제조업 대표로서 과거에 제지업을 하던 사업가였다. 이 사회 선출에서는 정밀 시계업처럼 치밀하고 복잡한 인원 구성 및 후보자 명단 작성 때문에 '순수한' 개별 소비자(농업 종사자도, 제조업 종사자도 아닌 소비자)들은 언젠가 제 목소리를 낼 날이 있으리라는 꿈조차 꾸기 어려웠다. 이들은 자신들의 입장을 전달하기 위해서 애원하고, 으름장을 놓으며 증인을 내세워야만 했다. 위원회-의회에서는 누구에게나 발언권이 있다. 그렇지만 결정하는 순간이 오면, 일부 발언은 다른 발언들에 비해서 훨씬 중량감이 있음을 통감하게 된다.

새로 선출된 의장에게는 무거운 책임이 있다. 거대하고 떠들썩한 부대를 이끌고 2015년으로 정해진 유럽 차원의 목표 달성을 위해 강행군해야 하는 것이다. 행운이 함께하기를!

물에 관한 지방분권적 협력 체제

프랑스가 프랑스인 이래 국가, 즉 파리는 모든 것을 직접 챙기기를 원한다. 1983년 내무부 장관이면서 동시에 마르세유의 시장이었던 가스통 데페르는 이 병적인 중앙집권 체제를 상당히 완화시켰다. 에로 도의 도의회는 이 기회를 잡아서 물 관련 정책 전반을 도 관할로 이양시켰다. 로마인들에게 점령을 당한 이래로 몽펠리에와 인근 지역은 지중해의 건조한 기후에 적응하기 위해, 적어도 물 분야에서는 비교할 수 없을 정도로 놀라운 기술을 축적한 상태였다. 따라서 유럽에서 유일한 물 연구 단지가 이 지역에 들어서게 되었다. 그 후 얼마 되지 않아, 정책 입안자들은 관심을 보이는 다른 나라에도 이와 같은 기술을 개방하기로 결정했다.

어느 날, 주 칠레 프랑스 대사관으로부터 편지가 한 통 날아왔다. 의사 한 명이 폐수 처리에 지렁이를 활용하는 방안을 연구 중이라는 내용이었다. 그 의사는 실험실 단계를 벗어나기 위해서 파트너를 모색 중이며, 몽펠리에의 명성이 안데스 산맥 너머 칠레까지 전해졌다는 이야기도 빼놓지 않았다.

세계적으로 권위를 인정받는 지렁이 전문가들 중의 한 사람인 마르셀 부셰에게 자문을 구했다. 그는 마침내 지렁이들의 능력을 인정받게 되었다며 좋아서 어쩔 줄 몰라 했다.

"혹시, 현재 인간을 포함하여 지구상에 살고 있는 모든 동물의 무게 총량에서 지렁이들의 무게가 80퍼센트 이상을 차지한다는 사실을 아시나요? 지렁이들은 자유자재로 암놈이 되었다가 수놈이 될 수 있다는 사실도 알고 계신가요? 또 25제곱미터 정도의 면적에 지렁이 2만 5천 마리가 살고 있으며, 1년이면 이 지렁이들이 50킬로미터 정도의 땅굴을 팔 수 있다는 사실을 아십니까? 두더지들은 땅을 파기 위해서 날카로운 발톱으로 흙을 밀어내지만, 지렁이들은 몸의 한쪽으로 흙을 삼키고 반대쪽으로 삼킨 흙을 뱉는 건 아시나요?"

마르셀 부셰는 자신이 그렇게 좋아하는 길쭉하고 꿈틀거리며 끈적끈적한 친구들에 대해서라면 며칠 동안이라도 쉬지 않고 계속 떠들 수 있는 사람이다. 에로 도의 도의원들은 그를 통해서 지렁이라는 놀라운 신천지를 발견했다. 그들은 예산을 마련해주기로 결정했다. 이렇게 해서 과학자들과 기업이 공동으로 참여하는 협회 VERSeau(프랑스어로 지렁이는 vers de terre이며, 문맥에 따라 간단히 vers라고도 한다 - 옮긴이)가 탄생했다.

협회에서는 연구 팀을 지구 반대편으로 파견했다. 토하 교수는 산티아고 의과대학에서 이들을 맞이했다. 일종의 지하 동굴 같은 그의 연구실은 무질서의 왕국 같았다. 책이나 서류, 그 외에 각종 자료들이 차지하지 않은 유일한 바닥 공간에는 엄청나게 큰 어항이 놓여 있었다. 지렁이 연구가들은 그 어항에 매달렸다.

콩바이요Combaillaux는 문자 그대로라면 '단풍나무 협곡'이라는 뜻을 가진 곳으로, 몽펠리에서 약간 북쪽에 위치한 매력적인 농촌 마을이다. 가시덤불들과 숲, 밀, 올리브나무, 포도나무, 말 목장 등이 조화롭게 뒤섞여 있는 이 마을이 주는 평온함에 매료된 도시인들이 하나 둘 정착하기 시작해서 과거에 비해 인구가 급증했다. 1960년에는 150명에 불과하던 주민 수가 40년이 지난 지금 열 배 이상 증가했다. 따라서 하수 처리 시설을 마련해야 할 필요성이 대두되었다. 시는 토하 교수가 실험실에서 개발한 방법을 실제로 적용하기로 결정했다.

이렇게 해서 3월 어느 날, 열정적이며 투지력이 넘치는 시장의 안내로 나는 지렁이라는 부류에 대해서 좀 더 많은 것을 알게 되었다.

거대한 탱크 위로 아무리 몸을 굽혀도 보이는 건 축축하고 밥맛 떨어질 것 같은 습지뿐이었지만, 나는 귀를 활짝 열고 놀라운 이야기들을 주의 깊게 들었다.

"여과 장치란 본래 불순물들을 솎아내는 것이죠. 따라서 어느 정도 기간이 지나면 막히게 마련입니다. 그런데 지렁이들하고 일을 하면 그런 위험이 전혀 없죠. 녀석들은 끊임없이 땅굴을 파거든요. 아마 굴 파기는 녀석들이 제일 좋아하는 취미 생활이 아닌가 싶습니다. 선생님께서는 황무지에 비가 내리는 광경을 본 적이 있으시겠죠? 흘러내리는 빗물이라고는 없습니다. 모두 땅굴 속으로 스며들기 때문이죠. 하지만 이와는 달리 포도밭에 비가 내리면, 사정은 완전히 다릅니다. 빗물이 줄줄 흘러내리고, 그에 따른 후속 현상들이 일어나게 마련이죠. 무슨 이유 때문에 이런 차이가 나는지 아십니까? 살충제가 지렁이들을 모두 죽였거나, 그곳이 싫어져서 도망가게 만들었기 때문입니다."

나는 지렁이 학자들의 교황 격인 마르셀 부셰가 이미 단단히 세뇌 교육시켰음을 깨달았으며, 나도 조심스럽게 처신하기로 결심했다. 풍뎅이와 캥거루에 이어 이제 지렁이까지……. 바야흐로 우리 인간들은 이제 동물들이 보여주는 길을 따라가야 하는 신세가 된 것이다.

시장은 안내를 계속했다.

나는 지렁이 예찬을 중단시키고 싶어 하는 자신이 싫었지만, 어느새 입에서는 나도 모르는 사이에 천박하기 짝이 없는 질문이 튀어나오고 말았다.

"하지만 저어…… 뭐랄까, 좀 더 고전적인 방식과 비교했을 땐……."

시장은 순간적으로 얼굴을 찌푸렸다. 아니, 어떻게 다른 방법과 감히 비교를 한단 말인가? 시장은 낙담한 투로 첫째, 지렁이를 사용할 경우 설비 투자 비용이 절반으로 줄어들며, 둘째, 지렁이들은 불순물이 섞인 진흙이 아닌 순수한 흙만을 토해낸다. 다른 방식을 채택했을 때 발생하는 폐기물은 얼마나 처치 곤란한지 누구나 다 안다, 셋째, 지렁이 방식을 채택하면 설비가 차지하는 면적을 대폭 줄일 수 있다고, 마지못해 대답했다.

"저기 저 바로 옆에 있는 다른 탱크들은 뭔가요?"

그제야 시장은 활기를 되찾았다.

"그건 만일에 대비해서 마련한 겁니다. 위생 당국은 우리를 신뢰하지 못합니다. 그래서 지렁이 방식과 병행해서 전통적인 여과 장치도 마련하라고 지시했습니다. 하지만 우리는 우리 방식을 인정받는 날이 오기를 기다리고 있습니다. 각종 분석 작업이 진행 중입니다. 공식적으로 준공식을 할 때 선생님도 꼭 참석해주십시오. 칠레 연구진도 올 겁니다. 혹시 피스코(칠레산 포도주의 일종 – 옮긴이) 좋아하십니까?"

파리로 돌아오는 비행기 안에서 열어본 방문 기념 가방 속에는 예상했던 인쇄물들이 들어 있었다. 콩바이요의 역사, 지렁이 정화 설비 원리 및 내부 도식, 이제 막 설립된 프랑스–칠레 합작 회사 롱브리테크 소개 팸플릿 등. 그리고 마지막으로 책이 한 권 들어 있었는데, 그 책의 저자는 나도 잘 아는 사람이었다. 《지렁이의 습성을 활용한 채소 재배 공간 형성》 지은이 찰스 다윈.

*

지렁이라는 개별적인 하나의 예를 넘어서, 누가 지방분권적 협력 체제를 총괄해서 보여줄 만한 백서를 내놓을 수 있을까?

나는 순진한 사람이 아니다. 일부 선량善良들이 자신들의 이국적 취미를 만족시키기 위해서 각종 출장을 핑계로 세금 무서운 줄 모르고 돈을 펑펑 가져다 쓴다는 사실쯤은 나도 잘 알고 있다. 그건 그렇다고 하더라도, 솔직히 도시 간, 지방 간의 관계가 밀접해지면 얻을 수 있는 이

점이 많은 것은 사실이다. 부패의 가능성이 줄어든다는 점을 제일 먼저 꼽을 수도 있을 것이다.

물 문제는 지역적인 답변, 다시 말해서 경우에 따라 매번 다른 답변을 필요로 하므로 지방분권적인 방식이 훨씬 더 효과적일 듯 보인다. 어느 한 도시의 시장은 자신과 같은 걱정거리, 시민들에게 그들이 필요로 하는 물을 차질 없이 공급한다는 지극히 단순하지만 시민들의 일상생활과 직결된 문제를 가지고 있는 다른 도시의 시장에게 구체적인 해결책을 제시할 수 있다. 이 경우 도움을 받은 시 측은 독립 주권을 가진 시로서의 자존심이 상했다는 느낌은 받지 않을 것이다. 그 도시도 얼마든지 어려움에 처한 다른 도시를 도와줄 수 있는 일이니까. 2005년 2월 9일에 제정된 이른바 우댕-상티니 법은 한 도시 혹은 한 지역의 수자원 관리 기구 단위로 '물' 예산의 1퍼센트를 개발도상국의 공공 서비스 개선을 위해 지원하는 것을 허용하고 있다. 이 조항에 의거해서 파리 시는 해마다 1백만 유로 이상을 들여 여러 가지 다양한 사업을 지원한다. 은자메나의 하수 정화망 건설, 카라이브 지역에 우물 파기, 아프리카, 아시아, 라틴아메리카 도시 지역 상수 공급 지원 등이 대표적인 예이다. 자율적인 물 경영을 촉진한다는 목표는 항상 불변이다. 물이 법률가들과 국회의원들을 슬기롭게 만든다고 내가 벌써 말하지 않았던가!

점점 가시화되는 물 전쟁[01]

에티오피아의 아가우메데르 산맥에서 발원하는 청나일 강은 수단의

하르툼에서 백나일 강과 합류하며, 나일 강 전체 유량의 80퍼센트 정도를 차지한다.

그런데 철저한 농업 국가인 에티오피아는 그 물의 1퍼센트도 못 되는 물만을 사용한다. 계곡 쪽에 위치한 수단과 이집트가 더 이상은 바라지 말라고 무섭게 엄포를 놓았기 때문이다. 물론 두 나라에도 이 물이 절대적으로 필요하다. 이집트는 필요한 물의 98퍼센트를 나일 강으로부터 얻으며, 전체 인구의 95퍼센트가 나일 강 유역에 살고 있다.

그런데 아프리카의 다른 지역과 마찬가지로, 에티오피아의 인구도 급속도로 늘어나고 있다. 현재 7천5백만 명인 에티오피아의 인구는 2025년이면 1억 2천만 명으로 불어날 것으로 예측된다. 청나일 강에서 물을 끌어오지 않으면, 어떻게 이 많은 사람들에게 물을 공급할 것이며, 어떻게 이 사람들을 먹일 식량을 생산할 수 있겠는가? 에티오피아는 미국의 동아프리카(에티오피아는 서쪽으로는 수단, 남동쪽으로는 소말리아와 이웃하고 있다) 정책에서 전략적인 위치를 차지하는 나라임을 우리는 잘 알고 있다. 워싱턴의 외교관들과 아프리카 통합기구OAU의 외교관들은 물이 직접적인 원인으로 작용할 공산이 큰 다음 전쟁을 어떻게 하면 방지할 수 있을지 부심하고 있다.

여기까지 이 책을 읽으면서 독자들은 내가 물의 세계에 대해서 다분히 목가적인 인식을 가지고 있다고 생각했을 수도 있다. 물은 인류에게 너무도 필요한 재화이기 때문에, 상당한 지혜를 지닌 인간들은 그것을

01 필립 델마스가 쓴 마음을 불편하게 만들기 때문에 매우 유용한 에세이 《가시화되는 전쟁Le Bel Avenir de la guerre》(파리, 갈리마르, 1995)에서 영감을 얻었다.

차지하기 위하여 죽기 살기로 싸우는 어리석은 짓까지는 하지 않을 것이며, 어디까지나 평화적인 방식으로 협상하여 물을 분배하는 편을 택할 것이다. 말하자면 핵 문제에 대처하는 방법과 유사하다고 할 수 있다. 핵무기는 한번 사용하면 너무도 큰 폐단을 낳기 때문에 아무도 감히 그것을 실제로 사용하려고 덤비지 않는 이치나 마찬가지라는 말이다.

요컨대, 물은 나눠 쓰는 것이 당연하다고 생각해왔다는 말이다.

상당히 오랜 기간 동안 이 같은 낙관주의는 실제로 확인되었다. 물과 관련된 갈등의 대부분은 평화적인 방식으로 해결되어왔다. 우물 때문에 남의 멱을 따는 비극이 이따금씩 벌어지기도 하고, 군대를 보내 이웃 나라에게 겁을 준 적도 있지만, 진정한 의미에서의 전쟁으로 번진 적은 아직 한번도 없었다.

그런데 인구 증가로 인한 압박감이 이 같은 상황에 변화를 가져오고 있다. 지구상의 적지 않은 곳에서 '필요가 곧 법'이라는 관습이 자리 잡게 될 날이 올 것이다. 내가 법이라고 할 때는 그것이 무기를 사용하는 법이 될 수도 있음을 의미한다. 범죄 전문가 알랭 보에가 말했듯이, "최근 들어 물과 관련된 갈등이 부쩍 늘었다. 기원전에는 겨우 20개가량의 범죄가 있었으며, 기원후 1900년까지도 사정은 다르지 않았다. 하지만 2000년에는 1백 건이 넘었으며, 2007년 말에는 50여 건 정도였다. 위협과 긴장 상태가 점점 가속화되는 정도는 가히 놀라울 따름이다." 지리학자들과 지정학자들은 '미지근한' 지역과 이미 '뜨겁게 달궈진' 곳을 골라냈다. 적지 않은 곳이 이들의 목록에 올랐다. 일일이 다 소개할 수는 없지만, 대표적인 몇 곳만 들어보자. 갠지스 강과 브라마푸트라 강 유역, 서부 아프리카(오카방고, 림포포, 잠베지 강), 러시아와 중국의 극동 지역 국경 지대[02] 등이다.

---

[02] 아직 읽지 않은 사람이라면 서둘러서 《물─지정학, 쟁점, 전략*L'Eau-Géopolitique, enjeux, stratégies*》(파리, CNRS 출판사, 2008)를 읽어보시라. 저자인 프랑크 갈랑은 이 분야의 전문가로서 수에즈─환경의 안전 문제 담당 국장이며, 생명 현상 설비 기술자 대학의 학장이기도 하다.

14

굶어죽을 것인가, 목말라죽을 것인가

오늘날 어떻게 농부로 살 수 있는가?

생산과 보호처럼 결코 화해할 수 없는 개념들을 어떻게 하면 화해시킬 수 있는가? 자연을 파괴하지 않으면서 어떻게 자연에서 더 많은 것을 얻어낼 수 있는가?

물을 가장 많이 쓰는 사람들은 단연 농부들이다.

따라서 지하수층과 강물을 오염시킨다는 지탄을 받는 것도 농부들이다.

그런데 우리가 해마다 바라는 기적, 즉 보다 위생적이고, 보다 다양하며, 보다 값싼 먹을거리들을 보다 많이 생산해내는 그 기적을 일궈내는 사람도 농부들이다.

인류에게 몰아닥친 중대한 위협을 제일선에서 맞서 싸우는 사람도 역시 농부들이다.

어디나 할 것 없이 경작할 땅은 줄어만 가고, 토양은 척박해지며, 투자는 답보 상태를 면치 못하고 있다.

물로 인한 진짜 전쟁은 아직 일어나지 않았지만, 기아로 인한 폭동은 점점 잦아지고 있다…….

지하수층을 향한 열정

연애 이야기라면 사족을 못 쓰는 여러분들을 위해 열정에 얽힌 이야기를 하나 들려드리려고 한다. 매우 보기 드물고, 육체적이면서 동시에 정신적이며, 지칠 줄도 모르고 매일매일 솟아나는 데다, 자부심이 강하며 배려심도 있고, 더구나 기꺼이 싸울 준비도 되어 있는 열정…… 바로 지하수층을 향한 인간의 열정이다.

　일부 열정에 들뜬 사람들은 그저 매혹당하는 것으로 만족하기도 한다. 다시 말해서 이들은 자신들이 열정을 품은 대상에 대해서 제대로 알려고 하지 않는다. 하지만 나는 이런 부류의 사람들이라면 기꺼이 게으른 사람들, 아니 신뢰할 수 없는 사람으로 여긴다. 뭔가 너무 두렵기 때문에 배우지 못한다는 의심이 들기 때문이다. 반드시 전등을 끄고 나서야 사랑을 나누는 사람들처럼 말이다. 그들은 빛이 너무 많으면 혹시 열정이 사그라지지 않을까 염려하는 사람들이다.

　내가 지금부터 이야기하려는 장프랑수아 로베르는 이처럼 맹목적인 열정으로 눈이 먼 사람은 절대 아니다. 그는 지하수층에 매료되자마자 모든 것, 정말로 모든 것을 알고 싶어 했다. 지하수층은 처음에는 이와 같은 그의 관심에 대단히 고무되었지만, 차츰 자기만의 은밀함을 내보이는 데 거부감이 일어 완강하게 저항했다. 하지만 남자는 황소고집이었다. 그는 학자가 아니었다. 그래도 묻고 또 물었으며, 독학으로 공부하면서 측량을 게을리 하지 않았다. 오늘날 그는 기분 좋은 미소를 지으며 "지하수층에 대해서라면 모르는 것이 없다"고 일부러 겸손을 떨지도 않으면서 자신 있게 말한다. 마침내 그의 능력은 공식적으로 인정받기에 이르렀다. 도처에서 그를 초청한다. 기후 온난화가 진행되면 될수록 사람들은 지하수층과 그 특성에 대해서 관심을 갖는다.

　자, 그렇다면 이제 그가 어째서 지하수층에 대해서 이처럼 열정을 가지고 달려들었는지 그 이유를 알아보자. 로베르는 집안 대대로 농부였으며, 샤르트르와 오를레앙 사이 보스 지역의 중심 부근에서 땅을 일구었다.

로베르 집안에서는 대대로 물을 주어야 할 때면 바닥에 파이프를 꽂아서 해결했다. 파이프를 꽂으면 물이 솟았다. 이런 행위를 제한할 어떤 법도 존재하지 않았다. 물은 풍부하고 행정 당국은 무관심으로 일관하는 행복한 나날이었다.

지하수층은 거기에 있었다. 농가의 안뜰, 우물 속에서 햇빛을 받아 반짝거렸다. 조상 가운데 한 분이 눈금이 새겨진 자를 그 속에 세워두었으며, 가족들은 세세하게 이 눈금의 변천 과정을 기록해왔다.

지하수층이란 무엇인가?

제대로 알지 못하는 주민들은 거대한 호수를 품고 있는 일종의 동굴이라고 생각한다. 실제는 이와 아주 다르며, 전혀 낭만적이지 않게도 구멍이 숭숭 뚫린 그뤼예르 치즈를 연상하면 된다. 다만 진짜 치즈와는 달리 흙과 자갈로 이루어져 있으며, 구멍 속에는 물이 차 있다.

어쨌거나 아버지에서 아들로 대물림하면서 로베르 집안은 아무 걱정 없이 구멍을 팠다.

그러던 차에 행정 당국의 태도가 서서히 바뀌기 시작했다. 이 수수께끼처럼 신비로 가득 찬 보물이 고갈될 것을 염려한 도지사는 구멍 파는 것을 금지시켰다. 그렇지만 앉아서 당하고 있을 농부들이 아니었다. 우리 농부들이 가장 잘 아는 분야에 관리들이 나서게 내버려둘 수는 없는 노릇이니까. 사람들이 모였다. 누가 깃발을 들 것인지 의논했다. 젊고 에너지가 넘치는 장프랑수아 로베르에게 모든 사람들의 시선이 쏠렸다. 이렇게 해서 관개용수 사용자 협회가 만들어졌고, 그는 협회장을 맡게 되었다.

이것이 소박하게 존재하는 것으로 만족했던 지하수층이 학문적인 연구 대상(발단은 어디까지나 지하수층을 옹호하기 위해서였음을 다시 한 번 강조한다)에서, 이제는 열정을 한 몸에 받는 귀하신 몸으로 변한 대략적인 과정이다.

장프랑수아 로베르는 가로세로 낱말풀기 놀이를 즐기는 사람들이 무척 좋아하는 오에에 산다. 그는 자기 집에서 두 시간 동안 쉬지도 않고 나에게 자신의 열정에 대해서 이야기했다.

기대하지도 않았건만, 그는 지하수층과 관련한 전반적인 자료들을 나에게 건네주었다. 총면적 9천 제곱킬로미터, 물의 양 2백억 세제곱미터…….

우리는 자동차에 올라탔다. 지하수층을 괴롭히지 않으려는 배려에서였는지 천천히 차를 달렸다. 우리는 능선을 따라 달리다가 산의 유두처럼 튀어나온 정상에도 올라갔다가, 어느새 움푹 꺼진 계곡으로 내려왔다가 덤불숲을 가로질렀다. 여러 개의 마을을 지났으며, 그때마다 지나치는 마을의 이름이 나의 기억 속을 속속 파고들었다. 보몽크라방, 에피에정보스, 트랑캥빌……. 나는 마치 노래라도 듣는 것처럼 정겨운 그 이름들에 취했다.

갑자기 정신이 들었다. 장프랑수아 로베르가 들판 가장자리에 놓인 회색 상자를 가리켰다. 그는 저것이 바로 '계량기'라고 말했다. 아니, 모처럼 시흥에 겨운 산책을 즐기는데, 저 보기 흉한 물체는 뭐란 말인가? 계량기라고? 나는 부에노스아이레스에서 벌어진 계량기 싸움을 떠올렸다. 보스 들판 한가운데에서 그놈을 또 만나다니…….

로베르는 몸을 꼿꼿하게 세웠다. 그의 두 눈이 반짝거렸다.

"계량기는 나의 자부심이죠. 지하수층을 아무리 열심히 공부하면 뭐합니까, 제대로 활용할 줄 알아야죠."

모든 종류의 균형을 아슬아슬하게 유지하면서 보스는 몇 년간 평화를 유지하며 살았다. 팍스 로마나Pax Romana식으로 말해보자면 팍스 프레아티카Pax Phreatica라고나 할까. 그러다가 지방 환경국이 규칙을 바꾸기로 결정했다.

유럽 기준(2015년까지 모든 물의 품질을 향상시킨다)에 맞추기 위해서 수원을 평가하는 방식을 바꾸기로 결정한 것이다. 따라서 이제는 지하수층 수위의 변화 추이만을 측정하는 것이 아니라, 강에서 물이 흐르도록 해야 한다.

그러자 농부들의 항의가 빗발쳤다. 도대체 강이란 무엇인가? 오래전부터 죽어버린 물이나 방치된 운하도 '강'으로 쳐야 한다면, 그곳에도 적당량의 물을 공급해야 하는가? 그러면서 농부들은 아주 오래된 그림엽서들을 들이댔다. 예를 들어 코니 강이 1900년에 어떤 상태였는지 엽서를 보면 알 수 있다는 것이었다. 엽서에 따르면, 그 강은 물기라고는 전혀 짐작할 수 없을 정도로 말라버린 가느다란 홈에 불과했다. 심지어 그 흔한 갈대조차 없었다.

이제 차원을 바꾸어, 대규모 하천인 루아르 강으로 화제를 돌려보자. 루아르 강은 저기 들판이 끝나는 부근으로 흘러간다. 이 거대한 물을 보면서 어느 누구가 보스가 언젠가는 가뭄으로 애를 먹게 될 것임을 상상이나 할 수 있겠는가?

그런데 왜 이와 같은 엄청난 물의 보고寶庫를 놓쳐버려야 하는가? 어째서 저 아까운 강물을 그냥 바다로 흘러들어가게 놔둬야 한단 말인가? 라고 농부들은 묻는다. 어째서 필요하다면 강물의 일부를 물길을 바꿔 지하수층으로 끌어들이면 안 된단 말인가? 나도 똑같은 질문을 지역 수자원 관리 기구에 했었다. 그래서 그 대답을 알고 있다. 우선, 첫 번째 대답은 아주 간단하고 누구나 납득할 수 있었다. 비용이 너무 많이 든다는 것이었다. 두 번째 대답은, 듣는 사람 대부분이 어깨만 으쓱하는 걸로 보아 설득력이 좀 떨어진다. 강의 범람은 물속에 사는 곤들매기들의 번식을 위해서 꼭 필요하다는 것이다. 물속에 물고기가 사는 것은 얼핏 부차적인 것처럼 보이지만, 곰곰 생각해보면 생태계가 균형을 잃지 않고 제대로 유지된다는 반증이다. 이 균형이 한번 깨지게 되면 생태계라는 거대한 기제는 제멋대로 날뛰게 되고, 그러면 결국 어떠한 통제도 불가능해진다. 고장난 생태계에 관심이 있는 사람이라면 지금 당장 컴퓨터를 켜고 Alexandrium이라는 표제어를 쳐보기 바란다. 그러면 불쾌하기 그지없는 식물과 만나게 될 것이다. 온몸을 마비시키는 맹독을 만들어내는 식물로, 엄청나게 빨리 번식하는 특성 때문에 아무도 이 식물을 제어할 수 없다.

나는 기분 좋았던 하루를 망치고 싶지 않아서 더 이상의 질문은 하지 않기로 마음먹었다. 원래 열정에 사로잡힌 사람들이란 자신들이 열정을 바치는 대상에 대해서 아주 조금만 유보적인 태도를 취해도 곧 이성을 잃고 격노한다는 사실을 잘 알기 때문이었다.

　보스의 지하수층은 정말로 열정을 불러일으키는 존재인 모양이다. 장 프랑수아 로베르에게 이상적이고 목가적인 이야기를 듣고 난 후, 나는 프랑스 국립 과학연구소 소속 물리학자 베르나르 루소로부터 전혀 다른 이야기를 들었다. 그는 연구가(그는 비행기에서 주로 사용하는 탄소 제동장치 전문가이다)로서의 활동 외에 프랑스 자연환경이라는 단체를 이끌고 있다. 이 단체는 프랑스 전국에 산재해 있는 3천 개가 넘는 협회들을 회원으로 삼는 연맹이다. 보스의 지하수는 언제나 그를 진노하게 만드는 가장 큰 골칫거리 중의 하나였다.
　"숫자가 필요하십니까? 그렇다면 이거 하나만 말씀드리죠. 리터당 질산염 1밀리그램. 이 숫자가 바로 30년 전 처음으로 계측을 시작한 이래 해마다 늘어나고 있는 오염도를 말해줍니다."
　"그런 이야기는 누구한테서도 듣지 못했습니다."
　"조직된 침묵이지요. 브르타뉴보다도 더 조직적입니다. 상트르 지방의 상황은 브르타뉴 지방보다 훨씬 더 나쁩니다. 여기 이 지도를 좀 보십시오. 빨간 점들이 보이시죠? 이 지역에서는 오염도가 70, 80밀리그램까지 올라갑니다."
　"어디쯤까지 올라갈까요?"
　"그건 나도 모르겠습니다. 그곳 농부 단체들은 모여서 농사 방식을 바꿀 연구를 하는 것이 아니라, 통계 숫자들이 엉터리라는 항변만 늘어놓습니다. 하지만 이 숫자들은 과학적으로 증명 가능한 숫자들입니다. 농부 단체들은 팔짱만 끼고서 학자들이 기적 같은 방법을 제시해주기를 기다리고만 있습니다. 그동안에도 생태계는 계속 급속도로 나빠지고 있는데 말입니다. 그저 우리 아이들 세대에게 힘내라고나 말해줘야 할까 봅니다!"

물주는 사람의 초상화

그의 이름은 베르나르 퓌졸이다. 기골이 장대하며 갈색 머리인 그는 건장한 50대로, 늘 바스크식 베레모를 쓰고 다닌다. 툴루즈 남부, 아리에주 강가를 따라가다보면 나오는 제법 규모가 큰 마을 사베르됭에 산다. 그는 그곳의 시의원이기도 하다. 130헥타르의 면적에 유채와 옥수수를 재배한다. 두 아들은 아버지를 도와 농장에서 함께 일하는 길을 택했다. 그는 부자는 아니지만 여유롭게 산다. 그리고 물을 댈 수 있다. 물길이 생기기 전에는, 수 세기 동안 질 나쁜 포도와 양 떼들이 들판을 온통 점령했었다. 양 떼들은 굵직한 자갈들 사이에서 자라난 잡초들을 뜯어먹었다. 날씨가 좋을 때면 중앙 피레네 산맥 정상 너머로 생바르텔르미 봉우리를 볼 수 있다.

베르나르는 1980년에 부모로부터 농장을 물려받았으며, 그 후 그 농장을 부지런히 키웠다. 프랑스 남서부에 사는 농부란 누구인가? 한마디로 물을 찾는 사람이다. 10년 전에 35개 마을을 규합하는 노동조합이 설립되자, 베르나르는 노조에 가입했다.

여름이 되면 노동조합에서는 아리에주 강에서 물을 퍼올려 회원들에게 분배한다. 강물이 마르면, 다시 말해서 강이 바닥을 드러내면 몽벨 댐에 도움을 청한다. 이 댐은 지은 지 20년이 채 안 되었으므로 비교적 최근에 생겼다고 말할 수 있다. 산속 계곡으로부터 겨울에 6천만 세제곱미터의 물을 끌어와 힘든 날들, 즉 여름 폭염에 대비하여 보물처럼 아껴둔다. 경고가 발동하면 수문을 연다. 그러면 아리에주 강의 수위는 올라간다. 물고기들만 좋아하는 것이 아니다. 카누를 즐기는 스포츠 애호가들도 기뻐한다. 시립 전기공사에게도 좋은 일이다. 강물을 이용해 두 대의 수력 발전기를 돌림으로써 전기를 생산할 수 있기 때문이다(수요량의 20퍼센트).

베르나르 퓌졸은 강에만 전적으로 의존하지는 않는다. 그는 자신이 '욕조'라고 표현하는 지하수층을 주로 이용한다. 깊지 않은 지하에 1억 1천만 세제곱미터의 물이 저장되어 있다. 이 지하수층에 대해서 흔히들 "매달렸다"고 말한다. 강을 굽어보기 때문이다. 정말 웃기는 지하수이다! 무덤 속의 라퐁텐이 벌떡 일어날 이야기가 아닌가. 아니, 언제부터 지하수가 우화에 나오는 까마귀들처럼 매달리기 시작했단 말인가?

이따금씩, 그러니까 허가서에 적힌 대로, 베르나르가 수도꼭지를 열면 매달린 지하수가 흘러나와 강물을 보충한다.

매달린 지하수는 아주 가깝고, 매일 함께하는 가족 같은 존재이다. 마음 같아선 밥상에 수저라도 놓아주고 싶을 정도이다.

"이 물에 새우가 버글거리는 걸 아십니까? 우리가 이 물을 오염시키지 않는다는 증거죠, 안 그렇습니까?"

농부란 누구인가? 스스로가 사랑받지 못한다고 생각하는 사람이다. 이제까지 농부들에게 퍼부어진 비난이 근거 없다는 사실을 증명해 보이기 위해서 베르나르 퓌졸은 나를 들판으로 데리고 가더니, '이리노브 Irrinov(프랑스어에서 '관개'를 뜻하는 irrigation과 '혁신'을 뜻하는 innovation의 합성어 – 옮긴이)' 방식에 대해서 열심히 설명했다.

"저기 회색 막대기가 보이죠? 저것이 바로 측정 장치입니다. 바닥에 저것을 꽂습니다. 저 장치들은 압력을 잽니다. 아니, 압력이라기보다 뿌리의 호소, 뿌리가 물을 얼마나 필요로 하는지를 측정합니다. 가운데 있는 작은 상자는 측정치를 저장합니다. 솔직히 고백하지만, 전에는 물을 좀 많이, 너무 많이 줬습니다. 농부들에게는 일종의 반사작용이 있습니다. 의심스러울 땐 무조건 많이 주고 보는 거죠. 그런데 지금은 물을 많이 절약할 수 있습니다. 자, 보십시오."

그는 소형 기지국 위로 삐죽 솟아오른 안테나를 가리켰다.

"나는 휴대전화로 자료를 받아볼 수 있습니다. 최근 10년 동안 우리가 얼마나 물을 절약했는지 한번 알아맞혀보시겠습니까? 우리는, 직업적으로 물을 낭비하는 우리 농부들은 1천 4백만 세제곱미터의 물을 아꼈습니다. 그 대신 생산량은 훨씬 증가했습니다."

하지만 이 숫자는 같은 날 Cetiom[01] 소속 전문가의 악의는 없으나 단호한 항의를 받았다. "그 절반만 되어도 아주 괜찮은 실적이죠……."

농부란 누구인가? 흔히 개 한 마리 데리고 고독하게 들판 한가운데에 서 있는 사람이라고 상상한다. 사실은 무수히 많은 사람들과 기관들이 농부를 보살핀다. 농업 협동조합에서부터 농업 회의소, 그 외에도 농

---

[01] Centre technique interprofessionnel des oléagineux métropolitains(전국 채유 식물 업종 간 기술센터).

부들을 위해서 가장 생산성 좋은 품종을 개발하고, 가장 좋은 토양 성분을 결정해주고, 토양에 따라 적정한 비료의 양을 계산해주며, 정기적으로 결과를 확인하러 현장에 나오는 다양한 연구소나 전문가 그룹 등이 모두 농부들을 위해서 존재한다.

농장으로 돌아온 베르나르 퓌졸은 서류 뭉치를 뒤지더니, 그중에서 하나를 나한테 보여준다.

"이게 바로 우리가 매주 받아보는 서류입니다. 보시면 알겠지만, 우리 걱정을 해주는 사람들이 많습니다."

2007년 7월 16일

뉴스 : 평균적인 수준의 수분 증발에도 불구하고 작물들은 이제 본격적으로 물을 필요로 하는 시기에 접어들었다. 이 시기에는 다음과 같은 작업을 해야 한다.

옥수수

4월 초 파종한 옥수수들은 현재 왕성하게 수정 중이다. 30~35밀리미터 정도 물을 주어야 한다.

4월 말 파종한 옥수수들은 꽃자루가 달리는 단계에 접어들었다. 반드시 30밀리미터 정도는 물을 주어야 한다.

6월 초 파종한 옥수수들은 잎이 13/13 되는 단계에 접어들었다. 25밀리미터 정도면 충분하다.

> **콩**
> 처음 파종한 콩에서는 가장 크게 자란 네 개의 마디 중 하나에 길이 5밀리미터 정도 되는 깍지가 형성되었을 것이다. 25밀리미터의 물을 주어야 한다.
> 개화기를 맞은 콩이라면, 25밀리미터면 충분하다.

농업을 지원해주는 장치 중에서 빼놓을 수 없는 것으로, 위성들과 이 위성들의 날카로운 눈매를 꼽을 수 있다. 팜스타 Farmstar 체제는 농부들에게 재배 중인 농작물이 무엇을 필요로 하는지 알려준다. 하늘에서 바라보면 아무개네 밭 한 귀퉁이에 질소가 부족하다는 걸 대번에 알 수 있는 모양이다.

오래지 않아 하늘로부터 지금 물을 주라는 지시가 직접 떨어질 날이 올 수도 있지 않을까? 그러면 비는 어떻게 되는 것일까? 질투가 숨어들 곳이 있는지 알아봐야 할 날도 머지않았다.

물을 찾는 사람, 물을 주는 사람인 베르나르 퓌졸의 일상은 이렇게 흘러간다.

이쯤에서 솔직히 고백하자. 바닷사람인 나는 이 취재를 시작하기 전에만 해도 뭍사람들에게 약간의 경멸감 같은 것을 가지고 있었다. 나는 그 사람들이 소 등에 올라타고 늘 같은 일만 반복하는 지루한 일상, 지루하기 때문에 안정된 일상을 보낸다고 믿었다.

나는 농부들도 얼마나 모진 항해를 하는지, 홍수와 가뭄을 헤쳐나가기 위해서 얼마나 많은 꾀를 내고 억척을 부려야 하는지 전혀 알지 못했다. 농부들은 시장에서의 농산물 가격 하락과 갑작스러운 상승 사이에서 줄타기를 해야 하며, 각종 지원 공약 公約과 선거 후의 공약 空約 사이에서 한숨이 잦아들 날이 없다는 것도 몰랐다. 산 넘어 산이라고, 농부들 또한 바닷사람들처럼 유럽 공동 농업 정책이며 환경 기준, 기후 변화 등 하나 넘었나 싶으면, 또다시 밀려오는 끈질긴 파도를 하나하나 넘어야 한다는 걸 알지 못했다.

농부들은 항상 적응한다. 그들은 그렇게 계속한다. 우리에게는 너무나 다행스러운 일이다. 농부들의 집념이 아니었다면, 우리의 밥그릇은 예전에 벌써 비어버렸을 것이다.

필요한 물의 양[02]

(1) 애꿎은 옥수수만 너무 나무라지는 말자!

일부 지역에서 물이 점점 귀해지면서, 가장 효율적인 물 사용법을 연구하는 것은 지극히 논리적인 귀결이라고 생각된다. 우선 그 첫 단계로, 물을 가장 많이 필요로 하는 작물은 무엇인가?

물의 효율성, 즉 건조 상태의 작물 1킬로그램(짚 + 낟알)을 얻기 위해서 필요한 평균적인 물 필요량(리터)을 계산해보면 알 수 있다.

[02] 이 모든 정보를 제공해준 국립 농학연구소의 프랑수아 타르디외 국장에게 감사를 표한다. 연구소 소속의 여러 실험실에서는 이 문제에 관한 첨단 연구를 진행하고 있다.

물론 이렇게 계산한 효율성은 토양의 질과 기후에 따라 상당히 차이가 날 수 있다.

온대 지역의 경우 다음과 같은 평균치를 얻을 수 있다.

재배 작물	물 필요량(리터)	재배 작물	물 필요량(리터)
저장용 옥수수	238	밀	590
낟알 옥수수	454	콩	900
보리	524	마른 논에서 자라는 벼	1,600
감자	590	침수생 벼	5,000
해바라기	350	면화	5,263

이 조사 결과, 옥수수는 어느 정도 오명을 벗었다. 가엾은 옥수수! 우리는 기꺼이 옥수수를 우리의 강과 지하수층을 고갈시키는 장본인으로 지목해왔었다. 옥수수의 잘못이라면, '자연을 사랑하는' 도시 사람들이 모처럼 시골길에서 산책을 즐기는 계절인 여름철에 하필이면 물을 많이 먹는다는 것이었을까? 솔직히 오랫동안 농부들이 마구잡이로 물을 주었던 것도 옥수수에 대해 이 같은 그릇된 이미지를 심어주는 데 일조했을 것이다. 또, 후하게 지원금 혜택을 받아왔던 탓도 있을 것이다. 하지만 이 모든 이유를 떠나서 옥수수가 오늘날 우리네 밭을 점령하게 된 것은 옥수수가 지닌 영양학적 가치 때문이며, 옥수수는 일반적인 고정관념과는 달리 물을 그다지 많이 필요로 하지 않는다.

(2) 낙타 같은 식물은 없는지 꿈꾸어보자

언젠가 인간은 물을 전혀 필요로 하지 않는 곡물을 발명해낼 수 있을까?

식물의 성장은 광합성에 달려 있다. 이 기제에는 두 가지의 교류 과정이 개입한다.

첫째, 물과 탄소 : 식물은 잎사귀에 있는 숨구멍을 통해서 이산화탄소를 흡수하고, 증산 작용을 통해서 물을 배출한다.

둘째, 물과 열 : 증산 작용은 잎사귀를 통해 태양 에너지를 분산시킨다.

물을 덜 흡수할수록 식물의 증산 작용은 덜 활발하게 이루어진다. 탄소를 덜 결집시키게 되며, 따라서 효율성이 떨어진다. 더구나 잎사귀들이 흡수하는 태양 에너지를 효과적으로 분산시키지 못한다. 그러면 잎사귀의 온도는 올라간다. 열로 인해 스트레스를 받게 되는 것이다. 결론적으로 말하자면, 유전공학을 포함하여 농공학 분야에서 아무리 눈부신 진보가 이루어진다고 해도 물 없이 식물을 자라게 하는 것은 불가능하다.

(3) 어떻게 하면 물 부족에 직면한 식물들의 취약성을 줄일 수 있는가?

우기가 계속되며, 따라서 기온이 덜 올라가는 기간을 이용하여, 필요하다면 생산 주기를 단축해가면서 작물을 재배한다. 이렇게 하면 최고의 생산성은 기대할 수 없겠지만, 위험 부담을 줄일 수는 있다. 겨울 밀을 선택하는 행위는, 말하자면 이와 같은 전략에서 비롯되었다고 할 수 있다.

비우호적인 조건에서도 지나치게 스트레스를 받지 않도록 식물의 품종을 변화시킬 수 있다. 이는 다음과 같은 사실을 내포한다.

첫째, 잎이나 생식기관의 성장을 억제한다. 이는 생산성을 감소시킨다.

둘째, 뿌리의 발달을 독려한다. 이는 지하에 사용 가능한 수자원이 있을 경우 매우 효과적인 전략이 될 수 있다.

그런가 하면, 물이 부족해도 식물이 모든 기능을 제대로 유지하도록 하는 방법이 있다. 이는 위험 부담이 큰 전략이다. 당분간 생산성을 유지할 수는 있으나 전체 생산을 모두 잃게 될 우려도 상존한다.

물의 효율성을 증가시키는 방법을 모색한다. 이 분야에서는 이미 모범생 격인 옥수수와 수수의 경우, 더 이상의 향상 가능성은 기대하기 어렵다. 하지만 다른 작물의 경우, 개선될 여지가 무궁무진하다.

(4) 유전공학에서 무엇을 기대할 수 있는가?

50여 년 전부터 '전통적인' 품종 선택, 즉 생물공학의 도움 없이 이루어지는 품종 개량 덕분에 우리는 물이 부족한 상황에서도 훨씬 더 많은 양의 작물을 생산할 수 있었다. 그런데 가장 손쉽게 개선할 수 있는 습성들은 이미 더 이상 개선할 여지가 없을 정도로 개량의 한계점에 도달했다. 따라서 각종 연구소와 민간 기업들은 유전공학을 이용하여 미래의 생존 전략을 세우고 있다.

현재 가장 혁혁한 성공을 거두고 있는 작물은 밀이다. 오스트레일리아는 극심한 가뭄(연 강수량 250밀리미터 이하)에서도 생산성이 10퍼센트가량 향상된 밀을 내놓을 수 있다고 장담한다.

멕시코에서는 물 부족에도 아주 잘 견딜 수 있으며, 생산성이 2~3배 증가한 옥수수를 만들어냈다고 한다!

또 다른 획기적인 성과도 가능하다. 이를테면 가뭄 기간 동안에는 생산을 위해 가장 핵심적인 기관만을 제외한 나머지 기관에 대해서 성장을 통제하는 것이다. 이스라엘(하이파 대학)과 남아프리카 공화국(케이프타운 대학)이 이 분야에서는 두각을 나타내고 있다. 중국도 빠지지 않는다. 중국은 스위스의 신젠타 그룹과 다양한 농작물(옥수수, 콩, 밀, 사탕무, 사탕수수 등)에 대해 가뭄에 견딜 수 있도록 유전자를 변형시키는 사업을 추진하기로 협약을 맺었다.

결론부터 말해보자. 아직 실현되지도 않은 일에 대해서 소문만 무성하게 흘리는 행위는 경계해야 한다.

기적의 해법은 존재하지 않는다. 물 부족 문제에 직면하여 식물의 습성을 개선하려는 노력은 여러 가지 모순되는 상황에 맞닥뜨릴 수밖에 없다. 다가올 위험에 대비하기 위한 것인가? 아니면 생산성을 높이기 위한 것인가? 유전공학이 이룩한 진보는 가뭄이 지속되는 상황에서도 풍작이 가능하도록 해주는 것이 아니라, 물을 최대한 효과적으로 사용하는 방법, 즉 생산성을 유지하면서 물은 적게 쓰는 방법을 터득하게 해준다. 머지않아 사용 가능한 물의 양에 따라 식물이 모든 계절에 골고루 자라나게 할 수도 있을 것이다.

과학의 발전을 우습게 보려는 건 절대 아니다. 하지만 이 분야에서만큼은 생물공학의 강점을 어느 정도 상대화시켜야 한다는 것이 나의 솔직한 심정이다. 당사자인 대부분의 과학자들의 의견도 다르지 않다. 특히 국립 농학연구소INRA에서 일하는 많은 농학자들[03]이 그렇게 말한다. 물의 상당 부분은 식물에게 도달하기 전에 벌써 어디론가 증발해버린다.

그러므로 기적의 해법을 기다리기보다는 가능한 모든 방법을 적극적으로 시도해보는 편이 바람직하다. 작물 재배 방식의 선택(겨울철 농사, 단기 재배 가능한 품종 선택 등)은 매우 중요하며, 경작지의 경사도에도 적합해야 한다. 날이 갈수록 발전을 거듭하는 관개 방식 덕분에 물을 주는 빈도와 양을 점점 더 정확하게 조절할 수 있다.

축소판 중국

옛날에 어떤 지방이 있었다. 한때 공국이었던 그곳은 유럽의 서쪽 끝에 위치했으며, 삼면이 바다로 둘러싸인 곳이었다. 그곳은 언제나 가난했다. 내가 태어난 제2차 세계대전 직후에는 특별히 더 가난했다. 나는 그곳에 자주 갔다. 하지만 너무 어린 내 눈에는 아무것도 보이지 않았다. 가난에 대해서 알고 있는 것들은 훗날, 내가 자란 다음에 들은 것이다. 마루 대신 흙바닥, 구두 대신 나막신. 농가에는 거의 대부분 방이 두 개밖에 없었는데, 그나마 한 개는 짐승들이 차지했다. 마당 한가운데 파놓은 구멍 하나가 화장실을 대신했다. 수도는 없고 전기도 드물었다. 중세 시대에서 온 방문객이라면 자기 집처럼 편안하게 느꼈을 법도 하다. 하지만 그로부터 한 세대 후, 그러니까 25년 후에는 많은 변화가 일어났다. 아주 예쁘다고 할 수는 없지만, 새로 지은 집들이 들어섰고, 레인지, 세탁기, 냉장고, TV, 자동차 한두 대 등 온갖 종류의 가전제품과 그

---

03 J. 아미그, P. 베배크, B. 이티에, G. 르메르, B. 스갱, F. 타르디외 등이 공동으로 저술한 보고서 《가뭄과 농업. 점점 악화되는 물 부족 현상에 당면한 농업의 취약성 감소시키기》(전문가 공동 자문, INRA, 2006).

외의 물건들이 그 집들을 꽉 채웠다. 아이들은 대학에도 진학했다.

이것이 바로 브르타뉴의 현대사이다.

고속 발전의 역사이기도 하다.

모든 성공에는 늘 대가를 치러야 하는 법이다. 브르타뉴는 두 번씩이나 큰 대가를 치렀다. 첫 번째는 몸으로 치렀다. 몸을 상해가면서 상상할 수 없을 정도로 열심히 일했으니까. 두 번째는 수질을 오염시킴으로써 치렀다.

브르타뉴의 성장 동력은 '녹색 석유', 즉 농업이었다. 하긴 농업 아닌 다른 어떤 전략이 가능했을까? 하지만 농부들이 가진 땅덩이는 작았다. 경작 면적이 부족했지만, 어쩔 수 없으려니 체념하는 수밖에 없었다. 그래서 돼지와 가금류를 키웠다.

브르타뉴 지방에는 3백만 명의 주민이 살고 있다. 그곳에서 키우는 소도 3백만 마리이다. 돼지가 1천4백만 마리, 닭도 4억 마리가 함께 산다. 이 짐승들은 인간들처럼 똥 싸고 오줌 누는 녀석들이다.

그뿐 아니다. 목축업이 농업의 반쪽이라면 나머지 반쪽, 즉 식물을 키우려면 제초제며 살충제를 뿌려야 한다. 그렇다고 해서 다른 지방보다 더 많이 뿌렸다는 것은 아니다. 그저 남들만큼 뿌렸다. 1960년대에서 1970년대에는 이와 같은 농약 제품이 거의 헐값에 팔렸으므로, 농부들은 각자 밭에 수십 톤씩 들이부었다. 자신들이 키우는 작물들의 습성을 모르는 탓에 망설임 없이 그처럼 무지막지한 행동을 할 수 있었던 것이다.

그 결과, 강물이란 강물은 모조리 오염되었다.

그 결과의 결과, 오염된 강물이 스며드는 강 유역도 역시 오염되었다. 해조류들이 해변을 뒤덮었으며, 바닷가에서는 악취가 진동했다.

브르타뉴는 똑같이 해조류의 침입 때문에 고통을 겪고 있는 중국의 산둥 성과 자매결연을 맺었다. 올림픽 개막이 한 달 앞으로 다가왔을 무렵, 요트 시합이 벌어질 예정인 칭다오 만이 녹색으로 변했을 때, 즉 수면이 온통 초원으로 변했을 때, 현장으로 달려간 생브리외와 플레스틴 레그레브의 전문가들은 비관적인 진단을 내놓았다. 일단 해조류가 침입해 들어온 다음에는 한 가지 해결책밖에 없다. 모두 베어내야 한다는 것이 그들이 제시한 유일한 방법이었다. 중국인들은 그 말을 받아들였다. 아침마다 1천 척의 배가 차출되어 새로운 종류의 추수, 즉 해조류 처치에 나선 것이었다.

그런데 더 고약한 경우도 있다. 일부 해조류는 번식하면서 독소를 만들어내기 때문에, 경우에 따라서는 홍합이나 굴을 비롯한 어패류를 먹을 수 없게 된다. 그 때문에 이 맛있는 바다의 미물들은 흔히 보초병으로 여겨진다. 보초병들의 건강 상태는 주변 환경의 질을 가장 충실하게 반영하는 척도가 된다.

브르타뉴는 운이 없는 편이다. 지질학적으로 보았을 때 그렇다는 말이다. 지역 전체가 화강암 판 위에 건설되었다. 따라서 물이 토양 속으로 침투하지 못하므로 지하수층에 축적되지 못하며, 자연적으로 정화될 사이 없이 바로 흘러내려간다. 자연이 정화하지 않은 채 곧바로 쏟아버리는 것이다.

요점만 간략하게 말하자면, 1980년대 초반부터 여기저기에서 경고음이 울리기 시작했다. 강물에 질산염이 너무 많이 포함되어 있으므로 식수를 만들기에 적당하지 않으니 일부 보(洑)는 폐쇄해야 한다는 내용이 주를 이루었다. 불만은 점점 고조되었고, 토론장은 자주 싸움판으로 변했다. 점점 더 힘을 키워가는 환경보호주의자들은 목소리를 높였다. 각종 시민 단체들이 우후죽순 격으로 생겨났으며, 그중에서도 특히 물과 강물이라는 단체가 대표적이었다. 이들 시민 단체들은 우선 연어의 떼죽음을 방지하는 활동을 개시했다. 차츰 활동 범위를 넓혀가면서 이 단체들은 능력을 인정받기 시작했으며, 단시일 내에 상호 의존, 연대의식 등의 본보기가 되었다. 내륙과 해안이 하나가 되어 동일한 투쟁을 벌였다. "송어들을 보호함으로써 굴을 지킬 수 있다."

반면, 정책의 우선순위를 매겨야 할 국가의 대표자들은 저마다 이런 핑계 저런 핑계를 대며 말도 안 되는 헛발질만 해댔다. 유권자들의 표가 달린 문제였으므로 쉽게 결정하지 못하고 망설이기만 했다. 클로드 게앙만이 예외였다. 브르타뉴 지방의 수장으로서 그는 관계자들이 모두 모인 앞에서 용기 있게 진실을 말했다. 브르타뉴는 이제 발전 방식을 바꿔야 한다고 감히 드러내놓고 말한 것이다.

자신들의 이익을 옹호하기 위해 농부들은 농업만이 오염의 주범은 아니라고 강변했다. 기후 온난화와 해안을 따라 점점 더 확산되는 도시화에 다른 가정 쓰레기 등…… 다른 요소들도 많다는 것이었다.

학자들로 구성된 환경 문제 자문위원회가 조직되었다. 구성원들의 전문가적 자질, 특히 위원회 의장인 피에르 오루소 교수의 명성은 그가 내리는 진단의 합당성을 보장해주었으며, 따라서 이해 당사자들 모두가 그의 진단을 수용하기에 이르렀다. 자문위원회가 보기에 상황은 이제 어느 정도 진정 국면으로 접어들었다. 몇몇 지역(피니스테르 노르의 오른과 길렉)은 여전히 심각하게 악화된 상태로 남아 있으나, 평균적으로 오염은 더 이상 진행되지 않았다.

요컨대 물과 관련하여 유럽연합이 내세운 목표(2015)인 "모든 물의 품질을 향상시켜야 한다"는 목표에 도달하려면 아직도 갈 길이 멀다.

농업 재배 방식을 근본적으로 바꾸지 않는 한 이 목표는 결코 달성될 수 없음을 누구나 잘 알고 있다. 더구나 브르타뉴 지방은 해마다 2만 5천 명이 새로 정착을 하는 실정이므로, 어떤 의미에서는 선의의 희생자라고도 할 수 있다. 부동산과 관련한 압력이 점점 더 심각해지고 있다. 새로 유입되는 주민들은 사람답게 살 수 있는 공간을 필요로 한다. 따라서 매일 10헥타르 정도의 경작지가 주거지로 탈바꿈하고 있다.

새로 브르타뉴 지방 주민이 되기로 선택한 주민들은 해안 외에 대도시들을 선호한다. 아시다시피 대도시들은 과거 가장 비옥하던 땅에 건설되었다. 그러니까 우리는 가장 생산성이 좋은 밭을 최우선적으로 시멘트로 바르고 아스팔트로 덮어버린 것이다.

퐁트리외, 샤톨랭 같은 곳의 경우, 퇴적암층이 20미터가 넘으며, 자갈 하나 없는 옥토이다. 렌 인근 지역도 역시 마찬가지이다. 그러므로 농부들이 그곳에서 15킬로미터 떨어진 파세에 아이케아 가구 매장이 들어서는 것을 고운 눈으로 볼 수는 없다. 농부들은 스웨덴이라는 나라나 목재 가구에 대해서 유감이 있는 것이 절대 아니다. 그들은 다만 유럽에서 가장 비옥한 수십 헥타르의 농토가 또다시 사라져버리는 것이

안타까울 따름이다.

누가 나서서 반드시 필요한 개혁을 이끌 것인가?

국가인가? 나라님은 그것 말고도 할 일이 너무 많다. 그리고 그렇게 할 여력도 없다. 국가에서 실시하는 대부분의 검사는 연수생들이 맡아 하고 있는 실정이다.

지방 수자원 기구인가? 오를레앙은 렌에서 너무 멀고, 루아르라는 거대한 강의 습성은 해안 지방을 졸졸 흐르는 작은 하천들과 전혀 닮지 않았다.

브르타뉴 지방에서 모든 것을 전적으로 책임지겠다고 나서는 것도 이런 이유 때문이다. 일리가 있는 주장이다. 브르타뉴 지방이 나서면 산하 지역들의 다양한 이해관계를 섬세하게 챙길 수 있으며, 그와 동시에 필요하다면 각 지역 간의 연대의식을 발동시키기에도 유리하다.

세계화로 인한 지각 변동의 와중에서 오히려 지방이라는 단위는 국가라는 단위보다 훨씬 더 효율적일 수 있다.

오랫동안 지진아 지방, 이미 사라져버린 지 오래되는 시기의 화석으로 남은 지방 등의 경멸 섞인 별명으로 인식되어오던 브르타뉴 지방은 여러 면에서 현대 사회를 그대로 재현하고 있다. 어떻게 보면 브르타뉴는 지구 반대편에 위치한 중국의 축소판이라고도 할 수 있다. 지역에서 활동하는 사람들의 자질이나 생산되는 물품 면에서는 어느 곳과 비교해도 뒤지지 않지만, 비슷한 불안감을 안고 산다는 점에서 그렇게 말할 수 있다. 중국과 브르타뉴는 모두 "어떻게 하면 발전 추진의 절대적인 필요성과 점점 더 엄격해지는 환경적인 제한, 해안의 인구 밀집 및 증가로 인한 압력을 화해시킬 수 있는가?"라는 어려운 숙제를 해결해야 한다.

고민거리는 또 있다. 이 숙제에 또 한 가지 골칫거리, 즉 국경을 완전히 개방하라는 세계무역기구의 지시가 엄중한데, "어떻게 하면 환경 문제에는 전혀 신경 쓰지 않는 브라질 같은 나라와의 경쟁에서 살아남을 수 있을 것인가?"라는 과제가 더해진다. 혹시 브라질 같은 곳의 자연은 이곳의 자연보다 덜 존중받아도 괜찮은 것인가? 세계화의 맥락에서 보자면 이 얼마나 어리석은 생각인가? 아마도 머지않아(아니, 아주 먼 훗날!) 아마존 삼림이 완전히 사라지고 나면, 우리는 세계적인 차원에서의 기후 연대가 반드시 필요한 일이었음을 뒤늦게 깨닫게 될 것이다.

브르타뉴 지방이 점점 더 많은 농산물을 점점 더 싼 값에 점점 더 도시화되어가는, 다시 말해서 점점 더 좁은 땅에서 바다에 버리는(화강암 지반 때문에 토양의 자연적인 정화 작용의 혜택이라고는 전혀 받을 수 없는 악조건을 상기하시라!) 독성 폐기물이라고는 전혀 없이 생산해낼 수 있다면, 그땐 진정으로 온 인류의 추앙을 받아 마땅하다. 그것은 브르타뉴가 이제까지는 볼 수 없었던 전혀 새로운 방식, 내일의 세계에서 살아남을 수 있는 새로운 방식의 초석을 발명해냈다는 말이나 마찬가지이기 때문이다.

자, 이제 물, 최초의 거울인 물을 한번 바라보자. 물은 우리에게 모순으로 가득 찬 우리의 얼굴을 보여준다. 이 모순들은 천연자원의 희귀성으로 말미암아 생각보다 빠른 시일 내에 해결될 수도 있을 것이다. 지금도 벌써 질산 1킬로그램을 사려면 2유로를 지불해야 한다. 낭비를 해도 좋았던 시절은 이제 끝났다. 구두쇠처럼 아끼고 또 아껴야 하는 시대가 시작되었다. 신흥 개발 국가들(중국, 브라질, 아르헨티나)의 수요가 끊임없이 증가함에 따라 비료는 점점 더 귀해지고 있다.

비료 없이 어떻게 늘어나는 인구를 먹여 살릴 만큼 충분한 식량을 생산해내는 높은 생산성을 유지할 수 있겠는가?

15
물의 미래를 위한 일곱 가지 결론

왜 생선초밥이 아프리카의 물을 고갈시키는가?

여기 생선초밥이 하나 있다고 하자. 일본 사람들이 특히 좋아하는 날 생선 한 조각 말이다. 우선 생각하기에 참치나 농어, 고등어처럼 바다에 사는 생선들만큼 담수를 축내지 않고도 생산할 수 있는 먹을거리는 어디에도 없다. 그것은 누구나 잘 알고 있는 사실이다.

그런데 이 물고기들은 대부분 초현대식 일본 어선들이 저인망을 쳐서 잡는다. 그러므로 모리타니 인근 해역에서 고기를 잡는 영세한 어부들이 어떻게 이런 경쟁에서 살아남을 수 있겠는가? 그들은 별수 없이 직업을 바꾸는 수밖에 없다. 시장의 진열대에서는 점점 더 생선이 자취를 감춘다. 주민들은 부족한 단백질을 보충하기 위해서 점점 더 많은 염소며 소 같은 가축들을 먹게 된다. 이 가축들은 고등어와 달리 담수를 필요로 한다.

생선초밥의 역설적이고 애절한 운명이다. 아, 불쌍하고 딱한 생선초밥! 요코하마의 몇몇 미식가들을 위해 기꺼이 자기 한 몸을 내어주면서 이 참치는 자신이 아프리카의 지하수층을 고갈시키는 데 일조하고 있음을 상상이나 했겠는가?

다니엘 르노가 얼굴 가득 미소를 지으며 부드러운 목소리로 이 지구촌 동물 가족 이야기를 들려주었을 때, 도쿄의 학회에 모인 일본 환경주의자들이 느꼈을 경악과 불편한 심기는 짐작하고도 남음이 있다.

더구나 이 이야기를 들려준 프랑스 출신 다니엘 르노는 '아무나'가 아니라 세계적으로 권위를 인정받는 농학자이며, 미국 식량농업기구FAO의 대지와 물 분과에서 관개 시스템을 담당하는 국장이다.

가상수virtual water란 소비재를 생산하는 데 필요한 물의 총량을 가리킨다. 가상수의 개념에 입각해서 생각하면 세상을 보는 눈이 완전히 달라진다. 당신은 혹시 모로코가 유럽에 토마토를 판다고 믿고 있는가? 외견상으로는 그럴 수 있다. 하지만 가상수 개념으로 보자면, 모로코 왕국은 물을 수출하고 있다고 말할 수 있다. 트럭 1대가 토마토 20톤을 싣고 탕헤르에서 에스파냐로 간다고 할 때, 우리는 1백 대의 트럭, 각각 20세제곱미터의 물을 실은 1백 대의 물차가 그 트럭 1대를 뒤따른다는 사실을 고려해야 한다. 다시 말해서 20톤의 토마토를 기르기 위해서는 2천 세제곱미터의 물이 필요하다는 말이다(이 계산은 비교적 쉽다. 1헥타르의 땅에서 45톤의 토마토를 수확하기 위해서는 4천5백 세제곱미터의 물을 주어야 한다).

몇 가지 숫자를 더 소개해보자.

작물 (1킬로그램)	가상수 (리터)
우유	790
밀	1,160
쌀	1,400
돼지고기	4,600
쇠고기	13,500

고기 위주의 식사를 하는 미국인 한 명은 하루에 5천4백 리터의 가상수를 소비하는 반면, 채식주의자 한 명은 2천6백 리터만을 소비한다. 이는 생활수준이 높아질수록 물의 수요가 늘어난다는 말이다. 주민들이 쌀만 소비하지 않고 고기까지 곁들여 먹게 되면, 물 수요량은 최소한 열

배 이상 증가한다.

가상수 개념은 세계 무역의 방향을 잡아줄 수 있다. 아니, 가상수 개념이 세계 무역의 방향을 잡아주어야만 하는 것은 아닐까? 물이 부족하다면, 어째서 쇠고기를 수출해야 할까? 세계 수자원 관리 기구 같은 일부 기관들은 가상수의 흐름을 계산했다. 아메리카와 오스트레일리아, 동남아시아는 확실히 물을 수출한다. 지구상의 나머지 지역은 이것을 수입한다.

이와 같은 움직임도 기후 변화라는 변수를 고려해야만 하지 않을까? 마그레브 같은 일부 지역에서 예상대로 물 부족 현상이 한층 악화된다면, 그럴 경우에도 토마토, 아니 토마토의 가상수를 그대로 수출해야 하는 것일까? 물은 어디까지나 지역적인 재화이며, 따라서 세계 물 시장 같은 것은 결코 생겨날 수 없을 것이다. 하지만 생선초밥의 논리를 적용해보면, 보다 광범위한 전망을 얻을 수 있다. 이번에도 역시 가상이 현실을 설명하는 데 도움을 준다.

일곱 가지 결론

가깝고도 먼 이 모든 여행으로부터, 직접 눈으로 본 모든 사물들과 만나본 모든 사람들로부터, 머리에 안전모를 쓰고 직접 방문한 모든 공장과 댐으로부터, 크고 작은 운하를 따라 걸었던 모든 산책으로부터, 하나씩 하나씩 배워간 모든 구름과 간절한 마음으로 기다렸던 모든 빗방울로부터, 책을 읽거나 석학, 열성적인 단체 회원, 정치가, 사업가, 어부, 농부들의 생생한 목소리를 통해서 얻은 모든 교훈들로부터, 길에서 만난 사람들이 들려준 절망과 분노, 체념이 가득 찬 모든 하소연들로부터, 지구촌 곳곳에서 온갖 종류의 메모지에 온갖 종류의 불빛을 벗 삼아 밤이건 낮이건 쉴 새 없이 적어놓은 모든 기록들로부터,

 꼬박 2년 동안의 취재가 끝난 지금, 무엇이 남았을까? 내가 살고 있는 지구에 대한 조금 더 내밀한, 내밀하기 때문에 걱정스러운 지식이 남았다. 그리고 일곱 가지의 확신도 따라왔다.

하나, 모든 인류의 시초에는 물이 있었다.

 모든 존엄성과 건강, 교육, 발전의 시초에도 물이 있다. 중요한 순서대로 말하자면, 그 어느 것도 물을 사용할 수 있는 권리보다 우선하지 않는다. 물을 사용할 수 있는 권리는 배수로 설비가 전제되지 않는 한 무의미하다. 물 문제에 대한 국제 사회의 무능력과 해당 정부의 무관심만큼 죄스러운 무기력이란 있을 수 없다. 2000년 9월 189개국이 참석한 가운데 장엄하게 선포된 새천년 목표는, 내용으로 보자면 사실 소박하기 그지없다. 2015년까지 물을 사용할 수 있는 권리, 배수 설비를 사용할 수 있는 권리를 지니지 못한 사람의 수를 절반으로 줄이자는 것이 골자였기 때문이다. 하지만 그 소박한 목표조차 달성하지 못할 것임을 누구나 잘 알고 있다. 몇몇 국가에서 제공하는 발전 지원금의 5퍼센트에도 미치지 못하는 금액만이 물 문제 해결에 쓰이고 있기 때문이다. 어째서 가장 중요한 물 문제를 제치고 다른 부문에서의 사업이 항상 우선

권을 얻는 것일까? 이 문제에 대한 대응이 늦어질 경우 미래에 재앙이 닥칠 것이 뻔한데도, 어째서 이 점을 인식하지 못하는 것일까? 90억 세계 인구를 먹여 살릴 미래의 농업이 필요로 하는 여분의 물을 어디에서 구할 수 있을까?

배수 설비의 확산 없이 도시 인구가 두 배씩 늘어난다면, 그들은 얼마나 거대한 시궁창에서 살아야 할까?

둘, 물은 자연으로부터 온다.

따라서 자연환경을 보존하는 것이야말로 수자원을 확보하는 가장 좋은 방법이다. 오염 제거 기술만 믿고 환경오염 문제를 경시하는 사람들은 돈 먹는 하마, 아니 그보다 더 고약한 무책임한 사람들이다.

깨끗한 물이 흐르는 수원지 근처에 살 수 있는 운 좋은 사람은 극히 드물며, 비란 녀석은 원하는 시간에 원하는 장소에 딱 맞춰서, 원하는 양만큼 떨어져줄 정도로 심성이 착하다고 할 수 없다. 또한 거대한 대도시로만 자꾸 몰려드는 주거 형태도 물 공급의 어려움을 가중시킨다. 이는 천연적인 수원지로부터 점점 멀어지는 주거 방식이기 때문이다. 물은 자연의 선물이라는 말은 이제 점점 더 빛을 잃어가고 있다. 이제 물은 일정한 공정을 거쳐 제조되는(각종 처리 과정) 생산품인 동시에 공공 서비스(보급)로 간주해야 한다.

생산품을 만들고 서비스를 보급하는 데에는 당연히 비용이 든다.

비용을 책정할 수 있는 재화는 더 이상 무료라고 할 수 없다. 하지만 그 재화가 물이라면, 우리가 사는 데 가장 필요한 물이라면, 그 재화는 반드시 공유되어야 하는 공공재이다.

셋, 모든 물은 장소와 연결되어 있다.

이 지구상에서 물은 매우 불균등하게 분포되어 있다.

물은 무거우면서 상하기 쉽기 때문에 세계 물 시장 같은 것은 원초적으로 이루어질 수가 없다. 따라서 물에 관한 모든 수요는 지역적일 수밖에 없다. 이와 아울러, 어느 곳에나 들어맞는 기술적인 해결책도 있을 수 없다. 나쁜 댐이 있는가 하면, 아주 훌륭한 댐도 있다. 바닷물에서 염분을 제거하는 방식이 어느 곳에서는 생태계에 위협이 되는가 하면, 다른 곳에서는 생태계에 아무런 위협도 가하지 않으면서 대체 불가능한 중요한 기능을 담당하기도 한다. 모든 것은 언제나 지리적 여건에 달려 있다. 전 지구적인 진보란 결국 지역적인 진보를 더한 값에 지나지 않는다. 물을 절약해야 한다는 사실을 배우는 것은 교육적으로 매우 유용하지만, 실제로 캐나다 사람들이 물을 덜 쓴다고 해서 마그레브 지역 사람들이 물 고통을 더는 것은 아니다.

세계의 전반적인 물 위기는 일어나지 않을 것이다. 기후 온난화는 오히려 지역에 따른 격차를 극단적으로 심화시키면서, 전체적인 세계 강우량의 증가를 가져올 것이다. 인구 폭발에 따른 국지적인 갈등이 증가할 것이다. 지금과 똑같은 나일 강으로 어떻게 2025년에 에티오피아인 1억 2천만 명, 수단인 7천 만 명, 이집트인 1억 5천만 명에게 물을 공급해줄 수 있을 것이며, 어떻게 이들을 먹여 살릴 식량 생산에 필요한 관개용수를 공급할 수 있을 것인가?

넷, 물은 생명의 원천이라는 실질적이고 상징적인 이중의 중요성으로 말미암아 언제나 정치적인 책임에서 자유로울 수 없다.

일부 관계 당국(국가, 지방, 도시, 그 어떤 수준의 단위라도 상관없다)은 민간 기업에게 물 경영권을 이양하는데, 이것은 그들의 선택의 문제이다.

다만 이양 과정의 투명성, 정직성, 민주주의 수호 의지 등이 지금보다 훨씬 제고되어야 함은 두말할 필요가 없다.

공기업에서 운영하는 편이 민간 기업에 이양하는 편보다 언제나 더 낫다고 주장하는 것은 지구상의 모든 행정 기구들이 공통적으로 지니고 있는 고질병, 즉 조직의 비대함, 책임 부재, 선거로 선출되는 정치인들의 입김, 유권자 눈치 보기 등의 병폐를 잠시 망각하는 것이다…….

반면, 민영화만이 살길이라는 듯이 서둘러서 공공 서비스를 민영화하는 것은 무슨 수를 써서라도 이익을 극대화한다는(이로부터 줄기찬 요금 인상 압력이 생긴다) 민간 기업들의 존재 이유를 고려하지 않는 태도이다.

설비 투자 문제에서라면, 공기업 쪽이 유리할 것이다. 일반적으로 공공 기관은 시간을 자기편으로 만드는 데에는, 다시 말해서 장기적인 투자 계획을 세우는 데에는 강점이 있는 것으로 알려져 있다. 하지만 현실을 놓고 보면, 이와 같은 믿음을 저해하는 행태도 자주 눈에 띈다. 만일 민간 기업이 30년간의 의무 계약을 체결했다면, 계약 기간 동안에는 당연히 상수도와 하수도 등의 배관 설비를 유지해야 한다. 선거를 앞두고 임기가 끝나가는 시 행정 팀에게는 설비 투자 비용을 아끼려는 유혹이 강할 것이다.

물에 관한 한 민간 이양이라면 절대 반대하고, 모든 사업을 공공 기관에서 관장해야 한다고 주장하는 사람들에게 반가운 소식이 있다. 1990년대에 정점에 도달한 민간 설비 투자는 현저하게 후퇴 중이다.[01] 다국적 기업들의 자본은 물보다 훨씬 위험도가 낮은(그러니까 덜 근본적인) 부문으로 향하고 있다. 상수와 하수 사업에 투자가(공공 투자이건 민간 투자이건) 시급한 현실을 감안할 때, 이 같은 후퇴 양상을 과연 쌍수 들고 환영해야 할 일인지 묻고 싶다.

요컨대 기적적인 해결책은 적어도 물과 관련해서는 나타나지 않을 전망이다. 그러니 각 지방자치단체 수장들이 알아서 현명하게 판단할 일이다. 이들의 선택이 가장 투명한 가운데 실현되도록 최종적으로 인가하는 것은 유권자들의 몫이다.

물을 나눠 쓰는 방법을 익히는 것은 함께 사는 방법을 익히는 것과 다르지 않다. 반드시 긍정적인 결과에 도달해야만 하는 우리 처지로서는 이 같은 배움이 더더욱 유효적절하다. 물 없이도 얼마든지 버틸 수 있다고 뻗댈 수 있는 사람은 아무도 없으며, 그럴 수 있는 직종도 거의 없다. 프랑스의 지역 수자원 관리 기구들로부터, 안데스 산맥 지역 원주민 단체, 인종차별 정책 이후의 림포포 강 역할을 논의하는 기구에 이르기까지 치수 문제는 하루가 다르게, 위기를 극복할 때마다 민주주의를 새롭게 정의하도록 이끄는 놀라운 실험실이며 용광로이다. 어쩌면 바로 그렇기 때문에 물 문제는 중요성에 비추어 합당한 자리, 즉 스포트라이트가 환하게 비추는 사회의 최중심이 되지 못하는지도 모른다. 물 문제는

[01] 균형 잡힌 판단을 돕기 위해, 참고삼아 말하자면, 지금까지 민간 기업이 공급한 물은 지구 전체를 놓고 볼 때, 7퍼센트를 넘지 않는다.

우리를 거북하게 만들고, 논란을 불러일으킨다. 우리 사회의 지도자들 중에서 진정으로 민주주의를 원하는 사람이 몇 명이나 되겠는가? 그림자 같은 어둠이 드리운 밀실에서 혼자 결정하는 편이 훨씬 더 간단한데 말이다!

물을 공평하게 나눠 쓰는 일에는 전제 조건이 따른다. 각자의 물 소비에 대한 상세한 지식이 있어야 한다는 점이다. 이러한 지식이 없다면, 모순되지만 정당한 서로의 요구를 어떻게 조정하겠는가? 계량기 설치를 강력하게 반대하는 사람들은 부끄럽게도 체제의 불투명성을 약삭빠르게 이용하는 사람들이다. 오직 순진한 사람들만(어쩌면 멍청한 사람들이라고 하는 편이 더 정확할지 모르겠다) 이 같은 무질서와 혼돈의 덕을 보는 것은 가장 돈 없는 사람들이라고 믿는다.

다섯, 두 가지 잘못된 선호 사상은 큰 폐해를 낳는다.

다음과 같은 두 가지 잘못을 저지르는 대통령, 장관, 또는 시장들이 너무 많다.

첫째, 눈에 보이는 가시적인 것을 보이지 않는 것보다 선호한다. 눈에 보이는 해결책(모든 언론을 모아놓은 자리에서 성대하게 거행하는 각종 설비의 준공식을 상상하면 된다)을 이보다 돈도 훨씬 덜 들면서 훨씬 더 효과적인(하지만 사진도 찍을 수 없고, 따라서 TV 화면에 소개될 수도 없는) 절약과 재활용 전략보다 선호한다. 둘째, 물을 똥보다 선호한다(솔직히 이 점에서만큼은 누가 감히 이들에게 돌을 던질 수 있겠는가?). 다시 말해서 하수도 설비는 모르는 체하는 경우가 많다.

여섯, 무료라는 환상에서 벗어나 연대의식을 키우자.

물은 생산하는 데 비용이 들기 때문에 공짜가 될 수 없다면, 물에 합당한 가격을 지불할 능력이 없는 가난한 사람들은 물 없이 살아야 한다는 말인가?

나는 그와 정반대라고 생각한다. 하나의 공동체로부터 기대할 수 있는 최소한의 연대의식이 아직도 살아 있다면, 그것은 바로 공동체 구성원 모두가 적어도 하루에 50리터의 물, 즉 살아가는 데 필요한 최소한의 물은 무상으로 제공받을 수 있어야 한다고 믿는다.

이 너무도 당연해 보이는 정책은 천연자원이라는 물의 습성(이는 생각만큼 그렇게 명백하지 않다)에서 기인하는 것이 아니라, 물과 생명의 관계에서 기인한다고 보아야 한다. 이 최소한의 물마저도 제공하지 않는 것은, 장기적인 관점에서 보면 살인 행위와 다르지 않다.

일곱, 비록 천성적으로 낙천적인 기질을 타고난 여행객이지만, 여행을 마치고 돌아온 나는 내부에서 한 가지 불안이 자꾸만 고개를 쳐드는 것을 막을 도리가 없다.

오염, 과잉 생산, 토양 부식, 과도한 도시화. 도처에서 경작할 수 있는 땅은 줄어들고, 토양은 지쳐간다.

우리는 어디에서, 무슨 땅에서 90억 인류를 먹여 살릴 농업을 발전시킬 수 있을까? 세계적인 물의 위기는 일어나지 않을 것이다. 하지만 땅 전쟁은 이미 시작되었다…….

참고 문헌

물이라는 주제는 아무리 파고들어도 다 알 수 없을 정도로 방대하다. 그러니 물에 관해 쏟아져나오는 책들 속에 잠기기란 아주 쉬운 일이다. 이 책을 쓰기 위해 읽은 수천 쪽의 책 가운데 아래의 책들을 추천한다.

Les Eaux continentales, sous la direction de Ghislain de Marsily, EDP, Académie des Sciences, Paris, 2006

L'Eau dans le monde, Yves Lacoste, Larousse, Paris, 2008

Quand meurent les grands fleuves, Fred Pearce, Calmann-Lévy, Paris, 2006

L'État de l'eau en France, Caroline Idoux, Delachaux et Niestl?, Paris, 2007

L'Éau, J. Maryat et V. Andréassian, Le cavalier bleu, BRGM, Paris, 2008

Eau, Michel Camdessus et *alii* : rapport du groupe de travail mondial sur le financement des infrastructures de l'eau, Robert Laffont, Paris, 2004

Nourrir la planète, Michel Griffon, Paris, Odile Jacob, 2006

Les Glaciers à l'épreuve du climat, Bernard Francou, Christian Vincent, Paris, IRD/Berlin, 2007

L'Eau-Géopolitique, enjeux, stratégies, Franck Galland, Paris, CNRS Éditions, 2008

À paraître début 2009 : *Nourrir les hommes,* Sylvie Brunel, Paris, Larousse et *L'Eau, un trésor en partage,* Ghislain de Marsily, Dunod.

Rappelons l'excellent numéro spécial du mensuel *La Recherche* consacré à l'eau, juillet-août 2008

감사의 말

학자, 외교관, 의사, 사업가, 각종 단체 회원, 정당 당원…… 나에게 많은 자료와 정보를 제공함으로써 방향을 제시해주고, 경고를 아끼지 않았으며, 기꺼이 동행해주면서 나를 감동시키거나 나와 말다툼을 벌였으며, 나에게 공부하고 또 공부하도록 강요했으며, 쓴 글을 고치고 또 고쳐서 조금이라도 더 정확한 내용을 읽기 쉽게 간추릴 수 있도록 도와준 사람들은 수십 명에 달한다.

그 사람들이 아니었다면 이 책은 결코 빛을 보지 못했을 것이다.

모두에게 감사의 인사를 전한다.

특히 피에르 레나, 베르나르 푸요, 토비 나탕, 나탈리 나탕, 필립 델마스, 장미셸 카사, 장폴 고냉, 소피 라니에, 장마르크 잔, 사미라 네그루슈, 부슈라 기아티, 마르셀 쿠퍼, 카트린 레냐, 안 르 스트라, 클로드 알레그르, 안 드 바이제, 노엘 마티외, 앙브루아즈 겔렉, 프랑수아 보르드리, 로랑스 보, 프랑수아 데스쿠에트, 다니엘 포크, 로랑 에브라르, 질 위에, 피에르 오루소, 장루이 블랑, 조엘 드로네, 레미 폴, 레지 칼멜, 크리스틴 코르네, 리하오, 미셸 루소, 황샤쥔, 카롤린 퓌엘, 이브 마르, 루나 마르, 장로미시아누, 클레르리즈 세냐, 크리스탕 샤통, 자비에르 뷜랭, 피에르 뷔러, 이브 카르모나, 스테파노 파롤피, 프에르 슈발리에, 아마트 살, 장 라브루스, 파스칼 브리앙, 실뱅 발뤼, 다니엘 베상스, 파트리스 가랭, 디나 루다, 니콜라 포르나주, 일린 구, 장바티스트 퀴지니에, 조엘 칼메트, 마갈리 테브농, 앙리 티르디외, 하산 켐문, 피에르시릴 칼데라, 프랑크 갈랑, 질 마르졸레, 베로니크마리 쥐리식, 프랑수아 타르디외, 장뤽 포레투르네르, 기 르 코, 피에르 로리유, 장폴 시미에, 장이브 자맹, 세르주 미켈, 스테판 이틀레스, 앙드레 메리앵, 피에르 주프레, 자크 마로텍스, 베르나르 루소, 제라르 파이앵에게 감사드린다.

그리고 나의 친애하는 FARM 재단 팀, 특히 베르나르 바슐리에와 빌리 트루아에게도 감사드린다.